Cornelia Kisslinger-Popp (Hrsg.)

Unternehmen Steuerkanzlei

Cornelia Kisslinger-Popp (Hrsg.)

Unternehmen Steuerkanzlei

Die erfolgreiche Kanzleiführung

GABLER

Bibliografische Information der Deutschen Nationalbibliothek
Die Deutsche Nationalbibliothek verzeichnet diese Publikation in der
Deutschen Nationalbibliografie; detaillierte bibliografische Daten sind im Internet über
<http://dnb.d-nb.de> abrufbar.

1. Auflage 2010

Lektorat: RA Andreas Funk

Gabler ist Teil der Fachverlagsgruppe Springer Science+Business Media.
www.gabler.de

Umschlaggestaltung: KünkelLopka Medienentwicklung, Heidelberg
Druck und buchbinderische Verarbeitung: Ten Brink, Meppel
Gedruckt auf säurefreiem und chlorfrei gebleichtem Papier
Printed in the Netherlands

ISBN 978-3-8349-1784-3

Vorwort

Unternehmen Steuerkanzlei

Waren Steuerkanzleien früher noch „Oasen des Friedens", in denen jeder seine Kunden finden konnte und mehr oder weniger erfolgreich am Markt agierte, weht inzwischen auch in dieser Branche der Wind rauer.

Verstärkter Wettbewerb, anspruchsvolle Kunden, Finanzkrise, zunehmende Zahl von Insolvenzen, sinkende Zahlungsmoral – all das sind Themen, mit denen sich die Berater heute befassen müssen.

Zudem ist durch die günstig am Markt erhältlichen und leicht verständlichen EDV-Programme im Bereich der Einkommensteuererklärungen und der Buchhaltungen ein ganzes Marktsegment im Umbruch.

Krisen sind aber immer gleichzeitig auch Chancen. In diesem Fall ist es die Chance für eine Branche, sich endlich auch mit Managementfragen zu befassen und nicht alles dem mehr oder minder gut funktionierenden Zufall zu überlassen.

Es hat sich herumgesprochen, dass es keine Wunderkinder gibt. Gute Leistungen hängen vor allem mit regelmäßigem Üben zusammen. An ihren fachlichen Leistungen arbeiten Steuerberater und Wirtschaftsprüfer fortwährend. Aber selbst diejenigen, die sich während ihres Studiums mit Marketing, Organisation und Personalwesen befasst haben, kümmern sich im Kanzleialltag nur am Rande um diese Fragen. Dabei kann ein exzellentes Kanzleimanagement zu einer fast schon explosionsartigen Weiterentwicklung ihrer Kanzlei führen.

Haben Sie sich schon einmal überlegt, wo das Potential Ihrer Kanzlei ist und ob Sie es richtig nutzen?

Dieses Buch wendet sich an Inhaber von Steuerkanzleien und an engagierte Mitarbeiter, die Ihre Kanzlei aktiv weiter voranbringen möchten - denn: Kanzleiführung macht Spaß!

Wie soll mein Unternehmen Steuerkanzlei aufgestellt sein? Was macht mein Alleinstellungsmerkmal aus? Welche Möglichkeiten der Werbung gibt es? Nutze ich das Internet zur Kundengewinnung? Wie führe ich meine Mitarbeiter? Was ist eigentlich Benchmarking? Wie kommen meine Telefonate beim Kunden an? Wie gehe ich mit Kundenbeschwerden um? In diesem Buch werden verschiedene praktische Themen der Kanzleiführung und Kanzleiausrichtung behandelt.

Erstmalig wird die Fachkompetenz von Experten rund um das Thema Kanzleimanagement in nur einem Buch zusammengeführt.

Erfolgreich ist, wer stetig und zielgerichtet an einer Aufgabenstellung arbeitet.

Fangen Sie damit an: Willkommen in Ihrem Unternehmen!

Besuchen Sie uns auch im Internet unter www.unternehmen-steuerkanzlei.de.

Danke

Ich danke an erster Stelle den Autoren, dass sie sich alle sehr spontan und unkompliziert bereit erklärt haben, an diesem Buch mitzuwirken. Ohne ihr Wissen hätte dieses Werk nicht entstehen können. Allen voran danke ich hier Herrn Wolfgang Ronzal, der mir als Mentor zur Seite stand und mir immer Mut gemacht hat, meinen Weg zu gehen.

Daneben danke ich Frau Sabine Trinker dafür, dass sie es geschafft hat, die Autoren mit freundlichen Worten zu begleiten, die Manuskripte zu strukturieren und den Kontakt mit dem Verlag zu halten. Mit ihr zusammen war es fast ein Kinderspiel, ein solches Buch zu veröffentlichen.

Den Mitarbeitern meiner Kanzlei danke ich dafür, dass sie jeden Tag zum Gelingen unseres „Unternehmens Steuerkanzlei" beitragen. Ich sage bewusst „unseres Unternehmens", denn ohne sie gäbe es dieses Unternehmen nicht.

Widmen möchte ich dieses Buch meinen Kindern Moritz und Nina, die ihren Weg noch vor sich haben. Obwohl ich manchmal dabei an die Decke gehen könnte, stärken und coachen sie mich täglich.

Inhaltsübersicht

§ 1 Kanzleiankauf und -verkauf – Aus Käufer- und Verkäufersicht

A. Kanzleikauf – Ehrensache oder Marktgesetze?

Dass die entgeltliche Übertragung einer freiberuflichen Praxis zulässig ist, ist gängige Rechtsprechung. Ist der Kauf einer freiberuflichen Praxis aber mit dem eines Gewerbebetriebes vergleichbar? Übereinstimmung dürfte bei der Feststellung bestehen, dass bei (Ver-)kaufsverhandlungen grundsätzlich ein gegensätzliches Interesse der Vertragsparteien herrscht. Dem Ziel des möglichst geringen Kaufpreises auf Käuferseite steht das eines möglichst hohen Verkaufspreises auf Verkäuferseite gegenüber. 1

Einigkeit unter Freiberuflern besteht auch darin, dass das auf engen persönlichen Beziehungen beruhende Vertrauensverhältnis zu den Mandanten das besondere Merkmal für die freiberufliche Tätigkeit ist. 2

Diese zum Teil jahrzehntelang bestehende Verbindung mit dem Wissen um die persönlichsten Probleme und Sorgen prägt in der Regel die Einstellung und Einschätzung der Verkäufer zu ihrer Praxis. Wer außer der rationalen Ermittlung reiner Bilanzzahlen auch, in quasi-seelsorgerischer Funktion, ebenso in die Ehekonflikte seines Mandanten wie in die Schulprobleme seines Nachwuchses miteinbezogen war, also auch emotional-psychologisch nicht unbeteiligt war, wird den Wert seiner Bemühungen anders werten als ein Außenstehender. 3

Diese Wertung kann bis zur „Verklärung" von Fakten führen, in denen letztlich nicht mehr eine Praxis verkauft werden soll, sondern ein „Lebenswerk". Liegt anlassbezogen ein Verkauf wegen Tod des Praxisinhabers vor, kommt die trauerbezogene Gefühlslage der Hinterbliebenen hinzu, die die Gespräche belasten bzw. rationale Lösungen behindern können. 4

Potentielle Erwerber einer Praxis sehen die Situation anders. Für sie stellt der Kauf einer Praxis mit den damit verbundenen Mandantenbeziehungen zunächst lediglich die Chance dar, arbeiten zu dürfen. Das haben sie in der Regel bereits auch vorher. Statt Arbeitslohn zu erhalten, sollen sie allein die Möglichkeit eines erhöhten Einkommens aber vergüten. 5

Der Forderung und dem wesentlichen Begriffselement der Angehörigen der Freien Berufe, dass sie sich nicht vom Gewinnstreben leiten lassen dürfen, um die rechtliche, insbesondere die steuerrechtliche, Sonderbehandlung rechtfertigen zu können, steht meines Erachtens der Notwendigkeit gegenüber, eine wirtschaftlich und rational vertretbare Entscheidung treffen zu müssen[1]. Eine solche Sichtweise ist sich jeder Erwerber betriebswirtschaftlich als Unternehmer selbst und in persönlicher Verantwortung seinen mitbetroffenen Familienangehörigen gegenüber schuldig. 6

Nachfolgend werden die einzelnen Aspekte des Praxisverkaufs aus den (möglichen) jeweiligen Sichtweisen des Veräußerers und Erwerbers dargestellt. „Was des einen Freud, ist des anderen Leid" gilt auch hier. Beiden Seiten sollen Hinweise zum Verständnis für die Sichtweise des Anderen gegeben werden, Anregungen, um den eigenen Standpunkt zu überdenken und Änderbares zu ändern. „Yes, we can!" ist zu wenig! „Yes, we do!" gilt. 7

1 Feuchtwanger, JW 1928, 937

1

B. Praxissuche: Kommunikationswege und „Marktteilnehmer"

„Steuerberaterpraxis zu berufsüblichen Bedingungen zu verkaufen".

8 Ein häufig zu lesender Standardtext im Anzeigenteil von Fachzeitschriften oder Mitteilungsblättern der Berufsorganisationen. Wer einen Käufer oder Verkäufer befragt, was sie denn unter „berufsüblich" verstehen, erntet ein Ahnungslosigkeit ausdrückendes Achselzucken.

9 Kostenträchtige Adressenvermittlung unter den Kontaktteiligen bieten gewerbliche Praxisvermittler, für deren provisionspflichtigen Dienste jeweils 3 % von Verkäufer und Käufer fällig werden.

10 Neutral und gebührenfrei sind die Angebote der Berufsorganisationen. Die Mitgliedsverbände des Deutschen Steuerberaterverbandes (DStV) offerieren auf ihren Homepages die „Praxisbörse", über die mittels Chiffreangaben die richtigen Partner gesucht werden können (vgl. www.dstv.de).

11 **Käufer:** Wer als Käufer staunend zur Kenntnis nimmt, dass „erfahrungsgemäß der Verkaufspreis durch die Einschaltung eines (gewerblichen) Vermittlers durchschnittlich zwischen 10-30 % höher ausfällt" weiß, was er zu tun hat[2]: In diesen Fällen den vorgeschlagenen Kaufpreis um 30 % senken, um vom Preis(-traum) zum (tatsächlichen) Wert zu kommen.

12 Erschwerend wirkt zwar, dass Verkäufer verständlicherweise nur zu gern den Empfehlungen der Vermittler folgen, die Zahlen und Fakten ihrer Praxen diese überzogene Wertung aber häufig nicht hergeben. Nur eine gemeinsame Analyse dessen, was Berater auch „branchenüblich" tun, Branchenvergleichsdaten, Bilanzkennziffern und Finanzierungswerte ihren Überlegungen zu Grunde zu legen, ist letztlich zielführend für eine beiderseits zufriedenstellende Praxisübergabe.

13 **Verkäufer:** Problematisch kann werden, wenn ohne vorherige Information im „Eigenversuch" Kontakte zu Chiffreinserenten aufgenommen werden, die Finanzstärke und unkomplizierte Abwicklung suggerieren. In der Regel verbergen sich dahinter mittelständische Gesellschaften bzw. Netzwerke/Kooperationen, die aus strategischen Wachstumsgründen Marktanteile aufkaufen. Die Vorlage einseitig begünstigender Vertragsentwürfe sorgt für ein Verhandlungsungleichgewicht, deren fein abgestimmte Formulierungsnuancen sich nur bei entsprechender Kenntnis erschließen.

C. Der „richtige" Zeitpunkt für den Kauf/Verkauf

14 **Käufer:** Wann den Schritt in die Selbstständigkeit wagen? Diese Frage sollte schon vor dem Weg zum StB-Examen geklärt sein. Anders gefragt, „lohnt" sich die Entscheidung, die Hürde eines schweren Berufsexamens zu nehmen? Seit Jahrzehnten liegt die jährliche Durchfallquote um 50 %. Neben dem persönlichen Frustrationserlebnis kommen gegebenenfalls Einkommenseinbußen oder sogar der Verlust des Arbeitsplatzes in Betracht, wenn der Arbeitgeber nicht bereit oder in der Lage ist, den Arbeitsplatz für 3-4 Monate theoretischer Vorbereitungszeit ohne personellen Ersatz aufrecht zu erhalten.

15 Rund 10-15 % jedes StB-Examens-Jahrganges machen sich sofort selbstständig, d.h. Gründung auf der „grünen Wiese" mit ca. 40.000 € aus der Nebenerwerbsquelle: Familie, Verwandte, Bekannte, ehemalige Studienkollegen usw. Der typische zweite Weg führt über eine 2 bis 4 Jahre dauernde „Übungsphase" als Unternehmer. Theoretisch ist nach dem Examen alles klar, aber wie bestelle ich einen Leitz-Ordner?

2 Jost, Meine Kanzlei – meine Altersvorsorge, S. 28.

Zunehmend steigt der Anteil angestellter Steuerberater. Bezogen auf alle Berufsangehörigen von 28,9 % (2006) auf 34,9% (2009: 21.501 StB/StBv). O-Ton: „Ich verdiene 60.000 €, meine Partnerin auch 40.000 €, das reicht uns". Dies sind nicht zu kritisierende persönliche Entscheidungen, sondern zur Kenntnis zu nehmende Entwicklungen. Finanzkrise und andere wirtschaftliche Risikodaten werden die Bereitschaft zum unternehmerischen Dasein nicht fördern.

Also aus Käufersicht abwarten und auf „Praxisschnäppchen" warten, da berufsdemografisch bedingt, die älteren Jahrgänge sich aus dem Berufsleben zurückziehen werden? Nach persönlicher Überzeugung eine falsche Entscheidung. So wie es nicht den endgültig besten Computer gibt, den es erst im nächsten Jahr zu kaufen gibt, so findet die unternehmerische Bewährung am Markt immer statt – und zwar jetzt, hier und heute. 16

Verkäufer: Gibt es einen richtigen Zeitpunkt, die Praxis in jüngere/andere Händen zu legen? Ist das eine reine Altersfrage? Nein! Rund 10.000 Steuerberater und ca. 2.800 vereidigte Buchprüfer/Wirtschaftsprüfer sind oberhalb der Altergrenze von 65 Jahren noch aktiv und machen damit insgesamt ca. 12 % dieser Berufsgruppen aus. Die Entscheidung hängt von den persönlichen, sehr individuellen Umständen ab. Welche Ziele sollen mit dem Schritt zum Verkauf realisiert werden? Altersversorgung, Kaufpreismaximierung, Erfüllung langersehnter Ruhestandsträume? 17

Förderlich bzw. optimal ist, wenn die Entscheidung noch im eigenen Ermessen, im freien Willen bzw. Gestaltungsbereich des Praxisinhabers liegt. Nach Eintritt einer schweren Erkrankung (die amtsärztlich festgestellte Berufsunfähigkeit ist dabei die absolute Ausnahme) kann dieser Schritt zu spät sein, Kaufpreiseinbußen sind dann die regelmäßige Folge. 18

Indizien nachlassender Attraktivität für potentielle Mandanten werden regelmäßig ignoriert, d.h. neue Mandanten bleiben aus. Für Käufer ist dies leicht anhand der Zugangsdaten auf den beizufügenden Mandantenlisten in den Verkaufsunterlagen zu überprüfen. 19

Auch steuerrechtliche Einschnitte wie die (nicht vorhersehbare zeitlich begrenzte) Aussetzung des § 34 EStG 1999/2000/2002 durch das StEntlG können ebenfalls finanzielle Überlegungen zunichte machen. Nach Beobachtung wichen anfängliche Gedanken, durch „Panikverkäufe" noch den Vorteil des halben Steuersatzes zu retten, sehr schnell rationaleren Überlegungen. 20

D. Umsatzklasse: Status Quo oder Ziel?

Käufer: Bei Beratungen zu Praxisverkäufen lässt die Angabe einer bestimmten Umsatzhöhe durch den Käufer verschiedene Aspekte und Konsequenzen erkennen: 21

- Strategischer Unternehmenserwerb oder zufällige Erfüllung des Wunsches, auf eigenen Füßen zu stehen (Existenzgründer)
- Führungsanspruch und notwendige -qualitäten hinsichtlich der Mitarbeiter
- Einschätzung (Bestätigung) der Finanzierungsmöglichkeiten

Als Sackgasse kann sich der Zuerwerb zu einer bestehenden Praxis erweisen. Die rational klingende Hoffnung auf Synergieeffekte (1+1=3) kann real häufig nicht realisiert werden. Standortverlegung ist meist das geringste Problem, die Integration zweier selbstbewusster, leistungsorientierter Mitarbeiterteams oft das größte. 22

Verkäufer: In Abhängigkeit vom gewünschten Zeitpunkt des Praxisverkaufes stellt die erreichte Umsatzklasse bzw. der absolute Umsatzbetrag einen Status Quo dar, der nicht kurzfristig verändert werden kann. 23

24 Nach dem Praxisvergleich 2008 des Deutschen Steuerberaterverbandes betrug der durchschnittliche Umsatz: 603.000 €. Dieser Wert lässt Unterschiede hinsichtlich regionaler Verteilung, Standortgrößen oder Rechtsform außer Acht[3].

25 Ist eine „kleinere" Praxis besser zu verkaufen oder wird es erst ab 1 Million Euro Umsatz „interessant"? Auch hier gilt die Juristen-Weisheit: Es kommt darauf an. Eine Praxis mit einem Umsatz von z.B. 400.000 € kann einen absolut höheren Überschuss ausweisen, als die zitierte „Durchschnittspraxis". Eine Prognose wird gewagt: Praxen mit Umsätzen unterhalb 200.000 € werden an Wert verlieren. 2007 betrug das durchschnittliche betriebswirtschaftliche Ergebnis bei Betriebseinnahmen von rund 143.000 € nach Abzug eines kalkulatorischen Beraterlohns rund 6000 € (in der höheren Umsatzklasse bei 215.000 € Betriebseinnahmen erst 18.000 €). Vielleicht lässt sich aber ein Ausgleich mit qualitativ wichtigen „Multiplikatorfunktions-Mandanten" schaffen?

26 Und die 2,5 Millionen Euro-Umsatz-Praxis? Nicht schlecht, nur wird das Potential der finanzkräftigen Erwerber sehr gering. Prognose hierzu: Soweit überhaupt am Standort vorhanden, werden diese den Preis maßgeblich mitbestimmen. Empfehlung: Mindestens fünf Jahre vor dem beabsichtigten Verkaufszeitpunkt die richtigen Partner, Käufer oder Rechtsform suchen.

E. Was ist (m)eine Praxis wert?

I. Werttreiber einer freiberuflichen Steuerberater-Praxis

1. Standort: Landflucht oder Großstadt-Dschungel?

27 Großstadt oder ländlich? Norden oder Süden, Ost oder West? Die Frage nach dem „idealen" Standort ist nach vorliegender Beobachtung eine Entscheidung, die primär unter privaten Gesichtspunkten getroffen wird. Wer z.B. das nördliche hanseatische Flair der Stadt Hamburg liebt, wird kaum durch Hinweise abzuschrecken sein, dass Hamburg in einigen Pro-Kopf-Quoten die ungünstigste Wettbewerbs-Relation aufweist (Anzahl Einwohner/Selbstständige pro StB und auch RA). Dem wäre auch eine sehr geringere Arbeitslosenquote, der Spitzenplatz im Bruttosozialprodukt pro Einwohner und eine günstigere Prognose der künftigen Altersstruktur der 20-65-jährigen im Jahr 2020 entgegenzuhalten. Das Städte-Ranking der Prognos-AG 2007 weist dagegen allein acht bayerische Städte (Platz 1 der Landkreis München) unter den ersten zehn aus (von insgesamt 439 Städten).

28 Was könnte für oder gegen eine Großstadt-Wahl sprechen: In Städten über 500.000 Einwohner wird statistisch ein Umsatz von 650.000 € erzielt (48.000 € über dem Durchschnittsumsatz, der Gewinn liegt mit 27,7 % nur 0,5 % über dem Durchschnitt).

29 **Käufer:** Um keine deutsche Region zu benachteiligen, wird auf das Zitat eines besonders landschaftlich schönen Landstriches verzichtet. Zumindest für jüngeren Nachwuchs wird zu romantisch-reizvollen Eindrücken zusätzlich eine angemessene sozio-kulturelle Infrastruktur im Rahmen der Familienplanung erfüllt sein müssen.

30 Zu beachten ist natürlich, dass in der Regel mit dem Standort Mandantenstrukturen (Branchen, Unternehmensgrößen) und daraus resultierende fachliche Anforderungen verbunden sind. Dabei sollte auch überlegt werden, ob und in welchem Umfang die aktuell zu übertragenden Mandantenstrukturen künftig noch Bestand haben (vgl. z.B. Trend von der ärztlichen Einzelpraxis zum Medizinischen Versorgungszentrum MVZ).

3 Die Auswertung lässt höchst differenzierbare individuelle Vergleiche der eigenen Praxis mit den bundesweiten Werten zu.

Käufer: Der Erwerb einer freiberuflichen Praxis bedeutet nicht nur die Übernahme eines Mandantenstammes, sondern den Eintritt in einen lebenden (Unternehmens-) Organismus, der sich über Jahre oder Jahrzehnte zur vorgefundenen Struktur entwickelt hat. Viele Gedanken, der Fleiß unzähliger Stunden und die erlebten Emotionen im Arbeitsalltag sind damit verbunden: Für einen Erwerber sollte deshalb die Aufbau- und Ablauforganisation im ersten Jahr nach dem Erwerb eine absolute Tabuzone sein. Nichts verschreckt Mitarbeiter mehr, als wenn bequeme und deshalb vielleicht sogar liebgewonnene Nachlässigkeiten in ihrem Arbeitsumfeld sofort umgekrempelt werden sollen, ohne dass sie darauf vorbereitet wurden. 31

Sicher bedeutet es Überzeugungsarbeit, wenn Mandanten erstmals mit schriftlichen Verträgen konfrontiert werden. Doch geschieht das nicht, um sie zu binden (§ 627 BGB lässt grüßen), sondern um das Spektrum des Leistungsangebotes zu verdeutlichen und den Nutzen für ihn noch erkennbarer zu machen. 32

Museumsreife EDV-Technologie in der zu erwerbenden Praxis kann von eisernem Sparwillen zeugen. Er lässt aber auch Käufer erschaudern, wenn sie an den zusätzlich notwendig werdenden finanziellen Investitionsbedarf denken. Hinzu kommen Schulungskosten der Mitarbeiter und/oder gegebenenfalls Minderleistungen/-ausfälle in der Umstellungsphase. 33

Das Vertrauen der Mandanten zu gewinnen steht im Vordergrund jeder Praxisübertragung. Die in der Praxisstruktur und den Prozessabläufen manifestierte Organisationsqualität wird aber jeder Käufer bei der Fixierung des Kaufpreises wertanteilig mit berücksichtigen. 34

Verkäufer: Der Standort ist vorgegeben, für den Erwerber akzeptabel oder nicht. Reaktionsmöglichkeiten bestehen für den Verkäufer nur im Bewusstsein, dass ungünstige volkswirtschaftliche regionale, örtliche oder direkt mit der Praxis verbundene Standortnachteile – zumindest tendenziell – die Dauer verlängern, um einen geeigneten oder grundsätzlich kaufwilligen Kandidaten zu finden. Engen weitere vom Erwerber zu erfüllende Übernahmevoraussetzungen (Kaufpreishöhe, fachliche, menschliche, unternehmerische Anforderungen) das Käuferpotential ein, wird die Suche entsprechend schwieriger. 35

2. Praxisorganisation: Zufallsprinzip oder ISO-zertifiziert?

Bei der Aufbauorganisation einer StB-Praxis spielt i.d.R. die Umsatzhöhe und die damit verbundene Faktoren, wie Mitarbeiterzahl usw. eine Rolle. Ob funktions- oder mandantenorientiert ökonomischer gearbeitet wird, die Mitarbeiter allein, als Team oder Abteilung höchste Effizienz schaffen und praxisinternes Know-how umsetzen können, das entscheidet der Praxisinhaber, ebenso wie den Einsatz und Umfang von Kommunikations- und EDV-Technologie. 36

Nach persönlicher Einschätzung zeigt sich die Heterogenität des Berufs und freiberufliche Individualität an nichts deutlicher, als in die in den Praxen vorzufindende Bandbreite bewusst strukturierter Ablauforganisation. Diese reicht vom Prinzip „Zufallsfund“ bis zur DIN EN ISO 9001:2008 zertifizierten Praxis. 37

3. Mitarbeiter: Vom 30-Std.-Job zum „Mitunternehmer“

Viele Mitarbeiter werden nicht umsonst als „gute Seelen“ in den Praxen bezeichnet. Für die Zukunft vorteilhafter wäre es, wenn sie in ihrem Selbstverständnis mehr aus dieser eher nostalgisch-passiv klingenden Rolle zu aktiven „Motoren“, zu „Mitunternehmern“ würden. Nicht (unbedingt) gesellschaftsrechtlich, aber im Bewusstsein, dass jeder Arbeitnehmer etwas für den Erhalt seines Arbeitsplatz tun muss. Auch die superkorrekte Erledigung des zugewiesenen Arbeitspensums ist 38 keine Garantie für den Erhalt des Arbeitsplatzes. Wenn alle Märkte (Produktions-, Dienstleistungs- und natürlich die Finanzmärkte) grundlegenden Strukturwechseln unterliegen, gepaart mit globalen Einflüssen, kann der einzelne Arbeitsplatz davon nicht unberührt bleiben. Die Überzeugung zu einer Neuorientierung muss vom Praxisinhaber ausgehen.

39 **Käufer:** Die in der Regel zur Verfügung gestellte Excel-Aufstellung mit den Mitarbeiterdaten lässt eine schnelle Analyse zu:

40 Welche Berufsqualifikationen sind vertreten? Acht Buchhalterinnen, eine Sekretärin und ein Azubi lassen nicht auf ein beratungsintensives Leistungsangebot schließen (liegt in der Buchhaltung die Zukunft?[4]).

41 In welcher Relation stehen das Alter der Mitarbeiter und ihre Beschäftigungsdauer? Der Wunsch der Mandanten nach einer möglichst langfristigen Zuständigkeit „ihres" Mitarbeiters steht konträr zum Fakt, dass über 25, 30 oder mehr Jahre hinweg beschäftigte Mitarbeiter meist nicht zu den am schlechtesten bezahlten im gesamten Team gehören. TIPP: Ein Blick in die Konten für Fortbildungs- und Fachliteraturkosten erhellen die Frage, ob nur noch Erfahrung vorliegt oder auf aktuelles Wissen zurückgegriffen werden kann! Das Problem dahinter sind nicht die Kosten für nachzuholende Fortbildung, sondern die Bereitschaft herzustellen, sich in der Freizeit oder den Abendstunden wieder der Wissensmehrung nach jahrelanger Abstinenz zu unterziehen.

42 Ergibt die Analyse z.B. bei einem 10-köpfigen Team, dass die Beschäftigungsdauer nicht länger als 1-2 Jahre zurückliegt, deutet das z.B. auf gravierende „Umstrukturierungen" und/oder eine mangelhafte Einstellungspolitik hin, die zu fachlicher Über- oder Unterforderung von Mitarbeitern und damit latenter Unzufriedenheit führt.

43 **Verkäufer:** Die häufig geäußerte Sorge um die Weiterbeschäftigung „ans Herz gewachsener" Mitarbeiter löst § 613a BGB. Unabhängig von der gesetzlichen Übernahme-Verpflichtung und/oder fehlendem Kündigungsschutz aufgrund der Kleinbetriebsregelung wäre es ein „Kardinalfehler", sich unmittelbar nach dem Praxiserwerb von Mitarbeitern zu trennen. Solidarkündigungen seitens anderer Mitarbeiter und „Mitnahme" der bisher betreuten Mandanten dürften sie auch für andere Arbeitgeber interessant werden lassen. Soweit betriebswirtschaftlich nicht benötigtes Personal freigestellt werden soll (gegebenenfalls muss dies geschehen, um die Praxis verkaufsfähig zu machen), ist das Aufgabe des Praxisinhabers. Diese menschlich höchst problematische Situation der Trennung von verdienten Mitarbeitern sollte deshalb rechtzeitig vorbereitet werden.

44 Testfrage: Wie viele „Blindbewerbungen" sind in den letzten sechs, zwölf Monaten in der Praxis eingegangen?[5] Das heißt, wird die Praxis überhaupt als Arbeitgeber wahrgenommen, und wenn ja, als wie attraktiv?

4. Mandanten: Alter, Branchen, Rechtsform

45 Eines der wichtigsten Chancen-Risiko-Prüfung (Due Diligence) Analysemittel ist beim Praxisverkauf die vom Verkäufer zu erstellende (anonymisierte!) Mandantenliste. Sie enthält regelmäßig: Mandanten-Nr. – Alter (jur./nat. Person) – Mandatierungsdauer – Branche – Rechtsform – Hinweise auf Steuerberatungsverträge und Honorareinzugsermächtigung – Honorarsätze/Leistungsart. Im Excel-Tabellenformat sind die Daten leicht sortierbar und die individuell die Praxis prägende Merkmale erkennbar.

4 Vgl. aber neue Ansätze wie www.fibu-im-nu.de
5 Unaufgeforderte, nur auf Eigeninitiative der Bewerber beruhende Aktivitäten, keine Inseratsangebote.

Käufer: Anhand der zitierten Mandantenliste ist für Erwerber erkennbar, ob der Mandantenstamm seiner Zielgruppe entspricht? Wie lang ist mit einer Fortsetzung der einzelnen Mandate zu rechnen? Die durchschnittliche Dauer eines Mandatsauftrages soll gemäß IRES-Umfrage bei 10,7 Jahren liegen. Hat das größte A-Mandat selbst ein pensionsfähiges Alter erreicht und seine Unternehmensnachfolge ist nicht geregelt, ist mit einem entsprechenden Umsatzeinbruch/-wegfall zu rechnen. 46

Verkäufer: Nicht nur aus Anlass des Praxisverkaufs wird jeder Praxisinhaber eine Kontrolle hinsichtlich seiner Mandanten durchführen. In diesen ABC-Analysen werden die „cash-cows" und die „poor dogs" erkennbar. Der „gute Ruf" in nachweislicher Form ergibt sich als Zuwachsquote in bestimmten Branchen/Regionen/Rechtsformen usw. durch den Zeitpunkt/-raum der Mandatsdauer. 47

Mit diesen Mandantenstrukturdaten sind regelmäßig auch bestimmte Tätigkeitsgebiete und fachliche Anforderungen verbunden. Jahresmandate (jährliche ESt-Erklärungen) erfordern keine Überlegungen zur Zinsschranke. 48

Kontrollfrage: Wer hat eigentlich angeordnet, dass mit C-Mandanten ein unverhältnismäßig hoher – nicht abrechenbarer – Zeitraufwand betrieben wird, A-Mandate dagegen wie „Bittsteller" erscheinen? 49

5. Umsatz – Kosten: Faustformel-Gewinn oder Unternehmerergebnis?

Die alte Faustformel, dass eine StB-Praxis rund ein Drittel Überschuss erbringt, war die Umkehrung des „Lehrsatzes", dass jeder Mitarbeiter ungefähr dass dreifache seines Gehaltes an Umsatz erwirtschaften sollte. Das 2- bis 2,5-fache scheint aktuell eher die „Norm" zu sein. Von welchen Kriterien hängt der Ertrag ab: Zufall oder Ziel des Praxisinhabers, Region oder Ortsgröße? Fakten[6]: 50

Region	Umsatz T€	Gewinn T€	%
Nord	647,2	175,3	27,1
Ost	386,8	102,0	26,4
Süd	628,2	168,5	26,8
West	615,6	170,6	27,7
Ortsgröße			
bis 100 T Einwohner	580,5	157,1	27,1
100-200 T EW	623,7	164,0	26,3
über 500 T EW	650,5	180,0	27,7
Umsatzklasse			
bis 200 T€	108,0	42,6	39,4
200 – 400 T€	299,9	93,5	31,2
400 – 600 T€	493,6	141,5	28,7
600 – 1.000 T€	770,2	199,6	25,9
1 – 2 Mio €	1.350,6	359,7	26,6
über 2 Mio €	3.086,7	696,7	22,6

Käufer: Das mit der Praxis verbundene Umsatz-Kostengefüge ist letztlich eine Frage der Kaufpreishöhe. Grundsätzlich sollte trotz einer schlechten Kosten-Gewinn-Relation unmittelbar bzw. im ersten Jahr nach der Übernahme, keine Veränderung an den Honoraren vorgenommen werden. Nach vorliegenden Beobachtungen nutzen die Mandanten z.Zt. vermehrt den Anlass der Praxisübertra- 51

6 Deutscher Steuerberaterverband e.V., Praxenvergleich 2008, Focus 3

gung zu Debatten über Honorarsenkungen: „Wir sind bereit zu bleiben, aber über das Honorar müssen wir noch mal reden.". Insofern sind vereinbarte Zehntelsätze auf unterstem Niveau keine Chance zur Umsatzverdoppelung, sondern risikoreich, wenn „keine Luft" nach unten besteht.

52 Anpassungen nach oben sind im Einzelfall möglich, wenn das Leistungsangebot transparenter und „nützlicher" als bisher dargestellt werden kann, so dass die Gewissheit besteht, dass das Mandat trotz Anpassung erhalten bleibt. Hilfreich ist dabei, wenn dem Mandanten zusätzliche Leistungen angeboten werden können (und in Anspruch genommen werden), die eine „Mischkalkulation" zulassen.

53 Die Kenntnis des Beraters um die wirtschaftliche Situation bzw. Nöte verleitet – leider und primär unter den männlichen Berufsangehörigen verbreitet – zu einem falsch verstandenen Mitleid/Verständnis, das sich in überlangen Zahlungszielen niederschlägt. Forderungen und Verbindlichkeiten werden in der Regel beim Praxisverkauf nicht mit übertragen. Der Einzug der gesamten rückständigen Honorare z.B. zum Jahresende führt dazu, dass diese Mandanten gleichlange Zahlungsfristen vom Nachfolger erwarten und einfordern. Im Ergebnis kann das dazu führen, dass nicht nur der Kaufpreis, sondern 2-3 oder mehr Monatsumsätze mit vorfinanziert werden müssen.

54 Die laufenden Honorareingänge sollten die laufenden Fixkosten der Praxis, die Annuität bei Fremdfinanzierung und die privat entnommenen Kosten decken.

55 **Verkäufer:** Selbstverständlich gilt für Freiberuflerpraxen, dass sie betriebswirtschaftlich effizient arbeiten müssen, wenn die Praxis dauerhaft am Markt bestehen will. Trotzdem sind eher Gewinnoptimierungs-, als -maximierungsstrategien bei Beratern zu finden. Auch wenn die Honorargestaltung/-politik immer rein ethisch begründet ist, scheinen die Interessen bzw. die Lage der Mandanten einen deutlichen Einfluss auf die Honorarhöhe auszuüben. Sofern der Praxisverkauf nicht kurzfristig erfolgen soll, kann noch eine „Bereinigung" im Sinne einer Ausrichtung auf A+B-Mandanten durchgeführt werden. Es wird die These gewagt, dass es in jeder Praxis einen Mandanten(typus) gibt, bei dessen Erscheinen sich der Hund in den Garten zurückzieht, alle Mitarbeiter im Archivkeller zu tun haben und die Auszubildenden zu Spontaneinkäufen bereit sind. Zu 99,9 % sind diese Mandanten nicht den A-Mandanten zuzurechnen. Wer oder was hindert den Praxisinhaber an einer Auflösung des Mandates? Besser noch: Was hindert ihn an einer wirtschaftlich gerechtfertigten und begründeten Verdoppelung des Honarars? Das Ergebnis: Der Mandant bleibt![7] Der erfolgreiche Schritt sollte ermutigen, sich Nr. 2 dieses Typus näher anzusehen.

6. Praxisinhaber: Arbeiten Sie noch oder leiten Sie schon?

56 **Käufer:** Wie sieht Ihre perfekte Arbeitswoche hinsichtlich des zeitlichen Arbeitsumfanges aus: Eine 20- oder 80-Stunden-Woche? Real und in der Regel jeweils individuell gut begründet existiert eine unglaubliche Variationsbreite. Die Entscheidung sollte in der *Erkenntnis* erfolgen, dass der Freiberuflertag bekanntlich zwar 24 Stunden plus Mittagspause umfasst, aber ebenso im Bewusstsein, dass die Lebenszeit ein Gut ist, das unwiderruflich verrinnt.

57 Der Erwerb einer Praxis ist eine spannende Herausforderung. Der Wechsel von dem – fachlich auch anspruchsvollen – eigenverantwortlichen Angestelltendasein in die unternehmerische Vollverantwortung bringt allein zeitlich ein Mehrengagement mit sich. Knief hält eine Mehrarbeitszeit von 6 Stunden für einen angestellten StB für normal, zusätzlich 8 weitere Stunden für den in seiner Praxis arbeitenden und denkenden StB, also insgesamt 54 Std[8]. Es erscheint nicht unrealistisch, 6 weitere Stunden hinzuzurechnen, die allein für den Aufbau guter Vertrauensbeziehungen zu den nunmehr „eigenen" Mandanten erforderlich ist. Eine 60 Std.-Woche ist also zunächst „Business aus usual". Das wird der Lebenspartner/die Familie hoffentlich genauso sehen?

7 Das einzige Problem: Wie sage ich dem Hund, dass er künftig freudig mit dem Schwanz zu wedeln hat.
8 Knief, Der kalkulatorische Unternehmerlohn für Steuerberater, DStR 2008, 1895.

Der Abbau von Eigenproduktivität zugunsten von Arbeitsdelegation auf Mitarbeiter ist sicher kein anzustrebender Prozess der ersten Monate, mittel- oder langfristig aber doch ein unternehmerisches Ziel, oder? Mit diesem Postulat soll nicht näherungsweise die Grenze der freiberuflichen Eigenverantwortlichkeit im Sinne von § 57 Abs. 1 StBerG tangiert werden. Es gilt aber auch die weitere banale „Weisheit", dass der Kopf erst denken kann, wenn die Hände frei sind. 58

Wer als Käufer die Wahl hat zwischen einer Praxis mit hohem Zeitanteil persönlich erforderlicher Tätigkeit und einer „unternehmerisch geleiteten Denkfabrik", wird dies auch beim Kaufpreis geltend machen. 59

Verkäufer: Womit verbringen Sie Ihren Arbeitsalltag? Sind Sie bemüht, den Anteil Ihrer eigenen produktiven Stunden zu erhöhen oder abzubauen? Steht im Vordergrund Ihrer Überlegungen, ob Sie sich nicht doch noch die Detailkenntnisse für Baulöhne aneignen sollten, um rundum perfekt zu werden, oder interessiert Sie eher, wie die Gesamtzahl der abrechenbaren Stunden Ihrer Mitarbeiter verbessert werden kann? Kurz gefragt, arbeiten Sie **in** der Praxis oder **an** der Praxis? Nur ein einziger anderer Buchstabe, dazwischen liegen aber „Welten" in der Anschauung. 60

II. Schätzung versus Bewertung

1. Vorherrschend: Umsatzwertverfahren

Nachgefragte Prozentwerte implizieren eine bestimmte Bewertungsmethode. Gemäß IDW S1 handelt es sich beim Umsatzwertverfahren nicht um ein Bewertungsverfahren, sondern um „vereinfachte Preisfindungen"[9], die nur Anhaltspunkte für die Plausibilität des Ertragswertverfahrens bieten können. Soweit der theoretische Anspruch. 99,99 % aller Anrufer, die sich (zumindest beim Autor seit über 30 Jahren) nach dem Marktwert ihrer Praxis erkundigen, wollen eine Prozentzahl hören. Einen möglichst hohen Wert die Verkäufer, einen möglichst niedrigen Wert die Käufer. Damit gestärkt gehen beide Seiten dann unter Bezugnahme auf die Quelle in die Verhandlungen. Soweit die praktische Realität. Der aktuelle Bewertungsrahmen 2009 für ca. 95 % aller „normalen" Fälle lautet 80 % bis 120 % des nachhaltig erzielbaren, bereinigten Nettoumsatzes[10]. 61

Höchst erstaunlich ist, dass rund die Hälfte aller Anrufer mit der Angabe der Rahmensätze zufrieden ist. Erst auf die Nachfrage, ob sie denn wissen wollen, wann z.B. 80 % oder 120 % in Betracht kommen könnten, regt sich weiteres Interesse. 62

Käufer: Der Praxiskauf ist für die Käufer der Erwerb einer „Black box". Mit viel Hoffnung versehen, aber man weiß nicht, was drin steckt. Wer bereits langjährig berufliche Erfahrungen, unter Umständen in leitender Funktion, aber als angestellter StB erworben hat, wird schnell anhand von Mandanten-/Mitarbeiterlisten, Jahresabschlüssen, sonstigen Verträgen etc. ein Gespür dafür entwickeln, welche Chancen/Probleme sich auftun könnten. Berufsanfänger werden sich damit schwerer tun. Die neutrale Analyse oder Hinweise der Berufsorganisationen sind zu empfehlen, werden häufig aber zu spät in Anspruch genommen. 63

9 IDW, Grundsätze zur Durchführung von Unternehmensbewertungen, IDW-FN 2008, 271, Rz 164 f.

10 Gewerblich tätige Praxisvermittler suggerieren auch höhere Prozentwerte. Die Bundessteuerberaterkammer hat in ihren im Juni 2007 veröffentlichten „Hinweisen zur Bewertung von Steuerberaterpraxen" den oberen Wert mit 140 % beziffert. Der Autor hat in den Berechnungsbeispielen der BStBK hierzu zahlreiche methodische und rechnerische Fehler nachgewiesen und zeitnah eine neue Version angemahnt. Vgl. im Einzelnen Wehmeier, Das „angelehnte" Ertragswertverfahren, Stbg 2007, 436. Die BStBK hat ihre „Hinweise" im Oktober 2008 ersatzlos aus der CD-Version des Berufsrechtlichen Handbuchs entfernt und eine Überarbeitung angekündigt.

64 Bemerkenswert ist, dass das Thema eigentlich nicht ein hoch-komplexes Erkenntnisproblem ist, sondern auch hier ein rational zu behandelndes Umsetzungsproblem. „Lebenswerk-Gedächtnisstunden gepaart mit rosaroter Zukunftsbrillen-Perspektive“ sind beiderseits fehl am Platz. Soweit erst kreditfinanzierende Banken hochtrabende Pläne auf den Boden finanzieller Realitäten zurückholen müssen, ist neben dem geplatzten Kredit auch mit künftig skeptischen Blicken in der fachlichen Zusammenarbeit zu rechnen.

65 **Verkäufer:** Umsatz mal Prozentsatz x gleich Kaufpreis? Ganz so einfach ist es nicht, bzw. sollte man es sich nicht machen. Wie wird die Bemessungsgrundlage ermittelt?

- Ermittlung eines unter Berücksichtigung der Umsatzentwicklung akzeptablen Durchschnittsumsatzes;
- Korrektur (Abzug) für alle künftig dauerhaft entfallenden oder einmalig und nicht wiederkehrenden Umsatzanteile;
- Korrektur (Abzug) um Umsätze für persönliche Tätigkeiten (Autor, Beirat, Referent, Testamentsvollstreckung usw.);
- ggfs. Korrektur (Abzug absolut oder als Abschlag vom Prozenzwert) um zusätzlich erkannte Risikofelder (Insolvenzen, Altersstruktur usw.);
- Multiplikation des korrigierten Nettoumsatzes mit einem individuell ermittelten Prozentwert (i.d.R. auf der Grundlage einer Balanced Scorecard, die die Chancen-Risiken-Struktur der Praxis abbildet).

66 Der nach vorstehendem Muster ermittelte ideelle Praxiswert ist um den materiellen Praxiswert zu ergänzen, der häufig durch pauschale Schätzung (5-10 % des ideellen Werts) oder auf der Grundlage des Inventars beziffert wird.

67 Skepsis ist angebracht, wenn Antworten auf Chiffre-Inserate scheinbar großzügige Offerten enthalten („Wir sind eine finanzstarke Gruppe…“). Entscheidend ist, was hinten rauskommt (vgl. Kapitel „Kein Kaufvertrag ohne Fallstricke“).

2. Wünschenswert: Ertragswertverfahren

68 Die Königsklasse der Bewertung: das Ertragswertverfahren! Stand Frühjahr 2009 ist unklar, was aus dem sog. „modifizierten“ Ertragswertverfahren wird, dass bisher u.a. von der BStBK präferiert wurde und worin die „Modifikationen“ liegen sollen, um dem freiberuflichen Charakter des Bewertungsobjektes entgegenzukommen. Das grundsätzliche Problem: Die Methodik ist auch hier einfach, das Ergebnis aber – da zukunftsgerichtet – unsicher:

69 Man prognostiziere auf der Grundlage vergangenheitsbezogener Werte für den sog. Detailplanungszeitraum (Phase 1) über einen ca. fünfjährigen Zeitraum zukünftige Umsätze (ggfs. auf der Basis der Mandantenlisten mit Tätigkeitsschwerpunkten), subtrahiere Kosten (ggfs. statistische Vergleichsdaten) und einen kalkulatorischen Beraterlohn, kürze das Ergebnis um die mit dem persönlichen Grenzsteuersatz zu ermittelnden Ertragsteuern (zzgl. Soli und KiSt) und diskontiere die fünf Jahreswerte mit dem jährlichen Barwertfaktor des zutreffenden Kapitalisierungszinssatzes (für den Bewertungsstichtag relevanter Basiszins abzgl. pers. Grenzsteuersatz zzgl. Marktrisikoprämie; der Zins ist nur für den Zeitraum des Werts der ewigen Rente – Phase 2 – noch um einen Wachstumsabschlag zu ergänzen). Die Summe der Barwerte der diskontierten Erträge aus Phase 1 und Phase 2 (Wert der ewigen Rente) ergibt den Ertragswert. Soweit die Theorie. Dass sich über jeden der genannten Faktoren trefflich streiten lässt, ist offenkundig. Versuche, mit Trendrechnungen und Hypothesen die Zukunft vorweg zu nehmen, machen die Zukunft zwei Stellen hinter dem Komma genau, sie bleibt aber unsicher!

Käufer: Es gilt die Skat-Regel „Wer schreibt, bleibt". Das bedeutet die Klärung der Frage, wer die Ertragswertermittlung vorgenommen hat (Das gilt auch für das Umsatzverfahren.). Der Verkäufer, ein neutraler Dritter oder ein kaufpreisabhängig tätiger Vermittler? Wurden die zu treffenden Annahmen für alle Einflussfaktoren offengelegt, sind sie plausibel? Besonders kritisch sind Wertänderungen im letzten (fünften) Detailplanungsjahr, da dieser Wert für die Berechnung des Werts der ewigen Rente (Phase 2) zu Grunde gelegt wird. Fraglich sind also: Handelt es sich gerade oder nur in diesem Jahr eintretende besondere Umsatzzuwächse, wirksam werdende Synergieeffekte oder Wirkungen von „Kostensenkungsprogrammen"? 70

Eine gegenseitige Kontrolle des Ergebnisses von Umsatzverfahren mit dem des Ertragswertverfahrens ist m.E. nicht möglich. Ist eine Übereinstimmung rein zufällig (zwar machbar dank Excel, aber unseriös), das Maß tolerabler Abweichung in € oder % ist, – soweit ersichtlich – bisher in der gesamten Literatur weder grundsätzlich noch annähernd konkret beziffert worden. Welches Ergebnis ist also das „Richtigere"? 71

Soweit beide Parteien an den zwangsläufig unterschiedlichen Ergebnissen aus den beiden Methoden festhalten wollen, kann aus vermittelnder Praktikersicht z.B. empfohlen werden, eine arithmetische Ergebnismittelung vorzunehmen, evtl. mit einer Methoden-Gewichtung. Bei einer immer noch verbleibenden Wertdifferenz bzw. Interessendifferenz kann unter Umständen ein Ausgleich über zu verzinsende Ratenzahlungen gefunden werden. Der Kern des Widerspruches besteht doch in der Wahrscheinlichkeit des Eintreffens der Ertragsprognose. Realisieren sich die Werte, kann ein finanzieller Ausgleich zu diesem Zeitpunkt stattfinden, anderenfalls nicht. 72

Verkäufer: Die Vorlage einer Ertragswertberechnung kann zur grundsätzlichen Orientierung und Einschätzung hilfreich sein. Unter Berücksichtigung der im Gegensatz zu gewerblichen Unternehmen höheren Umsatzrenditen von StB-Praxen, führt das Ertragswertverfahren in der Regel zu erhöhten Kaufpreisen, die am Markt einfach nicht realisierbar sind. Ein starres Festhalten an überzogenen Ergebnissen mit Hinweis auf die „wissenschaftliche Basis" kann ein Hilfsanker sein, um unliebsame Bewerber scheinbar rational aus dem Potential der Bewerber zu entfernen, anderseits aber „passende" Bewerber von einem vorzeitigen Abbruch der Verhandlungen abzuhalten. 73

F. Zur Kasse bitte ...

Der Preis ist übereinstimmend ermittelt und vereinbart. Wie nun bezahlen? Sachwerte und Barzahlung sind genauso nur im Einzelfall denkbar wie die in den 60er- und 70er-Jahren noch üblichen Rentenvereinbarungen. In der Regel wird bei Unterzeichnung des Vertrages eine Anzahlung von z.B. 25 % geleistet, 50 % (oder mehr) bei Praxisübergabe und eine entsprechende Restzahlung, soweit nachträgliche Umsatzveränderungen berücksichtigt werden sollen. Zum vereinbarten Kaufpreis, bestehend aus ideellem und materiellem Praxiswert (ohne USt), können weitere finanzielle Aspekte hinzutreten, die bei der gesamten Finanzierungsabsicherung und -abwicklung zu berücksichtigen sind. 74

Käufer: „Ohne Moos nix los". Ohne Eigenkapital von ca. 15 % bis 20 % wird keine Hausbank eine Finanzierung durch die KfW-Mittelstandsbank[11] befürworten. Eine frühzeitige Klärung der eigenen persönlichen Kreditwürdigkeit ist anzuraten, um auch für kurzfristige mögliche Übernahme vorbereitet zu sein (Todesfälle). 75

11 http://www.kfw-mittelstandsbank.de/DE_Home/Kredite/Die_Foerderprogramme_im_Einzelnen/KfW-Unternehmerkredit/index.jsp

1

76 Zum Kaufpreis sind mögliche Vorfinanzierungen von Umsätzen wegen Zahlungsrückständen ebenso einzurechnen, wie notwendiges Investitionskapital für technische Ersatzinvestitionen (insbesondere EDV).

77 „StB-Praxis mit 300.000 € Umsatz zu berufsüblichen 140 % zu verkaufen". Achtung Gedankenfalle! Solche Formulierungen in Inseraten suggerieren eine „Berufsüblichkeit", die es nicht gibt. Das ist der untaugliche Versuch, einer Argumentation zur tatsächlichen Werthaltigkeit zu entgehen, indem man sich auf scheinbar übliche Berufsusancen berufen möchte, die nicht verhandelbar sind.

Praxistipp:

Eine ganz einfache Kaufpreisformel aus der Sicht eines bisher angestellten StB, damit aus betriebswirtschaftlicher Sicht ein Kauf rentabel wird:

- *Gewinn der zu erwerbenden Praxis*
- *abzgl. bisheriges Gehalt (StB nach § 58 StBerG)*
- *abzgl. Annuität (80 % fremdfinanziert)*
- *abzgl. X € Mehrnetto/Monat auf dem Konto (Höhe wird i.d.R. vom Lebenspartner bestimmt).*

78 Nach persönlicher Auffassung sollte sich der Kauf nur betriebswirtschaftlich rechtfertigen lassen, also ohne Einzug der AfA auf den immateriellen Praxiswert (selbstverständlich in StB-Kreisen strittig!). Die Amortisationsdauer sollte vier Jahre nicht überschreiten.

79 **Verkäufer:** Soweit der im Vorfeld gedachte Kauf einen bestimmten Mindestbetrag zur Altersversorgung leisten soll (Keinesfalls: Die Praxis – meine Altersversorgung!), ist an eine für die Zukunft größtmögliche Absicherung zu denken. Aus steuerlichen Erwägungen denkbare vorteilhaftere Rentenvereinbarungen tragen das latente, aber erfahrungsgemäß sehr relevante Risiko, dass mit zunehmendem Zeitabstand die Zufriedenheit mit dem Kauf sinkt. Unregelmäßige Zahlungen bis zur völligen Einstellung (bzw. Zahlung auf ein Notaranderkonto) sind dann die Folge, was regelmäßig mit einer Neuverhandlung über die Gesamthöhe des Kaufpreises endet. Eine Rolle, in der der Verkäufer sich in der schlechteren Verhandlungsposition befindet, da er vielfach keine Handlungsalternativen hat (z.B. keine Berufstätigkeit wegen fehlender Bestellung als StB möglich usw.).

80 Bei der gewünschten Kaufpreishöhe ist an einen möglichen Abzugsbetrag zu denken, der für mögliche arbeitsrechtliche Abfindungen fällig werden kann, wenn nicht benötigtes Personal freigestellt werden muss.

G. Kein Kaufvertrag ohne Fallstricke

81 **Musterverträge** sind Sammlungen minimaler formaler Vorschriften und neutrale „Erinnerungsposten" dessen, was geregelt werden sollte. In seriösen Musterverträgen sind möglicherweise einseitig begünstigende Paragrafen kenntlich gemacht (z.B. in Fußnoten).

82 Parteiseitig vorgelegte **Vertragsentwürfe** enthalten einseitig wirkende Vorschläge. Ohne Detailprüfung darf dann kein einziger Halbsatz ungeprüft hinsichtlich individueller Relevanz und Akzeptanz übernommen werden. Deshalb Vorsicht, wenn großzügig angeboten wird, sich um die „formale Abwicklung" zu kümmern. Erfahrungsgemäß sollen Praxisübertragungen maximal kostengünstigst abgewickelt werden, die Rechtssicherheit einer (bei Mängeln ggfs. schadensersatzpflichtigen) notariellen Beurkundung aber in Erwägung gezogen werden. Nachfolgend nur zwei Dauerstreitpunkte in Vertragsgestaltungen.

Käufer: Der Aufbau der Vertrauensbeziehung zu den „erworbenen" Mandanten ist für den Käufer die wichtigste Voraussetzung seines wirtschaftlichen Erfolges. Soweit der Verkäufer – gern auch ungefragt – noch regelmäßig „nach dem Rechten sieht", kann dies zu Störungen bzw. zur nachträglichen Mandatskündigung führen. Das probate Gegenmittel ist das Wettbewerbsverbot. Doch Vorsicht! Es ist rechtlich nur wirksam, wenn sachliche, zeitliche und örtliche Grenzen nicht überschritten werden: Sachlich bezogen auf die zum Zeitpunkt der Übertragung vorhandenen Mandanten, zeitlich auf ein begrenztes Tätigkeitsverbot für eine Dauer von max. 3 Jahren und örtlich in einem Radius von max. ca. 50 km. 83

Alle genannten Kriterien können im Einzelfall schädlich sein. Soweit ersichtlich, gibt es bisher kein Urteil, nach dem für alle Fälle oder auch nur branchenbezogen konkret Grenzen fixiert worden wären. Werden (- bewusst formuliert ! -) zwei oder drei Grenzkriterien für den Käufer (scheinbar) großzügig gefasst, kann das ganze Wettbewerbsverbot unwirksam sein. Klarer formuliert: Der Verkäufer kann wieder aktiv werden. 84

Auch die Verkäufer-Aussage „Machen Sie sich keine Gedanken, ich habe auf meine Bestellung als StB verzichtet," sorgt nicht für Entwarnung. Gemäß § 48 Abs. 1 Nr. 1 StBerG können ehemalige StB wieder bestellt werden, d.h. ein Verzicht ist nicht endgültig! 85

Verkäufer: Die Chance, Verkaufspreise nachträglich zu korrigieren, bieten die sog. Umsatzminderungsklauseln. Diese sollen den möglichen Umstand regeln, dass die Mandanten in einem bestimmten Zeitraum nach der Praxisübergabe kündigen. 86

Zwar sind Vertragsklauseln über eine nachträgliche Kaufpreisreduzierung nichtig, wenn jeglicher Umsatzrückgang in den ersten zwei Jahren ab Übernahme der Praxis, unabhängig von seinem Grund und unabhängig von einem Vertretenmüssen des Veräußerers, in voller Höhe zur Reduzierung des Kaufpreises führt[12]. Dies gilt aber nicht, wenn sich der Verkäufer bewusst und in Kenntnis der Folgen auf eine solche Regelung eingelassen hat.[13] 87

These: Die (verkürzte) Formulierung: „Der Kaufpreis richtet sich nach dem Umsatz, der ein Jahr nach der Praxisübernahme noch erzielt wird" führt dazu, dass weder C- noch B-Mandanten nach Ablauf dieses Jahre mehr anzufinden sind (drei nicht eingehaltene Termine ohne vorherige Absage reichen aus). Für diese Form der latenten „Mandantenbereinigung" werden in der Regel auch höhere Prozentwerte für den Kaufpreis versprochen und damit andere Interessenten aus dem Rennen geworfen. 88

H. Wie „überträgt" man Mandanten/eine Praxis?

Bei der Frage, wie eine Praxis übertragen wird, soll nicht auf rechtliche Aspekte des obligatorischen Verpflichtungs- und dinglichen Verfügungsgeschäfts eingegangen werden, sondern sollen Probleme des praktischen Ablaufs beleuchtet werden. 89

Grundsätzliche Stufen sind: Verkaufsangebot/Kaufgesuch – Kennenlernen – beiderseitige Offenlegung geforderter Kriterien – grundsätzliche Einigung – vertragliche Fixierung – Information der Mitarbeiter gem. § 613a BGB – Einholung schriftlicher Zustimmungserklärungen von den Mandanten zur Weitergabe ihrer elektronisch gespeicherten Daten an den Käufer – ggfs. parallel dazu erste Kaufpreis(an)-zahlungen – technische Übergabe der Praxis zum vereinbarten Zeitpunkt mit Kaufpreisabwicklung. 90

12 Vgl. Wehmeier, Praxisveräußerung: Ein filmreifes Fallbeispiel – Besprechung des OLG Naumburg -Urteils v. 19.07.2005,1 U 83/04, Stbg 2006, 80.

13 OLG Naumburg v. 29.03.2006,1 U 48/95, n.v.

91 **Käufer:** Besuch der A-Mandate ist Pflicht, B-Mandate ist Kür und C unrealistisch[14]. Fachliche überlegene Kompetenz ist selbstverständlich, Branchen-Knowhow sehr hilfreich, beides aber nicht entscheidend, wenn die persönliche „Chemie“ nicht stimmt. Im Gegensatz zur normalen Annahme eines neuen Mandats, handelt es sich nicht um ein zusätzliches „Kann“, sondern in der Regel um ein wirtschaftliches „Muss“, wenn der Vertrag rational abgewickelt werden soll. Kenntnis/Verständnis für die persönlichen Vorlieben/Hobbys/Probleme öffnen Herz und Hirn.

92 Soll das Problem „Zustimmungserklärung“ vermieden werden, ist nur der Weg über die Anstellung des Käufers gem. § 58 StBerG für die Dauer von rund einem Jahr vor der beabsichtigten Übergabe möglich. Die fallweise Beschäftigung als „Freier Mitarbeiter“ reicht nicht aus.

93 Zu warnen ist explizit vor der zum Teil auch in der Literatur vorzufindende Lösungsvorschlag, das Problem über eine „Außen-“ oder „Scheinsozietät“ lösen zu wollen. Der folgende vom BGH entschiedene Fall betrifft eine besondere Fallkonstellation, die nicht zu verallgemeinern ist[15]. Es reicht nicht aus, lediglich den Briefkopf zu ändern, zum bisherigen Einzelpraxisinhaber „StB X“ „Frau/Herrn StB Y“ zuzuschreiben und zu glauben, mit dieser äußerlich als Sozietät erkennbaren „Gesellschaft“ wären die Rechte der Mandanten gewahrt.

94 Die Folge solcher nichtigen Vereinbarungen und/oder Gestaltungen ist die Rückabwicklung des Kaufvertrages, d.h. Herausgabe des Kaufpreises (ggfs. noch möglich) und Herausgabe des Mandantenstammes. Die Herausgabe des Mandantenstamms ist in der Regel aber nicht allein vom Willen und der Rechtsmacht des Erwerbers abhängig, sondern davon, dass die Mandanten den Wechsel zurück vom Erwerber zum Veräußerer mit vollziehen.[16] Ist der Empfänger (Käufer) aber zur Herausgabe (der Mandanten) außerstande, hat er gemäß § 818 Abs. 2 BGB Wertersatz zu leisten hat. Die mit der Steuerberaterpraxis erzielten Gewinne, soweit sie nicht auf seinen persönlichen Fähigkeiten und Leistungen beruhen, sind als Nutzungen nach § 818 Abs. 1 BGB herauszugeben (Saldotheorie[17]).[18]

95 **Verkäufer:** Die Rechtsprechung hat mehrfach bestätigt, dass das informationelle Selbstbestimmungsrecht der Mandanten eine schriftliche Zustimmung zur Weitergabe ihrer elektronisch gespeicherten Daten erfordert[19]. Häufige Sorgen der Verkäufer deshalb: Meine Mandanten kennen mich schon … Jahre. Werden sie den Wechsel zum Nachfolger mitmachen? Ja, sie werden, wenn ihnen eine unwiderrufliche Lösung aufgezeigt wird!

! Praxis-Tipp:

Zustimmungserklärung nicht mit Beilage eines vorausgefüllten und frankierten Rückumschlages, sondern per Rückfax einfordern. Textvorschlag zum Anschreiben: „Auf Anraten meines Arztes bin ich leider gezwungen … habe aber für diesen Fall schon vorgesorgt und bin seit vielen Jahren mit meinem/r Nachfolger/in Frau/Herrn StB XY im sehr engen Kontakt. Wir arbeiten vertrauensvoll zusammen.

Zum Kennenlernen schlage ich Mittwoch, den … oder Freitag, den… vor. Frau… (Sekretärin) wird mit Ihnen den genauen Termin absprechen. Selbstverständlich stehe ich noch geraume Zeit zur Verfügung …“

---

14 Nur, wenn Mandanten dem Kennenlerntermin zugestimmt haben.

15 Vgl. im Einzelnen: Wehmeier (Schein-)Lösung zur Praxisnachfolge: Scheinsozietät ? – zum BGH-Urteil v. 13.6.2001, VIII ZR 176/00, Stbg 2001, 420.

16 BGH v. 13.11.1990, KZR 2/89, BB 1991, 444; v. 14.1.2002, II ZR 354/99, BB 2002, 594.

17 BGH v. 24.6.1963, VII ZR 229/62, NJW 1963, 1870; v. 11.11.1994, V ZR 116/93, NJW 1995, 454; v. 10.2.1999, VIII ZR 314/97, NJW 1999, 1181; OLG München v. 5.5.2000, 23 U 6086/99, WPK-Mitt. 2001, 161.

18 BGH v. 5.7.2006, VIII ZR 172/95, DB 2006, 1890, Anschluss an BGH v. 14.1.2002, II ZR 354/99, NJW 2002, 1340, Abgrenzung zu BGH v. 27.2.1952, II ZR 191/51, DB 1952, 347; v. 18.9.1961, VII ZR 118/60, DB 1961, 1451; v. 8.4.1963, VIII ZR 219/61, NJW 1963, 1299.

19 BGH v. 11.12.1991, VIII ZR 4/91, StBg 1992, 205; v. 17.5.1995, VIII ZR 94/94, WM 1995, 1357; v. 11.10.1995, VIII ZR 25/94, WM 1996, 22; v. 22.5.1996, VIII ZR 194/95, WM 1995, 1576; v. 3.2.1999, VIII ZR 14/98, WM 1999, 1034; Wehmeier, Praxisverkauf, Nichtigkeit des Kaufvertrages, Stbg 1996, 345.

Praktisch empfehlenswert, aber rechtlich bedenklich ist die Durchführung eines Mandantenabends zum Vorstellen und Kennenlernen des Nachfolgers. Menschliche Neugierde ist noch keine schlüssige Handlung und Zustimmung, die sich m.E. erst bei einem weiteren – freiwilligen – Kontakt (z.B. mit Übergabe von Unterlagen oder konkreten Fachfragen) als konkludentes Handeln interpretieren lässt. 96

1

I. Überleitende Mitarbeit gewünscht?

Eine nach dem Vollzug der Praxisübergabe begleitende/überleitende Tätigkeit des bisherigen Praxisinhabers ist teils notwendig, teils sinnvoll, teils faktisch nicht mehr möglich und teils nicht wünschenswert. Die denkbaren maßgebenden Umstände sind zu vielfältig, um sie hier nur annähernd darstellen zu können. Bewusst unterschieden und entschieden werden sollte aber in persönlicher Motivationen oder fachlichen Sachgründen, wirtschaftlichen Notwendigkeiten, rechtlichem Formalaufwand und steuerlichen Folgen. 97

Käufer: Der zeitliche Umfang und die damit verbundenen Kosten einer weiteren Tätigkeit des bisherigen Praxisinhabers sollten abschließend der maximalen Höhe nach definiert sein: Der geplante Ertrag/Rentabilität darf nicht durch die neu erkannte „Freiheit“ des Verkäufers, rund um die Uhr arbeiten zu können, geschmälert werden. 98

Verzögerte Kaufpreiszahlungen führen in der Regel zu einem selbst definierten „Zurückbehaltungsrecht“ bzw. „Leistungsstau“ beim (noch tätigen) Verkäufer. Zu spät oder gar nicht abgelieferte Arbeiten kann ein Mandant beurteilen, die eigentlichen Zahlen seltener. Wer diesen Mangel zu vertreten hat, interessiert ihn nicht. Dass die neue Mandatsbeziehung so von Anfang an gestört ist, gilt es zu vermeiden. 99

Verkäufer: Nach 40 Jahren Selbstständigkeit jetzt *nur* als angestellter (freier) Mitarbeiter auf der rechten Briefleiste aufgeführt. Ein psychisches Problem? Ein paar „gute alte“ Mandanten müssen unbedingt weiter betreut werden! Na klar, Versicherungsschutz, Kammer- und Verbandsbeitrag, Fortbildungskosten, Software- und Rechenzentrumsgebühren und immer schön pünktlich am 10. die Umsatzsteuervoranmeldung abgeben. Sieht so der Traum vom aktiven „Unruhestand“ aus? 100

„Übergangssozietät“ für drei bis fünf Jahre: §§ 16, 34 EStG gelöst? Sehr häufig überdauern diese Lösungen nicht den geplanten Zeitraum. Divergierende Auffassungen über Praxis- und/oder Mitarbeiterführung, strategische Wachstums-/Umsatzziele, technische Veränderungen usw. führen zum vorzeitigen Scheitern. Nach vorliegenden Erfahrungen sind solche Fälle vertraglich nicht geregelt: Entweder, weil die Problematik grundsätzlich nicht erkannt wurde, oder aber eher, weil die Parteien glaubten, einen solchen Zeitraum „locker überstehen“ zu können. 101

J. Statt Verkauf: Varianten zur Nachfolge

Der Verkauf einer Praxis ist ein endgültiger Schritt. Die mentale („Loslassen“) und technische Vorbereitung hierauf kann in Etappen erfolgen. Als Gestaltungsvarianten ohne Offenlegung der Absicht kommen in Betracht: 102

- (dauerhafte) Beschäftigung eines angestellten Mitarbeiters,
- (fallweise) Beschäftigung eines freien Mitarbeiters,
- Vereinbarung eines Praxisvertreters (§ 69 StBerG),
- Gründung einer Bürogemeinschaft.

103 Bei den vorstehenden Varianten kann die fachliche und/oder menschliche Eignung des Nachfolgers sozusagen mit „versteckter Kamera“ geprüft werden, ohne falsche Hoffnungen zu wecken.

104 Bei allen anderen gesellschaftsrechtlich relevanten Beteiligungsformen (Sozietät, Partnerschaft, GmbH, GmbH & Co.KG) muss die Nachfolge, das Ausscheiden eines Gesellschafters, vereinbart sein. Hierbei gilt, dass nicht die hoffnungsschwangere „rosarote“ Gründung das Problem ist, sondern wie der Fall X, das Scheitern, geregelt ist.

105 Zu treffende Mindestregelungen aus praktischer Erfahrung wären:

1. Unterjährige Gesellschafterversammlungen vereinbaren (Quartalsjour-fix): Zwingt zu kontinuierlicher Auseinandersetzung mit wirtschaftlicher Gesellschafts- und persönlicher Gesellschafterentwicklung.
2. Altersregelung: Bei Erreichen einer bestimmten Altersgrenze hat der jeweilige Gesellschafter auszuscheiden (ggfs. mit einem einseitigen Optionsrecht der verbleibenden Gesellschafter zur Verlängerung). Der Vorteil für den „Senior“: Der Zeitpunkt ist definiert, es gibt keinen jähen Absturz vom 14-Std.-Tag ins tagesfüllende „Brötchenholen“.
3. Kündigungsregeln für ordentliche/außerordentliche Kündigung oder Ausschlussgründe im Zusammenhang mit Abfindungen definieren.
4. Bewertungsmethode für ideellen/materiellen Praxiswert deren Rechenfaktoren konkret definieren und jährlich zur Beschlussfassung stellen.

Wolfgang Wehmeier

ist seit mehr als drei Jahrzehnten als Geschäftsführer in freiberuflichen Organisationen tätig, Autor zahlreicher Fachveröffentlichungen und Referent speziell zur Bewertung von freiberuflichen Praxen. Fundstelle einiger Artikel hierzu:

www.stbverband-berlin-bb.de/praxisboerse

Warum haben Sie sich mit diesem Thema befasst?

Weil die Erfahrung gemacht wurde, dass beim Thema „Praxisveräußerung - Praxisnachfolge" Steuerberater viel mit dem verstorbenen US-Schauspieler James Dean gemeinsam haben: „Denn sie wissen nicht, was sie tun." Dahinter steht die verständliche Abneigung, sich mit Altersfragen und den damit verbundenen Problemen und Risiken zu beschäftigen. Die Fehleinschätzung einer Praxisverwertung als „die" Altersversorgung gehört der Garaus gemacht. Das motiviert mich seit über 30 Jahren, in Text und Wort darauf hinzuweisen und aufzuklären.

Inwieweit haben Sie mit Steuerberatern zu tun?

Täglich! Als dienstältester Geschäftsführer eines Steuerberaterverbandes und seiner Fortbildungs-GmbH gehört das „Ohr am Volkesmund" zum Tagesablauf. Moderne Berufsverbände sind heute effektive und effiziente Dienstleister, keine Karteikartenwender. Der wirtschaftlich nachweisliche Nutzen sowie sinnlich/emotional erlebbare Vorteile unserer Leistungsangebote für unsere Mitglieder sind deshalb für mich Selbstverständlichkeit und Credo. Mein Motto: „Aus guten Steuerberatern erfolgreiche Unternehmer machen!"

Was sind für Sie die wesentlichen Faktoren, die beruflich und privat Erfolg ausmachen?

Beruflich: Konsequentes Tun und nicht „wir müssten" oder „wir sollten mal". Es gibt m.E. kaum noch Erkenntnisprobleme, sondern Projekte oder Pläne scheitern an den Umsetzungsproblemen.

Privat: Zuhören, Zeit nehmen, auch und vor allem mehr für sich selbst (3-Std. Zeiten für Marathon sind passé, der Weg ist jetzt das Ziel) und Familie und Freunde. (Hoffentlich liest meine Frau dies nicht, sie würde mir aber Recht geben.)

§ 2 Was macht Ihre Kanzlei einzigartig?

A. Einführung

1 Einzigartig: Das klingt nach einem unerfüllbaren Anspruch. Doch sein zu wollen wie alle anderen auch bringt Sie nicht weiter – und Ihre Mandanten auch nicht. Ein unverwechselbares Kanzleiprofil ist eine wesentliche Voraussetzung für erfolgreiches Marketing

B. Was unterscheidet Ihre Kanzlei von anderen?

2 Was unterscheidet Ihre Kanzlei von anderen? Nichts, denken Sie vielleicht. Ich habe eine Feld-Wald-und-Wiesenkanzlei, mit der üblichen Mischung von Privatpersonen mit ihren Einkommenssteuererklärungen, ein bisschen Wohneigentum und einige Geschäftskunden mit Bilanzen, Lohn und Gehalt; es sind produzierende Unternehmen, Gewerbebetriebe und Freiberufler.

3 Und was würden Sie potenziellen Mandanten auf die Frage antworten: Warum soll ich gerade zu Ihnen kommen?

4 Viele Steuerberater beantworten diese Frage mit Argumenten wie „hoher Fachkompetenz", ein „verlässlicher Partner" zu sein, „langjähriger Erfahrung" oder „wir engagieren uns für unsere Mandanten". Das wird alles zutreffen – doch Ihre Mandanten setzen dies als selbstverständlich voraus, sonst würden sie Sie nicht beauftragen. Damit heben Sie sich nicht aus der Masse der Steuerkanzleien ab.

5 Für 2008 verzeichnet die Bundessteuerberaterkammer mehr als 84.000 eingetragene Mitglieder und eine Zuwachsrate von 3,4 Prozent im letzten Jahr. Seit 1980 hat sich die Zahl der Berufsträger mehr als verdoppelt! Drei Viertel davon arbeiten in Einzelkanzleien oder kleinen Sozietäten; die Zahl der Steuerberatungspraxen nimmt weiter zu und beträgt im Jahr 2008 knapp 47.500. Dem gegenüber nimmt die Zahl der Unternehmen aufgrund von Marktkonzentration, einer steigenden Zahl von Insolvenzen und verringerter Gründungsaktivität weiter ab. Privatpersonen können die von Ihnen angebotenen Leistungen nicht mehr von der Steuer absetzen, und eine Vielzahl einfacher, gut bedienbarer Softwareangebote und jede Menge frei verfügbarer Informationen im Internet erleichtern es Privatpersonen und Gewerbetreibenden zunehmend, ihre Buchhaltung selbst zu machen. Kurzum: Eine wachsende Zahl von Anbietern steht einer abnehmenden Zahl von Nachfragern gegenüber.

6 Ihr Markt hat sich zum Käufermarkt entwickelt, und – ähnlich wie Ärzte und Rechtsanwälte – erkennen auch Steuerberater allmählich, dass sie mehr als bisher unternehmerisch handeln müssen, um im Wettbewerb zu bestehen, und bemühen sich zunehmend um ihre Kundschaft. In Zukunft werden die Bedürfnisse der Mandanten die Entwicklung der Branche mitbestimmen.

7 Der Kunde – der potenzielle Mandant/die Mandantin – hat also die Wahl, und so sollten Sie eine gute Antwort auf die (vielleicht unausgesprochene) Frage haben: *Warum soll ich gerade zu Ihnen kommen?*

I. Erwartungen und Angebot abstimmen

8 Indem Sie diese Frage überzeugend beantworten können, legen Sie die Basis für Ihren Erfolg. Dies ist nämlich der Dreh- und Angelpunkt für Ihr Marketing: die strategische Positionierung. Ehe wir uns

damit befassen, wie Sie zu tragfähigen Antworten kommen, betrachten wir etwas genauer, worum es hier eigentlich geht.

Die Frage „Warum soll **ich** gerade zu **Ihnen** kommen?" hat zwei Dimensionen: 9

Das „Ich" im Vordergrund ist der potenzielle Mandant. Aus seiner Sicht muss die Antwort überzeugen, seine Bedürfnisse und Ansprüche bilden die Kriterien seiner Auswahl auf dem gut gefüllten Markt. Seine Sicht hat selbstverständlich etwas mit ihm selbst zu tun – dass der geschäftsführende Gesellschafter eines exportorientierten Mittelständlers der optischen Industrie andere Ansprüche und Erwartungen an seine Steuerkanzlei hat als eine vermögende Erbin, ist klar – und doch gilt es, sich dies im Detail bewusst zu machen und praktische Konsequenzen abzuleiten. 10

Das „Ihnen" bezieht sich auf Steuerberater und Kanzlei: Was sind, haben und bieten Sie, das just die nachfragende Person interessiert? Über welche Kompetenzen und Kapazitäten verfügen Sie, die den potenziellen Mandanten nicht nur zufrieden stellen, sondern faszinieren, überzeugen und begeistern? 11

II. Übereinstimmung entwickeln

Es geht also nicht nur um absolute Qualitätsmerkmale wie Zuverlässigkeit oder Erfahrung, die man von jedem Steuerberater erwarten darf, sondern um ein Zusammenwirken, mehr noch: um eine Beziehung. Je besser Ihr Angebot zu den Erwartungen Ihrer potenziellen Mandanten passt und je besser Ihre Leistungen die Bedürfnisse Ihrer Mandanten erfüllen – in der Wahrnehmung der Mandanten, wohlgemerkt –, desto erfolgreicher sind Sie. Wirkungsvolles Marketing beruht also zum einen auf dem Wissen, was Sie und Ihre Leistungen auszeichnet, zum anderen auf der Klarheit darüber, wer Ihre Mandanten sein sollen und was diese erwarten, brauchen und wünschen. Wenn jemand „alle" anspricht, fühlt sich niemand persönlich gemeint. Ob Anbieter und Nachfrager auch wirklich gut zusammenpassen, bleibt dann weitestgehend dem Zufall überlassen. Doch wenn Sie klare Vorstellungen davon entwickeln, wen Sie ansprechen, wem Sie nützen wollen und weshalb gerade Sie gerade diesen Personen und Unternehmen besonders wertvolle Dienste leisten können, haben Sie den ersten Schritt aus der diffusen Masse heraus getan. Üblicherweise bezeichnet man die Adressaten des Marketing als „Zielgruppen", doch ich möchte Ihnen einen Begriff aus der Unternehmenskommunikation vorschlagen: Bezugsgruppen. 12

C. Besonderheiten der steuerberaterischen Leistung

Für Steuerberater – wie auch für andere Professionen der gehobenen Dienstleistung – geht es über das „Matching" des Kundenbedarfs mit dem passenden Angebot hinaus um die Gestaltung von Beziehungen! Ihre Adressaten sind keine willen- und wesenlosen Zielscheiben von in die Welt hinaus geschossenen Werbebotschaften, sondern Bezugspersonen und Partner mit sehr speziellen, auch individuellen und sich wandelnden Ansprüchen. Das gehört zu den Besonderheiten Ihres Metiers, und diese stellen für das Marketing ganz eigene Bedingungen. 13

Wenn der Mandant zum Mandanten wird, hat die Beziehung längst begonnen. Sie beinhaltet auch: 14

Der Mandant oder die Mandantin sind „Koproduzenten" Ihrer Dienstleistung – denn für ein optimales Beratungsergebnis ist ihre konstruktive Mitwirkung erforderlich. Interaktion kann in der Beratung geradezu als Leistungsbestandteil gelten. 15

Die fachliche Qualität Ihrer Leistung ist für Mandanten sehr schwer zu ermessen und kaum vergleichbar. Umso bedeutungsvoller wird die Qualität Ihrer Leistungs*erbringung* in all ihren Facetten. Diese wird zwangsläufig zum Indikator für fachliche Qualität. 16

17 Und zuletzt: Ihre Leistungen als Steuerberater sind immateriell und unsinnlich. Man kann sie nicht be-greifen, schon gar nicht anfassen, riechen, schmecken – nicht einmal so recht nach Hause tragen. Ihr Wert wird am ehesten dann spürbar, wenn die Leistung auf dem Prüfstand steht oder womöglich nicht erfolgreich erbracht wurde. Wenn alles gut läuft, merkt der Mandant nichts oder nur sehr wenig von Ihrer Arbeit. Auch dieses „Defizit" muss vor allem durch die pflegliche Gestaltung der Mandantenbeziehung aufgewogen werden. Außerdem sollten Sie in Ihrem Marketing Maßnahmen ergreifen, die Ihre Leistung fassbar ~~und anschaulich machen:~~

- Sie können zum Beispiel für Ihre Mandanten Merkblätter entwickeln, auf denen alle Ihre Arbeitsschritte erklärt werden und zugleich die beizubringenden Unterlagen vermerkt werden.
- Erläutern Sie außerdem in jeden Fall im Mandantengespräch, was genau Sie oder Ihre Mitarbeiter alles für den jeweiligen Mandanten getan haben.

18 Steuerberater und Mandant sollten also möglichst gut zusammenpassen. Und das lässt sich gerade nicht erreichen, indem man möglichst vage und stromlinienförmig unspezifisch bleibt, um auch ja niemanden abzuschrecken. Das Gegenteil trifft zu: Zeigen Sie das Spezifische und Besondere Ihrer Kanzlei, bekennen Sie sich zu Ihren Stärken (und auch zu Ihren Grenzen – warum nicht?). Dann werden Sie für die Mandanten und Interessenten erkennbar, identifizierbar, unverwechselbar. Und dann gewinnen Sie die Mandanten, die zu Ihnen passen.

19 Um eine tragfähige – wettbewerbsfähige – fachliche Basis werden Sie sich schon immer bemüht haben, jetzt machen Sie sich auf die Suche, was Sie von anderen unterscheidet.

D. Der rationale Weg zur Unterscheidbarkeit: Spezialisierung

20 Eine – nicht die einzige! – Antwort auf die Frage nach dem Unterscheidungsmerkmal ist: Spezialisierung. Der Gedanke an Spezialisierung macht aber auch vielen Angst, gerade Kanzleigründern und -übernehmern auf der Suche nach dem richtigen Kurs.

21 Sie fürchten, Spezialisierung bedeutet, Mandanten wegschicken zu müssen. Das kann im Einzelfall sogar eine gute Entscheidung sein, doch im Kern geht es noch um etwas anderes: Sie stellen die Besonderheit Ihrer Kanzlei auf ein sachliches und fachliches Fundament.

22 Spezialisierung ist der rationale Weg zur Unterscheidbarkeit – zu Identifizierbarkeit und Identität.

23 Wichtige sachliche Argumente sprechen für Spezialisierung:

24 Die steuerlichen Sachverhalte – Gesetze, Regelungen, Durchführungsbestimmungen etc. – werden immer noch komplizierter und differenzierter, eine Flut von Änderungen hält alle in Atem, die auf dem aktuellen Stand sein müssen – das wissen Sie selbst am besten. Und nicht wenige Mandanten, vor allem die Unternehmer unter ihnen, ahnen es zumindest.

25 Über alles gleichermaßen gut informiert und auf dem Laufenden zu sein ist faktisch nicht möglich. Es wird also immer eine Fülle von Themen geben, in denen Sie sich nicht so gut oder gar nicht auskennen. Dem Mandanten, der genau da Bedarf hat, sind Sie dann von geringerem Nutzen – und andersherum: Sie selbst erwirtschaften keine Gewinne, wenn Sie sich bloß für einen Einzelfall in eine sehr spezielle Fragestellung einarbeiten müssen.

26 Mit dem Zusammenwachsen der Wirtschaftsräume haben immer mehr Unternehmen – durchaus auch kleinere Betriebe – mit grenzüberschreitenden Sachverhalten zu tun und benötigen für strategische Entscheidungen entsprechende internationale Kompetenzen in ihrer Steuerkanzlei, Vertrautheit mit unterschiedlichen Rechtsformen und steuerlichen Vorschriften, länderspezifisches, aber auch branchenspezifisches Know-how.

In einer Umfrage unter österreichischen Steuerberatern[1] war einer der meist genannten Kritikpunkte von Mandanten die mangelnde Branchenkenntnis der Berater! 27

I. Spezialisierung begründet Expertise

Spezialisierung ermöglicht Ihnen, sich auf bestimmten Feldern wirklich gut auszukennen. 28

Welche das sein können, will gut überlegt sein: Idealerweise passen Ihre Spezialgebiete gut zusammen und stellen auch für Ihre Mandanten eine plausible Kombination dar – doch achten Sie darauf, nicht alles auf eine Karte zu setzen: Wenn Sie sich allein auf ein Land oder eine Branche spezialisieren, sind Sie anfälliger für Krisen. Prüfen Sie Ihre Geschäftsfelder auch unter diesem Gesichtspunkt, analysieren Sie ihre potenziellen Schwerpunkte mit Blick auf zukünftige Entwicklungen: Welches sind Zukunftsbranchen? Welche laufen jetzt gut? Wie groß (und wie stark) ist der Wettbewerb in dem Gebiet, für das Sie sich interessieren? Und wie viel Aufwand und Zeit müssen Sie einplanen, um in einem spannenden Geschäftsfeld Expertise zu erwerben und sich in dem Bereich bekannt zu machen? Das wird sicherlich vom jeweiligen Thema, der Größe und Komplexität des angestrebten Teilmarkts und weiteren Rahmenbedingungen abhängen; mit zwei, drei Jahren müssen Sie wahrscheinlich rechnen, bis Sie sich so wirkungsvoll profiliert haben, dass Mandanten aufgrund Ihres bekannten Profils auf Sie zukommen. Wichtig: Kennen Sie potenzielle Kooperationspartner, die Ihr Leistungs- und Kompetenzspektrum sinnvoll ergänzen können, und/oder verfügen Sie sonst über hilfreiche Kontakte (z. B. Personen, die in entsprechenden Verbänden engagiert sind) in Ihrem angestrebten Spezialisierungsfeld? 29

II. Spezialisierung ist Aufbauarbeit

Spezialisierung muss – gerade bei jungen Kanzleien – nicht bedeuten, Mandanten wegzuschicken, sondern meint vielmehr, bestimmte Erfolg versprechende Felder zu definieren und seine Aktivitäten dort zu konzentrieren. Damit vermeiden Sie es, sich zu verzetteln und können sich, gut informiert und vorbereitet, ganz gezielt auf Mandantensuche machen. 30

Studieren Sie die Fachzeitschriften der Branche und besuchen Sie wichtige Messen. Lernen Sie die Verbände und Netzwerke dieser Branche kennen und knüpfen Sie Kontakte. Führen Sie viele Gespräche und finden Sie heraus, was potenzielle Mandanten bewegt. Vielleicht können Sie sich in einer Interessensgruppe oder einem Unternehmernetzwerk engagieren und sich und Ihren Namen dadurch bekannt machen. (Siehe hierzu das Kapitel von Kirstin Wolf zum Thema „Netzwerken"). 31

Untersuchen Sie strukturiert das Marktpotenzial: Wie groß sind die Unternehmen? Welche Rechtsformen sind vorherrschend, wie sind die Umsätze, Kennziffern etc., wo liegen strukturelle Probleme? 32

Wie „alt" sind die Unternehmen, stehen in großer Zahl Generationswechsel an? Können Sie dafür – eventuell in Kooperation mit Unternehmensberatern oder Rechtsanwälten – gezielte Angebote entwickeln? Kooperationen ermöglichen Arbeitsteilung und Kompetenzerweiterung; Sie können mit anderen Steuerberatern zusammenarbeiten, mit Wirtschaftsprüfern oder Rechtsanwälten, mit Unternehmensberatern, Finanz- oder Vermögensberatern. Welche Partnerschaften oder Kooperationen bringen Ihren Wunschmandanten Vorteile? 33

Auch sogenannte „weiche" Faktoren sind der Beachtung wert, etwa: Wie sind die Gepflogenheiten der Branche, was für ein Umgangston ist üblich, was für ein „Geist" herrscht? Passen Sie dazu, passen die Menschen zu Ihnen? 34

1 Klinger, Klier, Krenn Wien 2002

35 Welche Veränderungen stehen in der Branche an – wohin geht der Trend? Wie können Sie Ihren Wunschmandanten bei deren Entwicklung behilflich sein?

36 Ebenso erfolgversprechend wie die Konzentration auf bestimmte Branchen kann auch die Zusatzqualifikation oder Vertiefung in einzelnen Arbeitsgebieten sein. Folgende Übersicht soll anhand von Beispielen zeigen, wie vielfältig die Möglichkeiten zu Schwerpunktsetzung sind.

III. Übersicht Spezialisierung

37 Im Rahmen der vereinbaren Tätigkeiten kann man sich seit 2006 beim Deutschen Steuerberaterverband bei Vorliegen der Voraussetzungen in folgenden Feldern als **Fachberater** akkreditieren lassen:

- Fachberater/-in für Rating (DStV)
- Fachberater/-in für Sanierung und Insolvenzverwaltung (DStV)
- Fachberater/-in für internationale Rechnungslegung (DStV)
- Fachberater/-in für Testamentsvollstreckung und Nachlassverwaltung (DStV)
- Fachberater/-in für Unternehmensnachfolge (DStV)
- Fachberater/-in für Mediation (DStV)
- Fachberater/-in für Controlling und Finanzwirtschaft (DStV)

38 Indem Sie sich auf bestimmte Mandantengruppen oder bestimmte Tätigkeitsgebiete konzentrieren, können Sie Ihre Ziel- oder Bezugsgruppen konkret und spezifisch ansprechen: Schließlich wissen Sie, wo der Schuh drückt und welche Unterstützung gewünscht wird. Das verschafft Ihnen einen

nicht zu unterschätzenden Wettbewerbsvorteil! Definieren Sie für sich selbst, auf welche Schwerpunkte Sie sich konzentrieren und welche Mandanten Sie gewinnen wollen, und legen Sie möglichst konkret fest, was Sie unternehmen werden. Mit einer präzisen Entscheidung für Mandantengruppen, Themen und Tätigkeitsgebiete haben Sie Ihren Marketingplan schon weitestgehend in der Tasche.

IV. Spezialisierung erleichtert das Marketing

Verwerten Sie Ihr Spezialistenwissen in eigenen Publikationen (z. B. Newslettern, einem Kanzleimagazin, Informationsbroschüren oder Checklisten für Ihre Mandanten) und nutzen Sie es für Fachbeiträge in der Presse und für Vorträge bei Branchenverbänden oder Unternehmernetzwerken. Fach- und Branchenmedien liefern Ihnen Anhaltspunkte, was Ihre Mandanten bewegt. Halten Sie Ausschau nach Anlässen und Fragestellungen, zu denen Sie Ihre beraterische Expertise beitragen und etwa einen Fachartikel oder vielleicht sogar eine Frage-Antwort-Kolumne veröffentlichen können. Auch eine Anzeigenschaltung kann sinnvoll sein – insbesondere, wenn der inhaltliche Bezug deutlich wird: Sie können zum Beispiel auf spezifische Informationen auf Ihrer Website verweisen, von der aus man dann z. B. per E-Mail eine kostenlose Info-Broschüre (oder Ihr Kanzleimagazin) bestellen kann. Die Vorteile: Wenn Sie Medien nutzen, die Ihre potenziellen Mandanten lesen, halten Sie die „Streuverluste" gering; das rechtfertigt u. U. etwas höhere Anzeigenpreise. Über den Verweis auf Ihre Homepage können Sie – vorausgesetzt, Sie werten Ihre Webstatistik auch aus – feststellen, ob und wann die Zahl der Zugriffe ansteigt. Und durch das Bestellangebot kommen Sie zu E-Mail Adressen potenzieller Mandanten. 39

V. Sonderfall Nische

Ein Sonderfall der Spezialisierung ist die Nische. Man versteht darunter ein Betätigungsgebiet, zu dem Sie – aus welchen Gründen auch immer – eine besondere Affinität haben und für das sie ein spezielles Know-how mitbringen oder leicht erwerben können. Häufig ist das ein Marktsegment, das zu klein (oder unterschätzt) ist, um für andere, vor allem größere Anbieter, attraktiv zu sein. 40

Zum Beispiel ist ein Berliner Steuerberater aufgrund seines über die Jahre erworbenen Wissens um die besonderen Gepflogenheiten und die arbeits- und steuerrechtlichen Gegebenheiten in der Filmbranche und anderen Medienunternehmen heute ein begehrter, von namhaften Künstlern beauftragter und wirtschaftlich erfolgreicher Spezialist. Als er anfing wurde er wegen seines auf den ersten Blick wenig zahlungskräftig erscheinenden Mandantenkreises aus Schauspielern und angehenden Kameraleuten belächelt. 41

E. Preis und Qualität als Parameter der Marketingstrategie

Neben der Spezialisierung auf bestimmte Inhalte – Branchen, Rechtsformen oder Tätigkeitsfelder – gibt es weitere Gesichtspunkte für die Positionierung Ihrer Kanzlei auf dem Markt: Preis- und Qualität. 42

Im Konsumgütermarketing sind Preis- oder Qualitätsstrategie geradezu klassische Kriterien der Abgrenzung innerhalb eines Feldes mit (relativ) vergleichbaren Angeboten. Ein plakatives Beispiel: Beim Discounter werden Fernost-Import-Lesebrillen aus Kunststoff in zwei Designs und vier Stärken zum Stückpreis von vier Euro in einem Sonderverkaufsdisplay angeboten. Beim Optiker bekommt man für den zehnfachen Preis zwei auf die individuelle Sehstärke hin gefertigte Gläser mit Wahlfarbe und Oberflächenhärtung in einer unter zahlreichen Modellen ausgewählten Fassung. In diesem ein- 43 fachen Denkmodell stehen sich Preis und Qualität als entgegengesetzte Pole gegenüber. Die Kunst besteht darin, den für den Kunden (und die eigene Wirtschaftlichkeit) optimalen Ausgleich zu finden. In der Praxis hat das zur Folge, dass, wer auf Preisstrategie setzt, Abstriche weniger bei der absoluten Qualität, als vielmehr beim Leistungsangebot bzw. der Leistungsbreite machen wird; auch bei niedrigen Preisen werden Kunden höchstens eine begrenzte, nicht aber eine als schlecht empfundene Qualität akzeptieren.

I. Die Preisstrategie

44 Die Preisstrategie bedeutet also, eine breit nachgefragte Leistung möglichst günstig anzubieten. Das wird in der Regel durch technischen oder logistischen Vorsprung erreicht, indem wir z. B. Leistungsanteile auslagern. Die Preisstrategie baut auf Prozessoptimierung und Standardisierung. Da mit ihr niedrigere Margen erzielt werden, sind für wirtschaftlichen Erfolg größere Umsätze vonnöten, deshalb erfordert die Preisstrategie ein gut durchdachtes, breitenwirksames „serienmäßiges" Marketing und entsprechendes Branding.

45 Bei Rechtsanwälten gibt es bereits Franchising-Formen, bei denen für den Einzelnen die Anstrengung der individuellen Positionierung und ein Gutteil des werblichen Aufwandes entfällt, weil zumindest das Marketing fertig „eingekauft" wird. Ähnlich funktionieren auch **Marketing-Kooperationen** wie **„Vor Ort"**.

46 Marketingkooperationen sind nicht an das Niedrigpreissegment gebunden. Ihr Geheimnis liegt darin, dass ein Verbund mit seinen addierten Marktingausgaben eine höhere Wirkung und größere Reichweite erzielt als viele Einzelne: Die Masse macht's! Solche Konzepte erfordern auf jeden Fall standardisierte Abläufe, verbindliche Umsetzungsregeln und gleich bleibende Qualität. Konsequente Markenführung und Qualitätsmanagement, das durch entsprechende Zertifikate belegt wird, dienen dazu, das Vertrauen der Kunden zu erwerben und zu bewahren.

II. Die Qualitätsstrategie

47 Die Qualitätsstrategie hingegen fokussiert auf individuelle(re) Problemlösung und eine Top-Leistung, die entsprechend honoriert wird. Sie erfordert exzellente Profilierung, individuelle Kunden- bzw. Mandantenansprache und ein perfekt durchkomponiertes Marketing auf höchstem Niveau. Steuerberatern mit ihrer Orientierung auf die individuell erbrachte Dienstleistung liegt die Qualitätsstrategie von Haus aus näher, und wer sich mit seiner Kanzlei spezialisieren will, wird dies als Qualitätsaspekt in den Vordergrund seines Marketings stellen.

48 Beide Strategien – auch die Qualitätsstrategie – erfordern eine gewisse Konsequenz und unter Umständen den Verzicht auf Engagements und Aktivitäten, die nicht zum Profil passen.

III. Groß oder klein oder dazwischen

49 Nicht immer, aber sehr häufig bestehen Parallelen zwischen Auftraggebern und Dienstleistern hinsichtlich Größe und Bekanntheit. Ein Konzern wird nur im Ausnahmefall eine Fünf-Personen-Kanzlei beauftragen. Die Big-Four betreuen nicht den Getränkehändler an der Ecke. Idealerweise passen Kanzlei und Mandant hinsichtlich ihrer Größe und Marktposition zusammen. Mit der (relativen)

Größe oder Kleinheit der Kanzlei verbinden Mandanten unterschiedliche Assoziationen und Erwartungen – an Leistungsfähigkeit, Service, Schnelligkeit, Ausstattung, Erfahrungshorizont und (auch zeitliche) Belastbarkeit.

Tendenziell bevorzugen große, namhafte Unternehmen große, namhafte Kanzleien – das ist auch eine Imagefrage. Kleine Kanzleien werden so gewichtige Mandate nur gewinnen können, wenn sie über eine ganz besondere Reputation verfügen. 50

F. Markt und Wettbewerb: Bestimmen Sie Ihre Marktposition

Die Trendforschung liebt blumige Wortkreationen, das mag einen Zahlenmenschen schon mal befremden. Gleichwohl sind Trendstudien und Prognosen wertvolle Anhaltspunkte für zukünftige Entwicklungen. Nutzen Sie für die Markt- und Wettbewerbsanalyse die Zahlen, die Kammern und Fachzeitschriften publizieren, als Denkanstöße und setzten Sie sich mit Berichten über neue Trends auseinander. Nicht alles passt für jeden, doch wer wach und kritisch die Entwicklungen in der eigenen Branche und der seiner Mandanten beobachtet, bemerkt Veränderungen frühzeitig und kann vorausschauend handeln. Durch das Internet ist es wesentlich einfacher geworden, sich ein Bild von Wettbewerbern zu machen. Kanzleien sind heute keine Erbhöfe mehr, sondern passen sich zunehmend dem Wandel im Wirtschaftsleben an. 51

Die Zahl der Steuerberatungsgesellschaften wächst stärker als die Gesamtbranche. Auch überregionale oder internationale Netzwerke sind erfolgreich. Betrachten Sie Wettbewerber nicht nur unter dem Gesichtspunkt der Konkurrenz, sondern auch als potentielle Partner. Kollegen können sich im Prozess der Profilierung gegenseitig unterstützen, indem sie einander an Mandanten empfehlen und ihr Leistungsportfolio oder ihre Schwerpunkte gegeneinander abgrenzen oder sich aber auch gegenseitig um fehlende Kompetenzen ergänzen. Kooperationen ermöglichen größere Kapazitäten und mehr Gewicht auf dem Markt bei gleichzeitiger Flexibilität der einzelnen Teilnehmer. Hilfreich gerade für Einzelkämpfer sind regelmäßige Stammtische mit Kollegen, bei denen man fachlichen und persönlichen Austausch pflegen und das ein oder andere Mandantenproblem erörtern kann. Zielorientierter, aber auch aufwändiger, ist die Teilnahme an einem Benchmarking-Programm: Der systematische, meist moderierte Vergleich von Kanzleien dient der Stärkung der unternehmerischen Orientierung und der Steigerung der eigenen Leistungsfähigkeit. (Eigens behandelt wird dieses Thema von Josef Weigert.) Egal, auf welchem Wege Sie dahin kommen: Sie sollten wissen, wo Sie auf dem Markt stehen – in Ihrer Region, in Ihrem Marktsegment –, und wo Sie hin wollen. 52

I. Bestimmen Sie Ihre Marktposition

Die Entscheidung für ein bestimmtes Marktsegment, für Ihr Leistungsportfolio und Ihre Marketing-Strategie, bezeichnet man als „strategische Positionierung". Eine solche Ausrichtung will gut überlegt sein. Die Arbeitsbögen am Ende dieses Kapitels helfen Ihnen dabei, die relevanten Fakten und Erkenntnisse in Bezug auf Ihre eigene Situation und Kanzlei zusammenzutragen, so dass Sie eine gute Entscheidungsgrundlage für Ihre eigene Strategie gewinnen. 53

Drei Parameter sollte Ihre Analyse umfassen: 54

- die eigene Kanzlei (einschließlich Ihrer Person),
- die Mandanten mit ihren Problemlagen und Bedürfnissen (Branchen, Organisationen, Personen)
- und schließlich den Wettbewerb.

Beziehen Sie Ihre Mitarbeiterinnen und Mitarbeiter in die Analyse und in Ihre Überlegungen zur Kanzleiausrichtung mit ein, um ein umfassendes Bild zu gewinnen. 55

56 Außerdem lohnt es sich, immer wieder mal den Blick auf eine benachbarte Branche zu werfen: Anwaltskanzleien – obwohl gemeinhin als konservativ geltend – sind in der Differenzierung ihres Marketings ein paar Jahre weiter. Da findet man immer wieder überzeugende Marktauftritte. Lassen Sie sich davon inspirieren!

II. Die Feld-, Wald- und Wiesenkanzlei und ihre Zukunftssicherung

57 Sie haben eine Feld-, Wald- und Wiesenkanzlei und wollen dabei bleiben – vielleicht, weil die Kanzlei im Moment gut läuft, von Ihren Mandanten geschätzt und gerne weiter empfohlen wird?

58 Vielleicht sind Sie im Grunde zufrieden, weil Sie die Abwechslung schätzen und den persönlichen Kontakt zu Ihren Mandanten. Vielleicht, weil die Kanzlei ein Familienbetrieb ist und womöglich schon in zweiter Generation besteht, Ihre Stellung anerkannt ist und die wirtschaftlichen Ergebnisse erfreulich – aber irgendwo tief drinnen haben Sie das Gefühl, Sie müssten mehr für Ihre Zukunftssicherung tun?

59 Auch dann ist eine Bestandsaufnahme und die Formulierung Ihres Kanzleiprofils der richtige Schritt. Möglicherweise hat Ihre Kanzlei ein gewachsenes, gut entwickeltes Profil, das Ihnen jedoch selbst nicht so bewusst ist. Dieses kann mit relativ wenig Aufwand gestärkt, poliert und zukunftsträchtig weiterentwickelt werden, indem Sie Ihren Standort und Ihre Ziele bestimmen und die Identität Ihrer Kanzlei entsprechend stärken.

60 Wahrscheinlich sind Sie stark regional verwurzelt – reicht das? Auch in fünf Jahren, in zehn Jahren? Lassen Sie nicht außer Acht: Der demografische Wandel – die Alterung der Gesellschaft, die abnehmende Zahl jüngerer Menschen – ist eine berechenbare Tatsache, die sich auch auf wirtschaftliche Strukturen auswirkt und zu weniger Mandantennachwuchs führen wird.

61 Sehen Sie sich bewusst um und fragen sich: „Welche Felder, welcher Wald, welche Wiesen sind meine? Wer wildert in meinen Gebieten? Womit und wonach?" Eine klare Definition des Wirkungsfeldes – ob geographisch, auf Mandantengruppen und/oder auf Kompetenzen bezogen – erleichtert die Marktanalyse.

62 Was haben Ihre Wettbewerber Ihnen voraus? Wo hat Ihre Kanzlei womöglich Schwächen, die jemand Schnelleres, Wendigeres nutzen könnte? Tradition ist gut, aber sie kann auch behäbig machen und blind für die schleichenden Veränderungen in Markt und Branche, gerade weil man einen etablierten Mandantenstamm betreut.

63 Unterziehen Sie Ihre Mandantenkartei einer kritischen Analyse: Wie verhalten sich Zu- und Abgänge zueinander? Und wie sind die Perspektiven? Wenn sich zeigt, dass sich ein Drittel Ihrer gewerblichen Mandanten in den nächsten paar Jahren aus dem aktiven Geschäftsleben zurückziehen wird, dann wäre das zum einen ein Anlass, sich intensiver mit Unternehmensnachfolge zu befassen – vielleicht zusammen mit Partnern – und Ihren Mandanten entsprechende Angebote zu machen. Zum anderen wissen Sie dann, dass Sie sich ab sofort verstärkt um die Gewinnung neuer Mandate bemühen sollten.

64 Prüfen und bewerten Sie neben den „harten Fakten" – Verweildauer, Volumen und Deckungsbeitrag der Mandate sowie die betreffenden Sach- und Fachgebiete – auch die „weichen" Faktoren: Woher kommt das Mandat? Wie ist die Mandantenbeziehung? Welche Gemeinsamkeiten verbinden Ihre Mandanten miteinander?

65 Und was – denken Sie, wissen Sie – schätzen Ihre Mandanten an Ihnen, weshalb kommen Sie zu Ihnen?

Schließlich geht es neben den harten Fakten immer auch darum, dass die Kommunikation gelingt: 66
Dass Sie Ihre Mandanten verstehen und diese Sie.

2

III. Auf der Suche nach dem Alleinstellungsmerkmal

Wenn Ihnen der Gedanke einer Spezialisierung zu weit geht, hilft Ihnen wahrscheinlich der Begriff 67
„Fokussierung" weiter: Definieren Sie, wohin Sie Ihren Blick richten wollen – wen genau Sie ansprechen wollen und womit. Was ist das Besondere, das Ihre Kanzlei auszeichnen soll? Die Mandantenanalyse kann Ihnen helfen, das herauszufinden. Oft weist die bestehende Mandantschaft bereits eine Struktur auf, aus der sich eine Profilierung ableiten lässt. Wenn Sie etwa viele niedergelassene Ärzte zu Ihren Mandanten zählen oder einige Hotelbetriebe, können Sie diese Expertise nutzen, um gezielt neue Mandanten in diesen Branchen zu gewinnen. Auch aus privaten Besonderheiten lassen sich förderliche Impulse ziehen: Sie sind zweisprachig oder leben mit einem Spanier oder Spanierin? Sprechen Sie Mandanten an, die das zu schätzen wissen, z. B. alle Spanienhandel Treibenden oder Restaurantbesitzer. Oder Sie sind leidenschaftlicher Segler? Dann können Sie maritim werben und dieses Umfeld zur Mandantenansprache nutzen.

Lassen Sie ruhig Ihre Neigungen mit entscheiden – aber entscheiden Sie, auf wen Sie fortan Ihren 68
Blick richten wollen!

Die beste Antwort auf unsere Eingangsfrage „Warum soll ich gerade zu Ihnen kommen?" ist ein star- 69
kes Alleinstellungsmerkmal: „Wir sind die einzige Kanzlei in München, die Büros in den Emiraten unterhält und in der auch arabisch gesprochen wird." Wer hat das schon? Wenn Sie, wie viele andere, trotz einer überzeugenden Schwerpunktsetzung und klarer Branchenorientierung Ihre Einzigartigkeit nicht sehen, bedenken Sie bitte folgendes:

Der amerikanische Begriff Unique Selling Proposition (USP) bedeutet eigentlich „einzigartiges Ver- 70
kaufs-Argument". Das so genannte **Alleinstellungs**merkmal ist häufig ein vor allem in der Kommunikation begründetes **Unterscheidungs**merkmal.

Was das heißt, wird sofort klar, wenn Sie sich in der Welt der Konsumgüter umsehen: Der Kern- 71
nutzen von der Seife bis zum Mittelklassewagen ist ziemlich austauschbar – doch Duft, Farbe, Verpackung, stilistische Anmutung, Imagewert, Lebensstil-Assoziation unterscheiden sich voneinander. Und in gesättigten Märkten entscheiden diese „Nebennutzen" mehr und mehr über den Markterfolg eines Produkts. Ähnliches gilt für die Dienstleistung: Auch da muss die „Chemie" stimmen – selbst, wenn es nicht so vordergründig um Duft und Styling geht, enthalten Kanzleioptik, Ambiente und Kommunikationsstil Nebennutzen. Sie versprechen Sicherheit, Wohlgefühl, soziale Bestätigung, Anerkennung und Status in unterschiedlichen Mischungsverhältnissen.

G. Qualität aus Mandantensicht

Schon eingangs haben wir es festgestellt: Die absolute Qualität der Steuerberatung ist für viele Man- 72
danten kaum zu ermessen. (Wobei durch die Fülle an Informations- und Austauschmöglichkeiten im Internet auch Mandanten besser vergleichen können und kritischer werden; Bewertungsportale für Lehrer und Ärzte sind inzwischen etabliert, solche für Steuerberater werden sich sicher ebenfalls einbürgern.)

Da Ihre Leistungen immateriell und kaum konkret zu beurteilen sind, nehmen Mandanten also an- 73
dere Aspekte der Zusammenarbeit mit Ihnen zum Maßstab für Ihre Leistungsqualität. Oft sind das einfache Dinge wie Ordnung und Pünktlichkeit – und andersherum: Eine kleine Schlamperei kann

das Zutrauen eines Mandanten in Ihre Kanzlei nachhaltig erschüttern. Auch vermeintliche Äußerlichkeiten sind nicht zu unterschätzen: So ziehen (vor allem neue) Mandanten aus Ihrer technischen Ausstattung oder einer sehr modernen Kanzleieinrichtung Rückschlüsse auf Ihre fachliche Aktualität. Solche Einschätzungen mögen unzutreffend und sogar ungerecht sein, aber sie sind die Regel.

74 Es lohnt sich also herauszufinden, nach welchen Kriterien Ihre Mandanten die Qualität Ihrer Leistung bewerten.

I. Indikatoren für Qualität

75 Wirkungsvolle Indikatoren für Kompetenz und Leistungsqualität sind beispielsweise

- gut vorbereitete Gespräche, persönliche Ansprache, Anknüpfung an telefonische Information oder das letzte Gespräch (zu erreichen durch gute Dokumentation und eine hervorragend gepflegte Mandantenkartei)
- Initiative des Beraters: Frühwarnsystem – proaktive Beratung – kluge Fragen
- Termintreue, gute Kanzleiorganisation
- rasche Telefonabnahme, präzise Weitergabe von Nachrichten innerhalb der Kanzlei, zuverlässige Rückrufe (siehe hierzu das Kapitel von Gaby S. Graupner)
- zuvorkommender Empfang, makellose Räume

76 Um noch besser auf die Bedürfnisse Ihrer Mandanten eingehen zu können, versuchen Sie herauszufinden, was ihnen besonders wichtig ist. Eine Mandantenbefragung liefert Ihnen eine gute Entscheidungsgrundlage, die Sie am besten alle paar Jahre wiederholen. Ansonsten bewährt es sich, mit jedem Mandanten zumindest ein persönliches Gespräch zu führen, um die Zufriedenheit zu ermitteln, aber auch aktuelle Problemstellungen und mögliche unausgesprochene Wünsche und Bedürfnisse in Erfahrung zu bringen.

II. Vorschlag zur Mandantenbefragung

77 Bitten Sie Ihre Mandanten, etwa folgende Gesichtspunkte zuerst nach ihrer grundsätzlichen Wichtigkeit zu bewerten und in einer zweiten Spalte zu beurteilen, wie zufrieden er mit der Lösung in Ihrer Kanzlei ist.

- Erreichbarkeit (Pkw, öffentlich)
- Standort / örtliche Nähe
- persönlicher Kontakt
- Branchenkenntnis
- Erfahrung
- Online-Dienste
- Telefonberatung
- Honorarhöhe
- Honorartransparenz
- Zustellvollmacht
- Einzelleistungen
- Rundumbetreuung

- Räume
- Mitarbeiter
- Betriebsklima – Atmosphäre

Halten Sie die Fragebögen überschaubar und bieten Sie vier, maximal fünf Antwortoptionen an – sowie jeweils eine Zeile für Kritik oder Kommentare. 78

- „unverzichtbar, wichtig, weniger wichtig, unwichtig"
- „(begeistert) sehr zufrieden, zufrieden, weniger zufrieden, weil..., unzufrieden, weil..."

Beziehen Sie Ihr Team ein, wenn Sie den Mandantenfragebogen entwickeln (oder durch Marketingberater entwickeln lassen), um alle kanzleirelevanten Aspekte zu erfassen – die Mitarbeiterinnen und Mitarbeiter im unmittelbarem Mandantenkontakt kennen diese. Die meisten Menschen meiden Extreme und lieben die unentschiedene Mitte; wenn Sie eine gerade Zahl von Antwortmöglichkeiten vorgeben, „erzwingen" sie eine klarere Entscheidung *für* oder *gegen*. Manche der Befragten werden sich dabei vielleicht ein wenig unbehaglich fühlen. 79

Die Gewichtung der Kriterien kann (und wird sich häufig) im Laufe der Mandantenbeziehung verschieben: Äußere Kriterien wie Standort/Erreichbarkeit spielen im Vorfeld der Mandatsvergabe eine größere Rolle als später, wenn sich eine Beziehung zum Berater etabliert hat. Dann sind gewachsenes Vertrauen des Mandanten und Kenntnis des Beraters gewichtiger als die Bequemlichkeit eines Anfahrtsweges. Gute Betreuung und Zufriedenheit mit den Ergebnissen wiegen relativ hohe Opportunitätskosten auf. 80

III. Menschen „kaufen" Menschen

Jenseits aller strategischen Überlegungen wird das persönliche Element immer eine Rolle spielen – in der kleinen Feld-, Wald- und Wiesenkanzlei ganz besonders, aber auch in einer größeren, stärker spezialisierten Kanzlei. Glauben Sie nicht, dass eine gute Mandantenbeziehung selbstverständlich gegeben sei – gestalten Sie sie! Dazu gehört auch, dass Ihre Mandanten sich in ihrer Besonderheit wahrgenommen, mit ihren Leistungen und als Person gewürdigt und mit ihren Fragestellungen und Problemen verstanden fühlen können. 81

Jeder von uns sieht sein eigenes Problem als besonders schwierig an. Vielleicht ist es das gar nicht – doch wenn mein Steuerberater mir erklärt, das Problem, das mich nicht schlafen lässt, sei eine Bagatelle, dann fühle ich mich bestenfalls wenig ernst genommen und schlimmstenfalls beschämt über meine Unwissenheit. Ein Berater, der mir erklärt, auch andere Mandanten würden sich darüber Sorgen machen, doch ich bräuchte mich nicht zu beunruhigen, denn er/sie wisse genau, wie das Problem zu lösen sei, nämlich so und so ... – der vermittelt mir Verständnis, Sicherheit und Kompetenz. Beim selben Sachverhalt! Achten Sie darauf, wie Ihre Mandanten „schwingen" – und schwingen Sie mit. Wenn einer eine drängende Frage beantwortet haben muss, wird er nicht plaudern wollen. Wer im Beratungstermin eine heikle wirtschaftliche Lage erörtern muss, wird froh sein, wenn Sie ihm eine gute Brücke bauen, und wer die Bilanz eines erfolgreichen Jahres entgegennimmt, möchte gerne ein wenig in dieser Situation verweilen. Halten Sie Ausschau nach Themen und Aspekten, die Ihre Mandanten mit Ihnen verbinden – ob das Sport ist oder Musik, Kinder in derselben Altersgruppe, Interesse an Design oder kulinarische Vorlieben. 82

Nicht so leicht herauszufinden ist, was Ihr Mandant ganz spezifisch und persönlich an Ihrer Kanzlei schätzt – doch es ist hilfreich. Wenn Sie wissen, was Ihre Mandanten auf der persönlichen Ebene „anzieht", können Sie dies bewusst in Ihre Kanzleiführung und die Gestaltung Ihres Kanzleiauftritts einbeziehen. 83

84 Dabei können Sie beispielsweise ein Polaritätenprofil nutzen – entweder in Selbsteinschätzung, die Sie unbedingt mit den Eindrücken Ihrer Mitarbeiter/innen abgleichen sollten – oder als Teil des Fragebogens. Hier sind fünf bis maximal sieben Punkte auf der Skala zwischen den Extremwerten hilfreich.

85 Was schätzen Ihre Mandanten an Ihnen/Ihrer Kanzlei?

Beispiel:

- eine unkomplizierte, lockere Umgangsweise – 1 – statusbewusstes Auftreten
- persönliche Betreuung, soziale Ader – 2 – Erfolgsorientierung, Siegertyp
- Gediegenheit und Korrektheit – 3 – Geschicklichkeit und Cleverness
- familiär – 4 – distanziert
- Betreuer – 5 – Experte
- männlich – 6 – weiblich

IV. Play on Your Strengths!

86 Sie haben Ihre Bestandsaufnahme gemacht und sich umgesehen, was der Markt braucht, wohin die Entwicklungen gehen werden und welche Mandanten Sie ansprechen wollen. Setzen Sie auf Ihre Stärken! Seien Sie stolz auf Ihre Leistungen und Kompetenzen Ihrer Kanzlei und nutzen Sie diese in der Kommunikation. Sagen Sie klar und deutlich, was und wie Ihre Kanzlei ist – nicht wie alle anderen! – und erklären Sie Ihren Mandanten, was sie davon haben.

87 Formulieren Sie Ihr Kanzleiprofil in maximal fünf Sätzen und machen Sie es zur Grundlage Ihrer Arbeit und der Ihrer Mitarbeiterinnen und Mitarbeiter. Das Kanzleiprofil wird Klarheit in Ihr unternehmerisches Handeln bringen und Ihnen die Weiterentwicklung Ihrer Kanzlei erleichtern – es bildet einen Wegweiser, wenn es darum geht, Entscheidungen zu treffen oder Marketing-Maßnahmen zu planen und umzusetzen. Und es wird Sie als Kanzleiinhaber oder -inhaberin ebenso beflügeln wie Ihr Mitarbeiterteam.

H. Corporate Identity und Kanzlei-Identität

88 Ihre Kanzlei hat jetzt eine Identität; sie sorgt für Identifizierbarkeit (d. h. die Mandanten erkennen und finden Sie) und Identifikation (Ihre Mitarbeiter tragen Ihr Konzept mit und damit zum Kanzleierfolg bei). Nun geht es darum, diese Identität nach außen sichtbar und wirksam zu machen.

I. Managementkonzept Corporate Identity

89 Der geläufige Begriff Corporate Identity (CI) bezeichnet ein Managementkonzept – den Ansatz, das Unternehmen aus und mit seiner Identität zu entwickeln und zu managen. Große Unternehmen mit unterschiedlichen Organisationseinheiten, Standorten, Leistungs- oder Produktionsstätten stehen da vor ganz anderen Herausforderungen als ein inhabergeführtes Beratungsunternehmen.

90 **CI** umfasst klassisch Vision, Leitbild, Unternehmensstrategie und -ziele, Verhaltensrichtlinien und Führungsgrundsätze. Im besten Fall ist dies alles in Essenz in Ihrem Kanzleiprofil enthalten. Im CI-Konzept werden daraus abgeleitet: Corporate Behaviour (Verhalten/Handeln), Corporate Design (visuelles Erscheinungsbild), Corporate Architecture, Corporate Communications, Corporate Social

Responsibility und andere. All diese Bereiche gibt es – ohne, dass man sie so bezeichnen muss – auch in der Steuerkanzlei. Welche Räume Sie für Ihre Mandanten und Mitarbeiter schaffen, auf welche Weise, aus welchem Geist und in welchem Stil Sie und Ihr Team kommunizieren – schriftlich, durch die Medien, am Telefon oder persönlich, welche gesellschaftliche Verantwortung Sie nach außen wahrnehmen – all das sind Facetten, aus denen Ihr Profil für die Mandanten, Geschäftspartner und andere Kontaktpersonen wahrnehmbar wird.

II. Corporate Design – die Essenz im Bild

Sehr häufig ist jedoch, wenn von Corporate Identity die Rede ist, nur ein Teilbereich des Konzepts 91 gemeint: Corporate Design (CD), das visuelle Erscheinungsbild. Idealerweise übersetzt es die Essenz der Kanzleiidentität ins Visuelle. Die Basis bildet das Logo oder Signet – in der Regel ein Bildzeichen, das im Zusammenhang mit dem Schriftzug für die Kanzlei steht. Es gibt auch rein typographische Lösungen – d.h. lediglich der Schriftzug wird in charakteristischer Weise gestaltet. Allerdings prägt sich ein Logo viel schneller ein (ein Bild wird viel rascher aufgenommen als ein Name, der gelesen werden muss) und entfaltet mehr Kraft als ein rein typographisches Erscheinungsbild: Es kann auf einen Blick erfasst werden und erzielt dadurch einen deutlich höheren Wiedererkennungseffekt. Je einfacher und reduzierter das Logo, desto besser: Achten Sie einmal bewusst auf die Gestaltung großer Markenzeichen – die meisten bestechen durch ihre außerordentliche Prägnanz, die ein Ergebnis konsequenter Reduktion und von oft über Jahrzehnte hinweg vorgenommenen, subtilen, kleinen Veränderungen ist.

Wenn Sie die Gestaltung Ihres Logos in Auftrag geben, werden gute Grafiker oder Agenturen Sie 92 nach Ihrem Kanzleiprofil, nach Branchenumfeld und Wettbewerbern fragen und möglichst viel über die Identität Ihrer Kanzlei in Erfahrung bringen wollen.

Außerdem sollten Sie sich vorher überlegen, welche Verwendungszwecke Sie absehen können: Brief- 93 papier, Internetseite, Flyer oder Kanzleibroschüre sind selbstverständlich. Aber wenn Sie beispielsweise planen, Werbemittel wie Kugelschreiber oder Taschenrechner herstellen zu lassen, sollte man das vorher in die Überlegungen einbeziehen, damit auch dafür entsprechende Gestaltungslösungen „mitgedacht" werden können, selbst wenn Sie sie nicht gleich in Auftrag geben. Denken Sie an Anzeigen und Werbebanner, oder auch an die Ausstattung der Kanzlei – Türschilder, sonstige Beschriftungen, Ordner-Rückenschilder, eventuell T-Shirts für Mitarbeiter, Tragetaschen und Notizblocks für Ihre Mandanten ...

Das Logo wird in schwarz-weiß entwickelt und präsentiert; die Entscheidung für die Farbigkeit wird 94 gesondert getroffen.

III. Bekennen Sie Farbe!

Farben sind ein heikles und durchaus emotionales Thema, und so einfache Gleichungen wie „rot 95 ist die Liebe" und „grün steht für die Hoffnung" helfen hier leider nicht weiter. Traditionell werden bestimmte Farben bevorzugt in bestimmten Branchen eingesetzt – z. B. Blau in Technik, Pharma, Medizin oder Finanz- und Versicherungswirtschaft, Grün heute gerne in allen Bereichen, die sich umweltbewusst darstellen wollen -, doch mit diesen Beobachtungen ist wenig gewonnen. Um sich abzuheben, wird heute gerne auch gegen solche Traditionen verstoßen, und so bekommen einst konservativ blaue Banken auf einmal ein lustiges rotes Logo und Mineralölkonzerne grüne Blumen, ganz zu schweigen von einem Telekommunikationskonzern, der die Farbe Magenta als Alleinbesitz beanspruchte. Außerdem ist Grün nicht gleich Grün und Rot nicht gleich Rot, und auch wenn Blau als konservativ gilt, kann – je nach Umfeld und Gestaltung – ein Kobaltblau kühn wirken und Türkis frech aussehen. Ein paar praktische Hinweise: Metallfarben – gold, silber, kupfer – sind teuer, bei Braun- und Grüntönen kann es heikel sein, bei verschiedenen Arten von Druck exakt den immer gleichen Farbwert zu erzielen. Sie sind auch bei großen Auflagen auf der sicheren Seite, wenn Sie Farben aus der Pantone-Farbskala wählen. Lassen Sie sich von Ihrer Agentur auch in Bezug auf Druck und Herstellung beraten. Machbar ist heute fast alles, und der Anspruch an visuelle Umsetzung ist in den letzten Jahren stark gestiegen. Ein sauberes Druckbild und vor allem hochwertiges Papier sind wichtige Qualitätsindikatoren, die unbewusst, aber unwillkürlich wahrgenommen werden – auch von Personen, die nichts von der Materie verstehen.

96 Das Erscheinungsbild umfasst neben dem Logo auch die Schrift, die Seitenaufteilung Ihrer Korrespondenz und weiterführende Gestaltungsrichtlinien oder Basislayouts für Ihre Publikationen. Je nach Umfang des Projekts und Vielzahl der Verwendungszwecke kann das ein ganzes Handbuch ergeben. Musterseiten für Ihre typischen Schriftstücke (z. B. Mandantenbrief, Rechnung, Benachrichtigung) sollten Sie als Vorlage erhalten; falls Sie HTML-Mails einsetzen, vielleicht auch ein Beispiel für die Gestaltung von E-Mails.

97 Den Stimmungswert des Erscheinungsbildes (also den Gesamteindruck von Logo plus Farbe in fertiger Gestaltung) bezeichnet man auch als „Anmutung", und in dieser Anmutung sollte sich das „Wesen" Ihrer Kanzlei widerspiegeln:

98 Wirkt es modern oder traditionell, futuristisch, modisch, seriös, edel, pfiffig, auffällig, dezent, fröhlich, dynamisch, ambitioniert, praktisch ...

99 Bis zu einem gewissen Grad ist diese Einschätzung subjektiv, denn hier geht es um die gefühlsmäßige Wahrnehmung: Da wirken persönliche Präferenzen (z. B. was Farben und Schriften betrifft) ebenso mit wie vielleicht zufällige Assoziationen. Holen Sie sich Einschätzungen Ihrer Mitarbeiter und anderer Menschen ein, die Ihre Mandanten sein könnten (oder sind), aber machen Sie das Logo nicht zum Gegenstand einer Mehrheitsentscheidung. Es muss überzeugen, nicht eine Kompromisslösung darstellen. Fragen Sie lieber, was die Entwürfe an Assoziationen und Stimmungen beim Betrachter auslösen, lassen Sie sich die Eindrücke beschreiben.

100 Treffen Sie die Entscheidung für das Erscheinungsbild Ihrer Kanzlei in Ruhe und mit Bedacht, schließlich wird es der sichtbare Ausdruck Ihrer Kanzlei sein: ein Bild für Ihren Erfolg, das Ihre Mandanten darin bestärkt, in Ihnen den passenden Partner gefunden zu haben.

Barbara Maria Zollner,

geprüfte PR-Beraterin (DAPR), berät und unterstützt Unternehmen dabei, ihre Leistungen wirkungsvoll auf dem Markt zu präsentieren, Resonanz in Presse und Öffentlichkeit zu erwerben und langfristige Kundenbeziehungen aufzubauen. Mit ihrer Agentur ZINNOBER ABC realisiert sie Firmenzeitschriften, Unternehmenspublikation und klassische Medienarbeit; sie berät Existenzgründer und Freiberufler beim Marketing und gibt Seminare; außerdem schreibt die studierte Literaturwissenschaftlerin und Dramaturgin für Fach- und Publikumszeitschriften über kulturelle Themen. www.zinnober-abc.com

Warum haben Sie sich mit diesem Thema befasst?

In meinen Marketingseminaren und der Beratungspraxis habe ich die Erfahrung gemacht, dass gerade Menschen in anspruchsvollen und erklärungsbedürftigen Tätigkeitsfeldern sich so sehr mit den Inhalten und der Qualität ihrer Arbeit identifizieren, dass sie buchstäblich dahinter „verschwinden" – und dabei oft übersehen, was Kunden und Auftraggebern wichtig ist. Ich unterstütze Sie darin, die Außenperspektive, die Sicht von Markt und Kunden, einzunehmen, denn die ist wesentlich, um das Besondere des eigenen Angebots zu erkennen. Wer selbst-bewusst und klar sagen kann, was ihn oder sie ausmacht, spricht die richtigen Kunden an.

Inwieweit haben Sie mit Steuerberatern zu tun?

Wesentliche Aspekte der Mandanten-Berater-Beziehung sind nur aus meiner Beratungserfahrung vertraut; auch habe ich über die Jahre fast nur positive Erfahrungen mit Steuerberatern gemacht). Manchmal bin ich um Einschätzung gebeten worden, wenn es darum ging, Mandanten Wege aus einer unternehmerischen Schieflage zu zeigen: Zwischen Steuerberatern und Marketingberatern gibt es viel Potenzial zu Zusammenarbeit – zum Nutzen der Mandanten.

Was sind für Sie die wesentlichen Faktoren, die beruflich und privat Erfolg ausmachen?

Zu wissen, wer man ist und was man kann – und möchte! – halte ich für einen wichtigen Erfolgsfaktor, wenn wir unter Erfolg verstehen: Seine Fähigkeiten so gut wie möglich zu entwickeln, seine Grenzen zu erweitern und seine Wünsche zu verwirklichen – und dabei sich und anderen gerecht werden. Das wird sich auch materiell widerspiegeln.

§ 3 Werbung für Steuerkanzleien – kein Tabuthema mehr!

A. Warum Werbung für Steuerkanzleien?

> Hiermit teile ich meinen Kunden mit, dass ich in der
> **Zeit vom 10.7. bis 30.7.1972**
> in
> in Urlaub bin.
> Steuerberater Müller, Bad Engen, Tel. 06431-2356

1 Kaum zu glauben, aber so sah Werbung für Steuerkanzleien im Jahr 1972 aus. Abgesehen von einer Anzeige zur Kanzleieröffnung war Werbung früher für Steuerberater durch das Berufsrecht strengstens untersagt. Zur Umgehung dieses Verbotes wurden dann solche oder ähnliche Anzeigen in den örtlichen Tageszeitungen geschaltet.

2 Diese Zeiten sind inzwischen vorbei. Bereits im Jahr 1994 wurde das Werbeverbot für Steuerberater aufgehoben. Grund hierfür war, dass das Bundesverfassungsgericht festgestellt hatte, dass das Werbeverbot nicht mit Artikel 12 Abs. 1 Grundgesetz, der Freiheit der Berufsausübung, in Einklang steht.

3 Sie dürften also theoretisch alle Litfasssäulen Ihrer Stadt großflächig mit Werbeplakaten bekleben. Die Anbieter von Werbung für Steuerberater haben darauf bereits reagiert, wie folgende Anzeige verdeutlicht.

Täglich warten Tausende Menschen an Bushaltestellen, Bahnhöfen und Flughäfen oder kommen an belebten und stark frequentierten Plätzen vorbei. Ab sofort können auch Steuerberater mit Großplakaten an öffentlichen Plätzen präsent sein.

Speziell für Steuerberater:
XXL-Plakate für Ihre erfolgreiche Außenwerbung!
So gewinnt man neue Mandanten heute!
Mit Großplakaten machen Sie in Ihrer Stadt plakativ auf Ihre Kanzlei aufmerksam. Ergänzt durch Ihre Kanzleidaten, Bilder und Ihre Gestaltungslinie erhalten Sie eine individuelle Werbung im Großformat. ***Werben, wo täglich tausende Menschen auf ein Großplakat blicken!***

Quelle : http://nwb.marcapo.com/marcapo_platform

4 Obwohl die Branche also genügend Zeit hatte, sich an die geänderten Bedingungen zu gewöhnen, weiß ich aus meinen Seminaren, dass selbst bei jungen Kollegen/innen irgendwo im Hintergrund immer noch eine Barriere im Kopf ist, wenn es um die Frage der Werbung geht:

- Warum sollte ich das machen? Das passt nicht zu mir.
- Mir reichen die Kunden, die ich habe. Mehr will ich gar nicht.
- In unserem Metier geht es nur über Beziehungen und Empfehlungen, Werbung macht da gar keinen Sinn.

- Allein meine Leistung zählt, und die ist gut.
- Mit Werbung beeinflusse ich andere auf eine unseriöse Weise.

Haben Sie sich wiedererkannt?

Die Firma Red Bull steckt jährlich 30 % ihres Umsatzes – das sind rund eine Milliarde Euro – in Werbung. Red Bull ist ein koffeinhaltiges Brausegetränk, das ähnlich schmeckt wie Gummibärchen und angeblich „Flügel verleiht". Der Besitzer des Unternehmens hat einen durchschnittlichen Abschluss in Betriebswirtschaft und ist derzeit der zweitreichste Österreicher. International liegt er auf Platz 260. 5

Was will ich Ihnen damit sagen? 6

Es ist natürlich Voraussetzung, dass Sie Ihren Kunden eine gute Leistung bieten. Aber der Bäcker, der früher noch wegen seiner guten Qualität verkauft hat, muss jetzt mit einem ortsansässigen Backshop konkurrieren. 7

Jeder Kunde müsste über den Einzelkontakt mit Ihnen zwar merken, dass er bei Ihnen richtig ist. Aber, so bedauernswert es auch ist, wir sind nicht frei von äußeren Einflüssen. Wir wissen sehr wohl, dass Red Bull keine Flügel verleiht. Aber schon alleine die Idee daran tut gut und verführt uns. Selbst die Tierwelt ist nicht frei von Ritualen der Werbung – oder wie sollte man das Radschlagen eines Pfauenmännchens anders deuten als ein auf sich aufmerksam Machen? 8

Mit Werbung beeinflussen wir natürlich andere, aber das ist als solches nicht verwerflich. 9

Wenn Sie also nur das machen, was Sie immer schon gemacht haben, dann werden Sie Ihren Status Quo nicht halten können. Nichts ist so sicher wie die Veränderung. Die Zeiten vornehmer Zurückhaltung neigen sich auch in den rechts- und steuerberatenden Berufen ihrem Ende entgegen. 10

Warum also Werbung für Steuerkanzleien? 11

- Weil Sie so und so ein Bild nach außen vermitteln – auch, wenn Sie nichts tun. Und dann ist es doch schon besser, an diesem Bild zu arbeiten.
- Weil Ihre vorhandenen Mandanten sich mit Ihnen und Ihrem Außenauftritt identifizieren – Ihr Erfolg ist auch gleichzeitig der Erfolg Ihrer Kunden.
- Weil Sie dadurch neue Kunden ansprechen.
- Weil Sie so gezwungen sind, sich sowohl über den Status Quo als auch über die Zukunftsentwicklung Ihrer Kanzlei Gedanken zu machen.
- Weil auch Ihre Mitarbeiter lieber in einer modernen Kanzlei arbeiten.
- Weil Werbung nicht verwerflich ist und Spaß macht.
- Weil Sie damit einen Wettbewerbsvorteil herausholen, den sonst andere für sich nutzen.

Um es auf einen Nenner zu bringen: 12

Werbung wird den Erfolg Ihrer Kanzlei entscheidend beeinflussen! 13

Deshalb sollten Sie sich – sofern Sie diese nicht schon haben – eine positive Einstellung zum Thema Werbung verschaffen. 14

Innere Einstellungen lassen sich aber, im Gegensatz zu intellektuellen Einsichten, nicht so einfach – simsalabim – durch das Lesen eines Buches verändern. Sie sind über Jahre, vielleicht sogar über Generationen, gewachsen. Sie sind Teil unserer Kultur. Wir kennen alle das Sprichwort: „Bescheidenheit ist eine Zier". Und nur so nach und nach wagen wir uns an den zweiten und neuen Teil des Sprichwortes: „Doch weiter kommt man ohne ihr." 15

Tipp:

Versuchen Sie, sich über positive Beispiele für Werbung, denen Sie in Ihrem Alltag begegnen, eine positive Einstellung zum Thema Werbung zu verschaffen, damit Sie ganz natürlich damit umzugehen lernen.

B. Werbung innerhalb des Unternehmens Steuerkanzlei

16 Nun gehen wir einmal davon aus, Sie haben Ihre Ressentiments gegen Werbung abgebaut und beschließen, direkt loszulegen. Das ist in jedem Fall zu begrüßen. Denn besser, Sie machen Fehler, aus denen Sie dann lernen, als Sie machen gar nichts. Noch besser allerdings ist es, Sie gehen gezielt vor. Das bedeutet, Sie machen sich Gedanken, wo Sie im Moment stehen und was Sie mit der Werbung erreichen wollen.

17 Relativ leicht lässt sich dieses wieder am Beispiel Red Bull erläutern. Als ich vor einigen Jahren bei einer Seminarveranstaltung zum Thema „Mut und Tun – wie Erfolg gelingt" die Firma Red Bull um werbemäßige Unterstützung gebeten habe, erhielt ich eine Abfuhr. Ich wurde zwar ausreichend mit Red Bull Dosen für meine Seminarteilnehmer versorgt, darüber hinaus aber war ein stärkeres Erscheinen der Marke Red Bull bei meiner Veranstaltung von Seiten der Firma ausdrücklich nicht erwünscht. Was mich damals ein wenig verärgert hat (Unnötig, denn damit hat mir Red Bull ganz praxisnah etwas zum Thema Werbung beigebracht), kann ich heute umso besser nachvollziehen.

18 **Werbung dient einerseits der Kundengewinnung, andererseits möchte ich mit Werbung der Öffentlichkeit ein ganz bestimmtes Bild meines Unternehmens Steuerkanzlei vermitteln.**

19 **Dieses Bild muss in Einklang zu meiner Firmenphilosophie stehen und mit den anderen Bereichen des Unternehmens abgestimmt sein.**

20 Und zwar mit Ihrer Personalabteilung genauso wie mit Ihrer Rechnungswesenabteilung. Und wenn Sie jetzt sagen, in meiner Ein-Mann-Kanzlei gibt es keine anderen Unternehmensbereiche, dann liegen Sie damit falsch. Es gibt auch in der kleinsten Kanzlei diese „Abteilungen", Sie werden lediglich in Personalunion von einer Person geführt. (Siehe hierzu auch das Interview mit Herrn Gunther Hübner). Auch dann müssen Sie überlegen, ob der Flyer, den Sie entwerfen, zur Honorarstruktur Ihrer Kanzlei passt. Oder ob die Zeitschrift, in der Ihre Anzeige erscheinen soll, eine Zeitschrift ist, die Sie selbst auch lesen würden. Sonst kann Werbung genau den gegenteiligen Effekt erzeugen und die anderen Maßnahmen, die Sie zur Erreichung Ihres Unternehmenszieles ergriffen haben, aushöhlen.

21 Um bei dem Beispiel Red Bull zu bleiben: Zum Unternehmen Red Bull passt sicherlich keine Werbung im Anzeigenblatt des örtlichen Anglervereins oder der Auftritt als Hauptsponsor bei der Schachweltmeisterschaft.

22 Das klingt natürlich sehr einleuchtend. Die Schwierigkeit liegt darin, zunächst sein eigenes Profil zu finden und anschließend dieses stimmig nach außen zu transportieren. Je klarer das Profil bestimmt ist, desto leichter gelingt es, die entsprechende Werbemaßnahme auszuwählen.

23 Wie Sie das Profil Ihrer Kanzlei bestimmen können, lesen Sie hier in diesem Buch in dem Beitrag von Frau Zollner.

24 **Werbung** ist innerhalb Ihres Unternehmens Steuerkanzlei nur einer von sieben Ansatzpunkten des Marketingmix. Die anderen Achsen sind das **Produkt**, der **Preis**, der **Vertrieb**, die Frage **wie** und **mit welchen Mitteln wer** die Leistung erstellt.

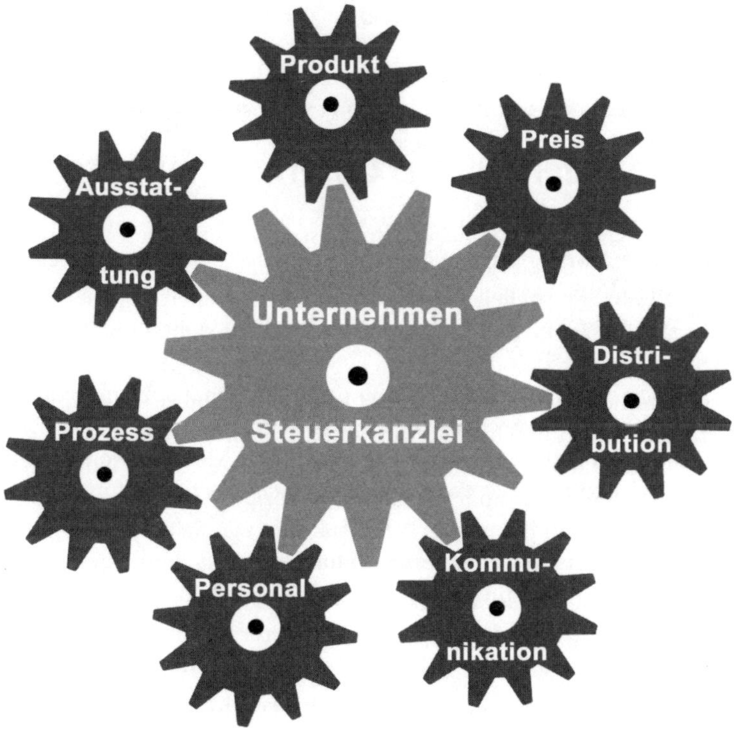

- Produkt (Welches Produkt wird zu …)
- Preis (… welchem Preis …)
- Distribution (… wie vertrieben …)
- Kommunikation/Werbung (… und wie beworben?)
- Personal (Wer erstellt …)
- Prozess (… wie …)
- Ausstattung (… und mit welchen Mitteln die Leistung?)

Werbung ist also nur eine Achse, an der das Rad bewegt werden kann. Egal, an welcher Achse des Rades Sie drehen, es wird in jedem Fall das ganze Rad in Bewegung kommen. Idealerweise wird an verschiedenen Achsen mit aufeinander abgestimmten Maßnahmen angesetzt, so dass das ganze Rad gleichmäßig in Schwung kommt. 25

So könnten Sie natürlich auch an der Achse „Produkt" ansetzen, indem Sie sich neue Produktideen für Ihre Kanzlei überlegen. Oder Sie erweitern Ihr Geschäftsfeld, indem Sie in Ihrer Kanzlei eine eigene Abteilung „Unternehmensberatung" aufbauen. 26

Tipp:

Es gibt in unserer Branche genügend Möglichkeiten, abseits der ausgetretenen Pfade Ideen zu finden. Machen Sie sich auf den Weg!

C. Werbung – was ist erlaubt, was nicht?

27 Als ich mich dieses Jahr beim deutschen Steuerberaterkongress nach einem Fachmann von Seiten der Kammer zum Thema Standesrecht und Werbung umgesehen habe, habe ich nur ein müdes Lächeln und ein Abwinken geerntet. Die Aussagen waren

- „Das hat alles nichts mehr mit dem Standesrecht zu tun." und
- „Steuerberater dürfen inzwischen schon fast alles."

28 Ich war überrascht und ein wenig ungläubig. Ich wollte daran festhalten, dieses Kapitel in zwei Teilen zu schreiben – nämlich: „Was sagen die Berufsordnung für Steuerberater (BOStB) und das Steuerberatungsgesetz" auf der einen Seite und „Was sagt das Gesetz gegen den unlauteren Wettbewerb (UWG) auf der anderen Seite dazu?".

29 Sie sehen, es ist nur ein Kapitel geworden. Was bei den Wirtschaftsprüfern bereits passiert ist – die Bestimmung zum Werberecht ist aus der Wirtschaftsprüferordnung (§ 52 Satz 2) herausgenommen worden – kennt das Steuerberatungsgesetz zwar noch, nach Meinung von Fachleuten dürfte diese berufsspezifische Beschränkung einer verfassungsrechtlichen Überprüfung aber nicht mehr Stand halten.

30 **Nach unserem Grundgesetz ist jede Werbung erlaubt, die**

- nicht ausdrücklich aufgrund eines Gesetzes untersagt ist und
- nicht dem Schutz des Gemeinwohls widerspricht.

31 Das einschlägige Gesetz zur Klärung der Frage „Ist meine Werbung erlaubt?" ist inzwischen nur noch das Gesetz gegen den unlauteren Wettbewerb (UWG), und hier insbesondere die §§ 3 bis 7 UWG.

32 Diese lassen sich vereinfachend auf folgenden kurzen Nenner bringen:

Laut UWG nicht erlaubt ist:

- Preisvergleichende Werbung („Ich bin billiger als die Steuerkanzlei Möchtegern-Groß.")
- Irreführende Werbung („Wenn Sie zu uns kommen, wird Ihr Leben schöner.")
- Zu aufdringliche Werbung (Direkte Anrufe, Mailings)

Alles andere ist erlaubt!

33 Im Grunde sind also nur diese drei Regeln zu beachten.

Tipp:

34 *Die Bundessteuerberaterkammer in Berlin hat unter www.steuerberater-perspektiven.de einen sehr empfehlenswerten Leitfaden zur externen Kommunikation herausgegeben. Hier lassen sich viele Details zum Thema Werbung nachlesen.*

35 Die nachfolgende Übersicht gibt Ihnen einen Überblick über zulässige und unzulässige Werbemaßnahmen.

ZULÄSSIG IST:

- Werbung mit den von der Steuerberaterkammer verliehenen Fachberaterbezeichnungen
- Werbung mit Tätigkeitsschwerpunkten (Rechtsgebiete, Branchen etc.)
- Werbung mit Mandanten (Referenzliste), wobei zuvor die Zustimmung der Mandanten einzuholen ist
- Werbung mit Kooperationen, die auf Dauer angelegt sind
- Werbung mit Slogans

- Werbung mit Bildern und Symbolen
- Versendung von Praxisbroschüren und Rundschreiben an Nichtmandanten (falls nicht zu aufdringlich)
- Hinweis auf Zertifizierungen
- Werbung auf Bussen, Taxis, Straßenbahnen etc.
- Stände auf Fachmessen
- Postwurfsendungen, Flugblätter, Handzettel, wenn der Empfänger erkennt, dass es sich um Werbung handelt

NICHT ZULÄSSIG IST:

- Hinweis auf Bürogemeinschaften (keine gemeinsamen Geschäftspapiere und Türschilder)
- Verwendung von Werbung gewerblicher Unternehmen auf der Website und sog. Pop-ups
- Verlinkung auf fachfremde Internetseiten, die nicht mit der beruflichen Tätigkeit in Zusammenhang stehen
- Direkte Einzelfallwerbung, die auf die Erteilung eines Auftrags gerichtet ist (z. B.: „Steuerberater bietet seinen Dienst im Todesfall an.")

Grundsätzlich ist mein Rat: 36

Tipp:

Falls sie eine interessante Werbeidee haben, führen sie diese durch, lassen sie sich nicht von äußeren Bedingungen oder Miesmachern abschrecken.

Auf der einen Seite steht die Möglichkeit, einen guten Kunden zu gewinnen oder das Image entscheidend zu verbessern; auf der anderen Seite das Risiko einer Abmahnung, das aber nicht mehr sehr groß ist. So hat die Steuerberaterkammer für München und Oberbayern im vergangenen Jahr keine einzige Abmahnung wegen unlauterer Werbung ausgesprochen. Auch in den Jahren davor sind nur wenige Fälle aufgegriffen worden und in allen Fällen wurde lediglich ein Hinweis darauf gegeben, die Werbung zu unterlassen, was auch immer unmittelbar befolgt wurde. 37

Machen Sie sich bewußt: 38

Das Werbeverbot für die steuerberatenden Berufe hat ausgedient!

D. Wie könnte meine Werbeplanung aussehen?

I. Schritte der Werbeplanung

Das folgende Schaubild zeigt Ihnen die Schritte, die bei einer Werbeplanung durchzuführen sind. 39
Hierbei ist zu unterscheiden, ob es sich um eine Kanzlei handelt, die schon seit Jahren existiert, oder ob eine Neugründung vorliegt. Eine bestehende Kanzlei hat vermutlich schon ein Kanzleileitbild, auf das bei der Werbeplanung nur aufgesetzt werden muss. Bei meinen Recherchegesprächen mit Werbeagenturen wurde mir berichtet, dass es oftmals weniger Aufwand kostet, die Werbeplanung für eine Neugründung durchzuführen, weil hier gleich von Anfang an ein stimmiges Konzept erarbeiten kann. (Ich stelle mir das so ähnlich vor, wie wenn mein Mandant die Bilanz schon selbst zur Hälfte erstellt hat; das ist in der Regel auch nicht wirklich hilfreich).

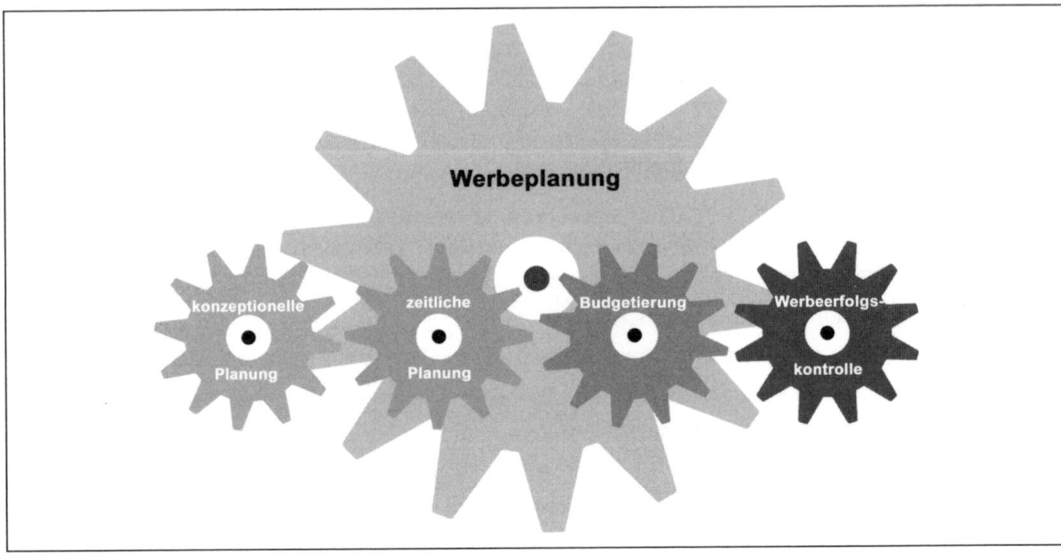

40 Am Beginn jeder konzeptionellen Werbeplanung steht die **Analyse der Kanzlei**. Es wird – unbedingt zusammen mit den Mitarbeitern – ein Kanzleibild, eine sog. corporate identity, erarbeitet. Im Gespräch oder/und mit Hilfe von Fragebögen wird das Besondere der Kanzlei ermittelt. Es erfordert ein wenig Disziplin, hier tief genug zu recherchieren, aber es ist notwendig. Denn wenn Sie selbst nicht wissen, was Ihre Kanzlei besonders macht, wie wollen Sie es dann dem Kunden vermitteln? Wichtig ist hierbei, dass bei dem Kanzleibild kein Ergebnis wie „Wir machen Ihre Steuererklärungen und Bilanzen pünktlich und zuverlässig" zu Tage tritt. Das erwartet jeder von einer Steuerkanzlei und unterscheidet Sie somit nicht von den anderen. (hoffentlich jedenfalls)

41 Der eine oder andere Leser wird jetzt sagen: „Wir machen doch alle mehr oder weniger dasselbe, wo liegen hier die Unterschiede?" Es gibt so viele einzelne Details, derer Sie sich selbst gar nicht bewusst sind, die Sie aber von den anderen Kanzleien abheben. Wenn Sie sich – im besten Fall zusammen mit einem Fachmann und mit Ihren Mitarbeitern – dazu Gedanken machen, werden Sie immer auf die Punkte kommen, deretwegen Sie für manche Kunden wertvoller sind als eine andere Kanzlei.

(Vgl. auch hier wieder den Beitrag von Frau Zollner.)

42 Sollten Sie erneut feststellen, dass Sie nicht die Kunden haben, die Sie haben möchten, gilt es in Ihrer Werbeplanung alle Maßnahmen festzulegen, die Ihre Kanzlei für diese potentiellen Kunden attraktiv machen.

43 Zur konzeptionellen Planung gehört auch die Festlegung der Ziele, die erreicht werden sollen.

Ziele können sein:

- Die Kanzlei zeitgemäß nach außen darstellen
- Das Profil der Kanzlei durch den Außenauftritt auch nach innen zu schärfen
- Bestehende Kunden zu halten
- In einem neuen Marktsegment Fuß zu fassen
- Die Kundenstruktur zu verändern

und – ich schreibe das bewusst ganz am Schluss.

- Neue Kunden zu gewinnen

Obwohl jeder gute Neukunde mir im Kanzleialltag einen Kick verschafft, ist dieses Ziel (nehmen wir den Kanzleigründer einmal aus) zu kurzsichtig formuliert. Wir machen natürlich Werbung, um Kunden zu gewinnen. Genauso wichtig aber ist es, als Kanzlei zeitgemäß nach außen aufzutreten und den bestehenden Kunden ein gutes Gefühl zu vermitteln, sie in ihrer Entscheidung, bei uns Kunde zu sein, zu bestärken. Der kurzfristige Erfolgskick durch den Neukunden wird auch schnell wieder vorbei sein. Ein stimmiges Kanzleileitbild wird aber dauerhaft den Erfolg der Kanzlei beeinflussen. 44

Parallel mit der konzeptionellen Planung werden die **konkreten Werbemaßnahmen** zur Zielerreichung festgelegt. Gleichzeitig wird auch das **Budget** bestimmt und der **zeitliche Rahmen** (in welcher Periode wird wie viel Geld für Werbung ausgegeben) fixiert.

Mein Rat hier an Sie: Übernehmen Sie sich nicht. 45

Tipp:

Legen Sie lieber nur kleine Schritte fest, die Sie dann auch wirklich umsetzen. Sie verlieren sich sonst schnell im großen Ganzen und verlieren den Spaß.

Kleine Schritte sind allemal besser und realistischer als ein großartiges Gesamtkonzept, bei dem Ihnen aber irgendwann die Luft ausgeht. 46

Am Schluss der Werbeplanung steht die **Erfolgskontrolle**. Ob eine Werbemaßnahme, ein Internetauftritt, ein neues Logo oder ein Kanzleislogan den erwarteten Erfolg gebracht hat, wird nie leicht festzustellen sein. Insbesondere, wenn wir uns vom alleinigen Ziel der Neukundengewinnung verabschiedet haben. Ich rate Ihnen, genau zu beobachten, wie Ihre Umwelt auf Ihre Maßnahmen reagiert. Also auch Ihr Freundeskreis, Ihre Mitarbeiter, Ihre Kollegen vor Ort und die Bestandskunden. Zusätzlich sollte eine Analyse der Neukunden durchgeführt werden: Wie haben sie zu uns gefunden und warum sind sie gerade zu unserer Kanzlei gekommen? Was genau hat sie bei uns (bei unserem Webauftritt) angesprochen. 47

Werbefachleute sagen, dass alle sechs Jahre ein bestehendes Logo an den veränderten Zeitgeschmack angepasst werden muss. 48

Tipp:

Befassen Sie sich regelmäßig und nicht nur punktuell mit dem Thema Werbung. Wenn Sie konsequent an ihrem Außenauftritt arbeiten, wird sich das immer auf den Erfolg ihrer Kanzlei auswirken, auch wenn Sie dies nicht direkt und unmittelbar der einzelnen Werbemaßnahme zuschreiben können.

II. Beauftragung einer Werbeagentur

Sie können Ihre Werbeplanung alleine durchführen oder aber eine Werbeagentur damit beauftragen. Wann sollte man eine Agentur mit der Werbeplanung und -durchführung beauftragen? 49

Die Antwort fällt ähnlich aus wie die Antwort auf die Frage: „Wann sollte ich einen Steuerberater mit der Bearbeitung meiner Steuerangelegenheiten beauftragen?" Selbstverständlich können Sie das, was eine Werbeagentur macht, auch selbst bewerkstelligen. Wenn Sie aber Profis damit beauftragen, wird am Ende das bessere Ergebnis herauskommen. 50

Werbeagenturen wissen einfach besser Bescheid, welche Maßnahme wozu passt, was der Kunde will, welches Logo welches Image vermittelt, wo ihre Werbekampagne am besten platziert werden sollte, was im Moment beim Kunden ankommt usw. 51

52 Außerdem sorgen Werbeagenturen dafür, dass alle Werbemaßnahmen auf Ihr Kanzleiprofil abgestimmt sind, Ihr Außenauftritt also ein in sich stimmiges Konzept darstellt und keine Aneinanderreihung von Einzelaktionen ist. Auch wird eventuell durch die besseren Lieferantenkonditionen der Werbeagentur ein Teil des Honorars abgegolten werden können.

53 Man kann eine Werbeagentur gleich von Anfang an, bei der Gründung, mit ins Boot holen oder natürlich auch später. Besonders geeignet ist auch ein Zeitpunkt, zu dem in der Kanzlei eine Veränderung stattfindet – sei es, dass Sie einen neuen Standort eröffnen, dass Sie ein neues Produkt (z. B. Mediation) anbieten oder dass die Kanzlei endgültig von Ihrem Vater/Ihrer Mutter auf Sie übergeht. An einem solchen Wendepunkt ist der Schnitt weg vom Vergangenen, Althergebrachten mit professioneller Hilfe leichter zu bewerkstelligen. Die Gefahr, in alte Muster zurückzufallen, verringert sich dadurch, dass neue Kreativität von außen – also über die Werbeagentur – in die Kanzlei geholt wird.

1. Was macht eine Werbeagentur?

54 Eine Werbeagentur bietet klassisch folgende Leistungen an:

- Analyse des Marktes (Marktforschung)
- Erarbeitung eines Kanzleiprofils/Bestimmung des USP (unique selling proposition)
- Wahl der geeigneten Werbemaßnahmen
- Planung und Durchführung der Maßnahmen
- Erfolgskontrolle

55 Anhand der vorher festgelegten Ziele des Auftrages wird also z. B. ein Slogan für die Kanzlei entwickelt, ein Kanzleilogo entworfen und für die rechtliche Sicherung des Logos gesorgt. Es werden die möglichen Werbemaßnahmen ausgewählt, bei den dafür zuständigen Unternehmen in Auftrag gegeben und die Durchführung überwacht. Am Ende steht die Überprüfung, ob die Maßnahmen erfolgreich waren.

56 Manche Werbeagenturen bieten aber auch noch mehr – von Messeplanung bis zu Suchmaschinenoptimierung ist alles möglich.

2. Woran erkenne ich eine gute Werbeagentur?

57 Es gibt in Deutschland rund 12.000 Werbeagenturen. Im Gegensatz zum Beruf des Steuerberaters (vgl. hierzu den Artikel von Ulrich Thiemann zum Thema Steuerberaterkammer) kann jeder, der will, eine Werbeagentur aufmachen. Wie finden Sie nun in diesem Dickicht die für Sie geeignete Agentur?

58 Das wichtigste Auswahlkriterium ist immer noch Ihr persönliches Gefühl. Die Werbeagentur muss zu Ihnen passen. Darüber hinaus gibt es einige Kriterien, anhand derer Sie die Qualität einer Agentur im Vorfeld beurteilen können.

Kriterien zur Auswahl einer Werbeagentur

- Bekommen Sie schnell einen Termin für ein persönliches Gespräch? (Im Fachjargon nennt man dieses Gespräch „Briefing".)
- Nimmt sich die Agentur ausführlich Zeit für das Briefing? Ist die Gesprächsatmosphäre angenehm? Haben Sie das Gefühl, mit Ihrem Anliegen verstanden zu werden? Sind Sie auf einer Wellenlänge mit der Agentur?
- Erfolgt das Briefing unentgeltlich oder wird es in Rechnung gestellt?

- Erhalten Sie zeitnah ein schriftliches Angebot über den Auftrag?
- Ist das Angebot verständlich geschrieben? Sind die Leistungen umfassend dargestellt und alle Kosten konkretisiert?
- Sind in dem Angebot auch schon kreative Vorschläge enthalten?
- Haben Sie die Mitarbeiter kennengelernt, die an Ihrem Projekt arbeiten werden? Was haben diese für eine Ausbildung? (Werbefachwirt/in, Graphiker/in, Texter/in etc.)
- Sind ausreichend seriöse Referenzkunden genannt worden?
- Gefallen Ihnen die vorgelegten Referenzbeispiele?
- Werden genaue Terminvorgaben gemacht?
- Hält sich die Agentur von Anfang an an alle Terminvorgaben?

Geteilte Meinungen gibt es darüber, ob die Agentur bereits Kunden aus der Branche haben sollte. Einerseits hat sie dann bereits Erfahrung mit Kanzleien gesammelt und weiß somit, welche Besonderheiten in der Branche gelten, andererseits kann es aber von Vorteil sein, wenn die Agentur unvoreingenommen an die Arbeit geht.

Vielleicht haben Sie schon einmal den Begriff „Pitch" gehört. Hierbei handelt es sich um einen Wettbewerb, der von dem Kunden an mehrere Agenturen ausgeschrieben wird. Alle Agenturen erarbeiten ein Konzept. Dieses wird vorgestellt, und der Kunde wählt aus den Angeboten eines aus. 59

Die Agenturen lassen sich bei einem kleinen Auftrag nur ungern auf ein Pitch ein, da sie hier ohne Garantie, dass ihnen daraus ein Auftrag entsteht, in Vorleistung gehen müssen. Außerdem wird ein Pitch Sie selbst Zeit kosten. Besser ist es, sich 2 bis 3 Agenturen vor Ort anzusehen und danach zu entscheiden. 60

Eine Möglichkeit, die passende Werbeagentur zu finden, sind Internetsuchportale wie z. B. www.werbeagentur-suche.de. Nach gezielter Eingabe der Anforderungen, die Sie an die Agentur stellen, werden Ihnen mehrere Werbeagenturen vorgeschlagen. Die vorgeschlagenen Agenturen erhalten ihrerseits auch Ihre Suchanfrage und melden sich bei Interesse direkt bei Ihnen. 61

Das System funktioniert sehr gut, da aus einem großen Pool die Agenturen herausgefiltert werden, die für den Auftrag in Frage kommen. 62

3. Kosten der Werbeagentur

Die Arbeiten, die Werbeagenturen ausführen, sind sehr komplex. Einer Werbeagentur können Fachleute aus dem Bereich Marketing und Kommunikation angehören, wie auch Graphiker, Texter und Fotografen. 63

Werbeagenturen entwerfen für einen Kunden vielleicht lediglich das Geschäftspapier, für einen anderen entwickeln sie dagegen ein ganz neues Werbekonzept und begleiten den Kunden dauerhaft bei seinem Außenauftritt. 64

Abhängig davon beginnen die Kosten bei ca. € 2.000. Nach oben sind – wie so oft – keine Grenzen gesetzt. 65

Als Orientierung für die entstehenden Kosten seien hier die Zahlen genannt, die die Werbeagentur Goodmengroup in München veranschlagt. Natürlich sind dies allgemeine Richtwerte und das Honorar sollte einzelfallbezogen verhandelt werden. 66

	kleine Kanzlei (bis 5 Mitarb.)	mittelgroße Kanzlei (6 bis 30 Mitarb.)	Große Kanzlei (über 30 Mitarb.)
Erstellung eines Erstkonzeptes Corporate Identity, Corporate Design, Geschäftspapier/Website/Flyer, evtl. Kanzleifilm	€ 5.000	€ 10.000 – 15.000	€ 16.000 – 50.000
Daran anschließende, regelmäßige monatliche Betreuung Aktualisierung der Website, Suchmaschinenoptimierung, Flyer, Kanzleizeitung, Fotos der Mitarbeiter, Kundengeschenke, Grußkarten etc.	€ 250 – 400	€ 750 – 1.000	€ 1.500 – 2.500

67 Für eine gewisse Orientierung sorgt auch die Veröffentlichung „Der Rotstift". Hier wird ein aktueller Marktüberblick über die in der Branche üblichen Honorare, sortiert in drei Größenkategorien, gegeben.

68 Falls Sie Bedenken haben, eine Werbeagentur zu beauftragen – sie betreten ja vielleicht Neuland – empfehle ich Ihnen Folgendes:

Tipp:

Fangen Sie mit einem kleinen, überschaubaren Auftrag, z. B. einer Logoentwicklung, an. Danach können Sie besser beurteilen, welche Vorteile Ihnen die Auslagerung des Bereichs „Marketing" bringen kann.

69 Eines sollten Sie bei der Beauftragung einer Werbeagentur immer bedenken:

Das Ergebnis hängt ganz entscheidend von Ihrer Mitarbeit ab.

E. Werbemedien konkret

70 Im Folgenden möchte ich Ihnen die wichtigsten Werbemedien kurz darstellen. Es sind jeweils auch immer Mindestpreise genannt, damit Sie eine gewisse Orientierung haben, wie viel Sie das jeweilige Medium kostet. Nach oben ist die Grenze natürlich offen, eine Großkanzlei wird also entsprechend höhere Beträge einzukalkulieren haben.

Tipp:

Lesen Sie sich die folgenden Seiten durch, markieren Sie das für Sie Interessante und entscheiden Sie gleich, was Sie konkret in Angriff nehmen möchten. Denn: es gibt nichts Gutes, außer man tut es.

I. Printwerbung

71 Unter den Oberbegriff Printwerbung fallen alle gedruckten Werbeprodukte. Also der Flyer, die Kanzleizeitschrift, der Mandanteninformationsbrief, Werbung in Zeitungen, Zeitungsbeilagen usw.

1. Flyer

Kennen Sie diese Situation? Sie bekommen einen Flyer überreicht und schauen erst gar nicht lange rein. 72

Der Flyer landet relativ schnell im Papierkorb. Wir alle wissen, dass wir, wenn wir jemanden kennenlernen, nach wenigen Sekunden ein innerliches Bild von unserem Gegenüber haben. Genau diesen Zweck sollte Ihr Flyer verfolgen. Nämlich dem Interessenten einen kurzen optischen Einblick in Ihre Kanzlei geben. Versuchen Sie also nicht, sich, Ihre Kanzlei und das gesamte Steuerrecht in Ihrem Flyer zu erläutern. Entscheidend für das Bild, das Sie vermitteln, sind der Zeitpunkt der Flyerübergabe und die nächsten Minuten – mehr nicht. Ein kurzer optischer und inhaltlicher Einblick in Ihre Kanzleiphilosophie, ergänzt eventuell mit Informationen zu den Inhabern oder Mitarbeitern der Kanzlei, genügen. Zusätzlich kann in dem Flyer noch eine Responserubrik eingebaut sein. Als beigelegter Zettel oder direkt im Flyer zum Heraustrennen. Das erleichtert dem potentiellen Interessenten die Kontaktaufnahme. 73

Und natürlich dürfen die einmal teuer erstellten Flyer nicht in Ihrem Schrank verstauben. Sie sollten jedem neuen Besucher der Kanzlei wie selbstverständlich überreicht werden. 74

Der Druck von Flyern ist inzwischen nicht mehr teuer (über das Internet ab € 35,00). Allerdings sollte Ihnen klar sein, dass der Flyer Ihre Visitenkarte ist. So wie der Flyer gestaltet ist, nimmt der Kunde Ihre Kanzlei wahr. Es empfiehlt sich also nicht immer die handgestrickte Lösung, sondern die Beauftragung einer Werbeagentur oder eines Graphikbüros. Die Kosten hierfür hängen davon ab, inwieweit die Agentur im Vorfeld schon ihre Corporate Identity und ihr Corporate Design erarbeitet hat. 75

Zusätzlich zum Kanzleiflyer können Sie fachspezifische Flyer zu häufig gestellten Fragen, z. B. nach der Gründung einer GmbH, bereitstellen. 76

Tipp

Ein Hinweis auf ihrem Flyerkasten mit dem Text: „Für Sie umsonst zum Mitnehmen" wirkt Wunder!

2. Kanzleibroschüre

Die Kanzleibroschüre ist, ähnlich dem Flyer, ein Medium, um den potentiellen Kunden einen Einblick in die Kanzlei zu vermitteln. Wie beim Flyer kommt es auch hier nicht rein auf die Inhalte der Broschüre an, sondern auf ihr äußeres Erscheinungsbild. Die Kanzleibroschüre ist sehr viel aufwändiger gestaltet als ein Flyer. Sie wird auch nicht so häufig neu aufgelegt werden, deshalb sind die Inhalte eher allgemein gefasst. 77

Mit der Kanzleibroschüre können Sie Ihrem Kunden das Bild vermitteln, dass er es mit einem Berater zu tun hat, der professionell arbeitet und sein Handwerk versteht. 78

Tipp:

Noch haben nur die größeren Kanzleien eine Kanzleibroschüre. Nutzen Sie diese Chance!

3. Mandanteninformationsbrief

79 Fast jede Kanzlei verschickt per Post oder per E-Mail einen Mandanteninformationsbrief oder Newsletter. Der Grund hierfür ist weniger, dem Mandanten zur Seite zu stehen als der bestehenden Informationsverpflichtung über Änderungen in Gesetzgebung und Rechtsprechung nachzukommen. Leider sind die Mandanten mit diesen Briefen häufig überfordert. Zum einen sind sie fachlich oft sehr anspruchsvoll geschrieben, zum anderen behandeln sie Themen, die den jeweiligen Mandanten gar nicht betreffen. (Was interessiert einen Einzelkaufmann die Rechtsprechung zur Angemessenheit von Gesellschaftergeschäftsführervergütungen?)

80 Je nach Kanzleityp kann es besser und mandantenfreundlicher sein, auf der Website einen Informationsbrief zum Lesen und eventuellen Herunterladen bereitzustellen und in einer E-Mail oder einem Anschreiben nur wesentliche Punkte leicht verständlich aufbereitet herauszustellen. Und wirklich kundenorientiert ist es, wenn Sie es schaffen, einzelne Mandanten telefonisch oder per E-Mail kurz über eine für sie wichtige Änderung zu informieren.

4. Kanzleizeitung

81 Obwohl Kanzleizeitungen ein hervorragendes Instrument sind, Kunden an die Kanzlei zu binden, nutzen nicht viele Kanzleien dieses Medium, um sich zu präsentieren.

82 Aus eigener Erfahrung und Gesprächen mit Kollegen weiß ich, dass Kanzleizeitungen von den Mandanten und „Freunden" der Kanzlei gerne gelesen werden. In der Kanzleizeitung finden sich Beiträge über die Kanzlei und über bzw. von den Mitarbeitern. Oft haben auch Kunden der Kanzlei hier eine Plattform, ihr Unternehmen zu präsentieren. Kanzleizeitungen sind kurzweilig zu lesen, halten den Kontakt zum Mandanten, können aber die fachliche Information nicht übernehmen.

83 Sie eigenen sich besonders, um mit potentiellen Kunden in regelmäßigem Kontakt zu bleiben.

84 Die Kosten einer Kanzleizeitung sind einerseits die internen Kosten zur Erstellung der Beiträge, andererseits die Druckkosten. Alternativ lässt sich die Kanzleizeitung auch als E-Paper über das Internet verteilen.

85 Eine billigere, aber auch wirkungsvolle Alternative der Kanzleizeitung ist eine „Rundmail" mit ähnlichen Inhalten wie denen der Kanzleizeitung. Es wird über das interne Geschehen in der Kanzlei berichtet und nur ausgewählte, für jeden wichtige Fachthemen werden kurz angesprochen. Die Mail kann mit einer Buchempfehlung, mit Bildern oder auch – je nach Jahreszeit – einmal mit einem Gedicht aufgelockert werden. Damit nehmen wir unseren Kunden, bei denen das Thema Steuern in der Wohlfühl- und Beliebtheitsskala ja oft gleich nach dem Zahnarzt kommt, die negativen Gefühle, die sie mit Steuerberatung verbinden.

5. Anzeigen in Zeitungen

86 In unserem örtlichen Gemeindeblatt veröffentlicht ein Rechtsanwalt jede Woche eine immer gleich bleibende Anzeige, in der er sich als Spezialist für das Thema Erben und Vererben präsentiert. Die Kosten für diese Anzeige sind niedrig, die Leser passen genau in die Zielgruppe (vermögend und nicht mehr jung). Ein einziger guter Auftrag reicht, um die Kosten zu amortisieren.

87 Wie bei den meisten Werbemaßnahmen ist bei diesen Anzeigen wichtig, dass Sie nicht nur einmalig aktiv werden. Es gibt Untersuchungen, wonach man sieben „Berührungspunkte" braucht, bis man wirklich aktiv auf ein Thema anspringt. Das bedeutet, die ersten paar Male nimmt man eine Anzei-

ge nur zur Kenntnis. Irgendwann denkt man, das könnte interessant sein, bis man dann am Schluss zum Hörer greift.

Ob und in welcher Zeitung Sie sich für eine Anzeige entscheiden, ist eine Frage, die in Ihrer Werbe- 88
planung (siehe Kapitel D) geklärt werden muss.

II. Audio-Visuelle Werbung

Unter den Oberbegriff Audio-Visuelle Werbung fällt die Werbung im Fernsehen, Radio und im In- 89
ternet.

1. Fernsehen und Radio

Fernsehwerbung für Steuerkanzleien – es könnte sein, dass ich damit einen Lacher ernte. Aber auch 90
hier verändert sich der Markt. Inzwischen gibt es neben den großen öffentlich-rechtlichen Rundfunkanstalten eine Menge privater Sender, bis hin zu ganz kleinen regionalen Sendern. Erkundigen Sie sich, ob es möglich ist, dass Sie hier z. B. als Experte in einer Diskussionsrunde dabei sein dürfen. Es kann sein, dass Sie für diesen Fernsehauftritt – auch wenn die Sendung sich nach außen nicht als Werbesendung darstellt – etwas zahlen müssen. Sollten die Sendezeit und das Profil der Zuschauer (nachmittags werden z. B. nicht die erfolgreichen Unternehmer vor dem Fernseher sitzen) stimmen, kann Fernsehen durchaus eine Möglichkeit sein, auf seine Kanzlei aufmerksam zu machen. Und bedenken Sie hierbei Folgendes: Gefragt sind im Fernsehen Originale, Typen, die interessant sind und sich von anderen abheben, nicht der Steuerberater, der auf einem Bankenprospekt abgebildet wäre. Sie müssen also durchaus kein „Model" sein.

Eine Alternative ist es, sich bei einem örtlichen Radiosender Sendezeit für ein Expertengespräch zu 91
kaufen. Die Kosten hierfür sind, wie auch beim Fernsehen, nicht niedrig. Sie sollten innerhalb Ihres Werbebudgets genau abgewogen werden. Für eine wöchentliche, fünfminütige Expertenbefragung im Radio eines örtlichen Regionalsenders im bayrischen Raum muss man mit Kosten von rund € 1.000 pro Monat rechnen. Auch hier gilt es wie immer die Frage zu beantworten: Hört ihre Zielgruppe die Radiosendung? Falls ja, ist auch dies eine mögliche Plattform, sich zu präsentieren.

2. Internet

Das wichtigste Webemedium Ihrer Kanzlei ist inzwischen das Internet. Sowohl zur Neukundenge- 92
winnung wie auch dazu, die Kanzlei zu profilieren, ist eine gute Website ein Muss. Da der Artikel von Herrn Jäger diesen Punkt – entsprechend seiner **Wichtigkeit (und dies 3 mal unterstrichen)** – extra erläutert, überlasse ich hier gerne das Feld dem Profi und verweise an dieser Stelle auf seinen Beitrag.

Noch ist es eher ungewöhnlich, einen kleinen Film drehen zu lassen (die Kosten hierfür liegen ab 93
€ 800 aufwärts) und diesen auf der Website und eventuell auch bei Videoportalen wie „Youtube" im Internet einzustellen. Diese Art der Werbung erhöht einerseits Ihre Suchmaschinenergebnisse, gleichzeitig haben potentielle Kunden bereits einen Einblick in Ihre Kanzlei. Und wie gesagt: Auch die bestehenden Kunden wollen in Ihrer Entscheidung gestärkt werden, dass sie von den 1.000 ortsansässigen Steuerberatern genau Ihre Kanzlei gewählt haben. Auch hier warne ich vor zu billigen Produkten. Lieber haben Sie keinen Werbefilm als einen schlechten.

Tipp:

Wenn Sie sich von anderen Kanzleien abheben wollen, dann ist ein guter Kanzleifilm eine hervorragende Gelegenheit.

94 Auch hier gilt: Lassen Sie sich ruhig etwas Ungewöhnliches einfallen. Ein Werbefilm, bei dem der Kanzleiinhaber an seinem Schreibtisch sitzt – umrahmt vielleicht noch von den gebundenen Ausgaben des Bundessteuerblattes – und dem Zuschauer schwierige steuerliche Sachverhalte erklärt, ist langweilig. Das wird niemanden hinter dem Ofen hervorlocken. Schauen Sie gut gemachte Werbefilme im Fernsehen oder im Kino an und überlegen Sie, was Sie daran fasziniert hat. Ein schönes Beispiel für einen guten Werbefilm auf der Website finden Sie unter: www.basic-erfolgsmanagement.de. Oft sind die schlichten Ideen besser als viel Pomp und Glamour. Und wenn Sie Kinder haben, fragen Sie doch mal diese, was ihnen dazu einfällt. Kinder sind in ihren Ideen noch viel unverfälschter als Erwachsene.

95 Die bekannteste Möglichkeit der Internetwerbung ist Google Adwords. Details hierzu finden Sie ebenfalls in dem Beitrag von Herrn Jäger. Google Adwords ist ein hervorragendes Mittel, um das Werbeziel „Neukundengewinnung“ umzusetzen. Allerdings ist eine Kampagne in einer größeren Stadt, z. B. in München, nicht ganz billig. Um nur mit dem Kennwort „Steuerberater/in“ einen vorderen Platz zu erhalten, müssen sie derzeit etwa € 30,00 pro Klick ausgeben. Das lässt die Kosten sehr schnell ansteigen und lohnt daher kaum. Billiger wird es, wenn Sie speziellere Keywords platzieren. Auch hier zahlt es sich aus, dass Sie das Alleinstellungsmerkmal Ihrer Kanzlei herausgearbeitet haben, da Sie damit ihre Adwords-Kampagne sehr viel gezielter schalten können.

III. Werbegeschenke

96 Die Zeiten, in denen man sich vor Werbegeschenken an Weihnachten nicht mehr retten konnte, sind glücklicherweise vorbei. Damit haben Werbegeschenke wieder ihre Wertigkeit zurückerhalten und können die Außendarstellung ihrer Kanzlei sehr gut unterstützen.

97 Nach Auskunft einer Mandantin aus der Werbeartikelbranche ist nach wie vor der am meisten nachgefragte Artikel der Kugelschreiber, gefolgt von Gummibärchen und Kalendern. Nehmen Sie sich bei der Auswahl der Werbeartikel das Bespiel Red Bull vor Augen. Welchen Artikel würde Red Bull aussuchen und wie müsste er aussehen? Danach vergegenwärtigen Sie sich, wofür Ihre Kanzlei steht. Wählen Sie den Artikel aus und bestimmen Sie, wie er beschaffen sein muss. Muss er z. B. eher seriös und klassisch oder bunt und auffällig sein? Obwohl das eine mit dem anderen nichts zu tun hat, halten Sie sich bitte vor Augen: Der Beschenkte schließt über das Geschenk auf die Qualität Ihrer Arbeit.

98 Hier ein kurzer Überblick über einige Werbeartikel und deren Preise:

- **Platz 1:**
  Kugelschreiber in guter Qualität mit Druck Lieferung ab 500 Stück; Kosten pro Stück ca. € 1,10/ gesamt rd. € 550,00.
- **Platz 2:**
  Gummibärchen, z. B. Haribo Minitütchen à 10 g; Lieferung ab 3000 Stück mit 2-farbiger Werbung; Kosten pro 100 Stück ca. € 18,00 – 19,00 / gesamt rd. € 550,00.
- **Platz 3:**
  Kalender, z. B. der Klassiker von Moleskin mit Prägung; in versch. Formaten erhältlich; auch als Kalender für 18 Monate; Kosten z. B. A5 € 17,00 / Stück.
- **Sonstiges: Zuckertütchen**
  in der Kanzlei bzw. dem Café gegenüber mit einem Aufdruck wie „Wir können Ihnen Ihre Steuern nicht erlassen, aber wir können Ihnen das Thema versüßen.“ Ab 6000 Tütchen mit 1-farbigem, 2-seitigem Druck; pro 1000 Stück ca. € 37,00 / gesamt € 222,00.

IV. Sponsoring

Macht Sponsoring für eine Steuerkanzlei Sinn? 99

Ja, Sponsoring macht Sinn, auch wenn nicht immer unmittelbar der Bezug zu einem Auftrag hergestellt werden kann! Sponsoring fängt bei der Unterstützung des örtlichen Schützenvereins an und hört beim eigenen Fußballverein (z. B. Red Bull Salzburg) auf. Das eine kann so richtig sein wie das andere. Sie sollten immer überlegen, wie Sie Ihre Kanzlei nach außen darstellen möchten und welche Kunden Sie gerne hätten. Natürlich können Sie auch ein wenig bei den Kollegen abspicken, sofern Sie nicht gerade in einer Kleinstadt wohnen. Wen fördert die Kanzlei, deren Profil Ihnen gefällt? 100

Ganz am Ende von all diesen zielgerichteten Erwägungen darf Sponsoring auch einen ganz persönlichen Hintergrund haben. Weil Sie beispielsweise unheimlich auf Jazz stehen, unterstützen Sie das örtliche Jazzfestival. Ich möchte Ihnen an dieser Stelle ein wenig Mut zum „Geldausgeben" machen. Erfahrungsgemäß kommt alles, was wir geben, in irgendeiner Form wieder zu uns zurück. (Vgl. Sie hierzu den Beitrag „Netzwerken" von Kirstin Wolf.) 101

Ideen für Sponsoring: 102

Sportvereine, Schulen, Kindergärten, Universitäten und dort besondere Foren, z. B. für Gründer, Kulturtage, Jugendveranstaltungen, Veranstaltungen der örtlichen IHK, Unternehmertage …

Legen Sie ein Budget fest, das Sie jährlich für Sponsoring zur Verfügung stellen möchten. Anschließend machen Sie sich eine Liste alternativer Vereine/Einrichtungen, die in Frage kommen. Lassen Sie die Liste liegen, ergänzen Sie sie immer wieder. Dann streichen Sie im Abstand von ein paar Tagen immer wieder die Projekte, die Ihnen doch nicht zusagen. Am Ende wird sich das für Sie richtige Projekt herauskristallisieren. Und bitte denken Sie daran, an diesem Auswahlprozess auch Ihre Mitarbeiter zu beteiligen. Ein gemeinsames Projekt fördert den Zusammenhalt der Kanzlei und damit Ihren Erfolg. Zuletzt dürfen Sie nicht vergessen, dieses Sponsoring auch publik zu machen. Unbedingt sollte ein Beitrag zu dem von Ihnen geförderten Projekt auf Ihrer Website und in Ihrer Kanzleibroschüre stehen. 103

Tipp:

Tue Gutes und rede darüber!

F. Praxisbeispiele

Zum Schluss sind zur Veranschaulichung zwei Beispiele abgebildet. Zum einen ein Flyer und zum anderen ein Auszug aus einer Kanzleibroschüre. Ich bedanke mich ganz herzlich bei den Kanzleien „Konlus" und „Zimmermann" für die Bereitstellung des Materials. Die Beispiele sollen nicht beurteilt werden. Es gibt per se keine gute oder schlechte Werbung, sondern nur eine stimmige, zum Kanzleileitbild passende oder nicht passende Werbung. 104

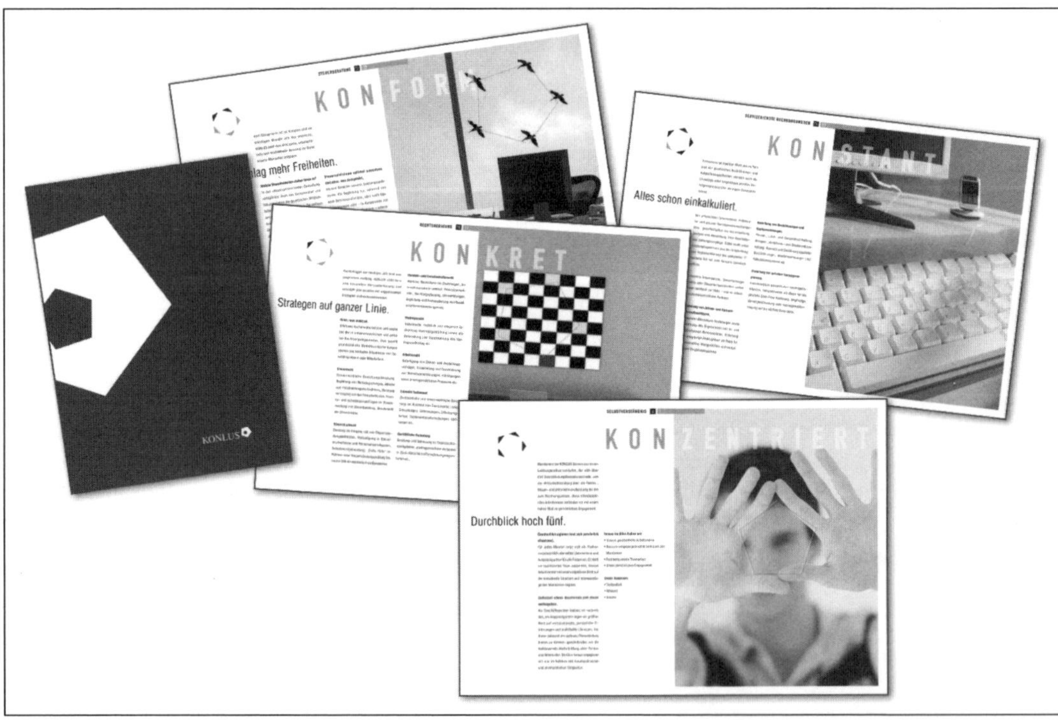

105 **Warum sind manche Kanzleien erfolgreicher als andere? Weil sie nicht nur kompetent sind, sondern diese Kompetenz auch nach außen darstellen.**

Literaturverzeichnis:

HOEFLMAYR, DAVID, Kanzleimarketing für die anwaltliche und steuerberatende Praxis, 3. Auflage, Erich Schmidt Verlag, Berlin 2009.

HÜBNER, GUNTHER, Rudern Sie noch oder steuern Sie schon? Kanzleimanagement auf den Punkt gebracht, NWB, Herne 2009.

HÜBNER, GUNTHER UND KLAUS, Abenteuer Steuerberatung, Der Steuerberater als Unternehmer, 3. Auflage Manz Verlag , Wien 2004.

Internetseiten:

Leitbild des steuerberatenden Berufes-externe Kommunikation, www.steuerberater-perspektiven.de

Rechtssicher werben nach neuem UWG , Rechtliche Grundlagen für Marketing und CRM, Thomas Seifried, www.prs-law.de

Ich danke folgenden Werbeagenturen für die freundliche Unterstützung :

www.formforum.info Formforum münchen Agentur für Werbung und Fotografie

www.goodmengroup.de GOODMENGROUP München

www.werbeagentur-suche.de

Cornelia Kisslinger-Popp

Die Diplom-Ökonomin ist Steuerberaterin mit einer eigenen Kanzlei in München. Sie schreibt eine Kolumne auf dem Portal für Steuerberater www.stb-web.de und ist als Referentin tätig zum Thema „Marketing für Steuerberater – Warum sind manche Kanzleien erfolgreicher als andere."

Warum haben Sie sich mit diesem Thema befasst?

Weil ich bei meiner täglichen Arbeit und durch die Workshops gemerkt habe, dass wir Steuerberater/innen mit unseren Kanzleien eigene Unternehmen haben, die ähnlichen Gesetzen unterliegen wie Gewerbebetriebe auch. Einmal angesteckt von diesem Thema hat es mich nicht mehr losgelassen. Ich möchte aufzeigen, was für einen breit gefächerten Beruf mit unendlich vielen Tätigkeitsgebieten wir haben.

Inwieweit haben Sie mit Steuerberatern zu tun?

Beruflich beschäftige ich mich nahezu ausschließlich mit der Steuerberatung und der Beratung von Steuerberatern/innen. Privat habe ich einige Freunde aus dem Kollegenkreis. Faszinierend ist für mich, dass ich vor ca. zehn Jahren einmal frustriert in mein Tagebuch geschrieben habe: „Es muss noch etwas anderes geben als nur Steuerberatung!" Das muss es jetzt nicht mehr, weil ich das für mich richtige Arbeitsgebiet gefunden habe.

Was sind für Sie die wesentlichen Faktoren, die beruflich und privat Erfolg ausmachen?

Wenn man mit sich selbst im Reinen ist, dann strahlt das auf alle Lebensbereiche aus. Das macht zunehmend glücklich und erfolgreich.

§ 4 Lustarbeit statt Frustarbeit – Wie Führungskräfte motivierend führen

Es gibt eine gute und eine schlechte Nachricht. 1

Zuerst die gute Nachricht: „Alle Menschen sind motiviert!"

Wenn jemand ein Rätsel (oder eine andere Aufgabe) löst, macht er dies, weil er dazu gezwungen 2 wird? Oder weil er eine Prämie dafür erhält? Weder noch. Die Motivation liegt darin, eine herausfordernde Aufgabe zu lösen, Spaß dabei zu haben, Erfolg zu haben, sich beweisen zu können, usw.

Viele Menschen engagieren sich in sozialen Bereichen, in Vereinen, ohne dafür bezahlt zu werden. 3 Die Gründe sind ähnlich. Und die gleichen Menschen sind im Unternehmen wenig engagiert und machen Dienst nach Vorschrift. Das ist die schlechte Nachricht. Wieso ist so etwas möglich?

A. Methodisch top – menschlich Flop?

Diverse Studien zeigen teils niederschmetternde Ergebnisse hinsichtlich der Führungskompetenz 4 auf. Dies führt dazu, dass immer mehr Mitarbeiter „innerlich kündigen" und sich nicht mehr für ihre Arbeit und ihren Arbeitgeber interessieren. Mangelnde und schlechte Führung sind der Produktivitätskiller Nr. 1 in der Wirtschaft.

Die Folge sind schwache Mitarbeiterbindung, hohe Fehlzeiten und niedrige Produktivität. 5

Viele Führungskräfte sind zwar meistens sehr gut bezüglich Methodenkompetenz geschult, haben 6 aber hohe Defizite in der Sozialkompetenz. Glänzend sind die Leistungen der Chefs, wenn es darum geht, die gemeinsame Arbeit zu koordinieren, Prioritäten und klare Ziele zu setzen. Auch Konzepte und Präsentationen werden perfekt erstellt. Aber im zwischenmenschlichen Bereich versagen viele kläglich. Viel zu viel Zeit verbringen Manager mit administrativen Tätigkeiten, was zu einer unzulänglichen Kommunikation im Betrieb führt.

8 von 10 Mitarbeitern würden bei entsprechender Führung mehr leisten	
>Gespräch mit Mitarbeiter vor einem Seminar	8% JA
>Gespräch mit Mitarbeiter nach einem Seminar	4% JA
>Chef kommt pünktlich zu den Besprechungen	20% JA
>Sind die Anweisungen des Chefs verständlich	26% JA
>Zufriedenheit der Mitarbeiter mit dem Ablauf von Besprechungen	26% JA
>Gibt es oft Lob und Anerkennung	30% JA

(Eigene Befragung von 300 Seminarteilnehmern aus verschiedenen Branchen)

Als wichtigster Grund für das fehlende Engagement wurde das schlechte demotivierende Führungs- 7 verhalten der Chefs angeführt.

B. Die Wichtigkeit der Führungskraft

Viele gängige Strategien berücksichtigen viel zu wenig, dass der gestaltende Faktor aller wirtschaft- 8 lichen Vorgänge der Mensch ist, dass dieser Mensch auf Reize reagiert und dass diese Reize positive oder negative Reaktionsketten auslösen, ohne dass er sich dessen bewusst ist. Durch die bloße Anwesenheit von Führungskräften entsteht schon eine Beurteilung durch die Mitarbeiter in eine dieser beiden Richtungen. Noch viel mehr durch das jeweilige Verhalten.

9 In einem Unternehmen gibt es eine Reihe von Dingen, die sich der Organisierbarkeit schlechthin entziehen und die vielmehr an der Eigendynamik der Selbstorganisation eines Unternehmens entstehen müssen. Loyalität, Identifikation, Vertrauen, Motivation u.v.m. können nicht durch Rundschreiben oder Appelle herbeigeführt werden. Führungskräfte müssen die Voraussetzungen für deren Entstehen und Entwicklung schaffen.

10 Der entscheidende Ansatzpunkt für die packende Menschenführung liegt im Gefühls- und Erlebensbereich, nicht im Verstandesbereich. Die Führungskräfte müssen also die Methodenkompetenz beherrschen, werden aber damit alleine nur wenig erreichen, wenn sie nicht im zwischenmenschlichen Bereich akzeptiert werden.

C. Demotivation versus Motivation

11 Es besteht ein eindeutiger Zusammenhang bzw. eine Abhängigkeit der Mitarbeitermotivation zum Führungsverhalten. Je besser das Führungsverhalten, umso höher das Engagement der Mitarbeiter. Wer kennt nicht das Zitat von Reinhard K. Sprenger aus seinem Besteller „Mythos Motivation“:

„Wir müssten unsere Mitarbeiter nicht motivieren,
wenn wir aufhören würden, sie ständig zu demotivieren!“

12 Er führt dabei aus, dass Demotivation meist vor der Motivation kommt, weil Führungskräfte ihren Mitarbeitern nichts zutrauen, sie nicht einbeziehen, sie nicht wirklich ernst nehmen, ihre Leistung nicht bemerken und anerkennen (wollen?), nicht mit ihnen reden usw.

„Nächsten Montag um 15.00 Uhr motiviere ich wieder meine Mitarbeiter!“

13 Nun, so leicht geht das leider nicht. Motivation kann man nicht an einem Termin ansetzen oder über „Knopfdruck“ ausüben. Wir alle kennen die Zusammenkünfte, auf denen versucht wird, mit eindringlichen Appellen die Notwendigkeit einer Leistungs- und Ergebnissteigerung zu argumentieren. Alle hören zu, denken sich ihren Teil, nicken zustimmend oder verhalten sich ruhig. Jeder weiß zwar inhaltlich und sachlich Bescheid, aber so richtig motiviert geht niemand weg. Oder man sucht die Lösungsmöglichkeiten nur in anderen Bereichen.

14 Motivation ist ein vielschichtiger Prozess. Wenn man von Motivation spricht, so ist dies keine Taktik, die man zum Gebrauch einsetzen kann, sondern in erster Linie ein Ergebnis zwischenmenschlicher Beziehungen. Motivation entsteht durch die Zusammenarbeit zwischen Mitarbeiter und Führungskraft. In dieser Zusammenarbeit gibt es eine Reihe von Erwartungen seitens der Mitarbeiter, deren Erfüllung zu Motivation führt.

15 Was wollen Mitarbeiter insbesondere?

- Anspruchsvolle Arbeit,
- Anerkennung für gute Arbeit,
- das Gefühl, ein Ziel erreicht zu haben,
- ein gutes Team- und Arbeitsklima,
- Einsatz der eigenen Fähigkeiten
- und natürlich auch leistungsgerechte Bezahlung.

16 Bei den Führungskräften sind also Beziehungsfähigkeiten gefragt.

„Der Beziehungsaspekt einer Kommunikation
ist dem Inhaltsaspekt grundsätzlich übergeordnet!“
[Paul Watzlawick]

D. Leitender Sachbearbeiter oder sachkundiger Leiter?

Viele Führungskräfte sind welche geworden, weil sie ein besonders hohes Fachwissen auf einem bestimmten Gebiet haben oder besonders gute Verkäufer waren. Diese Fähigkeiten nützen für die Führungsaufgabe nicht viel. Auch wenn man noch härter und mehr arbeitet, die Kapazität wird beschränkt bleiben. Solche Führungskräfte sind dann „Leitende Sachbearbeiter", aber keine Leader. 17

Natürlich brauchen Führungskräfte auch ein entsprechendes Sach- und Fachwissen, aber sie müssen nicht Chefspezialist oder oberster Verkäufer sein. Sie sollten vielmehr „Sachkundige Leiter" sein. Den größten Anteil an der Arbeitszeit einer Führungskraft macht die Kommunikation mit anderen Menschen, vor allem den Mitarbeitern aus. Darauf wird oft wegen Termin- und Arbeitsdruck verzichtet. Ein Großteil der Fehler und Probleme am Arbeitsplatz ist aber auf mangelnde Kommunikation zurück zu führen. 18

Die meisten Fehler entstehen durch mangelnde und schlechte Kommunikation 19

- Vorschnelle Einschätzung/Vorurteile
- Zerstreutheit/Ungeduld/Gedanken schweifen ab
- Voreilige Schlüsse werden gezogen/„Selektives Gehör"
- Ungerechtfertigte Annahmen/Vorgefasste Meinung
- Stress/Schlecht zuhören können/Fixe Ideen

(Quelle: Kommunikation klipp und klar, Kris Cole)

E. Die Aufgabe von Führungskräften

I. Managen heißt Verändern

Führungskräfte sind dafür verantwortlich, Veränderungen auszulösen und dafür zu sorgen, dass auf Veränderungen rechtzeitig reagiert wird. Die Kurve ständiger Veränderung ist heute exponentiell, denn jede Entwicklung zieht weitere Neuerungen nach sich, die auf früheren aufbauen. Diese Veränderungen entstehen durch Krisen oder Chancen, durch den Markt und den Wettbewerb, durch technologische Entwicklungen, durch Trends, durch Unternehmensergebnisse u.v.a.m. Die für diese Veränderungen notwendigen Aktivitäten rechtzeitig zu erkennen und umzusetzen ist Aufgabe von Führungskräften. Mit diesen Veränderungen ist auch meistens eine notwendige Verhaltensänderung seitens der Mitarbeiter verbunden, die es zu steuern gilt. Viele Mitarbeiter haben Angst vor solchen Veränderungen und als erstes wird Widerstand entstehen. Führungskräfte müssen also diese Veränderungen MIT den Mitarbeitern in Gang setzen, deswegen heißt es ja auch *Mit*arbeiter. Auch das ist ein umfangreicher Kommunikationsprozess. 20

„Wenn die Kommunikation das Verhalten ändert,
dann handelt es sich um gute Kommunikation;
wenn sie es nicht tut, ist es schlechte Kommunikation!"

II. Aus Mangelhaftem das Bestmögliche machen

21 Das ist nicht das Problem von Führungskräften, sondern deren ureigenste Aufgabe.

22 Wer, außer den Führungskräften, soll die Probleme angehen? Wenn sich Führungskräfte über die vielen Probleme in ihrem Unternehmen beklagen, dann sollten sie ihren Job wechseln. Es wird immer Probleme geben, die zu lösen sind. Es wird immer in irgendeinem Bereich ein Mangel vorhanden sein, sei es Personal, Budget, Technik u.a.m. – Und es gilt daraus das Bestmögliche zu machen.

III. Den Einfluss auf andere verbessern

23 Die Aufgabe von Führungskräften besteht weiter darin, auf andere Menschen einzuwirken, sie zu beeinflussen und sie in die richtige Richtung in Bewegung zu setzen. Und das nicht durch Appelle, Anweisungen, Zwänge oder Drohungen, sondern durch entsprechende Vorbildwirkung und ein motivierendes Führungsverhalten. Vielleicht sollte man noch hinzufügen: Um Menschen führen zu können, muss man Menschen mögen.

24 Die Führungskraft

- Opfer oder Gestalter?
- Unterlasser oder Unternehmer?
- Bewahrer oder Veränderer?
- Zögerer oder Entscheider?
- Pessimist oder Optimist?

F. Die 3 Grundregeln der Kommunikation

I. Alles, was wir tun, ist Kommunikation!

25 Jeden Tag kommunizieren wir auf vielfältige Weise. Wir äußern unsere Gedanken, unsere Gefühle, unsere Wünsche. Wir zeigen Freude oder schlechte Laune. Kommunikation ist das Hauptmittel, mit dem wir uns durchsetzen und unsere Ziele verwirklichen. Wir senden fortwährend verbale oder nonverbale, beabsichtigte oder unbeabsichtigte, geplante oder spontane Botschaften. Die explizit ausgesprochenen und an andere Personen gezielt gerichteten Botschaften machen nur etwa 20 % der Gesamtkommunikation aus.

„Man kann nicht nicht kommunizieren“
[Paul Watzlawick]

II. Die Art, wie eine Nachricht übermittelt wird, beeinflusst stets auch den Empfang!

26 Lautstärke, Tonfall, Blickkontakt, Kopfneigung und Körperhaltung beeinflussen, wie unsere Botschaft aufgenommen wird. Positiv oder negativ, zustimmend oder skeptisch, wohlwollend oder ablehnend. Wenn Sie erwarten, dass Ihre Mitarbeiter eine Sache mit Engagement und Begeisterung

umsetzen sollen, dann muss diese Begeisterung auch von Ihnen ausstrahlen. Wenn Sie ein Routineverhalten an den Tag legen, wird Routineverhalten Ihrer Mitarbeiter die Reaktion sein. Wenn Ihre Mitarbeiter nach einer Teambesprechung an ihre Arbeitsplätze zurückkehren und da weitermachen, wo sie zuvor aufgehört haben, dann haben Sie etwas falsch gemacht.

„In Dir muss brennen, was Du in anderen entzünden willst!“
[Augustinus, Kirchenlehrer]

III. Die entscheidende Kommunikation ist nicht die gesendete, sondern die empfangene Botschaft!

Sie kennen wahrscheinlich aus Kommunikationsseminaren die „stille Post–Übung“, bei der eine Information mündlich jeweils an eine Person weiter gegeben wird. Bei der sechsten Person, bei der diese Information dann ankommt, haben sich viele Inhalte verändert. Einiges wurde weggelassen, anderes hinzugefügt oder verändert. Jeder Empfänger einer Information assoziiert und verändert diese auf Grund seiner eigenen subjektiven Vorstellungen und Wahrnehmung. Stimmt das noch mit dem überein, was Sie vermitteln wollten? Wenn nicht, nützt es Ihnen nicht zu argumentieren, dass Sie etwas anderes gesagt haben. Es ist allein entscheidend, was beim „letzten Empfänger“ ankommt. 27

„Wir nehmen oft nur das wahr, was wir wahrnehmen wollen,
bzw. versteifen uns auf die eigene Wahrnehmung!“

G. Wie Sie Kommunikationshürden vermeiden

I. Wahrnehmung versus Realität

Es ist nicht die Realität, mit der Sie an Ihrem Arbeitsplatz zurechtkommen müssen. 28

Das ist schwierig zu begreifen und zu akzeptieren. Auch wenn Sie es nicht glauben, es stimmt. Es geht vielmehr um die Wahrnehmung der Realität. Wenn Sie feststellen, dass Ihre Sicht der Dinge, also *Ihre* Realität nicht mit der Sicht Ihrer Mitarbeiter übereinstimmt, wird sich Unglaube, Ärger oder Frustration einstellen. Und es wird schwierig für Sie, wenn nicht gar unmöglich, andere von Ihrer Sicht zu überzeugen. 29

Wenn Sie sagen, „Sie sehen die Sachlage falsch“, wird der Mitarbeiter dem kaum zustimmen und wahrscheinlich noch vehementer versuchen, Ihnen die eigene Sicht entgegenzusetzen. Je mehr Sie versuchen, diese Sichtweise mit möglichst eindringlichen Argumenten zu ändern, desto heftiger klammert sich der Mitarbeiter an seine eigene Wahrnehmung. 30

Was können Sie also tun? Betrachten Sie die Realität als die Summe der Wahrnehmungen anderer Menschen. In der Psychologie gibt es eine Maxime, die hier sehr gut passt: Holen Sie eine Person von ihrem Standpunkt ab und versuchen Sie, diesen Standpunkt zu begreifen. 31

32 Wie stellen wir uns als Führungskraft darauf ein:

- Miteinander reden
- Zuhören
- Sich in den anderen hineinversetzen
- Den Anderen verstehen lernen
- Gefühle ansprechen
- Gemeinsame Aktivitäten
- Auf den Anderen zugehen
- Unerwartete positive Handlungen setzen

„Welches sind die Gründe dafür, dass Sie diese Sache so sehen?

„Was spricht aus Ihrer Sicht für (gegen) diese Vorgangsweise?"

33 Es geht darum, die Perspektive Ihrer Mitarbeiter zu erkennen, diese zu verändern oder auch zu akzeptieren, wenn sich diese als zielführender herausstellt.

„Ich klagte, weil ich keine Schuhe besaß –
bis ich einen Mann traf, der keine Füße hatte!"
[Persisches Sprichwort]

34 Der wichtigste Schlüssel für die Veränderung von Perspektiven ist das Gespräch.

„Wo das Gespräch stirbt, stirbt bald jede Partnerschaft"
[Baldur Kirchner]

II. „Versteckte" Erwartungen

35 Viel zu oft werden die Mitarbeiter unseren Erwartungen nicht gerecht, weil wir ihnen einfach nicht sagen, was wir wollen. Wir denken, dass das doch ohnehin klar sein muss.

36 Und dann sind wir enttäuscht und verärgert, wenn der Mitarbeiter unsere „versteckten" (nicht ausgesprochenen) Erwartungen nicht erfüllt.

37 Auch Ihr Mitarbeiter hat Erwartungen an seinen Job und an seine Führungskraft. Es können dies Hoffnungen aber auch Befürchtungen sein. Wenn Sie nicht immer wieder über diese beidseitigen/gegenseitigen Erwartungen sprechen und diese formulieren, dann kommt es eben zu diesen „Missverständnissen", weil jeder etwas anderes erwartet.

38 Auch hier ist die einzige Lösung das regelmäßige Gespräch darüber. Das beginnt schon mit dem ersten Arbeitstag eines neuen Mitarbeiters, an dem Sie Ihre Erwartungen ihm/ihr gegenüber aussprechen müssen. Fragen Sie auch nach den Erwartungen Ihres Mitarbeiters. Ist er in der Lage, Ihre Erwartungen zu erfüllen, oder braucht er Hilfe und Unterstützung. Nur durch diese „Mitarbeiter-Gespräche" können Sie sicher sein, dass Sie und Ihre Mitarbeiter die Erfüllung einer Aufgabe mit gleichen Erwartungen angehen.

III. Die Vertrauensfrage

„Traue jedem, aber heb´ die Karten selbst ab."
[Mr. Dooley]

Es fällt uns schwer zu vertrauen. Führungskräfte haben oft Angst, dass ihnen die Mitarbeiter Leistung vorenthalten. Also glauben sie, sie ständig kontrollieren zu müssen, um zu verhindern, dass getrödelt, nicht sorgfältig gearbeitet oder Zeit vergeudet wird. 39

„Wer seinen Mitarbeitern vertraut, wird gelegentlich enttäuscht werden.
Wer ihnen misstraut, wird mit Garantie hineingelegt werden!"
[Paul Watzlawick]

Das bedeutet nicht, überhaupt nicht mehr zu kontrollieren. Das ist ein üblicher Vorgang, um eine Qualitätssicherung für Abläufe und Prozesse zu haben. Ich meine hier das Misstrauen gegenüber den Mitarbeitern, ihre Leistung nicht erbringen zu wollen. 40

Wenn das der Fall ist, dann sind meistens andere Gründe die Ursache, nicht zuletzt oft das Verhalten der Führungskraft. Auch im privaten Bereich erleben Sie eine Vertrauenssituation mit den Menschen, mit denen Sie zusammenleben. Erinnern Sie sich: Jeder Mensch ist motiviert. Also vertrauen Sie Ihren Mitarbeitern grundsätzlich. 41

Wie entsteht Vertrauen? 42

Über Sympathie, Offenheit, aufeinander zugehen und miteinander reden, kann eine positive Grundhaltung erreicht werden. Gefestigt wird das Vertrauen aber erst durch miteinander gemachte Erfahrungen im täglichen Arbeitsablauf. Durch entsprechendes Verhalten in positiven und negativen Situationen. 43

Wie wichtig ist Vertrauen für Sie als Führungskraft? 44

Hohes Vertrauen ermöglicht spontanes Verhalten Ihrer Mitarbeiter. Sie bekommen rasche und ungeschminkte Informationen, wenn etwas nicht so läuft, wie es sein soll. 45

Geringes Vertrauen führt zu vorsichtigem Verhalten Ihrer Mitarbeiter. Schon im Mittelalter wurden manchmal Überbringer schlechter Nachrichten hingerichtet. So schlimm ist es heute nicht mehr, aber trotzdem geht der Mitarbeiter lieber kein Risiko ein. Damit werden Ihnen wichtige Informationen vorenthalten und nötige Entscheidungen verzögert. 46

IV. Die Bedeutung von Gefühlen

Motivation und Engagement hängen davon ab, wie gut wir uns fühlen. In unserem Bemühen um Logik und Sachlichkeit übersehen wir die Bedeutung von Emotionen. 47

Denken Sie nur an die wichtigsten Entscheidungen Ihres eigenen Lebens. Die Wahl des Partners/der Partnerin war wahrscheinlich keine Vernunftfrage, sondern eine Frage von Gefühlen und Emotionen. 48

Man spricht heute davon, dass etwa 90 Prozent unseres Handelns und unserer Entscheidungen gefühlsmäßig, subjektiv und emotional erfolgen. Und scheinbar sachliche Entscheidungen haben oft eine gefühlsmäßige Ursache. Im Arbeitsprozess ist es nicht anders. Manchmal meinen wir zwar, es sei unprofessionell, Gefühle in unsere Entscheidungen einfließen zu lassen, aber unbewusst tun wir es doch. Wenn wir uns krank fühlen, dann sind wir auch „leichter" (schneller/eher) krank. Wenn wir 49 uns gesund fühlen, dann wird uns auch ein leichter Schnupfen nicht abhalten. Wenn ein beidseitig gutes Gefühl in der Zusammenarbeit zwischen uns und unseren Mitarbeitern vorhanden ist, dann wird diese reibungslos ablaufen.

50 Gefühle sind die treibende Kraft hinter der Lust, unser Bestes geben zu wollen. Als Führungskraft sollten Sie Gefühle und Emotionen erkennen, akzeptieren und darauf eingehen.

V. Der Mitarbeiter als Mensch

51 Obwohl Führungskräfte viele Tage im Jahr mit ihren Mitarbeitern eng zusammenarbeiten, wissen sie wenig über deren persönliche und private Dinge. Ein Arbeitsplatz, an dem persönliche Belange aber niemanden interessieren, macht allerdings den Mitarbeitern keine Freude. Man geht zur Arbeit, erfüllt seine Pflicht und damit war es das. Engagement, Freude und positive Emotionen wurden nicht geweckt. Menschen brauchen persönliche Kommunikation am Arbeitsplatz – über die Arbeit, aber auch gelegentlich über Privates. Wenn Führungskräfte darauf nicht eingehen, fehlt ein Teil des Wohlbefindens, der Akzeptanz und vor allem der Wertschätzung. Erfolgreiche Führungskräfte investieren einen Großteil ihrer Arbeitszeit in die persönliche Kommunikation mit ihren Mitarbeitern.

52 Damit das Persönliche und Private dabei berücksichtigt wird, interessieren Sie sich für diese Informationen. Merken Sie sich (auch mit Hilfe von Notizen) Interessen und Vorlieben Ihrer Mitarbeiter, deren besondere Fähigkeiten und Hobbies, auch von deren Familienmitgliedern. Interessieren Sie sich für die Urlaubsreisen, für die Entwicklung der Kinder usw. und sprechen Sie (fragen Sie nach!) gelegentlich mit Ihren Mitarbeitern darüber. Zeigen Sie über alle beruflichen Notwendigkeiten hinaus auch das Menschliche von Ihrer Seite. Bringen Sie im Sommer mal ein Eis mit. Oder zwischendurch mal etwas zum Frühstück.

H. Wie kommunizieren erfolgreiche Führungskräfte

I. Die Termine mit Ihren Mitarbeitern

53 Die ersten Termine, die Sie ein halbes Jahr im Voraus im Terminkalender eintragen sollten, sind jene mit Ihren Mitarbeitern. Wenn dies nicht geschieht, ist der Terminkalender schnell gefüllt und die Gespräche mit den Mitarbeitern werden dann irgendwie und irgendwann eingeschoben. Damit wird die Wichtigkeit der Arbeit mit den Mitarbeitern herabgesetzt.

II. The morning way

54 Viele Führungskräfte gehen am Arbeitsbeginn schnell zum eigenen Arbeitsplatz und vertiefen sich in die eigene Arbeit. Nehmen Sie sich öfter morgens Zeit und machen Sie einen Rundgang von Mitarbeiter zu Mitarbeiter. Sprechen Sie mit jedem Mitarbeiter ein paar persönliche (private) Worte und sodann über die Aufgaben des Tages. Sie wissen dadurch immer, woran Ihre Mitarbeiter arbeiten und wie sie diese Arbeit erledigen. Sie können bei Bedarf eingreifen und steuern, betätigen und loben, und ersparen sich damit viele Besprechungen und Kontrollen im Nachhinein.

III. Die frühe Montagsrunde

Durch ein kurzes Treffen mit allen Mitarbeitern werden die Gedanken aller Teammitglieder vom privaten Wochenende zur geschäftlichen Arbeitswoche geleitet. Sie schaffen damit eine schnelle Fokussierung Ihrer Mitarbeiter auf die Arbeitsziele. Orientieren Sie sich dabei an den Einstimmungsritualen erfolgreicher Sportteams, die sich damit für das bevorstehende Spiel motivieren. 55

IV. „Stehung" statt Sitzung

Machen Sie gelegentlich „Stehungen" statt Sitzungen. Die typischen Sitzungen haben eine Reihe von Nachteilen. Sie dauern oft zu lange, werden zur Routine und sind vom Ergebnis unbefriedigend. Eine Stehung ist vor allem dann geeignet, wenn es wenige Besprechungspunkte gibt, der Teilnehmerkreis überschaubar ist und man schnell zum Punkt kommen will. 56

V. Bereiten Sie sich sorgfältig auf Ihre Mitarbeiterbesprechungen vor

Es ist erstaunlich, wie unvorbereitet viele Führungskräfte in ihre Besprechungen gehen. „Morgen ist unsere Besprechung – Was haben wir für Themen?" Meist sind es dann Routinethemen, die man sonst auch hätte vermitteln können. Überlegen Sie daher den gesamten Zeitraum zwischen den einzelnen Besprechungsterminen, welche Themen wichtig sind und wie Sie diese präsentieren werden. Diese Termine sind besonders wichtig für die Umsetzung von Aktivitäten und die Realisierung von Zielen, folglich sollten Sie mit entsprechender Priorität gestaltet werden. Führungskräfte, die ihre Mitarbeiter ernst nehmen, kommen auch pünktlich zu diesen Terminen, was übrigens in der Realität viele Führungskräfte nicht tun. 57

VI. Überraschen Sie Ihre Mitarbeiter

Wenn die Gespräche und Besprechungen zur Routine werden, dann schweifen die Gedanken der Mitarbeiter bald ab. Durch unerwartete Handlungen schaffen Sie es, Ihre Mitarbeiter neugierig zu machen, die Besprechung spannend zu gestalten und damit die Aufmerksamkeit schnell zum Kernthema zu bringen. Der Gesprächsbeginn bestimmt meistens schon das Ergebnis. Seien Sie kreativ und beginnen Sie mit einer unerwarteten, ungewöhnlichen Einleitung. Oder ändern Sie den Ablauf. Sie sollten berechenbar im Verhalten, aber unberechenbar in den Ideen sein. 58

VII. Heimspiel oder Auswärtsspiel?

Im Sport ist es meistens so, dass eine Mannschaft im Auswärtsspiel anfangs vorsichtig agiert, eher verteidigt und absichert, Risiko vermeidet und vorerst mal abwartend spielt. Im Heimspiel trauen sich die Spieler mehr zu, in der gewohnten Umgebung fühlen sie sich sicher. In der Mitarbeiterführung ist dies nicht anders. Wenn Führungskräfte ihre Mitarbeiter zu sich ins Büro kommen lassen, ist dies ein „Auswärtsspiel" für sie. Sie werden sich vorsichtiger und abwartend verhalten. Wenn Führungskräfte zu ihren Mitarbeitern an deren Arbeitsplatz gehen und dort mit ihnen kommunizieren, dann werden sie offener sein und ihre Scheu und Distanz schneller ablegen. Natürlich nur dann, 59 wenn das Verhalten der Führungskraft passt. Ermöglichen Sie Ihren Mitarbeitern daher ein ausgewogenes Verhältnis von „Heimspielen und Auswärtsspielen".

„Um zu erfahren, wie es den Menschen geht,
musst du zu ihnen gehen!"
[Johann Wolfgang von Goethe]

VIII. Die Bedeutung der Wortwahl

60 Führungskräfte vermitteln durch ihre Sprache entsprechende Werte. Sie sind sich bewusst, dass oft ihre Wortwahl eine positive oder negative Reaktionskette bei den Mitarbeitern auslöst. Achten Sie daher darauf, was und wie Sie kommunizieren. Das Wort „Front" für die Arbeit mit und beim Kunden bewirkt beispielsweise keine positiven Emotionen, weder beim Außendienst noch beim Innendienst. Und trotzdem wird dieses Wort von Führungskräften oft, wenngleich meistens unbewusst, verwendet. Achten Sie auf Ihre Wortwahl auch beim Mitarbeitergespräch, insbesondere bei Kritikgesprächen. Ein einmal gesagtes Wort, das einen anderen Menschen beleidigt oder verletzt, kann nicht mehr zurückgenommen werden.

IX. Stellen Sie die richtigen Fragen

61 Oft wird durch eine falsche Frage ein entsprechendes Verhalten vorgegeben. So wird zum Beispiel durch eine Warum-Frage (Warum ist das passiert? Warum ist das noch nicht fertig?) eine Verteidigungs- und Rechtfertigungsantwort Ihres Mitarbeiters geradezu provoziert. Denken Sie nur an die Frage im privaten Bereich an Ihre Kinder: Warum hast Du die Hausaufgabe noch nicht gemacht? Meistens führt die Antwort zu einem kleinen Konflikt. Überlegen Sie daher im Vorhinein genau, welche Fragen Sie stellen. Vermeiden Sie Warum-Fragen und stellen Sie alle anderen offenen W-Fragen („Wie können Sie …", „Wann beginnen Sie …")

I. Wie Sie Ihre Mitarbeiterbesprechungen effizienter gestalten

62 Besprechungen mit Ihren Mitarbeitern sind besonders wichtige Termine. Bei diesen Besprechungen wollen (müssen) Sie etwas bewegen und Ihre Mitarbeiter dazu motivieren (sie überzeugen), bestimmte, für Ihren Unternehmenserfolg wesentliche Maßnahmen umzusetzen. Dieser Termin dient also zur „Multiplikation" Ihrer eigenen Zielsetzung auf Ihre Mitarbeiter und zur gemeinsamen Erarbeitung von Lösungsmöglichkeiten und Maßnahmen, zu denen die Mitarbeiter dann auch stehen, weil sie von ihnen selbst eingebracht wurden.

63 Das macht auch klar, dass diese Besprechungen besonders gut vorbereitet und abgewickelt werden müssen. Leider ist das nicht immer der Fall, was dazu führt, dass sie von den Mitarbeitern als ineffizient und wenig motivierend erlebt werden. Langeweile und Unaufmerksamkeit machen sich breit. Die Besprechung wird als sinnlos erlebt und zur nächsten Besprechung geht man schon mit der gleichen Befürchtung.

Was können Sie tun, damit dies bei Ihnen nicht der Fall ist? 64

- Vereinbaren Sie fixe Besprechungstermine, zum Beispiel jeden zweiten Dienstag im Monat und fixieren Sie Anfangszeit und Ende. Damit weiß jeder, wann er Zeit haben muss und kann sich auch vorbereiten.
- Machen Sie zumindest einmal im Monat eine eigene Besprechung, bei der Sie nur Themen behandeln, die wichtig für den Erfolg Ihres Unternehmens sind, also Themen über und für Ihre Kunden. Sonst werden die internen Themen wie Abläufe, neue Vorschriften usw. zuerst behandelt und die für Ihren Erfolg wichtigen Themen kommen zu kurz.
- Bereiten Sie sich sorgfältig auf die Besprechung vor. Sammeln Sie schon während des ganzen Monats Tagesordnungspunkte und erstellen Sie dann einige Tage vor dem Termin die genaue Tagesordnung. Fragen Sie rechtzeitig Ihre Mitarbeiter, ob auch von ihnen Besprechungspunkte vorliegen.
- Überlegen Sie sich die genaue Zielsetzung für die Besprechung. Was wollen Sie erreichen?
- Was soll danach getan werden? Was soll als Ergebnis der Besprechung heraus kommen?
- Informieren Sie Ihre Mitarbeiter einige Tage vorher über die Themen der Besprechung, damit sich diese (zumindest gedanklich) ebenfalls darauf vorbereiten können bzw. verteilen Sie Vorbereitungsarbeiten bereits im Vorfeld.
- Halten Sie ein exaktes Zeitmanagement ein. Beginnen Sie pünktlich. Auch wollen die Mitarbeiter wissen, wann die Besprechung zu Ende ist. Das bedeutet eine straffe und gezielte Moderation des Termins.
- Wichtig ist, dass Sie rasch zum eigentlichen Thema kommen. Überraschen Sie daher Ihre Mitarbeiter mit einem unerwarteten, ungewohnten Beginn, der sofort Aufmerksamkeit erweckt.
- Lassen Sie Ihre Mitarbeiter möglichst oft selbst Themen und Beiträge (Berichte, Informationen, Ergebnisse) einbringen. Durch die notwendige Vorbereitung beschäftigen sie sich wesentlich intensiver mit den Inhalten. Helfen Sie im Bedarfsfall bei der Vorbereitung.
- Bereiten Sie die einzelnen Besprechungsthemen nach Möglichkeit „bildhaft" auf. Wenn Inhalte nur verbal durch die Sprache vermittelt werden, dann bleiben vielleicht zwanzig Prozent bewusst in Erinnerung. Wenn Sie zusätzlich mit Flip-Chart, Pinnwand oder Tageslichtprojektor arbeiten, dann erhöhen Sie diese Quote deutlich.
- Aus jeder Besprechung sollten konkrete Maßnahmen abgeleitet werden. Wer macht was, in welcher Form und bis wann. Wie erfolgt die weitere Vorgangsweise? Was wird wie festgehalten? Wann erfolgt der nächste Erfahrungsaustausch, der Zwischen- bzw. Endbericht?
- Positiver Ausstieg: Vermitteln Sie Optimismus, Zuversicht und dass Sie Ihren Mitarbeitern zutrauen, das Vorhaben zu schaffen.

J. Fragen Sie Ihre Mitarbeiter über die Zufriedenheit

Befragen Sie Ihre Mitarbeiter gelegentlich (1 Mal pro Jahr) darüber, wie zufrieden sie mit dem Ablauf Ihrer Besprechungen sind. Das geht ganz einfach durch 2 Fragen: 65

- Was gefällt Ihnen bei unseren Teambesprechungen? (bei unserer Zusammenarbeit?)
- Was wünschen Sie sich zusätzlich oder anders?

Diese Fragen können Sie auch generell zur Überprüfung von Motivation und Engagement einsetzen, indem Sie einfach statt Teambesprechung das Wort „Zusammenarbeit" verwenden. 66

67 Oder Sie verwenden diese Checkliste:

Teilnehmer-Befragung	**Voll**				**Gar nicht**
1. War das Besprechungsklima der Zusammenarbeit förderlich?	O	O	O	O	O
2. Haben Sie alle Informationen verstanden?	O	O	O	O	O
3. Sind Sie mit den Ergebnissen einverstanden?	O	O	O	O	O
4. Wurden Vorschläge positiv behandelt?	O	O	O	O	O
5. Hatten Sie das Gefühl, Ihre Meinung sagen zu können?	O	O	O	O	O
6. Konnten Sie an den Entscheidungen mitwirken?	O	O	O	O	O
7. Sind Sie mit dem Engagement aller Beteiligten zufrieden?	O	O	O	O	O
8. Sind Sie mit der Leitung zufrieden?	O	O	O	O	O
9. Wurden Ihre Erwartungen an die Besprechung erfüllt?	O	O	O	O	O

Welches Verhalten wirkte fördernd auf die Zusammenarbeit und das Ergebnis?

Welches Verhalten wirkte hemmend?

68 Dieser Fragebogen sollte unmittelbar nach der Besprechung ausgefüllt werden. Aus den einzelnen Bewertungen erkennen Sie, worauf Sie künftig achten müssen bzw. welche Veränderungen Sie vornehmen müssen. Nehmen Sie die Ergebnisse so, wie sie sind. Verteidigen Sie sich nicht, sondern akzeptieren Sie die subjektive Meinung Ihrer Mitarbeiter. Bedanken Sie sich vielmehr und besprechen Sie beim nächsten Mal, in welcher Form sich Ihre Mitarbeiter Veränderungen wünschen.

K. Der Einfluss des Feedbacks

69 Menschen leisten mehr in Beziehungen, wenn sie ein Feedback (eine Rückmeldung) bekommen. Und sie leisten mehr, wenn dieses Feedback positiv ist. Sicher kennen Sie die Aussage mancher Führungskräfte gegenüber Mitarbeitern: „Wenn Sie nichts von mir hören, ist alles in Ordnung." Leider offenbart diese Aussage eine eklatante Führungsschwäche. Die richtige Führungseinstellung offenbart sich in der Aussage: „Sie als mein Mitarbeiter und Ihre Tätigkeiten interessieren mich!"

„Bloßes Schweigen ist als Anerkennung bei weitem zu wenig!"
[Prof. Erwin Ringel]

70 Der Alltag sieht meistens anders aus. Scheinbar werden Führungskräfte vorwiegend für das Aufspüren von Unzulänglichkeiten, Ungenauigkeiten, schwachen und minderen Leistungen, Fehlverhalten und Fehlern usw. bezahlt. Negatives wird sofort aufwendig aufgespürt und besprochen. Positives scheint ganz selbstverständlich und wird kaum beachtet. Sehr motivierend sind diese Einstellung und diese Aussagen nicht. Damit wird ein Klima der Fehlervermeidung geschaffen; neue Ideen, kreative Vorschläge und verbesserte Vorgehensweisen werden behindert.

Ertappen Sie Ihre Mitarbeiter bei guten Leistungen! Suchen Sie deren Nähe, sind Sie neugierig und interessiert, unterstützen Sie Ihre Mitarbeiter, sprechen Sie mit ihnen über deren Aufgaben. Sicher beobachten Sie dabei viele erfreuliche Leistungen: 71

- Sagen Sie Ihren Mitarbeitern, was Ihnen gut gefällt: Ihre Mitarbeiter werden es beibehalten, Kollegen werden es bald auch übernehmen.
- Sagen Sie Ihren Mitarbeitern, was Ihnen auffällt: Ihre Mitarbeiter werden es überdenken, Kollegen werden es bemerken und sich daran orientieren.
- Sagen Sie Ihren Mitarbeitern, was Ihnen besser gefällt: Ihre Mitarbeiter werden es versuchen, Kollegen werden es ebenfalls probieren.

Nur wenn Ihre Mitarbeiter wissen, was Sie sich vorstellen, können sie danach handeln. Durch positive Rückmeldungen werden Ihre Vorstellungen klarer und die Mitarbeiter gehen motivierter an ihre Aufgaben. Nehmen Sie sich vor, jeden Tag eine gute Leistung wahr zu nehmen und Ihre Freude darüber auszudrücken. 72

„Wenn jemand gut ist, dann applaudiere.
Du machst damit zwei Menschen glücklich!“
[Samuel Goldwyn]

Die Merkmale eines positiven Feedbacks 73

- 1. Feedback sollte unmittelbar erfolgen (der Mitarbeiter kann sein Verhalten zuordnen)
- 2. Feedback sollte präzise sein (verstärkt die Wiederholung des Verhaltens)
- 3. Feedback sollte an die Leistung gebunden sein (an die Handlung des Mitarbeiters binden)
- 4. Feedback sollte aufrichtig sein

Versuchen Sie immer, das Positive herauszustreichen. Positives Feedback kann Ihnen helfen, Situationen zu vermeiden, in denen Sie sich zur Kritik genötigt fühlen. Trotzdem kann es notwendig sein, auch mal ein kritisches Feedback-Gespräch zu führen. Welche Kriterien sind dabei zu berücksichtigen? 74

- Auch negatives Feedback sofort geben
- Unter 4 Augen
- Was kann man zu Beginn positiv herausstreichen?
- Tadeln Sie das Verhalten, nicht die Person
- Keine Warum-Fragen, um eine Verteidigungshaltung zu vermeiden
- Analyse und Lösungsvorschläge sollen vom Mitarbeiter kommen
- Welche Hilfestellung ist durch Sie als Führungskraft nötig?
- Ist Ihre Körperhaltung positiv? Ist die Umgebung neutral?
- Haben Sie alle nötigen Informationen?
- Zuhören statt „Kopfschütteln“
- Vermeiden Sie Minus-Äußerungen („Ich sehe das ganz anders,“ oder „So geht das nicht.“)
- Vereinbaren Sie, was in Zukunft zu tun ist bzw. unterlassen werden soll
- Positiver Schluss (Geste der Versöhnlichkeit/Aufmunterung)

Feedback ist also ein ständiger Prozess, der täglich vorgenommen werden muss. 75

Die Zielsetzung sollte dabei vor allem sein: 76

Bemerken und belohnen Sie gute Leistungen. Machen Sie Ihre Mitarbeiter zu Gewinnern! 77

78 Meistens ist das ganz einfach. Denn: Für ein „DANKE“ brauchen Sie kein Budget!

79 Ein „Danke“ ist eigentlich selbstverständlich im täglichen Umgang zwischen Menschen. Und doch wird es viel zu selten gesagt. Sagen Sie Ihren Mitarbeitern Danke, wenn diese

- etwas gut und schnell vorbereiten,
- einen guten Vorschlag machen,
- etwas eigeninitiativ erledigen,
- andere Kollegen/innen unterstützen,
- eine wichtige Information weitergeben,
- in schwierigen Situationen Ruhe und Übersicht bewahren etc.

80 Es gibt Dutzende von günstigen Gelegenheiten, Danke zu sagen. Suchen Sie nach den vielen kleinen Ursachen, die ein „Danke“ für Sie ermöglichen. Für ein Danke brauchen Sie kein Budget. Sie müssen nur daran denken. Ein Danke ist für Ihre Mitarbeiter auch ein positives Feedback, eine Anerkennung, eine Wertschätzung, über die sie sich freuen, und das sie motiviert, diese und ähnliche Aktivitäten zu wiederholen.

L. Warum Ziele wichtig sind

81 Wenn man von Zielen spricht, so hört man oft Widerstände. Die Mitarbeiter wehren sich gegen Zielvorgaben, sprechen von Druck und Stress, fürchten die Kontrolle, zweifeln die Machbarkeit und Erreichbarkeit an usw. Diese Argumente werden meist dann vorgebacht, wenn sich Führungskräfte im Zielprozess falsch verhalten.

82 Grundsätzlich ist es für jeden Menschen positiv, wenn er sich ein Ziel setzt. Er tut dies ja im privaten Umfeld auch. Ob er sich ein Haus baut oder am Wochenende einen Berg besteigen möchte – beides sind Ziele, die angestrebt werden. Wer nicht weiß, wohin er will, darf sich nicht wundern, wenn er ganz woanders ankommt. Wenn man ein Ziel vor Augen hat, dann leistet man mehr. Und wenn man das Ziel erreicht (geschafft) hat, so hat man ein Erfolgserlebnis!

83 Erfolgserlebnisse braucht man auch im Berufsalltag. Deshalb sind Ziele auch hier wichtig. Ziele sind auch Ausdruck der Fairness gegenüber den Mitarbeitern. Jeder Mitarbeiter soll wissen, welchem Ziel seine Arbeit dient. Er soll im Rahmen seiner Funktion an der Zielsetzung mitwirken und über die beabsichtigte Wirkung Klarheit haben. Mit der Zielsetzung hat der Mitarbeiter eine angemessene Selbständigkeit auf dem Weg zum Ziel. Durch die klare Zielsetzung wird auch eine gerechtere Beurteilung der Leistung möglich.

84 Warum lehnen Mitarbeiter dann Ziele ab?

- Weil seitens der Führungskräfte keine klare Erwartung besprochen wird,
- keine Vereinbarung mit dem Mitarbeiter versucht wird,
- die eventuell nötigen Rahmenbedingungen zur Erreichung nicht besprochen werden,
- unklar bleibt, was bei Nichterreichen passiert (Angst vor Sanktionen),
- eine eventuell nötige Hilfestellung ausbleibt.

85 Dies sind alles Aufgaben, die Führungskräfte im Zielprozess wahrnehmen müssen. Vor allem reicht es nicht, nur die Zahlen zu fixieren. Viel wichtiger ist die Diskussion darüber, wie und mit welchen Aktivitäten und Maßnahmen das Ziel erreicht werden kann und soll.

- Der Zielprozess beginnt eigentlich erst nach Fixierung der Zahlen!
- Der Zielprozess umfasst auch qualitative Kriterien und Maßnahmen!

- Der Zielprozess ist ein intensiver Kommunikationsprozess!

Mit jedem Mitarbeiter ist individuell zu besprechen und zu vereinbaren, welche Möglichkeiten und 86
Fähigkeiten der Einzelne hat, um seinen Zielbeitrag zu leisten.

Ziele sollen nur für jene Arbeitsbereiche festgelegt werden, die im Verantwortungsbereich des Be- 87
troffenen liegen und deren Erreichung er damit auch tatsächlich selbst beeinflussen kann.

Wenn wir uns selbst Ziele setzen, sind wir in der glücklichen Lage, einschätzen zu können, ob wir 88
diese Ziele erreichen können oder nicht. Setzen wir jedoch Ziele für andere, wissen wir meistens nicht genau, wie hoch oder niedrig diese gesteckt sein können (dürfen). Lassen Sie Ihre Mitarbeiter daher an der Zielsetzung mitwirken, beziehen Sie sie in diesen Prozess mit ein. Menschen, die sich selbst Ziele setzen, arbeiten härter, um diese zu erreichen. Das liegt daran, dass es ihre eigenen sind (und nicht die Ihren).

M. Kontrolle oder Erfolgsbilanz?

Was fällt Ihnen beim Begriff „Kontrolle" ein? Zu achtzig Prozent ordnen wir negative Werte zu. 89
Warum assoziieren wir mit dem Begriff „Kontrolle" eigentlich überwiegend negative Aspekte wie Misstrauen, Druck usw.? Könnten wir nicht versuchen, den Begriff „Kontrolle" auch positiv zu sehen?

Es wird kontrolliert: 90

- um loben zu können,
- um eine Bestätigung für die eigene Leistung zu erhalten,
- um zu erkennen, was verändert werden muss,
- um Fähigkeiten gezielt weiterentwickeln zu können,
- um eventuell anders vorzugehen als bisher,
- um Lernprozesse auszulösen,
- um erfolgreich zu sein.

Wer hat nicht gern Erfolg? Vermutlich viele Menschen. Also wahrscheinlich auch Ihre Mitarbeiter. 91
Es ist wie beim Kegeln. Dort wird nicht kontrolliert, wie viele Kegel Sie NICHT getroffen haben, sondern umgekehrt wird die Erfolgsquote der getroffenen Kegel aufgezeigt. Bei vier getroffenen Kegeln wird überlegt, was beim nächsten Wurf anders, besser gemacht werden kann. Bei acht getroffenen Kegeln hat man ein Erfolgsgefühl.

Bauen Sie daher am Erfolg auf. Jeder getroffene Kegel ist ein Erfolg. Machen Sie Ihre Mitarbeiter 92
zu Gewinnern. Verwenden Sie ab sofort statt Kontrolle nurmehr den Begriff „ERFOLGSBILANZ". Neben der Ausrichtung auf das positive Erfolgserlebnis bleibt Ihnen im zweiten Teil dieses Wortes durch das „Bilanz ziehen" genug Möglichkeit, neben den „Aktiva" auch die „Passiva" zu besprechen. Aber die positive Interpretation steht im Vordergrund. Und für Verbesserungen und Veränderungen ist man leichter zugänglich, wenn vorher das Positive besprochen und aufgezeigt wurde.

N. Lachen bei der Arbeit? Was bewirkt Humor?

In der heutigen Arbeitswelt geht es meistens sehr ernst zu. Meistens zu ernst. Es wird versucht, mit 93
Appellen oder mit Druck mehr Leistung zu erzwingen. Doch wann arbeiten wir wirklich gerne und motiviert? Wenn wir Freude und Spaß an der Arbeit haben. Denken Sie daran, wenn Sie in Ihrer Freizeit mit Freunden beisammen sitzen und es gelacht wird. Auf einmal ist der ganze Druck des Ar-

beitstages weg. Sie fühlen sich frei und können Dinge ganz anders aufnehmen. Also sollten wir auch während der Arbeit mehr lachen.

94 Das ist leichter gesagt als getan, weil wir schon in unserer Kindheit geprägt wurden. Ein Kind macht im Kinderzimmer seine Hausaufgaben, die Eltern sitzen im Wohnzimmer. Plötzlich hören Sie ihr Kind laut lachen. Was rufen Sie? „Ich denke, Du machst Hausaufgaben?" Weil Arbeit mit Lachen heute von uns kaum mehr sinnvoll miteinander verbunden wird. Wenn Sie in Ihrem Büro sitzen und Sie hören Ihre Mitarbeiter laut lachen, was denken Sie als erstes? Oder freuen Sie sich, wenn Ihre Mitarbeiter Spaß und Freude bei der Arbeit haben?

95 Was bewirkt Humor bei der Arbeit?

- Humor fördert kreative Lösungen (man traut sich mehr),
- Humor erleichtert es, auch kritische Dinge anzusprechen (kein Sarkasmus),
- Humor festigt das Zusammengehörigkeitsgefühl,
- Humor hilft, Konflikte leichter zu lösen,
- Humor setzt Motivation und Leistungspotenziale frei,
- Humor fördert den Mut, Veränderungen anzugehen (Widerstände werden reduziert),
- Humor und Unfreundlichkeit schließen sich aus,
- Humor erhöht die Aufmerksamkeit.

96 Diese positiven Auswirkungen des Humors müssten für Führungskräfte ein Ansporn sein, die eigenen Verhaltensweisen zu überprüfen und in Richtung Humor zu verändern. Denn mit Humor werden eindeutig die Erfolgsfaktoren im Unternehmen unterstützt. Humor ist für die Führungskraft fast die einzige Möglichkeit, menschlich zu bleiben.

97 Die Führungskraft mit dem humorvollen Etwas wird zuallererst durch ein Lächeln auffallen. Wie sieht es bei Ihnen mit dem Lachen aus? Unterdrücken Sie es nicht, sondern fördern Sie es. Führen Sie Anlässe herbei, bei denen Sie und Ihre Mitarbeiter gemeinsam lachen können. Achten Sie darauf, dass bei Ihren Teamgesprächen zwischendurch mal gelacht wird. Erzählen Sie selbst auch gelegentlich eine lustige Geschichte. Sie werden spüren, wie die Motivation Ihrer Mitarbeiter steigt.

O. Die Bedeutung von Emotionen, Spaß, Vertrauen und Optimismus

Worum geht es also beim Führen?

Wie kommen Sie von der Frustarbeit zur Lustarbeit?

Wie führen Sie motivierend?

Wie ermöglichen Sie Spitzenleistungen?

98 Führungskräfte sind stark im Denken mit der linken Gehirnhälfte. Diese steht für Zahlen, Planung, Organigramme, Stellenbeschreibungen, Berichte, Aktenvermerke, Kontrollsystem, Analysen, Richtlinien usw.

99 Wenn Sie mit Ihren Kindern, Enkeln und Nichten/Neffen mal Memory spielen, wer gewinnt da fast immer? Die Kinder. Weil diese noch mehr mit der rechten Gehirnhälfte denken. Diese steht für Klima, Image, Rituale, Vertrauen, Kreativität, Bilder, Gefühle, Freude, Spaß, Miteinander reden usw.

100 Wir Erwachsenen konnten das früher auch, haben es aber im Laufe der Zeit verlernt und vergessen. Entdecken Sie wieder Ihre rechte Gehirnhälfte und Sie werden als Führungskraft erfolgreich sein.

Denn damit stillen Sie die wirklichen Sehnsüchte der Menschen. Und das ist es, was auch Ihre Mitarbeiter wollen.

„Nur wenige Führungskräfte sehen ein,
dass sie letztlich nur eine Person führen müssen.
Diese Person sind sie selbst!"
[Peter Drucker]

Viel Spaß, Freude und Erfolg dabei!

Literaturverzeichnis

SPRENGER, R.: Mythos Motivation, Campus Verlag, Frankfurt, 7. Auflage 1994

COLE, C.: Kommunikation klipp und klar, Beltz Verlag, Weinheim und Basel, 1996

PACETTA, F.: Du bist der Chef – Mach was draus, Econ Verlag, München, 2001

GEYER, G./RONZAL W.: Führen und Verkaufen, Gabler Verlag, Wiesbaden, 2002

HOLTBERND, T.: Führungsfaktor Humor, Verlag Carl Ueberreuter, Frankfurt/Wien, 2003

Wolfgang Ronzal

ist Berater, Erfolgstrainer, Bestsellerautor und Speaker. Er sorgt für Motivation und Qualität und begeisterte durch seinen mitreißenden und humorvollen Vortragsstil bereits über 50.000 Zuhörer. Er war über 30 Jahre lang in leitenden Funktionen im Dienstleistungsbereich tätig. Als langjährige Führungskraft weiß er daher, worüber er in diesem Buch schreibt. Ferner war er viele Jahre Universitätslektor an der Wirtschaftsuniversität Wien und ist nun Dozent an mehreren Fachakademien in Deutschland und an der Donau-Universität Krems in Österreich. Er ist Expert-Member im Club 55, der Vereinigung Europäischer Marketing- und Verkaufsexperten, sowie Professional Mitglied der GSA – German Speakers Association. 1999 wurde er in Deutschland als Trainer des Jahres ausgezeichnet, 2007 wurde ihm nach Zertifizierung durch den TÜV Rheinland das Qualitätssiegel „tested Kundenzufriedenheit Seminare" verliehen. Seine Schwerpunktthemen in der Beratung sind Servicequalität und Kundenbindung (Die Vergissmeinnicht-Strategie®), Führung und Motivation (Führungskräfteentwicklung) sowie „Alles um die Zielgruppe 50plus" (Wettlauf um die Alten). Zu diesen Themen hat er auch zahlreiche Bücher geschrieben und Artikel in Fachzeitschriften publiziert. Was er für Sie tun kann, erfahren Sie unter:

www.ronzal.at

www.wettlauf-um-die-alten.com

Warum haben Sie sich mit diesem Thema befasst?

Engagement und Motivation der Mitarbeiter und damit unternehmerischer Erfolg hängen sehr stark vom Führungsverhalten ab. Als langjährige Führungskraft habe ich das selbst erlebt und erkenne nun in meiner beratenden Tätigkeit große Mängel in der Praxis. Deshalb nütze ich jede Gelegenheit, auf diesen Zusammenhang hinzuweisen und positive Aspekte zu vermitteln.

Inwieweit haben Sie mit Steuerberatern zu tun?

Ich habe die Herausgeberin dieses Buches, Frau Cornelia Kisslinger-Pop, im Rahmen eines Mentorenprogrammes der GSA - German Speakers Association kennengelernt, wurde ihr Mentor und habe sie auch ein klein wenig dazu ermutigt, dieses Buch herauszubringen.

Was sind für Sie die wesentlichen Faktoren, die beruflich und privat Erfolg ausmachen?

Da könnte man wieder einen eigenen Buchbeitrag darüber schreiben. Lassen Sie mich es mit einem Zitat von Augustinus (Kirchenlehrer) ausdrücken: „In dir muss brennen, was du in anderen entzünden willst!"

§ 5 Mandantenorientierte und erfolgreiche Honorargestaltung

A. Einführung

Der gewählte Titel dieses Beitrags ist falsch formuliert. Natürlich ist er bewusst falsch formuliert, damit Sie gleich zu Beginn zum kritischen Nachdenken angeregt werden. Genau das möchte ich nämlich mit den nächsten Seiten erreichen. 1

Stellen Sie Ihre Meinungen und Überzeugungen rund um das Thema „Honorar" auf den Prüfstand. 2
Hinterfragen Sie bisherige Konventionen. Suchen Sie nach Bestätigungen und Widersprüchen. Honorargestaltung, d.h. Leistungs- und Preispolitik, ist eine für den Erfolg entscheidende unternehmerische Aufgabe, mit der sich jeder Unternehmer tagtäglich beschäftigen soll.

Mandantenorientierte Honorargestaltung **ist** erfolgreiche Honorargestaltung. Der Erfolg ist eine Fol- 3
ge der Mandantenorientierung. Mandantenorientierung und Erfolg können nie ein Widerspruch sein. Insofern sollte der Titel des Abschnitts „Mandantenorientierte und damit erfolgreiche Honorargestaltung" lauten. Nur das klingt eben nicht so gut.

Die nun folgenden Ausführungen setzen auf „Honorargestaltung gegen alle Regeln"[1] auf. Dort sind 4
die Grundsätze und zahlreiche praktische Lösungen umfassend dargestellt.

B. Was mandantenorientierte Honorargestaltung ist

I. Keine Überraschungen

Mandantenorientierte Honorargestaltung ist einfach zu beschreiben: Wenn der Mandant eine Ho- 5
norarnote seines Steuerberaters erhält und sich bereits beim Öffnen des Kuverts denkt: „Ich weiß ja bereits, was ich zu bezahlen habe und das Honorar passt." Honorarnoten sind für ihn keine Überraschungen. Er weiß, welche Leistungen er erhalten hat, denn er hat den Leistungsumfang mitbestimmt. Und er weiß auch, welches Honorar damit verbunden ist.

Was in der Wirtschaftswelt üblich ist, nämlich den Auftragsumfang zu bestimmen und den damit 6
zusammenhängenden Preis zur beidseitigen Zufriedenheit zu vereinbaren, ist in der Steuerberaterwelt – leider – noch lange nicht gang und gäbe.

Honorargestaltung hat unmittelbar mit der Leistungsgestaltung zu tun. Ohne eine professionelle 7
Leistungsdarstellung kann es auch keine den Mandanten zufriedenstellende Honorarpolitik geben. Wer glaubt, nur mit ein paar „Honorartricks" auf Dauer erfolgreich sein zu können, wird scheitern. Mandantenorientierung beginnt damit, die Erwartungen des Mandanten zu erfahren, sie im Leistungsangebot zu berücksichtigen und den dafür passenden Preis zu finden.

Mandanten wünschen sich Honorartransparenz und -sicherheit. Sie möchten – genauso wie bei ih- 8
ren anderen Lieferanten – Kostenkontrolle. Steuerberater erleben Honorargespräche oft als unangenehm, weil sie das Gefühl haben, ihre Person würde in Frage gestellt werden. Dabei sind diese

1 Gunther Hübner, Stefan Lami, Honorargestaltung gegen alle Regeln, 2. Auflage, Wien, 2006

Gespräche eine „verdammte" Pflicht für jeden Unternehmer. Ein Geschäftsführer käme seinem Auftrag nicht nach, wenn er nicht versuchen würde, für sein Unternehmen die notwendigen Leistungen zum besten Preis zu erhalten.

9 Steuerberater berichten immer wieder von negativen Erfahrungen mit mandantenorientierter Honorargestaltung – sprich: Fixhonorarvereinbarungen im Vorhinein. Hakt man jedoch nach, erkennt man, dass die negativen Konsequenzen nicht in der Honorarvereinbarung selbst sondern vielmehr darin liegen, wie diese zustande gekommen ist. Die Methode ist richtig, nur die Ausführung war mangelhaft.

10 In der mandantenorientierten Leistungs- und Preispolitik liegt – so meine Meinung – noch vieles im Argen. Der Preis als strategische Größe ist in Steuerberatungskanzleien zu wenig ausgeprägt. Der Wert der Leistungen wird vom Mandanten vielfach nicht wahrgenommen, damit auch nur selten wirklich honoriert. Das bedeutet, dass enorme Potenziale noch brach liegen und nur darauf warten – zur Zufriedenheit aller – gehoben zu werden.

II. Das Honorar als Prüfstein

11 Alle Anstrengungen einer Steuerberatungskanzlei finden im Honorar ihren letztendlichen Prüfstein. Mitarbeiterfortbildung, EDV-Einsatz, Qualitätsmanagement – die gesamten Maßnahmen der Kanzleientwicklung bringen nur dann etwas, wenn der Mandant bereit ist, jenes Honorar zu bezahlen, das sich der Steuerberater wünscht. Insofern ist die Honorargestaltung der Kulminationspunkt jeglicher Kanzleientwicklung.

12 Jede Änderung der Leistungs- und Honorarpolitik greift weit und tief in die Kanzleiorganisation ein. Dieser Prozess kann – und wird oft – schmerzlich verlaufen. Er ist jedoch nutzbringend und notwendig, damit echte Kanzleientwicklung gelingt.

C. Warum der Steuerberater der Einzige ist, der ein Problem mit dem Honorar hat

13 Eine Studie nach anderen und viele Steuerberater- bzw. Mandantenbefragungen bestätigen es immer wieder: Der Steuerberater ist tatsächlich der Einzige, der Probleme mit dem Honorar hat. Der Mandant hat sie jedenfalls nicht!

14 Hier ein paar Highlights aus Umfragen der letzten Jahre:

- drei von vier Mandanten halten das Honorar des Steuerberaters für angemessen
- Steuerberater sehen dagegen im Preisdumping der Mitbewerber eine der größten Gefahren für die Kanzleientwicklung
- Mandanten reihen den Preis erst weit hinter andere Faktoren in der Zusammenarbeit mit dem Steuerberater; wichtiger sind u.a. die persönliche Betreuung, die Erledigungsgeschwindigkeit, die Termintreue, spezielle Fachkenntnisse, etc.
- Die Honorartransparenz und das Preis/Leistungsverhältnis werden von Mandanten schlecht bewertet – und trotzdem wird das Honorar für angemessen gehalten!

15 In der Steuerberatung existieren – so meine Meinung – regelrechte Mythen zur Honorargestaltung bzw. -verrechnung.

Mythos	Realität
Der einzig moralisch richtige Weg ist die Zeitverrechnung. Das ist fair gegenüber dem Mandanten und fair für den Steuerberater.	*Alle bestehenden rechtlichen Vorschriften sehen eine freie Honorarvereinbarung vor.*
Der Steuerberater sollte zuerst die Arbeit gut erledigen, und sich dann um das Honorar kümmern.	*Es ist immer Zeit, Preise zu klären.*
Wenn der Steuerberater sein Honorar erhöht, verliert er Mandanten.	*Er verliert den einen oder anderen Mandanten.*
Steuerberater sollen ihre Preise/Honorare nur dann erhöhen, wenn die Nachfrage das Angebot übersteigt.	*Wenn Steuerberater clever arbeiten, sollte die Nachfrage nie das Angebot übersteigen.*
Wenn der Steuerberater gute Arbeit leistet, werden Mandanten diese Qualität schätzen und dafür entsprechend bezahlen.	*Gute Qualität ist nicht sichtbar. Gute Qualität ist Voraussetzung.*
Wenn Steuerberater nicht alle Dienstleistungen, die sie für den Mandanten erbringen, verrechnen, dann werden Mandanten eher die Rechnungen bezahlen.	*Mandanten wissen nicht, welche und wie viel Arbeit der Steuerberater erbringt.*
Das Honorar des letzten Jahres ist ein guter Ansatz für das Honorar dieses Jahres.	*Dinge ändern sich laufend.*
Der sich aus der Leistungserfassung ergebende Betrag zeigt den maximalen fairen Preis für den Auftrag.	*Die Kostenrechnung hat nichts mit dem Preis zu tun.*
Das Bezahlen der Honorarnoten hat für den Mandanten eine ebenso hohe Bedeutung wie das Bezahlt werden für den Steuerberater.	*Die Honorarnote ist eine von vielen Eingangsrechnungen.*
Wenn Steuerberater weniger als die Kollegen verrechnen, bekommen sie mehr Mandanten und die Mandanten bezahlen die Honorarnoten.	*Mandanten können die Dienstleistungen von Steuerberatern nicht vergleichen.*
Die Wertschätzung des Mandanten nach einem erfolgreichen Auftrag dauert noch lange nach dem Abschluss des Auftrags an.	*Mandanten vergessen schnell.*
Mandanten zur Zahlung aufzufordern ist unprofessionell. Wenn Steuerberater Mandanten zur Zahlung auffordern, werden Mandanten sich einen anderen Steuerberater suchen.	*Nicht zur Zahlung aufzufordern ist unprofessionell. Wenn Mandanten nicht zahlen, sind sie keine Mandanten.*
Wenn Steuerberater Nachlässe geben, sind Mandanten glücklich und empfehlen die Kanzlei weiter.	*Steuerberater geben Nachlässe, ohne dass sie gefragt werden.*
Was Steuerberater tun, kann nicht besonders wertvoll sein, da es ihnen leicht fällt.	*Was Steuerberatern leicht fällt, ist für Mandanten unmöglich.*

In der Ausbildung zum Steuerberater gibt es kein Fach „Honorargestaltung". Seminare und Fort- 16
bildungsveranstaltungen zur Honorarpolitik gibt es kaum und selbst innerhalb ein und derselben Kanzlei wird selten in einer strukturierten Art und Weise über Honorarpolitik diskutiert.

Der Grund hiefür scheint auf der Hand zu liegen: Honorare von Steuerberatern sind (in Deutsch- 17
land) bzw. waren (in Österreich) vorgegeben durch Honorar-Ordnungen. Was soll man über Preise diskutieren, wenn diese „amtlich" geregelt sind. Das Thema Preisgestaltung ist an die jeweilige Honorar-Ordnung delegiert. Und genau deswegen tun sich Steuerberater mit der unternehmerisch wichtigen Frage der Preispolitik so schwer.

D. Was schlechte Honorare bedeuten

18 Schlechte Honorare sind der Anfang vom Ende. Ja, in dieser Radikalität sehe ich erfolgreiche Kanzleientwicklung. Andererseits – und das ist auf den ersten Blick nicht ersichtlich – bedingen sich höhere Honorare und zufriedenere Mandanten gegenseitig. Ist dieser Gedanke nicht ein schöner Gedanke?

I. Gute und schlechte Honorare?

19 Bevor ich diesen angenehmen Zusammenhang erkläre, vorweg ein paar Überlegungen zu „guten“ und „schlechten“ Honoraren:

- Gut bzw. schlecht ist immer relativ.
- Relativ – vor allem in Bezug zu den Kosten des Auftrags.
- Erst in zweiter Linie relativ zum Marktpreis (sofern es überhaupt je einen Marktpreis für schwer vergleichbare Wissensdienstleistungen gibt und Mandanten eine Marktübersicht je haben können).
- Wenn Steuerberater über „schlechte“ Preise ihrer Kollegen klagen, kann es leicht sein, dass diese Kollegen – trotz „schlechter Honorare“ – immer noch sehr gut mit diesen Aufträgen verdienen. Eben weil sie Mengen-, Größen- und/oder Produktivitätsvorteile haben.
- „Schlechte“ Preise können durch die Verbesserung der „Produktivität“ zu „guten“ Preisen gemacht werden.
- Damit hat Honorargestaltung immer auch mit der Leistungserstellung und -gestaltung zu tun.
- Damit hat Honorargestaltung immer auch mit der Organisation und den Kanzleiprozessen zu tun. Nicht zu vergessen, dass höhere Auftragskosten sehr oft durch Unterdelegation entstehen.

20 Die Verbesserung der hier angesprochenen Faktoren ist ein mühevoller, aber lohnenswerter Prozess, der natürlich nie zu Ende ist. Er stellt eine Seite der unternehmerischen Herausforderung dar.

II. Der Teufelskreis

21 „Schlechte“ Honorare im oben definierten Verständnis sind der Startpunkt eines wahrlich folgenschweren Teufelskreises:

1. „Schlechte“ Honorare erzeugen für den Mitarbeiter einen enormen Druck, die Leistung – z.B. die laufende Finanzbuchhaltung – so schnell wie möglich zu erledigen.
2. Es verbleibt keine Zeit bzw. es besteht keine Chance, einmal „rechts oder links zu schauen“ und dabei weitere mögliche Anliegen des Mandanten zu erkennen.
3. Die Kommunikation mit dem Mandanten wird auf ein Minimum reduziert. Ein ausführliches BWA-Gespräch ist beispielsweise „einfach nicht mehr drin“.
4. Der Mitarbeiter hat wenig bis keine Motivation, sich besonders für den Mandanten zu engagieren, wie z.B. einfach mal eine halbe Stunde extra zu investieren, um über Verbesserungen nachzudenken. Ganz zu schweigen davon, mit dem Mandanten einmal ausführlich über seine Anliegen und Wünsche an den Steuerberater zu sprechen.
5. Der Mandant wird durch das geringere Leistungsniveau preissensibel und fordert eine Preissenkung.

6. Jetzt wird die beschriebene Situation natürlich weiter verschärft. Sinkende Preise und damit rückläufige Umsätze sind die Folgen.
7. Um diese Umsatzrückgänge einigermaßen wettzumachen, werden neue Aufträge/Mandanten, wieder zu „schlechten" Honoraren, angenommen.
8. Damit wird die Situation noch weiter beschleunigt und man steckt in einem sich selbst verstärkenden Teufelskreis mit dem Ergebnis drastisch sinkender Gewinne, die nur deswegen nicht so schnell auffallen, weil man (Inhaber, Partner und/oder Mitarbeiter) mehr und härter arbeitet.

Das „verteufelte" an diesem Teufelskreis ist einerseits die dahinter steckende Dynamik. Es ist ande- 22
rerseits auch die Tatsache, dass er zu Beginn nur schwer erkennbar ist und man, wenn man darin gefangen ist, nicht so leicht wieder raus kommt.

III. Die Wirkung von „guten" Honoraren

Die erste unternehmerische Herausforderung (Leistungserstellung zu optimalen Kosten) habe ich 23
oben bereits beschrieben. Die zweite unternehmerische Herausforderung verhindert den Teufelskreis „schlechter" Honorare: Der Unternehmer ist immer gefordert, den Wert der vom Unternehmen erbrachten Leistungen zu erhöhen.

Gelingt es einer Kanzlei, den Wert ihrer Leistung zu erhöhen, kommt sie in den Genuss der Wirkung 24
von „guten" Honoraren:

- Der Mitarbeiter hat das gute Gefühl, dass er für den Auftrag ausreichend Zeit hat.
- Er hat die Gelegenheit, auch mal „rechts oder links zu schauen" und erkennt weitere Beratungsfelder.
- Es fällt ihm leichter, ausführlicher mit dem Mandanten zu sprechen (der Auftrag hat ja einen „schönen Deckungsbeitrag"), was dazu führt, dass durch diese gute Leistung die Zufriedenheit des Mandanten steigt.
- Der Mandant ist in der Folge weniger preissensibel und es fällt der Kanzlei deutlich leichter, die Preise zu erhöhen („anzupassen" ist das richtige Wort im Mandantengespräch).
- Der Mandant schätzt die ausgezeichnete Leistung und Empfehlungen sind öfter an der Tagesordnung.
- Der Akquisitionsdruck ist durch die „guten" Honorare, den einen oder anderen Zusatzauftrag und einigen Empfehlungen deutlich geringer. Für neue Aufträge/Mandanten ist man wesentlich selbstbewusster und kann höhere Honorare selbstbewusster vertreten
- Auch diese Dynamik ist sich selbst verstärkend – nur eben positiv!

Natürlich braucht eine Kanzlei – trotz „guter" Honorare – weiterhin eine professionelle Führung. 25
Unter anderem dafür, dass die „freie" Zeit sinnvoll für den Mandanten eingesetzt wird. Höhere Honorare sind kein Freibrief für geringere Produktivität!

Genauso wie „schlechte" Honorare der Beginn eines Teufelskreises sind, sind „gute" Honorare mit 26
richtigem Management der Startschuss für eine kaum vorstellbare, fast unheimliche Aufwärtsentwicklung der Kanzlei.

E. Mit welchen Honoraremotionen Sie rechnen müssen

27 Emotionen spielen in jedem Kaufprozess eine wichtige – wenn nicht die wichtigste – Rolle. Kaufentscheidungen werden meist „aus dem Bauch heraus" getroffen und erst im Nachhinein rationalisiert, d.h. mit guten Argumenten begründet.

28 Den Kaufprozess zu verstehen bedeutet, die Gefühle des Käufers zu verstehen. Mandantenorientierte Honorargestaltung beinhaltet, die Honorargefühle des Mandanten zu kennen und darauf passend zu reagieren.

29 Im Wesentlichen sind es vier Emotionen, die bei jedem Mandanten und bei jeder Auftragserteilung, allerdings in unterschiedlicher Ausprägung, vorkommen:

1. Honorarunsicherheit
2. Honorarwiderstand
3. Honorarunbehagen
4. Zahlungswiderstand

I. Honorarunsicherheit

30 Honorarunsicherheit lässt sich durch Honorarvereinbarungen im Vorhinein fast vollständig vermeiden. Solange Sie nicht im Vorhinein das Honorar klären, haben Sie keine Chance, dem Mandanten sein unsicheres Gefühl in Bezug auf das Steuerberatungshonorar zu nehmen. Sie haben damit auch keine weitere Gelegenheit, auf die anderen drei Honorar-Emotionen zu reagieren.

31 Die Möglichkeit, auf Honoraremotionen professionell reagieren zu können, ist daher ein wesentlicher Grund, Honorare immer im Vorhinein zu vereinbaren.

II. Honorarwiderstand

32 Darunter versteht man den sprichwörtlichen „Preis-Etiketten-Schock", den wir alle kennen, wenn wir z.B. in einem Kaufhaus den Blick auf das Preis-Etikett eines wirklich hochwertigen, tollen und interessanten Artikels werfen. Mit dieser Honoraremotion ist man immer konfrontiert. Sie ist eine vollkommen natürliche Reaktion.

33 Der Honorarwiderstand des Mandanten ist leicht zu erkennen, da er immer zu Beginn der Auftrags- bzw. Honorarverhandlungen zu Tage tritt. Der beste Weg, Honorarwiderstand zu verringern oder ganz zu beseitigen, ist, den Wert und Nutzen Ihrer Leistung ausreichend und umfassend darzustellen.

34 Der Honorarwiderstand in Form des „Preis-Etiketten-Schocks" ist – konsequent gedacht – eine „gesunde" Emotion. Durch das Aussprechen Ihres (hohen) Honorars erkennen Sie, ob der Mandant bereit ist, den Wert Ihrer Leistung zu schätzen. Tut er das nämlich nicht, stellt sich die Frage, ob Sie den Mandanten betreuen bzw. den Auftrag annehmen sollten.

III. Honorarunbehagen

35 Nach der Vereinbarung eines Fixhonorars besteht – genauso wie nach jeder größeren Anschaffung – die Sorge, die richtige Entscheidung getroffen zu haben. Die vielen Werbeeinschaltungen der führenden Automarken zielen vor allem auf bestehende Kunden ab, die durch die Anzeigen in ihrer bereits getroffenen Kaufentscheidung bestärkt werden sollten.

Dem möglichen Honorarunbehagen Ihrer Mandanten nach einer Fixhonorar-Vereinbarung können Sie am besten dadurch begegnen, dass Sie sich nach der Auftragserteilung besonders bemühen, sich um den Mandanten kümmern, ihn von sich aus kontaktieren, ihm vermitteln, dass Sie sich anstrengen und er die richtige Entscheidung getroffen hat. Eine Zufriedenheitsgarantie ist ein weiterer Baustein, um das Honorarunbehagen des Mandanten nach der Auftragserteilung zu reduzieren. 36

IV. Zahlungswiderstand

Wer bezahlt denn schon wirklich gerne seine Rechnungen? Der Zahlungswiderstand ist das schlichte Herausschieben der Banküberweisung. Je weniger Sie gegen die anderen drei Honoraremotionen gemacht haben, desto größer ist der Zahlungswiderstand des Mandanten. 37

Eine Verringerung des Zahlungswiderstandes erreichen Sie in erster Linie durch promptes Abrechnen Ihrer Leistungen. Spätes Fakturieren ist für den Mandanten eine Einladung zu spätem Bezahlen Ihrer Honorarnote! Eine weitere Verringerung des Zahlungswiderstands erreichen Sie, wenn Sie den Mandanten bei den Zahlungsmodalitäten mit einbeziehen. Die Fixhonorarvereinbarung sollte daher auch die Zahlungsbedingungen – nach Absprache mit dem Mandanten – enthalten. Die stärkste Wirkung gegen den Zahlungswiderstand hat selbstverständlich eine Einzugsermächtigung bzw. ein Bankeinzug. Dieses Instrument wird aus meiner Sicht noch viel zu wenig eingesetzt. Die Ursache dafür ist eine unbegründete Angst des Steuerberaters vor dem drohenden Mandantenverlust. Die Erfahrung zeigt, dass der Großteil der Mandanten ganz und gar keine Abneigung gegen eine Einzugsermächtigung hat. 38

F. Wieso Fixhonorare im Vorhinein so wirkungsvoll sind

„Der Preis ist, was Du bezahlst, und der Wert ist, was Du erhältst!" Dieser unternehmerische Merksatz ist Steuerberatern oft nicht bekannt bzw. wird ihm meist keine große Beachtung geschenkt. 39

„Der Wert einer Dienstleistung ist am höchsten, bevor diese ausgeführt wird." Dieser Grundsatz ist für jeden sofort nachvollziehbar. Leider wird in vielen Steuerberatungskanzleien nicht danach gehandelt, denn die Abrechnung der Leistungen im Nachhinein ist immer noch die Honorarmethode N° 1. Das ist schade, denn dadurch wird „Wert" im wahrsten Sinne des Wortes verschenkt.

Allein diese beiden Grundsätze sollten ausreichend sein, so oft wie nur möglich Fixhonorare im Vorhinein zu vereinbaren. Darüber hinaus gibt es noch eine Reihe weiterer Vorteile, die dafür sprechen, das Honorar im Vorhinein zu vereinbaren. 40

Durch Fixhonorare im Vorhinein 41

- klären Sie die Erwartungen des Mandanten:

  In der derzeitigen Wettbewerbssituation ist es notwendig, die Erwartungen des Mandanten zu übertreffen. Dieses Ziel zu erreichen ist schwierig genug, aber es ist unmöglich zu erreichen, wenn Sie gar nicht wissen, worin diese Erwartungen bestehen. Eine Fixhonorarvereinbarung ist überhaupt erst möglich, wenn Sie vor deren Abschluss die Erwartungen des Mandanten klären. Ja, Sie werden durch eine Fixhonorarvereinbarung regelrecht „gezwungen", die Erwartungen des Mandanten zu klären.

- schaffen Sie Möglichkeiten des Cross-Sellings:

  Jede Kanzlei möchte gerne zusätzliche Aufträge bei den bestehenden Mandanten gewinnen. Der Erfolg dabei entspricht nicht immer den Erwartungen. Und das hat einen einfachen Grund: Kanzleien gehen von der falschen Seite an die Sache heran. Sie überlegen, was sie den Mandanten zusätzlich verkaufen können, statt schon beim Erwartungsgespräch in Erfahrung zu bringen, was der Mandant zusätzlich kaufen möchte. Mit Fixhonorarvereinbarungen können Sie den Leistungskatalog Ihrer Kanzlei im Vorhinein mit dem Mandanten besprechen und – ohne Druck – die Vorteile und den Nutzen sichtbar machen. Dies ist ein wesentlich professionellerer Ansatz für Cross-Selling, als im Nachhinein noch etwas verkaufen zu wollen.

- verstärken Sie das Engagement des Mandanten:

  Die Mitwirkung des Mandanten und sein eigenes aktives Engagement sind wichtige Elemente für eine gelungene Zusammenarbeit. Darauf sollten Sie nicht verzichten. Sie erreichen das Engagement von Ihren Mandanten sehr viel eher, wenn Sie im Vorhinein nicht nur Ihre Aufgaben, sondern auch die der Mandanten aktiv ansprechen und sich ihres Kommitments versichern.

  Mandanten wollen die Kontrolle und Übersicht über die Aufträge haben, die sie vergeben. Je stärker ihr eigenes Engagement ist, desto stärker ist auch ihr Gefühl, alles im Griff zu haben.

  Allein die Tatsache, dass Sie eine Fixhonorarvereinbarung mit Ihrem Mandanten abschließen, erhöht das Engagement des Mandanten, weil er einen Input zur Entstehung dieser Vereinbarung geliefert hat. Bei der Fixhonorarvereinbarung geht es nämlich nicht so sehr um einen juristischen Vertrag als um die Vereinbarung eines gemeinsamen Kommitments zwischen Steuerberater und Mandant.

- erzeugen Sie Vertrauen und strahlen Erfahrung aus:

  Das Honorar für eine Leistung im Vorhinein zu nennen zeugt von Professionalität und vermittelt: Sie machen das nicht zum ersten Mal und Sie wissen, wovon Sie reden. Häufig höre ich von Steuerberatern, dass es ihnen unmöglich ist, einen fixen Honorarbetrag zu nennen, solange sie nicht wissen, wie lange eine Tätigkeit dauert. Meine Antwort darauf? Erstens hat das Honorar nicht notwendigerweise etwas mit der eingesetzten Zeit zu tun. Zweitens, wer sonst, wenn nicht der Steuerberater, sollte das Honorar abschätzen können? Und drittens, gerade bei Routinetätigkeiten sollten Steuerberater ausreichend Erfahrung haben, um ein fixes Honorar nennen zu können.

  Manchmal kann es passieren, dass ein Auftrag andere Dimensionen annimmt als ursprünglich angenommen. Das bedeutet jedoch nicht, keine Fixhonorarvereinbarung im Vorhinein machen zu können. Es bedeutet nur, dass der Zeitpunkt für eine Zusatzhonorarvereinbarung gekommen ist, indem Sie Ihren Mandanten kontaktieren, ihm erklären, dass und warum sich der Umfang des Auftrages geändert hat und wie hoch das adaptierte Honorar sein wird.

- fallen unangenehme Honorarrechtfertigungen weg:

  Wenn vorher über das Honorar gesprochen wird, gibt es im Nachhinein keine Diskussionen. Bei Fixhonorarvereinbarungen kann es keine Honorarbeschwerden mehr geben. Auftretende Beschwerden sind nicht Honorarbeschwerden, sondern Beschwerden über die Qualität bzw. die Leistung als solche.

- vereinfachen Sie die Abrechnung:

  Ist das Honorar im Vorhinein vereinbart, ist die Abrechnung der Leistungen lediglich eine administrative Tätigkeit. Konsequent gedacht – und auch umgesetzt – steht auf der Honorarnote nur mehr die Leistungsbeschreibung und der Text „wie vereinbart“ mit Angabe des Betrages.

42 Sollten Sie all diese Vorteile immer noch nicht von der enormen Wirkung der Fixhonorarvereinbarung im Vorhinein überzeugen, so gibt es einen Grund, der letztendlich zählt: Mandanten wünschen sich, das Honorar im Vorhinein zu kennen!

G. Warum und wie Sie zwischen Leistungsarten unterscheiden sollen

Für eine mandantenorientierte Honorargestaltung ist es unbedingt notwendig, zwischen den großen Tätigkeitsblöcken in der Steuerberatungskanzlei zu unterscheiden: Auf der einen Seite stehen die abrechnungsorientierten Dienstleistungen wie Buchhaltung und Lohnverrechnung, aber auch Jahresabschluss und Steuererklärungen. Auf der anderen Seite stehen die wissensorientierten Dienstleistungen, wie z.B. Rechtsformgestaltung, Unternehmensnachfolge und Finanzierungsberatung. 43

Ohne klare Trennung zwischen diesen beiden großen Gruppen an Dienstleistungen kommt es bei der Erstellung eines Honorarkonzepts zu unnötigen Diskussionen über Pro und Contra zu den verschiedenen Honorargestaltungsmethoden. Honorarmethoden, die für die eine Gruppe von Dienstleistungen richtig und zielführend sind, bedeuten für die andere Gruppe einen Widerspruch. Kanzleien, die diese Tatsache erkennen, nehmen damit den vorhandenen kanzleiinternen Widerständen gegen Änderungen der Honorarmethoden den Wind aus den Segeln. 44

Praxishinweis:

Die wichtigsten Fragen bei den abrechnungsorientierten Leistungen sind:

- *Ermittlung quantifizierbarer Honorargrundlagen anstelle des Stundensatzes*
- *Erstellung eines strukturierten Dienstleistungsangebots*
- *Festlegung eines Preismodells*
- *Vorgangsweise zur Vereinbarung der Honorare bei bestehenden Mandanten*

Die zu klärenden Themenbereiche der wissensorientierten Leistungen sind dagegen:

- *Feststellung des Wertes der Leistung*
- *Erwartungen des Mandanten klären und den Wert der Leistung kommunizieren*
- *Beratungsphasen oder Module für komplexe Leistungen*
- *Zufriedenheitsgarantie*

Eindeutig zu erkennen ist, dass die Erfolgsfaktoren nicht unterschiedlicher sein könnten. Das Ziel, eine für den Mandanten transparente und leicht nachvollziehbare Honorargestaltung zu erreichen und dabei die Profitabilität der Kanzlei zu erhalten bzw. zu steigern, ist das gleiche. Der Weg dorthin ist ein jeweils anderer. 45

I. Preisliste und Dienstleistungsbündel für Routinetätigkeiten

Strukturierte Dienstleistungsangebote in Form von Preislisten mit Dienstleistungsbündeln für unterschiedliche Servicelevels werden von Steuerberatern oft kritisch betrachtet bis abgelehnt. Ich sehe darin aber eine Reihe entscheidender Vorteile: 46

- Honorargespräche mit dem Mandanten werden leichter, weil der Rechtfertigungsdruck, wie lange man für eine Tätigkeit braucht, nicht mehr vorhanden ist.
- Der Mandant fühlt sich sicherer, da er durch eine Preisliste leicht erkennen kann, dass es einen klar definierten Preis gibt und sich der Steuerberater nicht „in die Honorarküche zurückzieht und das Honorar zusammenbraut"; Mandanten schätzen es nicht, wenn möglicherweise andere Mandanten bessere Honorare verhandeln. Durch die Preisliste ist sichergestellt, dass alle Mandanten den gleichen Preis für gleiche Leistungen zahlen.

- Mitarbeiter können mit Hilfe von Preislisten das Honorar berechnen.
- In größeren Kanzleien kann es durch den Einsatz von Preislisten auch nicht passieren, dass der Mandant von unterschiedlichen Mitarbeitern bzw. Partnern unterschiedliche Angebote erhält.

47 Die Umstellung der bisherigen Honorarverrechnung nach Stunden im Nachhinein auf eine Preisliste für die abrechnungsorientierten Leistungen (Buchhaltung, Lohnverrechnung, Jahresabschluss und Steuererklärungen) ist eine beträchtliche Herausforderung, deren Bewältigung sich aber lohnt. Für eine erfolgreiche Realisierung sind vor allem fünf Punkte entscheidend:

1. Solide Analyse der bisherigen Honorarstruktur

48 Allein die Analyse der bestehenden Honorarstruktur hat schon einen enormen Erkenntniswert. So stellen viele Kanzleien fest, dass es z.B. bei den Honoraren für Buchhaltungen bei Anwendung eines objektiveren Parameters (beispielsweise Buchungszeilen oder Umsatz des Mandanten) anstelle der bisher verrechneten Honorare enorme Bandbreiten gibt. Schwankungen mit dem Faktor fünf – also fünffache Honorare – für den vergleichbaren Buchungsumfang werden teilweise festgestellt. Für eine Umstellung der Honorarverrechung ist es daher notwendig, diesen Unterschieden auf den Grund zu gehen. Sie werden dabei feststellen, dass schlecht vorbereitete Unterlagen, komplizierte Vorgangsweisen, fehlender Einsatz von Schnittstellen, Mitarbeiterwechsel etc. die Ursachen für diese Abweichungen sind. Die Beschäftigung mit diesen Fragestellungen hat eine signifikante Effizienzverbesserung zur Folge.

49 Mit Hilfe von Tabellen, in denen das bisherige Honorar und mögliche Parameter gegenübergestellt werden, kann die Honorarstruktur gut analysiert werden. Parameter für die Analyse sind u.a. Buchungszeilen bzw. Umsatz des Mandanten (für die Buchhaltung), Anzahl der Arbeitnehmer (für die Lohnverrechnung) und ein Mix aus Umsatz und Bilanzsumme (für den Jahresabschluss). Die beiden erst genannten Dienstleistungsbereiche verursachen die deutlich geringeren Schwierigkeiten. Weitere Dimensionen der Analyse sind Branche und Rechtsform des Unternehmens.

2. Entscheidung für ein Preismodell

50 Sowohl Transparenz als auch Verständlichkeit des Honorars sind aus der Sicht des Mandanten wichtig. Um die Übersichtlichkeit und damit auch die Verständlichkeit sicherzustellen, sollte für alle Routinetätigkeiten ein gemeinsames Preismodell festgelegt werden. Preisdifferenzierungen sollten sich durch alle Dienstleistungsbereiche gleichartig durchziehen. Wie groß der Preisunterschied zwischen der kostengünstigsten und der teuersten Lösung ist, ist eine kanzleispezifische Angelegenheit. Dabei spielen strategische Überlegungen zur Positionierung am Markt eine wesentliche Rolle. Ich habe dabei die Erfahrung gemacht, dass als Richtwert für Preisdifferenzierungen 20 % bis 50 % angesetzt werden können.

51 Ein durchgängiges Preismodell festzulegen erfordert zwar etwas mehr Aufwand, bietet jedoch einige wesentliche Vorteile:

- Mitarbeiter (aber auch Inhaber) können sich die Preisstrukturen leichter und schneller merken. Das vereinfacht Honorargespräche.
- Mandanten erkennen sofort die Honorarstruktur; diese Transparenz und Nachvollziehbarkeit verringert die bestehende Unsicherheit in Bezug auf Steuerberatungshonorare.
- Ein einheitliches Preissystem zeugt von durchdachten Lösungen anstelle von „Flickwerk“ bei der Honorargestaltung.

- Mit griffigen und durchgängigen Bezeichnungen für die unterschiedlichen Dienstleistungsbereiche können „Produkte“ geschaffen werden, mit denen eine Unterscheidung am Markt möglich ist.

3. Übersichtliche Servicelevels

Die erstmalige Beschäftigung mit dem strukturierten Dienstleistungsangebot kann leicht dazu verleiten, zu viel auf einmal zu wollen. Meine Erfahrung zeigt, dass bei der Erstellung der „Preisliste“ weniger meist mehr ist. 52

Drei Servicelevels sollten in nahezu jeder Kanzlei genügen. Auch in der Abgrenzung zwischen den Servicelevels reichen meist ein paar wenige Dienstleistungen. So bietet meist schon der uneingeschränkte Support (Tür & Angel-Beratung) alleine Grund genug für die Abgrenzung eines Dienstleistungsangebots. Ganz nach dem Motto: Buchhaltung ohne laufende Beratung ist eine andere Dienstleistung als Buchhaltung mit laufender Beratung. Und es gibt eben Mandanten, die nur das Eine oder nur das Andere wollen. Ein Teil der Mandanten will die kostengünstige Lösung und bezahlt Sonderleistungen extra. Ein anderer Teil der Mandanten will die Sicherheit, dass laufende Fragen kein Extra-Honorar verursachen. Auf diese Tatsache sollte man bei der Erstellung der Preisliste Rücksicht nehmen. 53

Eine weitere signifikante Abgrenzungsmöglichkeit ist, ob in den Honoraren Prüfungen inkludiert sind oder separat verrechnet werden. Auch in dieser Frage sind die Meinungen der Mandanten geteilt. 54

Insgesamt betrachtet sollte die „Preisliste“ für Routinetätigkeiten übersichtlich bleiben. Einerseits aus dem Grund, dass Mandanten rasch die Unterschiede erkennen, und andererseits, dass Honorarvereinbarungen leichter verwaltbar sind. Stellen Sie sich nur vor, Sie haben 25 Positionen auf der Preisliste und 500 Mandanten wählen eine unterschiedliche Zusammensetzung aus. Selbst mit Software-Unterstützung ist der Verwaltungsaufwand enorm! 55

4. Einsatz von Software

Software für die Honorarabrechnung im Nachhinein einzusetzen ist Standard in allen Kanzleien. Software für die Honorarberechnung im Vorhinein ist (noch) die Ausnahme. 56

Die gängigen Kanzleiverwaltungsprogramme bieten die Möglichkeit der Honorarberechnung im Vorhinein leider nicht. Die Wirkung, die ein PC-gestützes Gespräch über das zu erwartende Honorar auf den Mandanten hat, ist enorm: 57

- Der Mandant erlebt zum ersten Mal, dass er aktiv das Honorar mitgestalten kann.
- Mögliche Wünsche über den Umfang der Leistung drücken sich sofort im Preis aus, und der Mandant kann entscheiden, ob ihm diese Zusatzleistung das Honorar wert ist oder nicht.
- Ein PC-gestütztes Rechenmodell gibt dem Mandanten die Sicherheit, dass er für die gleiche Leistung nicht mehr bezahlt als andere Mandanten.

Außerdem kommt dazu, dass Preise, die auf diese Art und Weise festgesetzt werden, nicht verhandelt werden. Und der Einsatz der EDV strahlt Professionalität aus. 58

5. Sukzessive Umstellung bei den bestehenden Mandanten

59 Der Einsatz der „Preisliste" ist bei allen neuen Mandanten ohne große Probleme möglich. Im Erstgespräch werden die Wünsche des Mandanten geprüft und anhand der Preisliste erhält er einen konkreten Honorarvorschlag. Diese Vorgangsweise wird ungemein geschätzt, da Sicherheit und Transparenz gegeben sind.

60 Schwieriger gestaltet sich die Anpassung der Honorare bei bestehenden Mandanten. Es wird einerseits Mandanten geben, die deutlich mehr bezahlen müssten und andererseits wird es auch Mandanten geben, die unter Berücksichtigung des neuen Preismodells sich über niedrigere Honorare freuen dürfen. Beide Situationen sind auf den ersten Blick nicht besonders angenehm. Entweder, weil eine Honorarerhöhung mit Mandanten besprochen werden muss, oder weil ein Umsatzverlust droht.

61 Betrachtet man diese Frage allerdings genauer, erkennt man, dass gerade darin die unternehmerische Herausforderung liegt:

- Honorargespräche mit Mandanten zu führen, die bisher zu wenig bezahlt haben, ist eine unternehmerische Aufgabe, vor der man sich unabhängig von der Honorargestaltung nicht drücken sollte.
- Überlegungen anzustellen, wie man bei Mandanten weiterhin Geld verdient, auch wenn man nicht mehr die (ausnahmsweise) hohen Honorare verrechnen kann, ist genauso herausfordernd.

62 Ein Preismodell ist dann richtig, wenn nur vereinzelt Ausnahmefälle vorkommen. Liegt die Mehrheit der Mandanten fernab dem erstellten Preismodell, sollten Sie das Preismodell noch einmal überdenken. Es ist nahezu unmöglich, alle Mandanten sofort auf die neue Honorargestaltung umzustellen. Üblicherweise ist mit einem Zeitraum von mindestens einem Jahr zu rechnen, bis sich die neue Methode kanzleiweit durchgesetzt hat.

63 Die fünf genannten Punkte haben sich als die Erfolgsfaktoren für die Honorargestaltung von abrechnungsorientierten Dienstleistungen herausgestellt. Deren Beachtung ist nicht ganz einfach, aber auf alle Fälle lohnenswert.

II. Wertorientierung für individuelle Beratung

64 Ganz anders als gerade beschrieben gestaltet sich die Vorgangsweise für Know-How-Dienstleistungen der Kanzlei. Rechtsformgestaltung, Übergabekonzepte, Unternehmenskäufe bzw. -verkäufe, Finanzierungsberatung, Durchsetzung von Rechtsansprüchen etc. bieten unglaubliche Chancen für die Verbesserung der Mandantenbeziehung bei gleichzeitiger Honorarerhöhung, die durch eine Honorarverrechnung im Nachhinein nach Stunden nicht genützt werden können.

65 Die besten Erfahrungen machen Kanzleien, die erkannt haben, dass

- der Wert einer Dienstleistung am höchsten ist, bevor diese ausgeführt wird,
- der Wert derartiger Dienstleistung immer subjektiv ist,
- es darauf ankommt, diesen Wert festzustellen und zu kommunizieren,
- derartige Dienstleistungen komplex sind und allein schon durch deren Beschreibung der (subjektive) Wert steigt.

66 Die Erfolgsfaktoren in diesem Bereich liegen in den folgenden vier Punkten.

1. Erwartungen des Mandanten klären

Ein ausführliches Gespräch mit dem Mandanten vor dem Auftrag ist der entscheidende Ausgangspunkt: 67

- Welche Erwartungen hat der Mandant an das Projekt?
- Welche Risiken sind vorhanden?
- Ist der Mandant risikoscheu oder nicht?
- Was wäre die Ideallösung?
- Was darf keinesfalls passieren?

Und viele ähnliche Fragen mehr sind notwendig, um den für den Mandanten subjektiven Wert der Leistung erkennen zu können. Die große Gefahr besteht darin, dass ein derartiger Auftrag für Sie keine besondere Herausforderung darstellt und Sie ihn daher wesentlich niedriger bewerten. Sie haben wahrscheinlich schon zig Unternehmensübergaben begleitet, währenddessen es für den Mandanten meist nur ein einziges Mal in seiner Unternehmerkarriere vorkommt. 68

Meine Empfehlung lautet daher, sich genügend Zeit für ein Gespräch mit dem Mandanten zu nehmen, in dem seine Erwartungen an Sie als Steuerberater geklärt werden. 69

2. Eindeutige Beschreibung des Auftragsumfangs

Das Erwartungsgespräch hat auch eine zweite Aufgabe: Nämlich den Umfang des Auftrags klar und eindeutig abzugrenzen. Hier werden leider oft verhängnisvolle Fehler begangen. Mandanten betrachten den Auftrag immer umfassender und weiter als Steuerberater. 70

Ich beschreibe diese Tatsache oft mit der Aussage: „Was im Restaurant mit „as-much-as-you-can-eat“ noch ein abschätzbares Risiko ist, bedeutet in der Steuerberatung „russisches Roulette“. Beschreiben Sie daher im Honorarvorschlag eindeutig und präzise, woraus Ihre Leistung besteht und welche Leistungen nicht im Honorar enthalten sind. 71

3. Fixhonorar im Vorhinein mit Modulen oder Phasen

Unzweifelhaft ist ein Fixhonorar im Vorhinein die beste Alternative. Wurde ein ausführliches Erwartungsgespräch geführt, ist die Formulierung eines Honorarvorschlags relativ leicht. Angebote sind nur dann schwierig bis unmöglich, wenn nicht klar ist, was vom Mandanten erwartet wird. 72

Bei längeren und komplexeren Projekten ist die Zerlegung in einzelne Module und Phasen der Königsweg. Damit wird dem Mandanten die Komplexität des Auftrags bewusster und Honorare für einzelne Module bzw. Phasen sind überschaubarer. Sie können dadurch die Abrechnung entsprechend dem Abschluss der jeweiligen Phase vornehmen und kommen somit schneller zu Ihrem Geld. 73

4. Zufriedenheitsgarantie

Das Risiko einer Zufriedenheitsgarantie reduziert sich durch die oben beschriebene Vorgangsweise. Wenn Sie laufend (spätestens nach Abschluss einer Phase) das Feedback des Mandanten einholen, können Sie im Projekt immer wieder korrigierend eingreifen. Damit schrumpft das Risiko, dass die Zufriedenheitsgarantie greift, gegen Null. 74

75 Andererseits nehmen Sie dem Mandanten durch die Zufriedenheitsgarantie insbesondere bei Know-How-Projekten das Risiko ab und können damit unter anderem Ihr Honorar rechtfertigen.

76 Wertorientierte Individualberatung erleben Steuerberater immer wieder als „fun". Diese Aufträge sind die Herausforderung in der täglichen Arbeit. Sie sind „das Salz in der Suppe". Damit die außergewöhnlichen Leistungen auch honoriert werden, ist eine Abkehr von der Zeitverrechnung im Nachhinein notwendig. Gelingt es, die vier beschriebenen Empfehlungen in die Praxis zu integrieren, wird der Spaß auch entsprechend belohnt.

H. Wie Sie mit Fragen nach Preisnachlässen umgehen können

77 Preisgespräche zu führen gehört meist nicht zu den favorisierten Aufgaben von Steuerberatern. Das liegt nicht nur darin, dass man des Gefühl eines „Null-Summen-Spiels" hat („Was ich verliere, gewinnt der andere und umgekehrt"), sondern hat eine Reihe weiterer Ursachen, wie z.B.:

- über den Preis zu sprechen führt fast immer zu einer Preisreduktion,
- die eigene Meinung, für den Mandanten sei der Preis das Wichtigste,
- die gesamte Arbeit, alle Dienstleistungen und die eigene Anstrengung werden auf eine Zahl reduziert,
- preissensible Mandanten zu betreuen macht keinen Spaß und ist meistens auch nicht profitabel.

78 Verlangt ein Mandant einen Preisnachlass, dann ist es mehr als verständlich, dass man das im ersten Moment als äußerst unangenehm erlebt. Betrachtet man jedoch die Situation aus der Perspektive des Mandanten, dann sieht die Angelegenheit ganz anders aus: Es ist nämlich die Aufgabe des Mandanten, genauso wie aller Unternehmer, sämtliche Leistungen für sein Unternehmen so günstig wie möglich zu beziehen. Er würde, wie bereits zu Beginn des Abschnitts erwähnt, seine Aufgaben als Unternehmer bzw. Geschäftsführer nicht wahrnehmen, wenn er sich nicht um die besten „Einstandspreise" für sein Unternehmen kümmern würde.

I. Die eigene Einstellung zu Preisgesprächen

79 Der erste Schritt, um Preisgespräche erfolgreich führen zu können, ist, die eigene Einstellung zu verändern: Preisgespräche als Chance zu sehen, um den Mandanten besser verstehen zu lernen, um mehr Vertrauen aufzubauen und um mehr Selbstbewusstsein für die eigenen Leistungen zu erhalten.

80 Beim nächsten Anruf eines Mandanten, der Sie um ein Gespräch wegen des Honorars bittet, sollten Sie sich auf das Gespräch freuen. Wie oft hat man denn die Gelegenheit, die eigenen Leistungen auf den Prüfstand zu stellen und durch ein professionelles Agieren, die Mandantenbeziehung sogar noch zu verbessern?

II. Honorarbeschwerde oder Servicebeschwerde?

81 In den überwiegenden Fällen von gewünschten Preisnachlässen handelt es sich um versteckte Servicebeschwerden. Sagt der Mandant, dass ihm das Honorar zu hoch ist, dann stellt sich immer die folgende Frage: „Zu teuer im Verhältnis zu ...?" Und das ist eben meist die zugrunde liegende Dienstleistung.

Versuchen Sie daher zu Beginn des Gesprächs herauszufinden, ob der Mandant mit der Art und Weise der Dienstleistung unzufrieden ist oder ob es sich tatsächlich nur um die Höhe des Honorars dreht. 82

III. Honorarvergleiche

In vielen Fällen wird der Wunsch nach einem Preisnachlass mit einem Vergleichsangebot eines anderen Steuerberaters begründet. Mandanten treffen dann etwa folgende Aussagen: 83

- „... eigentlich bin ich schon zufrieden, aber Ihr Kollege macht die Buchhaltung um 25 % billiger ... und in Zeiten wie diesen, muss ich auf jeden Euro schauen ..."
- „... es ist eigentlich alles in Ordnung, aber 25 % Differenz zu Ihrem Honorar sind einfach zu viel ..."

Derartige Aussagen sind eine besondere Herausforderung. Um sie zu bewältigen, ist es eine gute Idee, strukturiert an die Sache heranzugehen. 84

Praxishinweis:

Der erste Schritt ist, sich klarzumachen, dass jeder Mandant Angst davor hat, ausgenutzt zu werden. Niemand mag das Gefühl, zu viel für etwas bezahlen zu müssen. Das Schlechteste, was man daher tun kann, ist, den Preis ohne Weiteres zu reduzieren, denn dann hat der Mandant die Sicherheit, dass er bisher ausgenützt wurde.

Der zweite Schritt ist, dem „Äpfel-Birnen-Problem" auf den Grund zu gehen. Damit ist gemeint, die beiden Angebote zu vergleichen. Sind die angebotenen Leistungen überhaupt vergleichbar? Geht das Konkurrenzangebot von den gleichen Parametern aus? In vielen Fällen klärt sich bei diesem Schritt schon der Großteil der Unterschiede auf. Vielleicht ist es einfach auch notwendig, Teile Ihres Angebots zu reduzieren, dann ist auch ein Preisnachlass gerechtfertigt.

Im dritten Schritt sollten Sie die Qualität überprüfen. Da der Mandant die fachliche Qualität so gut wie gar nicht beurteilen kann, ist diese Analyse nicht so leicht. Aber es finden sich trotzdem Ansatzpunkte, wie z.B. das Vorhandensein und die Verständlichkeit der betriebswirtschaftlichen Analyse bei Finanzbuchhaltung und Jahresabschluss, die Schnelligkeit und die Termintreue. Sie könnten die Höhe der Nachzahlungen bei den vergangenen Betriebsprüfungen ansprechen, die Qualifikation der Mitarbeiter vergleichen, etc.

Sollte der Mandant immer noch nicht die Vorteile Ihres Angebots erkennen, verbleibt als vierter Schritt, der Vergleich der Kostenstruktur zum Konkurrenten. Erklären Sie dem Mandanten dabei in groben Zügen Ihre Kostenstruktur und versuchen Sie herauszufinden, ob Ihr Konkurrent über eine ähnliche Kostenstruktur verfügt. Falls ja, bedeutet das, dass das Vergleichsangebot auf Dauer nicht gewinnbringend für den Konkurrenten sein kann und die große Gefahr besteht, dass er die Preise daher sehr rasch wieder anheben wird. Stellen Sie dem Mandanten dabei die Frage, ob er in diesem Fall wieder bereit ist, sich einen neuen (wiederum günstigeren) Steuerberater zu suchen. Falls dem so ist und der Mandant die (versteckten) Kosten eines Steuerberaterwechsels nicht scheut, dann ist es wahrscheinlich das Beste, sich von diesem Mandanten zu trennen.

IV. Preisnachlässe in ausgewählten Situationen

Preise sollten grundsätzlich nie ohne spezifische Begründung reduziert werden. Unbegründete Preisnachlässe infolge einer Beschwerde des Mandanten belasten die Mandantenbeziehung. In besonderen Situationen sind Preisnachlässe allerdings angebracht und Sie bieten Chancen, 85

- wenn es darum geht, mehr Geschäft mit dem Mandanten machen zu können. Das typische Beispiel dafür ist, wenn der Mandant ein Unternehmen kauft und sich daher der Buchungsumfang oder die Mitarbeiterzahl erhöht. In diesem Fall sind geringere Preise für die Buchungszeile bzw. die Arbeitnehmerabrechnung sinnvoll.

- wenn es um Aufträge geht, die Ihnen ein neues Geschäftsfeld eröffnen.
- wenn der Mandant in der Krise ist und Sie ihm durch (befristete) Preisnachlässe in dieser schwierigen Zeit helfen möchten. In diesem Fall sollten Sie aber immer Ihre „normalen" Preise auf der Honorarnote als Information anführen. Eine interessante Option in diesem Fall ist auch die Vereinbarung, dass der Mandant die erhaltenen Preisnachlässe wieder bezahlt, sobald er sich wirtschaftlich erholt hat (das ist ein Ansporn für Sie, alles dafür zu tun, dass das auch geschieht).

86 Preisgespräche bedeuten immer, dass auch über Ihre Leistungen und (indirekt) über Ihre Beziehung zum Mandanten gesprochen wird. Gut vorbereitete und professionell durchgeführte Preisgespräche sind ein wirkungsvolles Instrument für mehr Vertrauen und eine noch bessere Mandantenbeziehung.

I. Warum Selbstbewusstsein zählt

87 Immer mehr Kanzleien entscheiden sich für eine mandantenorientierte Honorargestaltung. Sie erarbeiten ein strukturiertes Dienstleistungsangebot für Ihre Kernleistungen und versuchen, Fixhonorare im Vorhinein zu vereinbaren. Sie erzielen damit teils beträchtliche Erfolge und das freut mich.

Ich stelle jedoch immer wieder fest, dass sich Steuerberater mit der Festsetzung der Preise unheimlich schwer tun. Es fällt den meisten Steuerberatern ganz und gar nicht leicht, zu ihren Preisen zu stehen. Ich erlebe immer wieder, dass fast schon ein „Rechtfertigungs-Automatismus" eintritt, sobald sie auf das Honorar angesprochen werden. Damit meine ich nicht nur, wenn Mandanten das Honorar ansprechen, sondern dieser „Reflex" geschieht auch, wenn man unter Kollegen spricht oder ich bei Beratungsaufträgen zur Honorargestaltung nach den Preisen frage.

J. Selbst-bewusst-sein ist gefragt!

88 Versetzen Sie sich in die Situation, in der Sie in einem Erstgespräch mit dem Mandanten ein – aus Ihrer Sicht – hohes Honorar nennen. Nach dem ersten „Schock" des Mandanten stellt dieser vielleicht eine Frage in der Art: „Warum haben Sie so hohe Honorare?" Wie würden Sie darauf reagieren?

89 Die meisten Steuerberater würden versuchen, sich zu rechtfertigen: Kosten, Personal, Ausbildung, Schwierigkeit der Aufgabe, gutes Service etc. Alles gute Argumente, die aber meist in eine Sackgasse führen. Warum antworten Sie nicht einfach: „Weil wir hohe Honorare verrechnen können!" Damit drücken Sie aus, dass andere Mandanten, diese (hohen) Honorare bezahlen, und es schätzen, bei Ihnen Mandant zu sein.

90 Stehen Sie ganz einfach zu Ihren – hoffentlich hohen – Honoraren! Zeigen Sie Selbstbewusstsein! Knapp an der Grenze zur Arroganz! Der Mandant spürt sofort, dass Sie sich Ihrer Sache sicher sind. Genauso wie er auch in der ersten Millisekunde merkt, wenn Sie nicht zu Ihren Honoraren stehen.

91 Verstärkend zu Ihrem Auftreten wirkt eine Preisliste, auf der Ihre Honorare schwarz auf weiß stehen. Stehen aber auch Sie dazu!

I. Sie ziehen die Honorargrenze!

92 Haben Sie schon einmal darüber nachgedacht, dass man nie mehr bezahlt bekommt, als man selbst glaubt, wert zu sein. Der Preis, den Sie nennen, ist die Honorarobergrenze. Der Mandant bezahlt niemals mehr.

Preisfindung ist eine Kunst und keine Analyse. Natürlich sollten Sie bestehende Preisstrukturen analysieren, um herauszufinden, bei welchen Aufträgen/Mandanten Sie Geld verdienen bzw. verlieren. Bleiben Sie aber nicht an den bisherigen Preisen hängen.

Die Festsetzung von Preisen und das Entwerfen von Preismodellen erfordert 93

- Neugierde,
- die Bereitschaft, Althergebrachtes aufzugeben,
- Ausprobieren,
- immer auf der Suche nach dem Wert zu sein,
- Mandanten besser zu verstehen, wie Sie den Wert der Dienstleistung sehen und
- Neuland zu betreten.

Das alles sind nicht unbedingt die typischen Eigenschaften für jemanden, der sich überwiegend mit Kosten und Kosteneinsparungen beschäftigt. 94

II. Höhere Honorare und zufriedenere Mandanten!

Aus zig Beratungsprojekten, Gesprächen und Erfahrungsberichten bin ich zur Überzeugung gelangt, dass sowohl die Zusammensetzung der Dienstleistungsbündel als auch das verwendete Preismodell nahezu irrelevant sind. Die unterschiedlichsten Dienstleistungsstrukturen und Preismodelle funktionieren. Voraussetzung ist lediglich, dass das strukturierte Dienstleistungsangebot und das Preismodell **in sich schlüssig** sind. Ist diese Voraussetzung gegeben, hängt der Erfolg einer derartigen mandantenorientierten Honorargestaltung nur vom Selbstbewusstsein und der Überzeugung der Personen ab, die mit dem Mandanten über Honorare reden. Sie erreichen dann mit 100 %-iger Sicherheit höhere Honorare und zufriedenere Mandanten. 95

Aus meiner Sicht steht das Thema „Honorar" in Steuerberatungskanzleien erst am Beginn, selbst wenn der einzelne Steuerberater der Meinung ist, sich damit schon intensiv auseinander gesetzt zu haben. Es ist offensichtlich, dass Mandanten immer kritischer werden und dass die Funktion des Preises hinsichtlich Strategie und Marketing bisher noch viel zu wenig beachtet wurde. 96

Die zielorientierte und differenzierte Vorgangsweise bei den unterschiedlichen Arten von Dienstleistungen im breiten Spektrum einer Steuerberatungskanzlei verbessert die Marktposition im immer härter werdenden Wettbewerb. Kanzleien, die proaktiv Ihren Standpunkt hinterfragen und nicht darauf warten, dass sie vom Markt dazu gezwungen werden, sind die Gewinner. 97

Stefan Lami

ist Steuerberater und Unternehmensberater mit Schwerpunkt Beratung und Coaching von Steuerberatungsunternehmen zu Themen der Strategieentwicklung, Mitarbeiterführung, Honorargestaltung und Klientenbeziehungen.

Bisherige Veröffentlichungen:

Klientenwünsche systematisch erkennen und erfüllen (Linde Verlag 2007)

Honorargestaltung gegen alle Regeln (gemeinsam mit Gunther Hübner) (Manz Verlag 2006)

Bilanzpräsentationen erfolgreich und wirksam gestalten (Linde Verlag 2005)

5

Mehr über seine Arbeit für Steuerberatungsunternehmen in Österreich und Deutschland finden Sie unter www.stefanlami.com.

Warum haben Sie sich mit diesem Thema befasst?

Alle Managementanstrengungen eines Steuerberatungsunternehmens kulminieren letztendlich beim bezahlten Honorar des einzelnen Mandanten. Die unternehmerische Herausforderung besteht darin, zufriedene Mandanten UND erwünschte Honorare zu erreichen.

Inwieweit haben Sie mit Steuerberatern zu tun?

Ich bin Steuerberater, habe 15 Jahre in der Steuerberatung gearbeitet und in meiner derzeitigen Tätigkeit als Managementberater für Steuerberater habe ich ausschließlich mit Steuerberatern zu tun.

Was sind für Sie die wesentlichen Faktoren, die beruflich und privat Erfolg ausmachen?

Eine Trennung zwischen „beruflich“ und „privat“ sehe ich nicht. Es gibt nur ein Leben.

Wir erhalten alles im Leben von anderen Menschen.

Wenn ich im Leben „mehr“ (von was auch immer) erhalten möchte, muss ich anderen Menschen mehr von dem geben, was sie wollen, damit sie mir (freiwillig) mehr von dem geben, was ich will.

Dazu sollte ich erstens wissen, was ich will, zweitens wissen, was andere Menschen wollen, und drittens beides kommunizieren.

§ 6 Beschwerdemanagement – der unzufriedene Mandant als Erfolgsfaktor

A. Einleitung

1 Unsere Mandanten beschwerden sich selten; also sind sie zufrieden – diesem Trugschluss erliegen viele Kanzleiinhaber. Dabei kann eine niedrige Zahl von Beschwerden auch ein Alarmsignal sein.

2 Die meisten Steuerberater empfinden Beschwerden als lästig, dabei verdeutlichen diese, was in einer Kanzlei zu verbessern ist – und das völlig kostenfrei. Tun Sie deshalb alles, um zu erfahren, wie zufrieden Ihre Mandanten mit Ihnen und Ihrer Leistung sind, und verschließen Sie nicht beim ersten Anzeichen von Problemen Augen und Ohren. Der Umgang mit Beschwerden sollte ein völlig normaler Bestandteil Ihrer Arbeit sein. Gerade bei Beschwerden können Sie zeigen, wie mandantenorientiert in Ihrer Kanzlei gearbeitet wird. Zudem: Ein Mandant, der sich beschwert, beweist Ihnen damit sein Vertrauen. Sonst würde er Sie nicht auf Verbesserungsmöglichkeiten aufmerksam machen, sondern einfach zum Mitbewerber wechseln. Treten Sie ihm daher positiv und dankbar gegenüber, betreiben Sie ein aktives Beschwerdemanagement in Ihrer Kanzlei – für mehr Erfolg, mehr Umsatz und auch für mehr Zufriedenheit Ihrer Mitarbeiter!

B. Ein professionelles Beschwerdemanagement ist unabdingbar

3 Es gibt immer noch Kollegen, die überhaupt keinen geregelten Workflow für eine Beschwerde festgelegt haben. Sie sind jedes Mal wie vom Donner gerührt, wenn sich ein Mandant beschwert. Reaktion und Abwicklung der Beschwerde sind eher zufällig. Das Fehlen eines professionellen Beschwerdemanagements führt auf Dauer gesehen zwangsläufig zu einem Stillstand in einer solchen Kanzlei. Beachtet eine Kanzlei die Probleme des Mandanten nicht, hat das meistens fatale Folgen. Ignoranz kann sich heute keine Steuerkanzlei mehr leisten. Die Konkurrenz wartet nur auf einen unzufriedenen Mandanten *(Überläufer)*, bei dem die „gefühlte" Qualität darüber entscheidet, wo und bei wem er zukünftig seine Dienstleistung einkauft.

C. Ziele, Nutzen und Kosten

4 Die Zielsetzung eines aktiven Beschwerdemanagements ist anspruchsvoll, der daraus resultierende Nutzenvorteil so hoch wie im Vergleich zu diesen Vorteilen die Kosten gering sind.

Nachfolgend ein komprimierter Überblick über ZIELSETZUNG – NUTZEN – KOSTEN eines aktiven und qualifizierten Beschwerdemanagements, eine Darstellung, die für sich selbst spricht:

I. Zielsetzung des Beschwerdemanagements

5
- In der Kanzlei ist eine mandantenorientierte Unternehmenskultur etabliert, die vom gesamten Team gelebt wird.
- Die Mandantenzufriedenheit ist bestmöglich sicher gestellt.

- Ihre Mandanten wissen, dass Sie hellhörig für Beschwerden sind und sprechen Ihnen und Ihren Mitarbeitern gegenüber offen aus, was Ihnen nicht gefällt.
- Auf Grund der offenen Kommunikation mit Ihren Mandanten findet keine negative Mund-zu-Mund-Propaganda durch die Mandanten statt. Ausnahmefällen wird sofort nachgegangen.
- Ein sensibilisiertes Mitarbeiterteam erkennt mögliche Beschwerden bereits im Vorfeld und kann entsprechend agieren, da die Mitarbeiter nicht nur fachlich qualifiziert sind, sondern um die Bedeutung der Kundenorientierung als Voraussetzung für den dauerhaften Erfolg einer Steuerkanzlei wissen.
- Jede Beschwerde ist Chefsache und wird als solche bearbeitet.
- Die Kosten aufgrund interner organisatorischer Fehler oder Fehlverhalten der Mitarbeiter werden reduziert.

II. Nutzenvorteile aufgrund des Beschwerdemanagements

6
- Sie erkennen schneller, wenn Geschäftsbeziehungen gefährdet sind und sind in der Lage, sofort zu reagieren.
- Das aktive Beschwerdemanagement Ihrer Kanzlei lässt Sie auch in schwierigen Situationen einen „kühlen Kopf" bewahren.
- Den Mandanten, dessen Beschwerde Sie heute als Chefsache bearbeiten, gewinnen Sie zum Stammkunden, der *„seine Kanzlei"* gerne weiter empfiehlt.
- Das aktive Beschwerdemanagement Ihrer Kanzlei lässt Ihre Kunden spüren, wie wichtig sie Ihnen sind.
- Sie erkennen Schwachstellen in der Organisation Ihrer Kanzlei schneller und können Sie entsprechend umgehend beseitigen.
- Sie stärken das Image und Ansehen Ihres Unternehmens.
- Sie heben sich positiv von Ihrem Wettbewerb ab.
- Ihre Mitarbeiter sind motiviert, sich aktiv für eine hohe Zufriedenheit Ihrer Mandanten einzusetzen und anzustrengen, um es erst gar nicht zu Beschwerden kommen zu lassen.

III. Kosten für ein gutes Beschwerdemagement

7 Die Kosten für die überzeugenden Nutzenvorteile beschränken sich auf

- Maßnahmen zur **Mitarbeiterqualifizierung**,
- ein **EDV-gestütztes Informationssystem**, um Beschwerden zu erfassen, zu analysieren, auszuwerten und den Recall bei Ihren Mandanten, um die anhaltende Kundenzufriedenheit zu überprüfen,
- ggf. eine neu zu schaffende **Planstelle** „Beschwerdemanagement".

8 Die im Verhältnis zu den Nutzenvorteilen geringen Kosten fallen noch weniger ins Gewicht, wenn Sie sich die Einsparungen Dank eines qualifizierten Beschwerdemanagements vor Augen führen. Beim Beschwerdemanagement handelt es sich um einen der seltenen Fälle, wo die Relation *Aufwand zu Nutzen* jedes Controllerherz höher schlagen lässt.

IV. Einsparungen durch Beschwerdemagement

- Die umgehende Korrektur von erkannten Fehlern verringert die Fehlerrücklaufrate, spart also messbar die Kosten in der Nachbearbeitung. 9
- Optimierte Abläufe beseitigen aktuelle Schwachstellen in den internen Abläufen und reduzieren den Faktor „*Auseinandersetzung mit den Mandanten*".
- Mandantenfreundliche Dienstleistung schafft Mandantenbindung und festigt den Klientenstamm.
- Ihren Werbeetat zur Neukundengewinnung können Sie kürzen, da als Folge Ihres aktiven und qualifizierten Beschwerdemanagements Ihre Mandanten zu Ihren überzeugendsten Werbeträgern werden.

Mitarbeiterqualifikation stellt Ihr Kapital dar! Je schlagkräftiger, effektiver und schneller Ihr Team arbeitet, desto größer ist Ihr Gewinn. Mit einem aktiven und qualifizierten Beschwerdemanagement stellen Sie sicher, dass aufkeimende Unzufriedenheit sich nicht zum drohenden Flächenbrand ausweitet, der nur von gut ausgebildeten Feuerwehrleuten verhindert werden kann. Wann schaffen Sie sich Ihre eigene *Feuerwehr?* 10

D. Die drei Beschwerdearten

Für Ihre „Beschwerde-Feuerwehr" gibt es verschiedene Einsatzorte – nicht nur die Explosion mit anschließendem großem Feuer, sondern auch die leise vor sich hin glimmenden Brandherde, die sich langsam ausbreiten. Besonders brisant sind die zunächst unentdeckten Brandherde, von denen man später nur noch verkohlte Reste vorfindet. 11

I. Offene Beschwerden

sind sachliche Versäumnisse, wie ein vergessener Termin oder ein Fehler in den Unterlagen. Das ärgert den Mandanten, und dies teilt er Ihnen mit. 12

II. Indirekte Beschwerden

sind versteckte Ärgernisse, z. B. wenn der Mandant sich zu schnell abgefertigt fühlt oder wenn er die sich häufenden Fachausdrücke bei den Erklärungen des Steuerberaters nicht versteht und sich dadurch minderwertig fühlt. Seine Gefühle wird ein Mandant kaum als offene Beschwerde äußern. Was soll er auch sagen? Hören Sie deswegen genau hin, was ein Mandant äußert, beobachten Sie seine Reaktion, wenn Sie ihm etwas erläutern. Fragen Sie nach, bitten Sie um Feedback, es ist wichtig für Sie! 13

III. Abwandern als Demonstration von Unzufriedenheit

Mein Unternehmen führt regelmäßig Studien durch, um bei unseren Trainings die Bedürfnisse und Probleme von Mandanten zu kennen und den richtigen Umgang damit vermitteln zu können. Bei unserer letzten Studie, „Brennpunkt Steuerberater" aus dem Jahr 2008 (kostenloser Download unter www.strassenberger.com), gab es ein aussagestarkes Ergebnis in punkto Beschwerde: Nur 48 Prozent der Mandanten haben sich bei ihrem Steuerberater schon einmal beschwert. Dem gegenüber steht, 14 dass 55 Prozent ihren Steuerberater schon einmal gewechselt haben. Das bedeutet, dass ein gewisser Prozentsatz der Mandanten den Steuerberater einfach verlässt, anstatt sich bei Problemen mit ihm auseinanderzusetzen. Das ist viel fataler als eine offene Beschwerde, denn Freunden, Nachbarn und Geschäftspartnern erzählt Ihr Mandant mit Sicherheit von seiner Unzufriedenheit. Negative Mundpropaganda ist für den Unternehmenserfolg gefährlich, und oftmals weiß der Kanzleiinhaber nicht einmal etwas von dieser Gefahr, die seinen Erfolg beeinträchtigt.

15 Ihr Ziel sollte es daher sein, ein so gutes Vertrauensverhältnis zu Ihren Mandanten aufzubauen, dass Sie möglichst nur offene Beschwerden erhalten. Dieser Beschwerde-Typus lässt sich am leichtesten aus der Welt schaffen. Allerdings lässt sich auch dabei vieles falsch machen:

E. Der negative Dominoeffekt

16 Der leider allzu häufige Ablauf einer Beschwerde ist wie ein Dominoeffekt. Der erste Stein wird durch ein Ärgernis angestoßen, und dieser schmeißt den anderen um, der wiederum den nächsten …, d. h. konkret: ein Wort ergibt das andere, bis die Mandantenbeziehung nur noch als Trümmerhaufen daliegt.

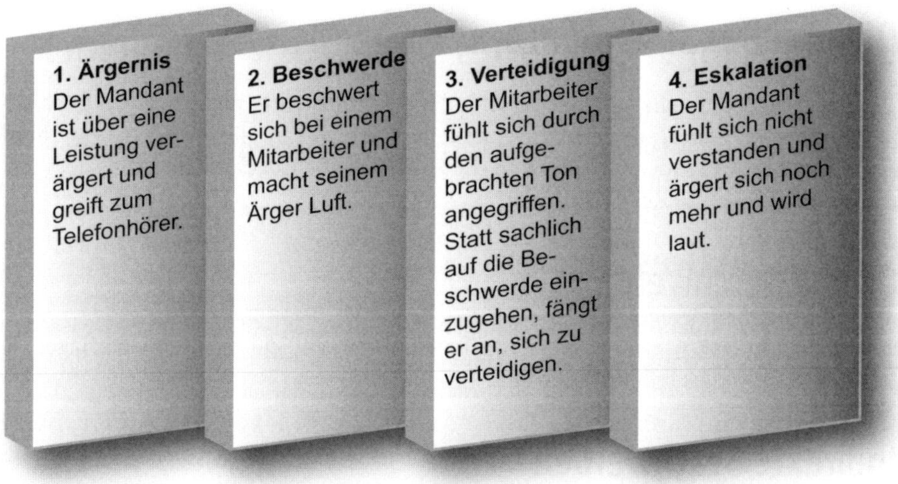

17 In meinen Intensivtrainings verglich eine Teilnehmerin diesen Verlauf einmal mit einem Ehekrach, wo am Ende der Streitgrund bereits vergessen wurde. Es geht überhaupt nicht mehr um die Lösung eines Problems, sondern um eine unspezifische, emotionale Auseinandersetzung.

18 Durchbrechen Sie diesen Dominoeffekt bewusst, lassen Sie eine Beschwerde bei Ihnen „offene Türen einrennen". Das nimmt schon einmal den Wind aus den Segeln des verärgerten Mandanten und verblüfft ihn positiv. Lenken Sie Ihren Mandanten bewusst von der emotionalen Ebene auf die sachliche und versuchen Sie, seine Erwartungen zu erfüllen. Sie tun das auch für sich selbst, denn Sie wollen:

- ihn als Mandanten behalten (und dafür alles tun),
- ihm nichts Böses (der Mandant ist Gast),
- ihm zur Zufriedenheit verhelfen (worauf er einen Anspruch hat),
- mit ihm gemeinsam das Problem lösen (ihn einzubeziehen, hebt mit die Wichtigkeit seiner Person hervor).

Grundsätzlich sollten Sie mit Ihrem Verhalten die Partnerschaft zwischen Ihnen und Ihrem Mandanten hervorheben und stärken. Würdigen Sie das Vertrauen, das der Mandant Ihnen durch seine Beschwerde entgegenbringt, und haben Sie Verständnis für die emotional stark geladene Stimmung Ihres Mandanten. Aus seiner Sicht sind Sie derjenige, der den ersten Dominostein angestoßen hat, denn er hat sich Ihretwegen geärgert. Nehmen Sie ihn Ernst und unterstützen Sie ihn unbedingt in dieser Situation. Eine einmalige Chance für Sie und Ihre Kanzlei! 19

Übung:

Blick durch die Kundenbrille: Versetzen Sie sich in die Situation des Mandanten.

Eine Beschwerde positiv zu betrachten ist nicht immer leicht. Versetzen Sie sich deshalb in die Situation des unzufriedenen Mandanten und hinterfragen Sie jede Beschwerdesituation:

1. Wie würde ich – aus Mandantensicht – denken und empfinden?
2. Was würde ich von dieser Kanzlei erwarten?
3. Was würde mich zufriedenstellen?
4. Wie müsste der Mitarbeiter sich verhalten, damit die Beziehungsebene wieder hergestellt ist?
5. Womit könnte mich der Mitarbeiter angenehm überraschen?

F. Leitfaden für erfolgreiches Beschwerdemanagement

Ein Mandant, der sich beschwert, ist bereits emotional betroffen, möchte sich Gehör verschaffen und braucht dringend Ihre Mithilfe. Folgender Leitfaden unterstützt Sie bei der Bearbeitung eines professionellen Beschwerdemanagements: 20

I. Schritt 1: Aktives Zuhören

Hören Sie genau hin, was ihnen der Kunde zu sagen hat, auch wenn Sie glauben zu wissen, was er Ihnen erzählen will! Lassen Sie den Kunden ausreden und geben Sie ihm genügend Zeit, um seinen Frust los zu werden. Das hält ein wütender Gesprächspartner maximal acht Minuten („Kundengespräche souverän meistern", Martina Junge, Gabler-Verlag 2003, S. 44) durch. In den meisten Fällen reicht es schon, ihn drei bis vier Minuten reden zu lassen. Ein zu schnelles Eingreifen in das Gespräch ist für den Kunden unbefriedigend, und er wird immer wieder von vorne beginnen. 21

II. Schritt 2: Verständnis zeigen

Zeigen sie nicht nur, sondern haben Sie Verständnis für die Situation des Kunden. Schließlich hat er Umstände mit Ihnen und Ihrem Produkt Dienstleistung – ganz zu schweigen von den vielen Aufregungen. 22

Mit Aussagen wie z. B.: 23

„*Ich kann Ihre Situation gut verstehen*",

„*Ich kann das sehr gut nachvollziehen*" oder

„*In Ihrer Situation würde ich genauso reagieren*"

gehen Sie auf emotionaler Ebene auf ihn ein. Vorsicht: Der Mandant spürt genau, ob sie es ehrlich meinen! Vermeiden Sie lockere und flapsige Sprüche wie: „Na, ob Sie die Belege auch bei uns eingereicht haben?"

III. Schritt 3: Hinterfragen und/oder zusammenfassen

24 Verärgerte Mandanten übertreiben gerne und schildern den Sachverhalt meist unvollständig. Deshalb holen Sie sich noch die Informationen, die Sie benötigen, damit Sie sich ein komplettes Bild machen können. Wiederholen Sie anschließend die Schilderungen des Mandanten kurz mit Ihren Worten. Auf diese Weise überprüfen Sie, ob Sie sein Anliegen richtig verstanden haben. Verwenden Sie Formulierungen wie: *„Verstehe ich Sie richtig, dass …?“* – *„Sehe ich das richtig, wenn ich …?“*

25 Prüfen Sie, ob der Mandant die Situation richtig verstanden hat, um Akzeptanz zu erreichen.

IV. Schritt 4: Gegebenenfalls entschuldigen

26 Eine Entschuldigung ist nur dann angebracht, (und dann sofort), wenn Sie einen Fehler verursacht haben. Übernehmen Sie dafür die volle Verantwortung und entschuldigen Sie sich für den Vorfall und die dem Mandanten entstandenen Unannehmlichkeiten.

Beispiel:

„Sie haben vollkommen recht, Herr Maier. Ich sehe gerade, ich habe es versäumt, die Unterlagen weiterzuleiten. Es tut mir leid, dass Sie so viele Umstände hatten!“

27 Suchen Sie nicht lange nach Ausreden oder Notlügen, sondern sprechen Sie darüber offen und ehrlich. Ehrlichkeit verzeiht vieles! Schwierig wird es erst dann, wenn sie versuchen, dem Mandanten etwas vorzuspielen – der Mandant spürt das sofort!

28 Meistens muss aber erst nach einer Fehlerursache geforscht werden. Ist dies der Fall, so informieren Sie den Klienten darüber.

Beispiel:

„Herr Maier, ich nehme mich dieser Angelegenheit sofort an! Kann ich Sie morgen zwischen 10.00 und 12.00 Uhr telefonisch erreichen? Dann kann ich ihnen Näheres sagen!“

29 Falls Sie am nächsten Tag bis 12.00 Uhr nichts bewirken konnten, lassen Sie es den Mandanten wissen. Geben Sie ihm einen Zwischenbescheid und unterrichten Sie ihn über Ihre Aktivitäten. Sagen Sie ihm, was Sie bis jetzt unternommen haben. Halten Sie den Mandanten immer auf dem „Laufenden“, somit spürt er, dass Sie ihn nicht vergessen haben.

V. Schritt 5: Nach Lösungen suchen

30 Finden Sie heraus, was der Mandant erwartet. Entweder können Sie darauf eingehen oder aber Sie schlagen ihm Alternativen vor. Beziehen Sie Ihren Mandanten dabei mit ein. Er soll ruhig auch von sich aus weitere Vorschläge unterbreiten, wenn Sie auf seine bisherigen Forderungen nicht eingehen können. Sie erhalten so Lösungsvorschläge, an die Sie bisher noch gar nicht gedacht haben. Der Mandant fühlt sich dadurch in den Prozess mit eingebunden. Er spürt, dass Sie für ihn da sind und sich ernsthaft mit seinem Problem beschäftigen.

VI. Schritt 6: Bestätigung einholen

Haben Sie eine gemeinsame Lösung gefunden, fragen Sie den Mandanten, ob er damit auch einverstanden ist. Seine Zufriedenheit muss an erster Stelle stehen. Folgende Formulierungsmöglichkeiten erleichtern Ihnen das JA Ihres Mandanten zu erhalten: 31

Beispiele:

„Sind Sie mit dieser Lösung einverstanden?"

„Können wir so verbleiben?"

„Ist das für Sie so in Ordnung?"

„Ist dieser Vorschlag für Sie akzeptabel?"

„Können wir das Ergebnis so festhalten?"

„Ist das so in Ihrem Sinn?"

VII. Schritt 7: Sich bedanken

Bedanken Sie sich beim Mandanten! Erklären Sie ihm dabei auch, warum Sie sich bedanken. Nur in dem Sie Ihren Dank mit einem konkreten Anlass verbinden, geben Sie Ihrem Mandanten das Gefühl echter Wertschätzung. Im Vordergrund sollte für Sie stehen, dass der Mandant Ihnen durch seine Beschwerde wertvolle Informationen liefert. 32

Beispiele:

Unterstützende Formulierungsmöglichkeiten sind:

„Vielen Dank für Ihr Verständnis."

„Danke für das Gespräch. Es ist für uns wichtig zu wissen ..."

„Dankeschön für das Vertrauen."

„Danke, dass Sie mich daran erinnern ..."

„Danke für Ihre Mühe/Hilfe ..."

„Danke, dass Sie gleich zu mir gekommen sind."

VIII. Was Sie sonst noch tun können

1. Sofort erledigen

Sichern Sie dem Mandanten auf jedem Fall die sofortige Beschwerdebearbeitung zu! Eine schnelle Reaktion zeigt, dass Sie Ihr Versprechen ernst nehmen und die Probleme zur Zufriedenheit des Mandanten lösen wollen. Ist das nicht gleich möglich, informieren Sie den Mandanten über die einzelnen Zwischenstände. Er fühlt sich von Anfang an mit eingebunden und weiß genau so viel wie Sie. In dieser Situation verzeiht er Ihnen gerne eine kleine Verzögerung. 33

2. Mandantenzufriedenheit überprüfen

34 Melden Sie sich nach der Beschwerdeabwicklung bei Ihrem Mandanten und fragen Sie nach, ob alles zu seiner Zufriedenheit verlaufen ist. Damit zeigen Sie eine Wertschätzung Ihrem Klienten gegenüber, zeigen Sie ihm ruhig, wie viel Ihnen an ihm und seiner Meinung liegt.

3. Reduzieren künftiger Fehlerquellen

35 Die Information aus der Beschwerde hilft, Probleme dieser Art künftig nachhaltig zu vermeiden.

36 Mitarbeiter, die evtl. das Problem verursacht haben, sollten nicht beschuldigt werden, damit sie auch weiterhin Informationen an die Kanzleileitung weiter geben.

G. Die innere Einstellung macht den Unterschied

37 Dieser Leitfaden funktioniert nur, wenn Sie eine wirkliche, authentische Servicefreundlichkeit in Ihrer Kanzlei haben. Ein Mandant, der sich beschwert, hat sich bereits geärgert. Er möchte seinen Frust ablassen und tobt sich bei Ihnen aus. In dieser Situation genügt Freundlichkeit allein nicht mehr. Die innere Einstellung muss stimmen. Kein Mitarbeiter kann gute Leistung erbringen, wenn die innere Einstellung zum Mandanten von Gleichgültigkeit geprägt ist. Wer die Abwicklung einer Beschwerde nur als lästige Pflicht sieht, ist hier *„fehl am Platz"*. Wer den Mandanten unsympathisch findet, drückt dies auch in seinem Verhalten aus. Ob bewusst oder unbewusst. Das geschieht ganz automatisch und die Konfrontation ist bereits vorprogrammiert. *Wie du mir, so ich dir!*

38 Fragen Sie sich selbst, wo Sie lieber einkaufen würden: In einem Geschäft, wo Ihnen Aufmerksamkeit, Wertschätzung und Beratung entgegen gebracht wird, oder in dem Geschäft, wo jede Verkäuferin und jeder Verkäufer gestresst und genervt an Ihnen vorüber huscht und zum Ausdruck bringt: *„Stör mich jetzt bloß nicht, ich habe so schon genug zu tun!"*

39 Die indische Sage „Der Tempel der 1.000 Spiegel" bringt dies noch näher zum Ausdruck:

> Ein Hund macht sich auf den Weg, um den Tempel der 1.000 Spiegel zu suchen. Als er nach langem Suchen endlich vor dem großen Tor steht, kommt er ins Grübeln. „Ich weiß ja gar nicht, was mich hier alles erwartet?" Und je länger er grübelt, desto mehr kommt er ins Zweifeln. „Vielleicht passiert mir ja etwas ganz Schlimmes?" Schließlich packt er allen Mut zusammen und öffnet, mit einem Runzeln auf der Stirn, das Tor und siehe da, 1.000 Hunde runzeln die Stirn. Er bekommt es mit der Angst zu tun und beginnt, die Zähne zu fletschen, und 1.000 Hunde fletschen zurück. Er bekommt noch mehr Angst und geht schließlich in Angriffsstellung, und 1.000 Hunde machen es ihm gleich, bis er schließlich fluchtartig den Tempel der 1.000 Spiegel verlässt.
>
> Ein anderer Hund macht sich auch auf den Weg, um den Tempel der 1.000 Spiegel zu suchen. Als er nach langer Zeit endlich vor dem großen Tor steht, kommt auch er ins Grübeln. „Ich weiß ja gar nicht, was mich hier Wunderbares erwartet?" Voller Freude öffnet er das Tor, mit einem erwartungsvollen Lächeln im Gesicht, und siehe da – 1.000 Hunde lächeln zurück. Er freut sich so stark und beginnt schließlich, mit dem Schwanz zu wedeln – und 1.000 Hunde wedeln mit dem Schwanz zurück.

40 Wie steht es mit Ihnen, wenn ein Mandant sich beschwert? Denken Sie *„Oh je, der schon wieder!"* – *„Muss sich der ausgerechnet bei mir beschweren!"* Oder stehen Sie einer Beschwerde positiv gegenüber und freuen sich, wenn Sie helfen können?

H. Und was ist mit den Dauernörglern?

Es gibt sie leider! Ich spreche hier von den Dauernörglern, denen keine Arbeit schnell genug, keine Einkommensteuerrückerstattung hoch genug und keine Mitarbeiterin freundlich genug sein kann. Sie fühlen sich immer schlecht behandelt und glauben, zu wenig zu bekommen und zu viel zu bezahlen. Diese Unzufriedenheit lässt der Dauernörgler selbstverständlich sämtliche Kanzleimitarbeiter spüren. So ein Mandant ist anstrengend und rechnet sich meist nicht. Sollten Sie bei zahlreichen Versuchen, aus einem Dauernörgler einen zufriedenen Mandanten zu machen, gescheitert sein, dann gehen Sie in die Offensive und entledigen Sie sich dieses Mandanten mit Lob und mit Freundlichkeit, wie bei folgendem Beispiel von einer Schweizer Uhr: Der Besitzer dieser Uhr mit Schweizer Qualitätsuhrwerk war in einem Juweliergeschäft bereits eine traurige Berühmtheit. Wöchentlich kam er mit seiner Uhr, um sich zu beschweren. Sie lief ungenau, tickte zu laut, das Titangehäuse hatte einen Kratzer ... Bei den Angestellten brach bei seinem Erscheinen stets hektische Betriebsamkeit aus, jeder hatte plötzlich etwas Dringendes zu tun, um nur nicht den Kunden bedienen zu müssen. Eines Tages gingen alle Angestellten auf Tauchstation, so dass nur der Abteilungsleiter übrig blieb. Er hörte sich geduldig die Beschwerde des Uhrenbesitzers an, betrachtete eingehend die Uhr, blickte dann den Kunden mit einem entschuldigenden Lächeln an und sagte: „*Es tut mir leid, dass Sie so viele Umstände mit uns wegen Ihrer Uhr haben. Sie kennen sich offensichtlich sehr gut aus und Sie haben uns nun schon einige Male die Chance gegeben, Ihre Uhr zu Ihrer Zufriedenheit zu richten. Leider können wir hier Ihren Ansprüchen nicht gerecht werden, aber versuchen Sie es doch einmal beim Juwelier Maier gleich um die Ecke. Vielleicht kann Ihnen der weiterhelfen!*" Der Uhrennörgler verließ den Laden mit einem zufriedenen Gesichtsausdruck und wurde nie wieder gesehen. 41

I. Der Überraschungseffekt

Machen Sie sich für Ihr erfolgreiches Beschwerdemanagement zum Grundsatz, immer ein wenig mehr zu tun, als Ihr Mandant es erwartet. Bieten Sie mehr als das, was der Gesetzgeber vorschreibt. Sie wollen von Ihren Mandanten kein „Ausreichend", sondern ein „Gerne wieder!" als Prädikat erhalten. Machen Sie es Ihren Mitbewerbern ruhig schwer, mit Ihnen Schritt zu halten – und zeigen Sie Ihre Einzigartigkeit! 42

Praxistipps:

Überraschungen können z. B. sein:

- *Sofortige und reibungslose Beschwerdeabwicklung ohne Wenn und Aber (mind. innerhalb von 24 Stunden).*
- *Eine Beschwerde wird bei Ihnen grundsätzlich mandantenfreundlich und schnell gelöst. Gehen Sie dabei auch „außergewöhnliche Wege", fördern Sie Ihr Image. Je unkomplizierter das Vorgehen ist, je mehr Vorteile verschafft man sich gegenüber den Mitbewerbern.*
- *Ein kleines Geschenk als Dankeschön.*

J. Vorbeugen ist besser

Die Mandanten werden immer anspruchsvoller, betrachtet man den Verlauf unserer Studien in den letzten 10 Jahren. Sie fordern mehr Leistung, schnellere Bearbeitung, weniger Wartezeit, kundenfreundlichere Öffnungszeiten, freundlichste Betreuung und das alles für immer weniger Geld – wenn möglich. 43

44 Fakt ist, dass am Ende Ihr Mandant die Erwartungen und Ansprüche an eine Dienstleistung mit den tatsächlich erhaltenen/erbrachten Leistungen vergleicht. Werden die Erwartungen eingehalten, ist er zufrieden – aber auch nicht mehr. Werden sie übertroffen, ist er begeistert und erzählt es allen weiter. Erst wenn sie nicht eingehalten werden, ist er unzufrieden und ein Beschwerdekandidat.

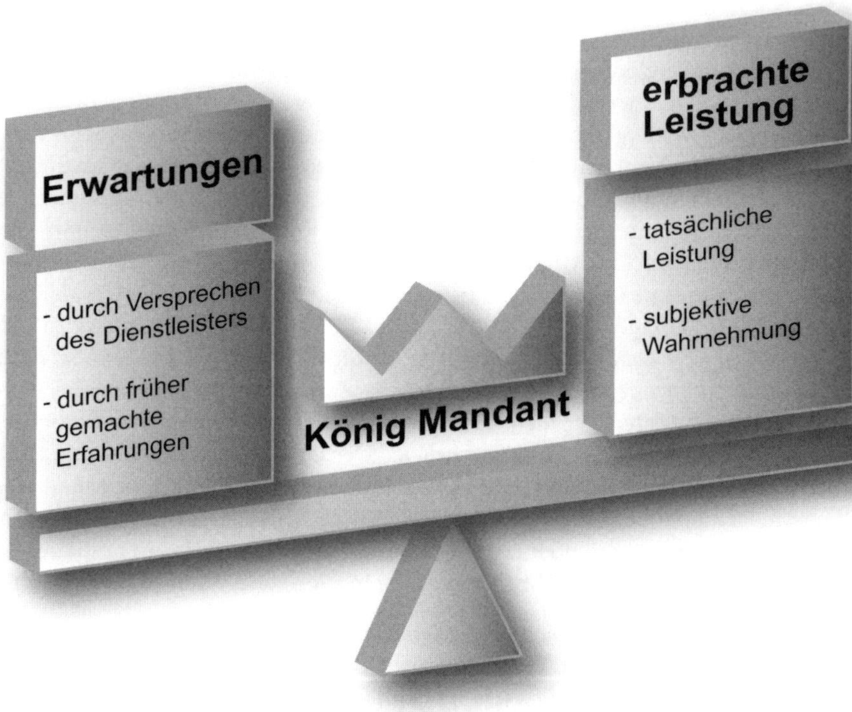

K. Die Bedürfnisse, ein Blick durch die Mandantenbrille

45 Eine entscheidende Grundvoraussetzung für den Aufbau eines professionellen Beschwerdemanagements ist: Ihre Mitarbeiter müssen die Bedürfnisse Ihrer Mandanten kennen und verstehen. Leider haben nur wenige Kanzleien die Bedürfnisse ihrer Kunden gezielt analysiert. Viele geben sich hier mit vorschnellen Antworten zufrieden. Deshalb geraten in der Alltagsarbeit häufig zahlreiche Mandantenbedürfnisse aus ihrem Blickfeld.

46 Generell gilt: Die Bedürfnisse der Mandanten von Steuerberatern sind so vielfältig und unterschiedlich wie die Menschen selbst. Unabhängig davon lassen sich folgende vier „Bedürfniskomplexe" zuordnen:

Fachliche Bedürfnisse
- Sie sind auf dem Gebiet des Steuerrechts auf dem neuesten Stand.
- Sie kennen sich mit der Branche des Mandaten aus.
- Sie können den Mandanten auch bezüglich Liquiditätssteuerung beraten.

Organisatorische Bedürfnisse
- Unterlagen werden stets rechtzeitig geliefert.
- Sie weisen rechtzeitig auf Fristen und evtl. Versäumnisse hin.
- Sie übernehmen auch arbeitsentlastende Serviceaufgaben.

Kommunikative Bedürfnisse
- Sie nehmen sich Zeit für das persönliche Gespräch mit dem Klienten.
- Der Mandant wird persönlich und individuell betreut.
- Die Kanzlei hält getroffene Zusagen und Absprachen ein.
- Berater hat auch Zeit für aktuelle Fragen zwischendurch.

Kaufmännische Bedürfnisse
- Das Preis-Leistungsverhältnis stimmt.
- Die Mandanten werden auf Gesetzesänderungen rechtzeitig hingewiesen.
- Der Berater begleitet Mandanten zu Bankgesprächen.

Das Geheimnis ist: Vernachlässigen Sie auch nur eine Bedürfniskategorie, wird Ihr Mandant unzufrieden sein. Die beste fachliche Leistung (die die meisten Mandanten leider nicht beurteilen können) verzeiht nicht eine lange Wartezeit oder eine unfreundliche Mitarbeiterin am Empfang. Deswegen versuchen Sie den Spagat zu schaffen, Ihre Mandanten in allen Kategorien zu verwöhnen. Treue Mandanten und Weiterempfehlungen werden der Dank dafür sein. 47

L. Beschwerdemanagement im Praxistest

Dieses hier vorgestellte Rezept für ein gutes Beschwerdemanagement funktioniert wirklich. Die Rechnung „Gutes Beschwerdemanagement = höherer Umsatz" geht auf. 48

Ein amerikanisches Schuhfachgeschäft hatte sich vor Jahren etwas ganz Besonderes einfallen lassen. Jeder Kunde, der in diesem Geschäft Schuhe kaufte, erhielt automatisch drei Jahre lang Garantie. Egal, ob fehlerhaft, abgetragen oder ausgetreten, die Schuhe wurden sofort umgetauscht. Ohne Wenn und Aber! 49

Vielleicht fragen Sie sich, ob das Geschäft heute noch existiert? Ja, das Geschäft ist sogar rapide gewachsen. Wie kann so etwas passieren? Nicht nur Sie waren über diesen Service positiv überrascht, sondern auch die amerikanischen Kunden. Die Mund-zu-Mund-Propaganda funktionierte grandios, so dass das Geschäft förmlich von Kunden gestürmt wurde. 50

Strategie 1: 51

Hier wurde kein einziger Dollar für teuere Werbekampagnen ausgegeben. Das Unternehmen setzte voll auf die positive Mundpropaganda, was hervorragend funktioniert hat. Im Vergleich zu den konventionellen Praktiken ist diese Art von Werbung immer noch billiger als teuere Werbekampagnen. Gerade bei Dienstleistungen ist die Weiterempfehlung die wirksamste Maßnahme, um neue Kunden zu gewinnen und genießt die höchste Glaubwürdigkeit.

52 **Strategie 2:**

Hier setzt das Unternehmen auf die gute Erziehung des Kunden, was sicherlich nicht immer gelingt. Die Käufer haben das beruhigende Gefühl, dass Sie bis zu drei Jahre nach dem Kauf der Schuhe das volle Umtauschrecht haben, sie fühlen sich bei diesem Kaufvertrag im Vorteil. Aber: Hand aufs Herz. Würden Sie Ihre bereits *„ausgelatschten"* Schuhe wirklich in dieses Fachgeschäft tragen und mit den Worten „Ich reklamiere!" auf den Kassentisch legen? Wer kann das schon? – Nur wenige!

53 Übrigens: Das Unternehmen kennt mittlerweile die reklamierenden Kunden schon namentlich. Es sind nur wenige – und immer die Gleichen!

54 Meine Seminarteilnehmer stellen beim Thema Beschwerdemanagement immer wieder die Frage: „Inwieweit kann man seinen Kunden trauen? Wie viel Kontrolle ist notwendig, um festzustellen, ob die Beschwerde berechtigt ist?" Mein seit 18 Jahren erfolgreich angewandter Grundsatz ist hierbei: Bedingungsloses Vertrauen in den Kunden! 1991 formulierte ich eine Vertrauensgarantie für meine Kunden. Ist ein Teilnehmer mit dem Seminar nicht zufrieden, erhält er die volle Gebühr zurück – ohne Wenn und Aber! In meinem Bekannten- und Kollegenkreis wurde diese Garantie skeptisch beäugt. Die oft geäußerte Befürchtung, dass die dadurch erzeugten Kosten immens sein würden, ist bis heute nicht eingetroffen. Im Gegenteil, für viele Interessenten war das ein entscheidendes Teilnahmeargument, weil sie nicht die Katze im Sack kaufen mussten. Durch die vielen Weiterempfehlungen meiner „Seminare mit SKT Qualitätsanspruch" hat sich dieses Vorschussvertrauen schon mehr als gelohnt.

Maria A. Musold

ist Inhaberin von Straßenberger Konsens-Training, dem führenden Weiterbildungsinstitut für Steuerberater, Wirtschaftsprüfer, Rechtsanwälte und Notare sowie deren Mitarbeiter. (Nähere Infos erhalten Sie unter www.strassenberger.com)

Ein Dale Carnegie Seminar hat sie 1986 auf den Trainerberuf aufmerksam gemacht und sie veranlasst, die Ausbildung zum Trainer und Coach zu absolvieren. Seit 1996 führt das bereits 16-köpfige Team unter ihrer Leitung praxisnahe Seminare zum Thema Kundenpflege und Kundenkommunikation durch. Die Zielsetzung der von Straßenberger Konsens-Training durchgeführten Seminare ist stets: mehr Kundenzufriedenheit, mehr Umsatz!

Auch als Buchautorin („Außergewöhnliche Kundenbetreuung") und mit ihren Studien zur Mandantenzufriedenheit in Steuerkanzleien unterstützt Maria A. Musold die Kanzleien im erfolgreichen Umgang mit ihren Mandanten.

Privat tauscht Maria A. Musold das Lehren gern gegen das Lernen ein. Sie ist an allem interessiert, was auf die Frage „Wie verhalten sich Menschen?" neue und inspirierende Antworten liefert. Ob es um einen Trip in einem Baumboot auf dem Orinoko geht, wo sie beobachtet, wie der Bootsführer erfolgreich gebratene Maden als Delikatesse anbietet, oder ob sie in Dubai vom überwältigenden Hotel-Service zu weiteren Seminarideen angeregt wird – an jeder neuen Erkenntnis über menschliches Verhalten ist sie interessiert.

Warum haben Sie sich mit dem Thema „Beschwerdemanagement" befasst?

Mich faszinieren neue Herausforderungen, mit denen meine Trainertätigkeit mich konfrontiert. Wege aufzuzeigen, wie es gelingt, einen unzufriedenen Mandanten zu einem begeisterten Stammkunden zu machen, ist sicher das Non-Plus-Ultra der Mandantenbetreuung. Hier ist Sensibilität auf der gesamten Klaviatur der Kommunikation gefragt. Meinen Kunden die Chancen eines aktiven und qualifizierten Beschwerdemanagements nahe zu bringen und ihnen damit ein weiteres Modul für „Virtuosen der Mandantenbeziehungspflege" an die Hand zu geben, ist eine sehr reizvolle und befriedigende Aufgabe.

Inwieweit haben Sie mit Steuerberatern zu tun?

Wir trainieren und coachen seit Jahren Steuerberater, Wirtschaftsprüfer, Rechtsanwälte und Notare sowie deren Mitarbeiter. Besonders in diesem Dienstleistungsbereich ist die „gefühlte" Qualität der Mandantenzufriedenheit extrem wichtig, da der Mandant die Dienstleistung „Steuerberatung" fachlich nicht oder nur begrenzt kontrollieren kann. Zudem ist das Produkt „Steuer" für viele Menschen negativ behaftet. Wer beschäftigt sich schon gerne mit Steuern? Umso mehr ist ein Steuerberater im Vorteil, der das unbedingte Vertrauen seiner Klientel genießt, weil man ein ungeliebtes Thema bei ihm in zuverlässigen Händen weiß.

Was sind für Sie die wesentlichen Faktoren, die beruflich und privat Erfolg ausmachen?

Lassen Sie mich auf diese Frage mit einem Bild antworten: Erfolg ist eine Seilbrücke über einem reißenden Fluss. Um im Bild zu bleiben – Schwindelfreiheit und das angemessene Schuhwerk sind ebenso Grundvoraussetzung für Erfolg wie die Klarheit, wo mein Ziel ist, wohin mich meine Brücke führen soll. Das „Gepäck" für den Drahtseilakt Erfolg sind Eigeninitiative, Mut, Beständigkeit und Durchhaltevermögen, die es immer wieder zu mobilisieren gilt, beruflich wie privat. Ja, die Balance zwischen der beruflichen Leidenschaft, Ambition und Zielen einerseits und den privaten Vorstellungen andererseits ist extrem wichtig, um auf der Seilbrücke Erfolg nicht ins Wackeln und Straucheln zu geraten. Aus eigener Erfahrung weiß ich, wie leicht gerade die privaten Interessen und Ziele zu kurz kommen. Also Achtung: Wenn es keine Zeit mehr für private Träume gibt, leidet auf Dau-

6

er auch die Qualität unserer Arbeit. Deshalb ist es von enormer Bedeutung, auf seinem Erfolgsweg Wünsche, Werte und Ideale immer wieder neu überdenken, unnötigen Ballast abwerfen und Prioritäten regelmäßig überprüfen, um seine Ziele zu erreichen – erfolgreich zu erreichen!

§ 7 Das Telefon – Ihre akustische Visitenkarte

A. Einleitung

Als Sie Ihre Kanzlei gegründet haben, machten Sie sich viele Gedanken, wie Sie Ihrer Mandantschaft gegenübertreten würden. Sie ließen von einer Werbeagentur Ihr Briefpapier und Ihre Visitenkarten designen. Eine Druckerei half Ihnen dabei, eine Papiersorte zu wählen, die vermittelt, dass Ihre Kanzlei erfolgreich und seriös ist. Selbstverständlich kam das Papier mit dem gezielt entwickelten Kanzleilogo oder mit Ihrem Kanzleinamen nicht aus dem hauseigenen Drucker, sondern die Druckerei übernahm den qualitativ hochwertigen Druck. Auch die Briefumschläge erhielten einen letzten Schliff. Später kam dann eine Imagebroschüre der Kanzlei dazu, hochwertig und im Hochglanzdruck. Auch bei der Entwicklung der Webseite wurden keine Kosten gescheut. 1

Doch wie ist es in Ihrer Kanzlei mit dem Werkzeug, mittels dem 90 % Ihrer Mandanten zum ersten Mal mit Ihnen und Ihren Mitarbeitern Kontakt aufnehmen: dem Telefon? 2

Welche Art der Visitenkarte überreichen Sie hier? Hat Ihr Mandant wirklich das Gefühl, professionell und herzlich empfangen zu werden? Oder überreichen wir per Telefon eher eine Visitenkarte mit umgeknickten Ecken oder gar mit Flecken übersät? In meinen Trainings erlebe ich immer wieder, wie schockiert die Teilnehmer sind, wenn ich eine Visitenkarte hervorhole, die ich vorher zerknittert habe, der eine Ecke fehlt und die auch noch eingerissen ist. Anschließend zeige ich die Parallelen zu der telefonischen Kontaktaufnahme mit den neuen und den langjährigen Mandanten auf. Doch dann kommt die gute Nachricht: Mit gezielten Maßnahmen lässt sich die Medaille schnell drehen und Ihre Anrufer fühlen sich wirklich gut bei Ihnen aufgehoben. Das Telefon als Beziehungs- und Erstkontaktinstrument zu nutzen, ist eine Summe von einzelnen Faktoren, die jeder erfolgreich einsetzen kann. 3

B. Der rote Teppich für Ihren Mandanten

Rollen Sie den roten Teppich für Ihre Mandanten bereits in der Telefonzentrale aus! Doch wie sieht ein roter Teppich am Telefon aus? 4

I. Nehmen Sie das Gespräch zügig entgegen

Wie lange wartet Ihr Mandant am Telefon, bis der Hörer abgehoben wird? 5

Dazu schrieb die Süddeutsche Zeitung einmal unter dem Titel: „König Kunde als deutscher Störfaktor“: „Ist er [der Angerufene] – aufgrund seiner übrigen Tätigkeiten – zeitlich überhaupt in der Lage, Kundenwünsche prompt zu erledigen, etwa das Telefon wirklich nur zweimal klingeln zu lassen?“ 6

Stellen Sie sich vor, Ihr Mandant hat in den gelben Seiten des Telefonbuchs geblättert und Sie als die Kanzlei identifiziert, die für ihn örtlich am nächsten liegt. Voll freudiger Erwartung, so nahe einen Steuerberater gefunden zu haben, wählt er Ihre Nummer. Es klingelt: … dreimal – viermal – fünfmal … Was passiert jetzt bei dem Anrufer? Mit jedem Klingeln verliert er ein Stückchen seines generell positiven Vertrauens. Je länger es klingelt, desto mehr wachsen seine Zweifel. Auch hier gilt: Der erste Eindruck zählt. Ihr Anrufer macht sich bereits jetzt ein Bild von Ihnen, Ihrer Kanzlei und Ihrer Dienstleistung, bevor er überhaupt das erste Mal mit Ihnen gesprochen hat. 7

8 Durch eine schnelle Reaktion auf das Telefonklingeln haben Sie bereits zum ersten Mal die Chance, Pluspunkte zu sammeln. Sollte später wirklich einmal etwas in der Bearbeitung länger dauern als versprochen, haben Mandanten viel eher Nachsicht. Anders ist es, wenn schon beim ersten Anruf leichter Ärger aufkam. Hier kleben Menschen gerne eine „Rabattmarke" als Erinnerung in ihr geistiges Beschwerdebuch. Mit der Zeit füllt sich das Büchlein und manchmal wird die letzte „Rabattmarke" bei einer Kleinigkeit geklebt und das Büchlein ist voll. Unser Kunde explodiert und wir wundern uns sehr.

9 Oft klappt das schnelle Abheben des Hörers, wenn ein Anruf die Kanzlei erreicht, in der Telefonzentrale sehr gut. Doch was ist mit den einzelnen Mitarbeitern? Wissen diese auch, wie wichtig es ist, dass der Anruf spätestens nach dem zweiten Läuten angenommen wird? Gerade in großen Kanzleien werden den einzelnen Kunden individuelle Ansprechpartner zugeordnet. Meistens erhalten diese Kunden dann auch sinnigerweise die Durchwahlnummer ihres „Betreuers". Doch was passiert, wenn diese Nummer gewählt wird und der Betreuer aus den unterschiedlichsten Gründen nicht am Platz ist? Landet der Anrufer hier im Nirwana und glaubt, die Kanzlei sei für immer geschlossen, obwohl der Mitarbeiter nur kurz im Haus unterwegs ist? Oder gibt es ein funktionierendes System? Hier herrscht in sehr vielen Kanzleien noch immer die Philosophie: „Was gehen mich die Telefone der Kollegen an?"

10 Für Ihre Mandanten ist aber nicht nur der Ansprechpartner nicht ans Telefon gegangen, sondern das gesamte Unternehmen. Und der falsche Eindruck bezieht sich auf die ganze Kanzlei. Mandanten unterscheiden hier nicht.

11 Welche Lösungen gibt es?

Praxishinweis:

1. *Die Kollegen übernehmen immer ab dem dritten Läuten. Dies erfordert eine Sensibilisierung für das Telefonklingeln. Eventuell hilft es, dass der Klingelton nach dem dritten Läuten extrem laut wird.*
2. *Mitarbeiter, die den Arbeitsplatz verlassen, schalten ihr Telefon auf die Zentrale oder zu einem ausgewählten Kollegen.*
3. *Nach dem dritten Läuten schaltet sich jedes Mal automatisch der Anrufbeantworter ein. Ein elektronischer Gesprächspartner ist immer noch besser als kein Gesprächspartner. Diese Form von Antwort kommt besser an, wenn der Anrufer dabei eine Wahl der Reaktion hat. Beispiele dazu folgen weiter unten.*
4. *Nutzen Sie Dienstleister, die Ihre Anrufe entgegennehmen, wenn Sie abwesend sind oder durch ein erhöhtes Anrufaufkommen mit der Annahme nicht zeitnah nachkommen. Hier gibt es eine Reihe sehr guter Anbieter.*

II. Wie Sie sich richtig am Telefon melden

12 Nachdem wir nun beim zweiten Klingeln ans Telefon gehen, wie melden wir uns? Am Telefon dauert es zwischen 3 und 5 Sekunden, bis das Gesagte bei Ihrem Gegenüber auch wirklich ankommt. In den ersten Sekunden nimmt das menschliche Gehirn das Gesprochene nicht auf – erst danach wird verstanden, was da durch den Hörer kommt.

13 So ist es kein Wunder, dass bei der Meldung „Steuerkanzlei Apfel – Baum – Guten Tag" lediglich das „Guten Tag" beim Kunden ankommt und Frau Baum schnell zum Apfelbaum wird. Auch haben wir bei dieser Form der Meldung häufig Kunden am Hörer, die unsicher sind, ob sie denn nun richtig verbunden sind.

14 Die Meldung am Telefon entspricht dem Übergeben einer Visitenkarte bei einem direkten Kundenkontakt. Sicherlich würden auch Ihre Mitarbeiter bei einer Veranstaltung in Ihrer Kanzlei alle die gleiche Visitenkarte übergeben. Ausgenommen der Name, eventuell die Position, also Geschäftsfüh-

rer, Senior Partner oder Kundenbetreuer sowie die persönlichen Daten wie Durchwahl und individuelle E-Mail-Adresse. Gleich bleiben bei jeder Visitenkarte die Firmierung und das Design.

Doch wie ist dies am Telefon? Kann hier ein Außenstehender sofort erkennen, dass alle Mitarbeiter aus derselben Kanzlei sind? Oder meldet sich der Eine mit: „Steuerkanzlei Apfel und Partner, München" und der Nächste: „Steuerkanzlei Apfel" und ein Dritter vielleicht sogar nur mit „Kanzlei Apfel"? 15

Einigen Sie sich mit allen Mitarbeitern auf eine einheitliche Firmierung und weisen Sie alle Mitarbeiter darauf hin, diese auch genau so zu nutzen. Besonders ist dies auch wichtig bei Kanzleien, die im Laufe der Jahre Veränderungen erlebt haben, etwa dass neue Partner dazukamen oder Partner die Kanzlei verlassen haben. Die langjährigen Mitarbeiter melden sich oft noch mit Teilen der „alten" Firmierung während die „neuen" Mitarbeiter die aktuelle Firmierung verwenden. 16

III. Die richtige Begrüßung

Dadurch, dass unsere Anrufer erst nach drei bis fünf Sekunden verstehen was sie hören, ist es wichtig, die ersten Sekunden mit sogenannten Füllwörtern zu überbrücken. Wie z. B. „Mein Name ist Baum" oder „Sie sprechen mit Frau Baum" oder auch mit der Begrüßung wie „Guten Tag" – diese ist zwar wichtig, aber Sie wiederholen den Gruß in der Regel noch einmal, nachdem der Kunde seinen Namen genannt hat. 17

Beispiel:

1. Begrüßungsformeln wie: „Guten Tag", „Guten Morgen", „Guten Abend", „Grüß Gott", „Moin Moin". Tabu ist „Hallo". Erlaubt ist auch: „Einen schönen guten Morgen ..." oder ähnliche erweiterte Begrüßungsformeln.
2. Vorstellungsformeln wie: „Sie sprechen mit ..."; „Mein Name ist ..."; „Sie sind verbunden mit ..."; „... für die Kanzlei ...";

1. Nennen Sie Ihren vollen Namen

Immer wieder erlebe ich in meinen Trainings die Diskussion um den Vornamen des Mitarbeiters, der sich am Telefon meldet. Muss der Vorname nun gesagt werden oder nicht? 18

In den Trainings mit den Mitarbeitern der Kanzleien erzähle ich dann folgende Geschichte: „Früher in der alten Ritterzeit sind wir mit Kutsche und Pferd zu unserem Kunden gefahren. Im Schlepptau hatten wir einen Wagen voller Geschenke, diese haben wir überreicht und anschließend lange Neuigkeiten über uns, unsere Firmen und unsere Familien ausgetauscht, um irgendwann danach unser Anliegen vorzutragen. Dies nannten wir damals „Beziehungsklima schaffen"." 19

In unserer heutigen schnelllebigen Welt ist diese Vorgehensweise natürlich unmöglich geworden. Unsere einzige Möglichkeit, Klima zu schaffen, ist, etwas Persönliches von uns zu geben. Unser Vorname ist persönlich, aber nicht intim. Meine Erfahrungen in hunderten von Telefonzentralen haben gezeigt: Je mehr wir von unserem Gegenüber als Persönlichkeit wahrgenommen werden, desto seltener vergreifen sich unsere Anrufer im Ton oder in der Wortwahl. 20

Dies zeigt auch ein Beispiel, welches jedes Jahr einmal von diversen Radiosendern durchgeführt wird. Wenn Radiosender ihre Hörer - natürlich vollständig anonymisiert - danach fragen, wie ehrlich sie sind, dann ergibt sich immer wieder folgendes Bild: 21

22 Die Ehrlichkeit des Einzelnen nimmt eher ab, wenn es sich um Situationen handelt, in denen der Partner unpersönlich ist, zum Beispiel Versicherungen und Finanzämter. Die sind fast immer in großen grauen Bauten untergebracht. Forderungen, die von Personen kommen, welche hinter dicken grauen Mauern versteckt sind, werden eher unterwandert, als wenn die Kellner in unserer Eckgaststätte ihre Rechnung vorlegen. Sollte sich der Kellner zu seinen Ungunsten verrechnet haben oder fehlt eine Position auf der Rechnung, weisen wir meistens darauf hin. Fazit ist: Je persönlicher wir einen Gesprächspartner wahrnehmen, desto achtungsvoller gehen wir mit ihm um.

23 Eine Persönlichkeit besteht aus Vor- und Nachnamen. Meine Empfehlung ist daher: Nennen Sie immer Ihren Vornamen und Ihren Nachnamen. Werden Sie zur Persönlichkeit. Raus aus der anonymen Telefonzentrale!

2. Zeigen Sie Dienstleistungsbereitschaft

24 Der letzte Teil unserer Meldung am Telefon ist das Angebot von Hilfe oder das Signal der Bereitschaft zur Dienstleistung durch die Fragen:

- „Was kann ich für Sie tun?“
- „Wie kann ich Ihnen helfen?“

25 Auch hier entstehen immer wieder Diskussionen mit den Teilnehmern der einzelnen Trainingsmaßnahmen. „Muss ich das jetzt sagen?“, ist eine der häufigsten Fragen zu diesem Thema.

26 Meine Antwort: „Nein, Sie müssen nicht, doch wenn Sie möchten, dann tun Sie es.“ Weshalb diese Empfehlung?

27 Ein Mitarbeiter, der den Satz: „Was kann ich für Sie tun?“ nur mit einem „Muss“ sagt, wird diesen Satz auch genauso modulieren. Körperhaltung (= Einstellung) und Modulation haben einen erstaunlich hohen Anteil von mehr als 90 Prozent an der Wirkung des Gesagten – auch durch das Telefon. Jetzt wissen Sie, warum Sie, wenn Sie diesen Satz als Kunde bei anderen Unternehmen hören, oft das Gefühl haben, es wäre genau das Gegenteil damit gemeint.

IV. Ein Lächeln sagt mehr als 1000 Worte

28 Sehr viel wichtiger als die Sätze „Was kann ich für Sie tun?“ oder „Wie kann ich Ihnen helfen?“ ist ein Lächeln. Lächeln Sie, wenn Sie zum Telefonhörer greifen. Ihr Kunde wird es Ihnen danken und er hat es verdient.

29 Wenn wir nicht gerade zu den Morgenmuffeln der Bevölkerung gehören, gelingt uns dies am Morgen meist viel leichter als am späten Nachmittag. Das mag daran liegen, dass vielleicht schon fünfzig oder sechzig Anrufer heute Ihre Nummer gewählt haben und Sie immer wieder dieselbe Meldung aufsagen. Langsam gehen Ihnen die Energie und natürlich auch das Lächeln aus. Doch der 61ste Anrufer weiß nicht, dass er der 61ste Anrufer ist. Er hat ein Recht darauf, so behandelt beziehungsweise begrüßt zu werden, als wäre er der erste. Das geht nicht, glauben Sie? Auch Sie haben ein Recht, rechtschaffen müde zu sein und der Kunde muss das am späten Nachmittag akzeptieren?

30 Ein Arzt im Krankenhaus, der an einem Tag bis zu sechs oder sieben Blinddarmoperationen auf seinem OP-Plan stehen hat, muss auch die letzte Operation so durchführen wie die erste. Er kann sich einen Schlendrian auf keinen Fall leisten. Besonders dann nicht, wenn wir dieser siebte Blinddarm sind. Jedenfalls würden wir das von ihm mit höchster Vehemenz fordern.

Oder wie ist das mit einem Piloten, der täglich vier- oder fünfmal von Frankfurt nach München 31
fliegt? Pilot zu sein ist sicherlich ein wunderbarer Beruf, besonders, wenn wir dabei in ferne Länder wie Amerika oder Asien fliegen dürfen. Doch Tag für Tag von einer Stadt in Deutschland zur anderen und wieder zurück zu fliegen, stelle ich mir auch nicht sehr spannend vor - besonders beim letzten Flug, wenn auch ein Pilot langsam müde wird. Doch er ist ein Profi und wir erwarten höchsten Einsatz, erst recht, wenn wir an diesem Tag in dieser letzten Maschine sitzen.

Sie sind der Profi am Telefon. Auch Ihr letzter Anrufer vor Ihrem Feierabend erwartet, dass er ge- 32
nauso begrüßt wird, als wäre er der erste. Denken Sie daran: Sie überreichen mit einem Lächeln eine Visitenkarte am Telefon, die frisch aus der Visitenkartenbox entnommen und nicht zerknittert ist.

Zusammenfassend wäre unsere Meldung am Telefon dann beispielsweise folgendermaßen: 33

Beispiel:

„Guten Tag, Steuerkanzlei Apfel und Partner. Sie sprechen mit Susi Baum. Was kann ich für Sie tun?"

Wenn mehrere Partner aufzuzählen sind oder die Firmierung umfangreich ist und dadurch die ge- 34
samte Meldung sehr lang erscheint, stellt sich die Frage: „Ist das nicht zu lang? Warum müssen wir uns so ausführlich melden? Das ging früher auch anders."

Das ist richtig. Noch vor 10 Jahren haben sich Firmen mit „Hallo" als einzigem Wort gemeldet. Doch 35
heute gilt: Wer sich nicht an den Telefonknigge hält und eine ordentliche Visitenkarte am Telefon überreicht, ist out. Diese Unternehmen haben den Fortschritt verschlafen, gelten als nicht up-to-date. Sollen Ihre Anrufer wirklich glauben, Sie wären von gestern? Hätten den Trend der Zeit verschlafen?

Eine einheitliche perfekte Meldung am Telefon, mit einem Lächeln überreicht, identifiziert Sie sofort 36
als professionelle Kanzlei. Nutzen Sie diesen Pluspunkt vom ersten Kontakt mit Ihrem Kunden an!

C. Ihre Erfolgssprache am Telefon

Es gibt eine Reihe von emotionalen Reizwörtern in unserer Sprache, die sich im Umgang mit unse- 37
rem Anrufer immer wieder einschleichen. Das Benutzen dieser Wörter wirkt auf unsere Anrufer oft sehr unprofessionell. Meistens unterstützt die Verwendung dieser Wörter nicht das Ziel, welches wir im Gespräch erreichen wollen. Hier sind einige Beispiele dieser emotionalen Reizwörter und die dazugehörigen professionellen Alternativen:

I. Das Wort „leider"

Kennen Sie diese Situation? Sie rufen bei einem Arzt in der Praxis an. Dabei erwischen Sie den 38
Anrufbeantworter und hören folgenden Text: „Leider rufen Sie außerhalb unserer Sprechzeiten an. Sie …"

Spontan legen Sie auf, um anschließend festzustellen, dass Sie jetzt nicht mitbekommen haben, wie 39
die Öffnungszeiten der Praxis sind. Deshalb wählen Sie erneut die Nummer und strengen sich an, bis zum Ende des Ansagetextes zuzuhören. Dieses reflexartige Auflegen wird durch das Wort „leider" ausgelöst.

Die Informationen, die nach dem Wort „leider" kommen, werden vom Gehirn nicht mehr vollstän- 40
dig aufgenommen. Dieses Wort verursacht eine Art Blockade im Gehirn. Die Informationsaufnahme wird verhindert. Statt um einen Rückruf zu bitten, legen wir auf.

41 Das Wort „leider" wird fälschlicherweise auch oft als Entschuldigung benutzt. Doch „leider" ist keine Entschuldigung. Es ist ein Unwort.

42 Wenn Sie sich wirklich wegen eines Missgeschickes entschuldigen wollen, dann wirkt es sicherlich sehr viel professioneller, wenn Sie es richtig tun.

Beispiel:

1. „Bitte entschuldigen Sie."
2. „Ich bitte um Entschuldigung."
3. „Verzeihung" oder „Entschuldigung", unterstützt durch die passende Modulation.

II. Die Wörter „nein", „nie" und „nicht"

43 Vor kurzem war ich in einem Lebensmittelgeschäft. Als ich so durch die Regale schlenderte, befand sich vor mir eine Mutter mit ihrem Kind, die verzweifelt versuchte, am Süßigkeitenregal vorbeizugehen, ohne dass der Wagen von ihrem Sohn bis oben hin mit Schokolade und Bonbons gefüllt wurde. Als sie dann ein deutliches „Nein" aussprach, schmiss sich ihr wohl knapp 3 Jahre alter Sohn auf den Boden und schrie, was die Lungen hergaben.

44 Warum macht ein Kind so etwas? Es bekommt seinen Willen nicht. Darüber ist es unglücklich und verzweifelt und sieht selten den Sinn dieses „Neins" ein.

45 Wie geht es uns Erwachsenen damit? Hören wir gerne ein „Nein"? Gut, wir schmeißen uns bei einem „Nein" nicht mehr auf den Boden. Wir wurden erzogen, was auch sein Gutes hat. Doch was empfinden wir innerlich? Schmeißt sich vielleicht unser „Wohlgefühl" auf den Boden? Sind wir innerlich empört über das „Nein"?

46 Tatsache ist, wir hören von unserem Gegenüber viel zu oft ein „Nein", wo es nicht nötig ist.

47 Im Umkehrschluss benutzen wir das Wort „nein" und seine Verwandten „nicht" und „nie" im Umgang mit unseren Mandanten und Gesprächspartnern meistens unnötig.

48 Stellen Sie sich vor, Ihr Mandant ruft an und möchte Ihre Kollegin, Frau Apfel, sprechen, die nicht da ist. Wie lautet ihre Antwort? „Nein, Frau Apfel ist heute nicht da."

49 Oder Sie rufen bei Ihrem Lieferanten an und möchten Ihre Sachbearbeiterin sprechen. Der freundliche Herr am Telefon teilt Ihnen mit: „Nein, Frau Müller ist momentan nicht im Haus."

50 Möchten Sie das hören? Oder schmeißen Sie sich innerlich auf den Boden und strampeln mit den Beinen? Was interessiert Sie wirklich? Wann Sie Frau Müller wieder erreichen können! Schade, dass Ihnen das so selten jemand sagt. Wenn Ihnen der freundliche Herr auf Ihre Frage geantwortet hätte: „Frau Müller ist um 9.30 Uhr wieder im Hause", dann könnten Sie sofort entscheiden, wie es weitergeht. Entweder Sie brauchen einen Alternativ-Ansprechpartner, da es eilig ist, oder Sie rufen selber wieder an, da Sie zu diesem Zeitpunkt unterwegs sind. Oder Sie bitten um einen Rückruf.

51 Ein weiteres Beispiel: Ihr Mandant fragt nach, ob Sie die benötigte Steuernummer innerhalb von 2 Tagen beschaffen können. Ein Anliegen, das, zumindest in Bayern, unmöglich ist. Die meisten sagen jetzt: „Nein, wir können Ihnen die Steuernummer so schnell nicht beschaffen." Doch der Mandant ist an der Lösung interessiert, er will mit seinen Problemen nicht alleine gelassen werden. Der richtige Wortlaut könnte daher sein: „Wir halten Rücksprache mit dem zuständigen Sachbearbeiter des Finanzamtes und bitten ihn, Ihren Vorgang bevorzugt zu bearbeiten."

III. Die Wörter „muss" und „müssen"

Es gibt mindestens zwei Situationen, in denen wir dazu neigen, im Umgang mit unserem Mandanten das Wort „müssen" zu verwenden. 52

Situation Nummer 1 ist: Unser Mandant „muss" etwas für uns tun, damit wir seine Wünsche erfüllen können. Für die Lohnabrechnungen beispielsweise die Lohnsteuerkarte seines neuen Arbeitnehmers senden oder die fehlende Sozialversicherungsnummer erfragen: Schon rutscht uns folgender Satz raus: 53

„Da müssen Sie mir bitte die Lohnsteuerkarte zuschicken. Dann kann ich…." oder: „Damit ich diese Abrechnung für Sie erstellen kann, müssen Sie mir bitte die Sozialversicherungsnummer durchgeben."

Hier die gute Nachricht: Unser Kunde muss gar nichts! Er kann, und oft will er! Formulieren Sie daher die obengenannten Beispiele erfolgreicher: 54

„Gerne kümmere ich mich um die Lohnabrechnung, bitte senden Sie mir dazu die Lohnsteuerkarte zu." Oder:

„Gerne erstelle ich Ihnen diese Abrechnung, bitte geben Sie mir dazu die Sozialversicherungsnummer durch."

Noch lieber erledigt unser Mandant unsere kleinen Bitten, wenn wir ihm einen guten Grund liefern: 55

„Gerne kümmere ich mich um Ihre Formulare. Damit ich dies sofort erledigen kann, brauche ich Ihre Lohnsteuerkarte. Bitte senden Sie mir diese zu."

Oder: „Gerne erstelle ich Ihnen Ihre Abrechnung. Damit sie noch heute rausgeht, bitte ich Sie um die Sozialversicherungsnummer."

Situation Nummer 2 ist: Unser Mandant braucht von uns Informationen, die wir nicht sofort parat haben. Oft kommt dann die Aussage von uns: 56

„Da muss ich mal nachfragen." Oder:

„Das muss ich mal für Sie klären."

Meist meinen wir diese Antwort sehr viel netter, als sie tatsächlich klingt. Beim Mandanten kommt jedoch an: „Aha, ich störe!" oder „Jetzt mache ich ihr schon wieder Mühe." 57

Damit Ihr Mandant das Gefühl hat, dass er willkommen ist und Sie sein Anliegen professionell betreuen, zeigen Sie Servicebereitschaft auch mit Ihren Worten: 58

„Gerne kläre ich das für Sie und rufe Sie zurück."

Oder: „Gerne frage ich für Sie nach und informiere Sie umgehend."

Begegnen Sie Ihrem Mandanten mit der Erfolgssprache, damit er sich von Ihnen professionell und erfolgreich betreut fühlt. 59

D. Der Anrufbeantworter

I. Ihr Anrufbeantworter

Am Anfang unseres Kapitels war die Rede davon, dass unser Kunde besser nach dreimaligem Läuten auf einen Anrufbeantworter stößt, als im Nirwana zu landen. 60

61 Damit der Anrufbeantworter zum Anrufbefürworter wird, gibt es einige Dinge zu beachten:

62 7 von 10 Personen legen gleich nach dem Wort „leider" auf, statt eine Nachricht zu hinterlassen. Das ist auch der Grund, warum wir beim Anruf in der Arztpraxis gleich aufgelegt haben. Meist greifen wir uns im Anschluss daran an den Kopf und ärgern uns, da wir nun nicht wissen, wann die Arztpraxis geöffnet hat.

63 Besprechen Sie Ihren Anrufbeantworter so, dass Ihr Mandant schnellstmöglich alle wichtigen Informationen erhält: Ist er bei der richtigen Kanzlei gelandet? Wann kann er Sie wieder erreichen? Auch ein herzliches Dankeschön für seinen Anruf am Anfang der Ansage erfreut jeden Anrufer.

Beispiel:

„Vielen Dank, dass Sie die Rufnummer der Steuerkanzlei Apfel und Partner gewählt haben. Sie erreichen uns werktäglich in der Zeit von 08.00 bis 18.00 Uhr. Gerne rufen wir Sie zurück. Bitte hinterlassen Sie dazu Ihren Namen, den Firmennamen, Ihre Rufnummer und gegebenenfalls den Grund Ihres Anrufes. Bis wir uns wieder hören, wünschen wir Ihnen eine erfolgreiche Zeit. Auf Wiederhören!"

64 Nicht jeder Anrufer möchte sein persönliches Anliegen auf den Anrufbeantworter der Kanzlei sprechen, deshalb sollte ihm die Angabe des Grundes freigestellt werden.

65 Wenn Ihr Anrufbeantworter immer dann anspringt, wenn Sie nach dreimaligem Läuten nicht an den Telefonapparat gehen, ist eine Ansage, die dem Anrufer eine Auswahl ermöglicht, am professionellsten. Diese sollte dann von Ihrer Telefonanlage unterstützt werden.

Beispiel:

„Vielen Dank, dass Sie die persönliche Durchwahl von Susi Baum gewählt haben. Ich bin momentan in einem Kundentermin und rufe Sie gerne zurück. Bitte hinterlassen Sie dazu Ihren Namen, den Firmennamen, Ihre Rufnummer und gegebenenfalls den Grund Ihres Anrufes. Oder wählen Sie die „1", um mit unserer Telefonzentrale verbunden zu werden. Bis wir uns wieder hören, wünsche ich Ihnen eine erfolgreiche Zeit. Auf Wiederhören!"

66 Die Erfahrung zeigt, dass unser Mandant, wenn er uns nicht sofort erreichen kann, sehr viel besser mit unserer Abwesenheit umgeht, wenn er eine Wahl hat, wie er auf diese Abwesenheit reagieren kann.

II. Wenn Sie auf einen Anrufbeantworter treffen

67 In der Geschäftsbeziehung mit Ihrem Mandanten werden auch Sie immer wieder auf die Anrufbeantworter Ihrer Mandanten stoßen. Was machen Sie jetzt? Besprechen oder nicht besprechen, das ist hier die Frage.

68 Stellen Sie sich vor, Sie kommen in Ihre Kanzlei, das Lämpchen Ihres Anrufbeantworters blinkt „rot". Ein Anrufer! Zurzeit gibt es nun eine Reihe von Anrufen, die Sie dringend erwarten. Zum einen steht die Entscheidung eines großen potentiellen Kunden aus, ob er zukünftig mit Ihrer Kanzlei arbeiten will. Zum anderen haben Sie vor Kurzem eine sehr interessante Frau bzw. einen sehr interessanten Mann kennengelernt und Sie erwarten sehnsüchtig die Bestätigung eines erneuten Dates.

69 Es blinkt immer noch! Sie gehen zum Anrufbeantworter, drücken den Knopf und … tut, tut, tut! Der Anrufer hat aufgelegt. Sie wissen nicht, ob es einer der sehnsüchtig erwarteten Anrufer war. Sie sind sehr enttäuscht!

70 Genauso geht es Ihrem Mandanten, wenn bei ihm das rote Lämpchen blinkt. Dazu kommt, dass viele Telefone heute anzeigen, wer angerufen hat. Wenn also die Nummern aller Apparate in Ihrer Kanzlei nicht auf „Nummer unterdrückt" programmiert sind, wird Ihre Nummer bei Ihrem Mandanten angezeigt.

Die Mandanten wissen also heute oft, wer der „Aufleger" war. Erwischt! Es ist unprofessionell, die Anrufbeantworter nicht zu besprechen. Es gehört zum guten Ton des Telefonknigge, seine Visitenkarte auch auf dem Anrufbeantworter zu hinterlassen. 71

Heutzutage ist es durchaus üblich, von Anrufbeantworter zu Anrufbeantworter Termine zu vereinbaren und wichtige Fragen zu klären, ohne dass wir unseren Gesprächspartner persönlich erreicht haben. Dies funktioniert aber nur, wenn sich alle an die Spielregeln halten. Nutzen Sie den Anrufbeantworter als Anrufbefürworter. 72

Beispiel:

1. „Guten Tag, Frau Gärtner. Sie hören Susi Baum von der Steuerkanzlei Apfel und Partner. Ich freue mich über Ihren Rückruf, meine Rufnummer für Sie: 0800 12 34 56 78. Ich wiederhole: 0800 123 456 78. Gerne melde ich mich auch wieder bei Ihnen. Bis dahin wünsche ich Ihnen eine gute Zeit. Auf Wiederhören!"
2. „Guten Tag, Frau Gärtner. Sie hören Susi Baum von der Steuerkanzlei Apfel und Partner. Es geht um Ihre Gehaltsabrechnung. Bitte geben Sie uns Ihre Sozialversicherungsnummer durch, damit wir die Abrechnung kurzfristig erledigen können. Vielen Dank. Sie erreichen mich mit der Servicenummer: 0800 12 34 56 78. Ich wiederhole: 0800 123 456 78. Auf Wiederhören!"

Bitte beachten Sie, dass nicht alle Anrufbeantworter eine klangvolle Tonwiedergabe haben. Es ist daher sehr wichtig, dass Sie langsam und deutlich sprechen. Besonders, wenn Ihre Mandanten aufgrund einer bisher sehr kurzen Geschäftsbeziehung noch nicht automatisch alle Daten zuordnen können. Besonders Ihr Name und die Rufnummer sind die wichtigsten Details, damit Ihr Mandant auf Ihren Anruf reagieren kann. 73

Ich erlebe bei meinen Kunden immer wieder, dass sie minutenlang vor der Aufnahme sitzen und immer wieder den Text anhören, damit sie endlich den Namen und die hinterlassene Rufnummer identifizieren können. Wenn Sie Ihre Rufnummer genannt haben, wiederholen Sie diese noch einmal. Achten Sie dabei darauf, dass Sie den Rhythmus verändern. Wenn Sie zum Beispiel beim ersten Mal in Zweierschritten gesprochen haben, also 11 08 56 dann wiederholen Sie in Dreierschritten: 110 856. So hat es Ihr Gesprächspartner sehr viel einfacher, die Nummer zu notieren und zu überprüfen, ob er alles richtig verstanden hat. 74

E. Schlusswort

Wann immer Sie mit Ihrem Mandanten per Telefon in Kontakt treten, überreichen Sie Ihre akustische Visitenkarte. Ob Sie Ihren Mandanten sofort am Hörer haben oder über einen Anrufbeantworter kommunizieren, es geht immer wieder um Ihre Visitenkarte. Sorgen Sie dafür, dass diese frisch aus der Visitenkartenbox entnommen und nicht zerknittert ist. Es zählt immer der erste Eindruck! 75

Gaby S. Graupner

ist Top-Trainerin, Rednerin und Begründerin des KONSENSITIVEN VERKAUFENS®. Sie ist Geschäftsführerin von DIMAT Services Ltd., einem Dienstleistungsunternehmen für Vertriebsservice und Telefonmarketing, und hat darüber hinaus 16 Jahre Erfahrung als Trainerin mit dem Schwerpunkt Telefon, Telefonverkauf, Vertrieb, Menschenführung. Im März 2008 gründete sie die Deutsche Akademie für Training. Gaby S. Graupner ist im Vorstand der German Speakers Association e.V. und Preisträgerin des President's Award 2008 der GSA.

Mehr zu Gaby S. Graupner finden Sie unter www.ddaft.de, www.dimat-services.de und twitter.com/gabygraupner

Warum haben Sie sich mit diesem Thema befasst?

Das Telefon ist die akustische Visitenkarte eines jeden Unternehmens. Mit dem Telefon sind Sie schnell persönlich am Kunden. Diese Visitenkarte wird viel zu oft von Firmen und Kanzleien vernachlässigt. Es gibt wenig Berührungspunkte mit dem Mandanten, bei denen die Kanzlei mit wenig Aufwand viele Pluspunkte erzielen kann. Nutzen Sie das Telefon als Brücke zum Mandanten und begeistern Sie Ihren Kunden mit dieser Brücke.

Inwieweit haben Sie mit Steuerberatern zu tun?

Steuerberater sind meine Kunden und natürlich auch meine Lieferanten.

Was sind für Sie die wesentlichen Faktoren, die beruflich und privat Erfolg ausmachen?

Der richtige Umgang mit Menschen als Mitarbeiter, als Kunden, als Lieferanten und als Netzwerkpartner. Trends erkennen und die Ganzheitlichkeit aller Maßnahmen eines Unternehmens.

Immer daran denken, dass jeder Kontakt mit einem Partner bedeutet, Sie verkaufen gerade: Ihre Dienstleistung, Ihre Meinung, Ihre Wünsche und Ihre Persönlichkeit.

§ 8 Kommunikation ist alles, ohne Kommunikation ist alles nichts!

A. Wir alle können kommunizieren

Eine starke Behauptung! Ja, damit gebe ich Ihnen absolut Recht. Wer aber glaubt, eine andere Meinung ernsthaft vertreten zu können, der soll ruhig den Gegenbeweis antreten. Kommunikation ist schlicht und einfach eine Grundbedingung menschlichen Lebens. Im Allgemeinen machen wir uns auch wenig Gedanken darüber, wenn es darum geht, unsere Fähigkeit, kommunizieren zu können, zu hinterfragen. Jeder kann kommunizieren, soviel ist auch sicher. Allerdings werden wir verunsichert, wenn das, was wir sagen, von unseren Gesprächspartnern völlig anders interpretiert wird, als es unsere Absicht war, oder diese völlig unerwartet reagieren. Wichtig für uns ist, dass Kommunikation Verständnis herstellt im Sinne von: Ich werde mit meinen Wünschen und Erwartungen verstanden und ich verstehe, was andere von mir wollen. 1

Fragen wir beispielsweise in unserer Heimatstadt einen Menschen nach der Uhrzeit und erhalten darauf weder eine Antwort noch eine sonstige Reaktion, werden wir nachdenklich. Wir können unser Gegenüber für stur halten, für taubstumm, oder der deutschen Sprache nicht mächtig. Interessant ist, dass gerade seine Nicht-Reaktion uns zu Denken gibt. Das Erstaunliche dabei: Obwohl der Angesprochene eigentlich nicht spricht, teilt er uns dennoch etwas mit. Auch sein Nichtsprechen enthält eine Botschaft. Unsere Leistung besteht darin, diese Botschaft zu interpretieren. Im Falle der Frage nach der Uhrzeit mag uns das auch nur wenig bekümmern. Spannender, und das im wahrsten Sinne des Wortes, wird es, wenn wir mit unserem Lebenspartner, mit unseren Arbeitskollegen, mit unseren Chefs Derartiges erleben. Die Frage nach der Nichtreaktion bekommt dort ein völlig anderes Gewicht: Will der andere mich nicht verstehen – wo ich mich doch so bemühe? Warum tut er das? Liegt es an mir? Wie ich frage, wie ich bin? Was soll das? 2

B. Wir kommunizieren immer

Sobald wir uns in Gemeinschaft mit anderen Menschen befinden, kommunizieren wir immer. Dabei interpretieren wir das Nichtsprechen genauso als Botschaft wie das Sprechen. Gerade das Schweigen oder das Vorenthalten von Information verführt uns dabei häufig zu wilden Spekulationen und Vermutungen. Kommunikation ist - von Selbstgesprächen einmal abgesehen - immer ein Verhalten, das mindestens zwei oder mehr Menschen zusammenschließt. Das aus dem Lateinischen stammende Wort „communicare" steht dabei für „teilen", „mitteilen", „teilnehmen lassen" und bedeutet auch „gemeinsam machen" und „vereinigen". Miteinander kommunizieren heißt demnach: Ich teile dem anderen etwas über mich mit, darüber, wie ich die Dinge sehe, welche Wünsche und Erwartungen ich habe. 3

Als Unternehmer will ich meinen Kunden mitteilen, was ich anzubieten habe oder verkaufen will. Als Führungskraft muss ich meinen Mitarbeitern sagen können, welche Ziele ich mit meinem Unternehmen anstrebe und was ich von ihnen als Leistung erwarte. Bleibt meine Mitteilung unbeachtet oder wird sie missachtet, fühle ich mich als Mensch direkt betroffen. Entscheidend wird damit nicht nur, dass ich überhaupt kommuniziere, sondern das „Wie". Wir alle kennen Missverständnisse, die sich aufgrund von mangelnder oder fehlgeschlagener Kommunikation in unserem Leben im Privaten und im Beruflichen ergeben können. Die Folgen können fatal sein. 4

C. Kommunikation ist immer ein Gewinn

5 Gelungene Beziehungen – egal, ob beruflich oder privat - sind immer ein Gewinn. Daher ist auch gelungene Kommunikation immer ein Gewinn. Insbesondere für Dienstleistungsunternehmen ist gelingende Kommunikation eine entscheidende Fähigkeit zum Erfolg. Das gesamte Arbeitsspektrum in einer Steuerberatungskanzlei stellt ein permanentes Kommunizieren dar. Nur wem es gelingt, seine Produkte erfolgreich zu präsentieren, Arbeit an seine Mitarbeiter zu delegieren, Mandanten professionell zu beraten, Ziele zu formulieren, zu organisieren, zu planen und zu koordinieren, seine Mandanten zu begeistern und eine langfristige Beziehung zu ihnen aufzubauen, wird erfolgreich sein und es langfristig bleiben. Kommunikation ist das, was uns Menschen verbindet, aber auch meilenweit voneinander trennt. Kommunikationsfähigkeiten werden damit zu Schlüsselqualifikationen. Das Problem dabei ist, dass diese Fähigkeiten kaum jemand innerhalb seiner Ausbildung systematisch erlernt und entwickelt.

Praxishinweis:

Wenn Sie einmal Ihren ganz persönlichen Arbeitsalltag analysieren, werden Sie sehr schnell feststellen, wie groß der Anteil Ihrer Arbeitstätigkeit ist, der kommunikative Kompetenzen erfordert.

Auf Ihrer Liste könnten dann unter anderem folgende Tätigkeiten stehen:

- *E-Mails lesen*
- *Aktuelle Berichte lesen*
- *Post durchsehen*
- *Fachartikel lesen*
- *Mit Mitarbeitern aus der Buchhaltung treffen*
- *Am Teamleitermeeting teilnehmen*
- *Besprechung mit Mandant XY vorbereiten*
- *Telefonat mit Rechnungswesenleiter führen*
- *Mittagessen mit potentiellem Mandanten*
- *Mitarbeiterquartalsgespräch führen*
- *Einspruch formulieren*
- *...*

Schauen Sie sich Ihre persönliche Liste genau an. Welche dieser Tätigkeiten erfordern kommunikatives Können? Alle? Ein hoher Prozentanteil? Sie sind überrascht? Fest steht, je höher Sie auf der Karriereleiter steigen, umso höher wird der Anteil der Kommunikation sein.

6 Wer kommuniziert, gewinnt immer. Wer professionell kommuniziert, gewinnt mehr. Erfolgreiche Kommunikation ist eine der Grundlagen Ihrer täglichen Arbeit. Um Ihnen für Ihre alltäglichen kommunikativen Aufgaben in Ihrer Kanzlei eine nützliche Unterstützung zu bieten, habe ich aus der Fülle an Themen einige, aus meiner Sicht wichtige, ausgewählt.

D. Professionelle Gesprächsführung

7 Das Gespräch ist ein ganz selbstverständlicher Bestandteil unserer Alltagskommunikation. Die Anlässe dazu könnten nicht unterschiedlicher sein. Von der Diskussion über die nächste Urlaubsreise mit unserem Lebenspartner bis hin zum Beratungsgespräch mit einem Mandanten ist das Spektrum

breit gefächert. Nicht alle Gespräche verlaufen jedoch angenehm. Was in der alltäglichen Kommunikation schon unangenehme Folgen haben kann, ist im Kanzleialltag häufig mit Frustration oder gar finanziellen Verlusten verbunden. Erfolglose oder gänzlich gescheiterte Gespräche sind für Ihre Gesprächspartner ebenso unbefriedigend wie für Sie selbst. Wer den umfassenden Anspruch des Titels, **Kommunikation ist alles, ohne Kommunikation ist alles nichts!,** also ernst nehmen will, kann sofort beim nächsten Gespräch damit beginnen, an seiner Kommunikationsfähigkeit zu arbeiten.

I. Wie Sie Gespräche vorbereiten können

In jedem Alltagsgespräch mit vertrauten Menschen, können Sie vom Gefühl her sehr wohl erkennen, welches Gesprächsverhalten mit dem jeweiligen Gesprächspartner erfolgreich ist und welches nicht. Was Ihnen dabei am meisten hilft, ist, dass Sie Ihre Wahrnehmung auf diese Gesprächspartner im Laufe bestehender Beziehungen schon sensibilisiert haben. Je genauer Sie den anderen kennen, umso eher können Sie angemessen und erfolgreich auf Ihren Gesprächspartner reagieren. Beobachten Sie sich einmal selbst: Wir alle sprechen mit uns nahe stehenden Menschen anders als mit flüchtigen Bekannten oder potentiellen neuen Kunden. 8

1. Jeder Gesprächspartner ist anders

8

Im Berufsleben kommunizieren Sie selten „nur" zur Unterhaltung, sondern es geht z.B. darum, Projekte zu besprechen, neue Mandanten zu gewinnen, Mitarbeitern komplexe Arbeitsaufgaben zu delegieren oder geschäftliche Verhandlungen zu führen. Der Erfolg ist dabei immer davon abhängig, wie gut es Ihnen gelingt, diese Gespräche zielorientiert zu führen. Auch hier gilt: Je besser Sie sich auf Ihre Gesprächspartner einstellen können, umso erfolgreicher wird das Gespräch verlaufen. Wissen allein genügt jedoch nicht. Die hier vorgeschlagenen Fragen zur Vorbereitung helfen dabei, Ihre Gespräche zu professionalisieren, aber sie befreien Sie nicht davon, in jeder Situation individuell auf Ihren Gesprächspartner zu reagieren. 9

2. Bereiten Sie Ihre Gespräche auf der Sach- und auf der Beziehungsebene vor

Es mag banal klingen und wird trotzdem zu wenig beachtet: Das Gelingen eines Gesprächs ist wesentlich von seiner Vorbereitung abhängig. Dabei genügt es allerdings nicht, sich ausschließlich auf die Vorbereitung der sachlichen Inhalte zu beschränken. Für die fachliche Vorbereitung gilt uneingeschränkt: Hier müssen Sie absolut fit sein – es gibt keine Abstriche. Daten, Fakten und Informationen müssen auf ihre Richtigkeit hin überprüft sein. Ebenso bedeutsam für den Erfolg von Gesprächen ist jedoch die Vorbereitung auf die Person des Gesprächspartners: 10

- Wer ist der Mensch, mit dem Sie sich auf ein Gespräch treffen werden?
- Was wird Ihn interessieren?
- Welche Fachausdrücke kann er verstehen?
- In welcher Weise ist er von meinen Vorschlägen oder Erwartungen betroffen?
- Welche Bedeutung hat eine Entscheidung, Zustimmung für ihn?

Das bedeutet, dass Sie versuchen müssen, sich in den anderen hineinzudenken, um seine Sichtweise und seine Beweggründe besser verstehen zu können und damit auch die Motive zu kennen, die ihn 11 möglicherweise bewegen, sich Ihren Zielen anzuschließen oder Ihre Beratungsvorschläge anzunehmen. Übrigens: Menschen schätzen es, wenn Sie sich mit ihnen beschäftigen. Sie honorieren es mit erhöhter Aufmerksamkeit und einem kooperativen Gespräch, selbst, wenn es inhaltlich um heikle Themen geht. Für einen Mandanten ist beispielsweise ein Gespräch über das Honorar ein heikles Gespräch. Für einen Mitarbeiter ist zweifelsohne ein Kritikgespräch ein solches.

3. Machen Sie Ihre Vorbereitung schriftlich

12 Erstellen Sie sich für die Vorbereitung von Gesprächen eine Checkliste. Planen Sie damit den Ablauf Ihrer Gespräche. Professionalität im Gespräch heißt: Der Aufgabe in der Kanzlei gerecht werden, indem Gespräche so geführt werden, dass Inhalte und Beziehungen auf den Punkt gebracht werden - „Konsequent in der Sache - fair im Umgang mit dem Gesprächspartner."

13 Die folgenden Fragen dienen als Anregung für Ihre individuelle Checkliste. Bedenken Sie, dass es z.B. für die eigene Argumentation sehr hilfreich ist, wenn Sie mehrere Gründe für die Zielerreichung formulieren können.

Praxishinweis:

Hier die wichtigsten Fragen zur Vorbereitung:

1. *Was ist der Anlass des Gesprächs?*
2. *Was ist das Ziel des Gesprächs?*
3. *Aus welchen Gründen verfolge ich diese Ziele?*
4. *Welche übergeordneten Ziele der Kanzlei muss ich berücksichtigen?*
5. *Woran erkenne ich, dass ich die Ziele erreicht habe?*
6. *Welche Alternativen existieren?*
7. *Welche Ziele hat mein Gesprächspartner?*
8. *Wo gibt es Übereinstimmung?*
9. *An welchen Stellen muss ich mich mit meinem Gesprächspartner mit zu erwartenden Differenzen auseinander setzen?*

14 Wenn Sie ein Gespräch auf diese ausführliche Weise vorbereiten, entwickeln Sie ein deutliches Gespür dafür, welche Themen im Zentrum stehen sollen, und an welchen Stellen Schwierigkeiten zu erwarten sind. Klare Kommunikation setzt immer Selbstklärung voraus. Ein gelungenes Gespräch könnte man beschreiben als eines, bei dem das „Eigentliche" zum Thema wird. Und zwar in einer Weise, in der Sachinhalte und persönliche Meinungen deutlich werden, die Beziehung der Gesprächspartner zueinander keinen Schaden nimmt, womöglich noch verbessert wird, und am Ende klar ist, was von wem zu tun ist.

Praxishinweis:

Wenn Sie Ihren Gesprächspartner zum Gespräch bitten. Gibt es drei Punkte, die Sie ihm unbedingt vor dem Gespräch mitteilen sollten: Inhalt, Ziel und Zeitdauer.

- *Welche Themen werden Sie ansprechen?*
- *Was ist das Ziel des Gesprächs?*
- *Wie viel Zeit nehmen Sie sich dafür?*

Ihr Gesprächspartner wird es Ihnen danken. Denn nun hat auch er Gelegenheit, sich auf das Gespräch vorzubereiten und braucht keinerlei Vermutung darüber anzustellen, wohin das Ganze führen soll.

Die oben genannten Leitfragen dienen zur Orientierung und stellen eine idealtypische Vorbereitung dar. Im Alltag entwickelt jedes Gespräch seine eigene Dynamik. Viele Gespräche bedürfen keiner langen Vorbereitung, weil sie eben zwischen Tür und Angel stattfinden. Aber selbst dort kann Ihnen diese Strukturierung helfen, schnell und effektiv zu kommunizieren. Für ausführliche Mitarbeitergespräche, Gespräche, in denen Grundsatzfragen besprochen oder Arbeitsziele definiert werden sollen, oder Beratungsgespräche, z.B. mit neuen Mandanten, empfehle ich Ihnen diese komplexe Vorgangsweise jedenfalls. 15

II. Wie Sie Gespräche führen können

Vergleichen Sie ein gelungenes Gespräch mit dem Verlauf eines guten Essens: Auf eine Einladung folgen zunächst einmal Aperitif und Vorspeise, was in einem Gesprächsverlauf als Gesprächseinstieg bezeichnet werden könnte. Dem Hauptgang gilt bekanntlich das meiste Interesse. Bei dessen Zubereitung ist daher die höchstmögliche Sorgfalt geboten. Der Kernphase in einem Gespräch widmen Sie ebenfalls die höchste Aufmerksamkeit - sowohl in der Vorbereitung als auch in der direkten Phase des Gesprächverlaufs. Das Dessert schließlich setzt einem gelungenen Essen einen krönenden Abschluss, was bei einem Gespräch weitere Vereinbarungen und letztlich noch Smalltalk zum Ausklang bedeuten würden. 16

1. Gesprächseinstieg

Bedenken Sie: Wie immer Sie das Gespräch beginnen, Sie stellen damit die Weichen für den weiteren Verlauf. Mit einem positiven Gesprächseinstieg schaffen Sie selbst bei heiklen Themen eine positive Atmosphäre. Investieren Sie Energie in den Gesprächsbeginn, Ihr Gesprächspartner wird dies merken und sich „willkommen" fühlen. 17

Smalltalk, ja - wenn er passt. Wenn das Thema drängt oder sehr heikel ist, sollte der Einstieg dementsprechend direkt sein. Sinnvoll ist es unbedingt, Ihrem Gesprächspartner Ihre Wertschätzung auszudrücken. Das geht auch über ein herzliches Aufeinander-Zugehen, offenen Blickkontakt, den ehrlichen Händedruck oder ein aufrichtiges „Danke" für das Gespräch. 18

Die bereits erwähnten drei Punkte sollten Sie unbedingt vor jedem Gespräch nochmals klären. Dabei ist egal, ob es zwei Stunden dauert, oder nur fünf Minuten. 19

- Thema: Worum geht's?
- Ziel: Was ist Ihr Ziel?
- Und: wie viel Zeit nehmen Sie sich?

Holen Sie sich von Ihrem Gesprächspartner das Okay zu diesen drei Punkten ab: „Einverstanden?" 20

2. Was wollen wir besprechen und wie wollen wir vorgehen?

In dieser Gesprächsphase geht es zunächst um das Aussprechen, gewissermaßen Beleuchten aller Perspektiven ohne jegliche Beeinflussung oder irgendwelche Appelle an den Gesprächspartner. Wenn es heikle oder kritische Gesprächspunkte gibt, so gehören diese sofort auf den Tisch. Kein Herumreden um den heißen Brei! 21

Beispiele:

„Ich möchte Ihnen zunächst meine Einschätzung darstellen, um danach Ihre Sichtweise zu erfahren."
„Ich mache mir Sorgen, ob die Entscheidung ... richtig war."
„Mein Eindruck ist ..."

3. Welche Sichtweise hat mein Gesprächspartner?

22 Jetzt ist Ihr Gesprächspartner an der Reihe. Wie sieht er die Dinge? Welche Meinung hat er dazu? Achten Sie darauf, dass auch er ausreichend ungestörte Redezeit bekommt und konzentrieren Sie sich auf das aktive Zuhören. Das heißt, das Gehörte immer wieder kurz und konkret zusammenzufassen und somit das gegenseitige Verstehen abzuklären.

23 Bereits erzielte Zwischenergebnisse und Absprachen können dabei durchaus schriftlich festgehalten werden. Wichtig dabei ist: Sie und Ihr Gesprächspartner können es lesen bzw. sehen. Wenn es unterschiedliche Meinungen gibt, machen Sie diese transparent und notieren Sie diese Punkte z.B. auf einem Flipchart. Erst in einem weiteren Schritt können Sie wieder inhaltlich überzeugen und weiter argumentieren.

Beispiele:

„Damit unsere bisherigen Argumente nicht verloren gehen, halte ich folgendes Zwischenergebnis fest …"

„Habe ich das richtig verstanden?"

„Sie sehen die Situation folgendermaßen: …"

Praxishinweis:

*Notwendige kommunikative **Kompetenzen**: Aktives Zuhören, Aussagen als Ich-Botschaften formulieren. Diese Techniken werden im Punkt „Das aktive Zuhören als Technik" noch ausführlich vorgestellt.*

24 Die Visualisierung hilft, Kernfragen auf den Punkt zu bringen. Alle Gesprächsteilnehmer können gleichsam „auf einen Blick" sehen, worum es geht. Missverständnisse werden somit sichtbar und können sofort geklärt werden.

4. Welche Beweggründe, Motive hat mein Gesprächspartner?

25 Ein „gutes" Gespräch dringt, wie bereits erwähnt, zum „Eigentlichen" vor. Das Eigentliche muss dabei nicht immer ein großes oder intimes Thema sein. Das Eigentliche kann z.B. darin bestehen, dass Sie als Chef ein Mensch sind, der sich durch das andauernde Zuspätkommen des Mitarbeiters persönlich gekränkt fühlt und nicht wertgeschätzt vorkommt. Das Eigentliche kann auch sein, dass der potentielle neue Mandant bereits bei einem Kollegen ein Angebot eingeholt hat und jetzt nicht Ihrem Vorschlag zustimmen will, weil der Kollege preiswerter war. Das Eigentliche zu Tage zu fördern bedeutet, Mut und Vertrauen bei den Gesprächspartnern.

5. Welche Übereinstimmung oder welche Lösungen können wir finden?

26 Erst in dieser Phase des Gesprächs sollten Sie sich gemeinsam mit Ihrem Gesprächspartner auf Lösungssuche machen. Erst nachdem alle Sichtweisen gehört und die zugrunde liegenden Bedürfnisse ausgesprochen wurden, haben darauf folgende Vereinbarungen und Maßnahmen gute Aussichten auf deren Umsetzung. Gute Gesprächsergebnisse brauchen Zeit, wenn sie tragfähig und von Dauer sein sollen. Dies gilt es zu beachten. Gerade Chefs oder auch Führungskräfte haben den Wunsch oder sind angehalten, schnell gute Lösungen zu finden. Diese Erwartung steht allerdings im Widerspruch zu im Dialog entwickelten Lösungen. Im Zweifelsfall verzichten Sie lieber auf „vor"-schnelle, aber wenig tragfähige Lösungen – und vereinbaren stattdessen besser einen weiteren Gesprächstermin.

6. Wie Sie das Gespräch abschließen können

a) Zusammenfassung

Fassen Sie das gesamte Gespräch zusammen. Dieser Schritt muss auch dann erfolgen, wenn sich die 27
Gesprächspartner im Gespräch uneinig geblieben sind.

Das Zusammenfassen gelingt dann am besten, wenn es Ihnen gelungen ist, tatsächlich zuzuhören. 28
Schriftliche Notizen sind dabei hilfreich.

Beispiele:

„Ich möchte nun unser Gespräch zusammenfassen."

„Ich sehe, dass ... Sie selbst sagen, dass .... Ist das richtig so?"

„Was können wir angesichts dieser Situation tun?"

„Was ist Ihr Vorschlag dazu?"

b) Vereinbarungen und Absprachen treffen

Je konkreter und eindeutiger die nächsten Schritte benannt werden, desto höher ist die Wahrschein- 29
lichkeit der Umsetzung. Hier kommt die gute, alte To-Do-Liste oder ein Maßnahmenplan zum Einsatz. WER macht WAS bis WANN? Alle vereinbarten Handlungen werden klar und verbindlich festgehalten. Damit wird ein Verweilen bei den guten Absichten verhindert und Sie erreichen ein hohes Maß an Verbindlichkeit für alle Beteiligten.

Beispiele:

„Schön, dass wir uns auf Plan B geeinigt haben."

„Das bedeutet dann, dass Sie in den nächsten ... vorbereiten.

„Und wir treffen uns zur nächsten Besprechung am ..."

„Ich habe für mich jetzt folgende Gesprächsergebnisse festgehalten. Bei den folgenden Punkten haben wir eine Lösung gefunden"

Sollten noch Punkte offen geblieben sein:

„Und dann gibt es da noch zwei Themen, zu denen Sie erst weiter Informationen einholen wollen:"

„Wann können wir uns da wieder zusammensetzen?"

... und den Termin für ein weiteres Gespräch bereits fixieren! So verhindern Sie, dass offene oder ungeklärte Punkte nie oder nur sporadisch einer Lösung zugeführt werden und damit ein destruktives oder hemmendes Eigenleben beginnen können.

c) Reflexion und Cool-down

Das Ende des Gesprächs bietet die Gelegenheit, noch einmal den Gesprächsverlauf gemeinsam zu 30
reflektieren. Sollte am Beginn wegen der Dringlichkeit des Themas der Smalltalk entfallen sein, ist hier jetzt Gelegenheit, ihn nachzuholen.

Beispiele:

„Inwieweit sind Sie zufrieden mit dem Verlauf unseres Gesprächs?"

„Was kann ich dazu beitragen, um es beim nächsten Mal zu verbessern?"

Wichtig:

Mit der Stimmung, die jetzt am Ende des Gesprächs vorherrscht, geht Ihr Gesprächspartner aus dem Gespräch. Bei Ihrer nächsten Einladung zu einem Gespräch, wird er sich genau daran erinnern. Das Ende eines Gesprächs sollten Sie daher ganz bewusst positiv gestalten. Es ist wesentlicher Bestandteil für die professionelle Gesprächsführung. Investieren Sie hier nochmals das Quäntchen mehr an Energie und Bemühen.

E. Zwei Grundtechniken

31 Im Folgenden stelle ich Ihnen zwei grundlegende Kommunikationstechniken vor, die immer wirksam sind, aber besonders in kritischen Gesprächssituationen helfen können, Konflikte zu bewältigen oder erst gar nicht entstehen zu lassen. Es sind gewissermaßen Basisregeln, um Störungen in der Kommunikation von Vornherein zu vermeiden.

I. Das Zuhören

32 Der Duden erläutert das Verb „zuhören" wie folgt: „Etwas akustisch Wahrnehmbarem hinhörend folgen, sich ihm aufmerksam zuwenden."

33 Bereits diese Definition signalisiert deutlich, worum es beim Zuhören geht: Zuhören bedeutet eine bewusste Anstrengung, um den anderen zu verstehen. Eine bewusste Anstrengung meint, persönlich aktiv sein und eine bewusste Entscheidung, dies auch zu wollen. Während Sie diese Zeilen lesen, hören Sie möglicherweise unterschiedlich viele Dinge: Draußen pfeifen Vögel, im Zimmer brummt der PC, nebenan klappert wer mit Geschirr. Und doch hören Sie diesen Geräuschen nicht **zu**, Sie nehmen sie höchstens unterschwellig wahr.

34 Das mit dem Zuhören ist so eine Sache: Nur weil wir dem anderen gegenüber sitzen und das, was er oder sie sagt, akustisch hören, hören wir noch lange nicht richtig zu. Richtiges Zuhören ist intensiv. Es bedeutet, dass wir versuchen zu verstehen, was unser Gegenüber sagt und wie er sich dabei fühlt.

1. Das aktive Zuhören als Technik

35 Das **aktive Zuhören** ist die zentrale Technik, die Sie auf der Empfängerseite der Kommunikation einsetzen können, um die Verständigung zu verbessern. Und zwar auf der Sach- wie auf der Beziehungsebene. Beim aktiven Zuhören achten Sie nicht nur auf das, was der andere sagt, sondern auch darauf, **wie** der andere spricht und sich verhält. Gefühle und Wünsche werden vor allem im Berufs- und Geschäftsalltag häufig nicht direkt formuliert, doch schwingen sie in fast jeder Äußerung mit. Werden sie nicht beachtet, führen sie mitunter ein störendes Eigenleben. Wenn Sie Emotionen verbalisieren, führt dies dazu, dass Sie sehr rasch erfahren, wo Ihr Gesprächspartner Unsicherheiten, Ängste, Bedenken usw. hat. All dies hindert ihn womöglich daran, eine Entscheidung zu treffen, z.B. für eine neue Dienstleistung, ein Projekt fertig zu stellen oder Veränderungen wirklich umzusetzen. Sind die Emotionen einmal ausgesprochen, ist das für viele Menschen wohltuend. Situationen können sich entspannen und Gespräche können konstruktiv und sachlich geführt werden.

Das heißt für Sie als Zuhörer konkret: Begegnen Sie Ihrem Gesprächspartner mit: 36

a) Empathie

Als **Empathie** bezeichnet man die Fähigkeit eines Menschen, die Gefühlswelt eines anderen Menschen zu verstehen, ohne dessen persönliche Grenzen zu überschreiten oder dessen Einstellung zu teilen. Empathisch zu sein bedeutet, zu verstehen und nachvollziehen zu können, warum der andere so und nicht anders handelt oder handeln kann. Versuchen Sie sich also in Ihren Gesprächspartner hineinzuversetzen. Erst, wenn er sich wirklich verstanden fühlt, ist er auch bereit, Ihre Beratung anzunehmen oder gemeinsam mit Ihnen Lösungen zu erarbeiten. Dazu gehört, dass wahrgenommene Gefühle wie Ärger, Enttäuschung, Unsicherheit, Misstrauen usw. auch angesprochen gehören. 37

b) Aufmerksamkeit und Interesse

Viele Missverständnisse in der zwischenmenschlichen Kommunikation ergeben sich daraus, dass wir unseren Gesprächspartnern gegenüber zu wenig aufmerksam sind. Wir hören ungenau zu, weil wir - während der andere noch spricht - in Gedanken bereits beim Formulieren unserer Antwort sind. Aufmerksam zu sein bedeutet, ganz bewusst unsere Konzentration auf den Gesprächspartner zu richten, auf das aktuelle Gespräch und unsere gegenwärtige Erfahrung und das Eigene – zunächst noch – in den Hintergrund zu stellen. Eine derartige Haltung ermöglicht gute Kommunikation für beide Seiten. 38

8

c) Respekt

Respekt bezeichnet eine ganz besondere Form der Achtung und Wertschätzung Ihres Gesprächspartners. Respektvoll zu sein ist nicht immer einfach, sondern kann zur Herausforderung werden, wenn unser Gesprächspartner völlig anderer Meinung ist als wir selbst, oder z.B. stur nur seine Argumente für wichtig hält. 39

2. Wie geht aktives Zuhören?

Zum aktiven Zuhören gehört, dass man seine Aufmerksamkeit durch Körperhaltung, Mimik und Ausdruckssignale dem Gesprächspartner deutlich zu erkennen gibt. Dies erfolgt durch: 40

- Körperliche Zugewandtheit
- Nicken
- Blickkontakt
- „Therapeutische Urlaute" wie „mhm", „Ja", „hmm", „aha"

Geben Sie Ihrem Gegenüber Anstöße zum Weiterreden durch:

- Nachfragen
- Wiederholen der letzten Worte („Echo")
- Impulse wie „Erzählen Sie!" oder „Und wie ging es dann weiter?"

Solche Impulse sind gleichsam Türöffner und sagen sinngemäß:

1. Sie haben das Recht auszudrücken, was Sie empfinden.
2. Ich achte Sie als Person mit Ihren Gedanken und Empfindungen.
3. Ich könnte von Ihnen etwas lernen.
4. Ich möchte Ihren Standpunkt hören.
5. Ihre Gedanken sind es wert, angehört zu werden
6. Sie interessieren mich.

Typische Satzanfänge, die aktives Zuhören zum Ausdruck bringen, sind:

„Sie befürchten jetzt, dass …"
„Sie sind misstrauisch, ob …"
„Sie ärgern sich über …"
„Sie sind noch nicht sicher, wie weit …"
„Sie sind erschrocken über …"
„Sie sind schockiert, weil …"
„Sie sind über … entsetzt."
„Sie nervt es, wenn …"
„Sie könnten platzen, weil …"
„Sie sind noch unentschieden, ob Sie …"
„Ihnen stinkt es, wenn …"

Beim aktiven Zuhören fragen Sie sich im Stillen:

Was empfindet mein Gesprächspartner?
Was ist an dem, was er gerade äußert, so wichtig?
Was beschäftigt ihn daran so sehr?
Welches Interesse hat er daran?
Was will er damit verfolgen?
Wie ist ihm zumute?

Wichtig:

Aktives Zuhören darf nicht mit einer Technik verwechselt werden! Das Bemühen muss sein, sich dem anderen uneingeschränkt zuzuwenden. Deswegen ist diese Art des Zuhörens eine Haltung bzw. eine persönliche Lebenseinstellung, die Respekt und Achtung vor dem anderen zum Ausdruck bringt. Es gilt bei Techniken uneingeschränkt: Wer nur auf Wirkung zielt, wird nicht erfolgreich sein.

II. Ich-Botschaften

41 Ein einfacher Weg, mehr Offenheit und mehr Bereitschaft zur Zusammenarbeit in Gesprächen zu erreichen, ist, wenn jeder von sich erzählt. Menschen, die über Ihren ganz persönlichen Standpunkt reden, sind einerseits leichter verständlich, andererseits verstehen Sie sich auch selbst besser. Sie nehmen sich selbst besser wahr, weil Sie ihre Aufmerksamkeit darauf richten, wie Sie selbst z.B. die Ereignisse in der Kanzlei erleben. Wenn Sie von Ihren eigenen Erfahrungen berichten, sind Sie imstande, sich auch klar dem Anderen gegenüber mitzuteilen.

Das Verwenden von Ich-Botschaften in Gesprächen ist gleichzusetzen mit einer Einzahlung auf ein Beziehungskonto, von dem besonders in schwierigen Situationen abgebucht werden kann, ohne dass man gleich ins Minus rutscht. Dies mag in alltäglichen Situationen eher belanglos erscheinen. Kaum sind aber Situationen zu lösen, in denen man nicht einer Meinung ist – beispielsweise dem Mitarbeiter sagen muss, dass man sich ein gänzlich anderes Verhalten erwartet oder dem Mandanten eine völlig neue Vorgehensweise vorschlagen will - bekommt dieses Plus auf dem Beziehungskonto entscheidende Bedeutung. Letztendlich kann es sogar für eine weitere Zusammenarbeit oder eine Trennung entscheidend sein. 42

Beispiele:

„Ich" fühle, statt „du" bist schuld.

Und „ich" bin davon überzeugt, dass „wir" eine gemeinsame Lösung finden.

1. Die Bedeutungen des Formulierens in der Ich-Sprache

1. Ich will den Anderen darauf aufmerksam machen, wie ich sein Verhalten erlebe und was es für mich bedeutet. Im positiven wie im negativen Sinn.
2. Ich-Botschaften sind ehrliche emotionale Äußerungen, die die eigene Meinung und die eigenen Gefühle mitteilen:
   - „Ich habe ein Problem mit deinem Handeln und das tut mir nicht gut."
   - Diese respektvolle Emotionalität macht den Gesprächspartner betroffen.
3. Ich will dem anderen meine Bedürfnisse und Gefühle mitteilen, damit er darüber informiert ist, worauf er besser Rücksicht nehmen kann. So muss er sich nicht auf Vermutungen stützen.

   „Wenn ich über das Geschehen bei dem neuen Projekt nicht auf dem Laufenden gehalten werde, mache ich mir Sorgen und stelle mir vor, dass Sie sich mit allerlei ungelösten Problemen herum schlagen."
4. Ich will den anderen darüber aufklären, welche Veränderungen in seinem Verhalten mir gegenüber die Zusammenarbeit mit ihm erleichtern würden.

   „Wir arbeiten ausgezeichnet zusammen und mein Wunsch ist, dass das so bleibt. Es gibt jedoch eine Sache, die mich wirklich stört – und die möchte ich Ihnen jetzt sagen: …"
5. Ich-Botschaften benennen alternative Handlungsweisen, Wünsche oder zu erwartende Konsequenzen. Sie überlassen aber dem Gesprächspartner die Entscheidung und damit auch die Verantwortung.
6. Ich-Botschaften vermeiden eine unfruchtbare Konfrontationssituation und tragen der Tatsache Rechnung, dass zuerst der Sprecher ein Problem hat, nicht der Angesprochene.
   - „Ich habe eine Wut im Bauch."
   - „Ich bin verärgert."
   - „Ich bin enttäuscht."
   - „Ich fühle mich nicht verstanden."
   - „Ich mag es nicht, wenn man mich unterbricht."
   - „Ich bin besorgt."
   - „Ich bin frustriert."

2. Die Wirkung von Ich-Botschaften

43 Wer eine Ich-Botschaft formuliert, deckt ein Stück seelischen Befindens auf. Er setzt sich damit aus, wird möglicherweise auch verletzbar - und das macht oft Angst. Es braucht daher einen gewissen Mut, seine verletzten und verstörten Gefühle einem andern – oft ausgerechnet demjenigen, mit dem man ein Problem hat – mitzuteilen. Gerade im beruflichen Alltag sind wir alle daher eher vorsichtig mit Mitteilungen über uns selbst. Denn Äußerungen über die eigene Befindlichkeit werden im beruflichen Kontext nicht selten als unangemessen bewertet, oft sogar als gefährlich. Schließlich könnten die anderen das als Mangel an Belastbarkeit interpretieren. Die Erfahrung zeigt aber, dass in der Regel durch eine Ich-Botschaft beim Gesprächspartner die Bereitschaft erhöht wird, seinerseits von seiner Gefühlslage zu berichten.

1. Ich-Botschaften sind eine wichtige Methode der Deeskalation, da sie dem Empfänger das Nachgeben und Einlenken leichter machen.
2. Der Sprecher einer Ich-Botschaft ist ein Mensch mit Empfindungen, mit Stärken und Schwächen, und kein Halbgott, der über den Dingen steht. Dadurch wird aus einer hierarchisch-autoritären eine partnerschaftliche Beziehung.
3. Ich-Botschaften fördern wiederum Ich-Botschaften des anderen. Dadurch entsteht eine Atmosphäre der Offenheit und Vertrautheit.
4. Manche Ich-Botschaft ist gar keine echte, sondern ein Vorwurf, eine Beschuldigung, ein Urteil, also in Wirklichkeit eine Du-Botschaft.

   „Ich finde, Sie sind faul." ist gleichbedeutend mit „Sie sind faul.".
5. Manche Du-Botschaft tritt verdeckt auf und wirkt dann unter Umständen besonders verletzend.

   „Das ist doch blanker Unsinn" als Entgegnung auf etwas Gesagtes entspricht „Sie reden blanken Unsinn."

   Fairer wäre:

44 „Ich kann den Sinn von dem, was Sie sagen, nicht erkennen."

Formulierungen mit „man", „es" oder „wir" beziehen andere ungefragt mit ein und bauen damit ungewollt Blockaden auf. Auf diese Weise schützt man sich selbst durch einen Panzer aus Allgemeinheit.

F. Eine besonders herausfordernde Gesprächssituation

45 Wir alle kennen die Situationen aus unserem täglichen Berufsleben leider nur allzu gut: Wieder einmal mehr hat ein und derselbe Mitarbeiter ein und denselben Arbeitsfehler gemacht, eine Arbeit nicht oder nur mangelhaft erledigt oder kommt - wie schon bekannt - auch diese Woche nicht das erste Mal zu spät zur Arbeit. Jetzt ist es an der Zeit, darüber zu sprechen.

46 Bei genauerer Betrachtung ist übrigens auch jedes Beratungsgespräch ein - wenn auch besonderer Art - herausforderndes Gespräch. Sie als Berater raten Ihrem Mandanten zu einem Handeln, dass er ohne Sie nicht gekannt hätte. Bisweilen müssen Sie Ihren Mandanten sogar dringend dazu auffordern, sich anders zu verhalten. Andernfalls könnte es fatale Folgen haben. Sie müssen Ihn kritisieren, wie er sein Unternehmen führt.

47 Nun sagen wir ganz grundsätzlich anderen Menschen nicht gerade gern, dass Ihnen ein Fehler unterlaufen ist. Und noch viel weniger gern hören wir selbst, dass wir etwas falsch gemacht haben. Häufig sind wir verärgert und das macht das Ansprechen von Fehlern nicht gerade leichter. Entscheidend

für den Erfolg der Kritik ist, wie bei sehr vielen anderen Dingen auch, das „WIE". Wie vermitteln wir unserem Gesprächspartner, dass wir mit seinem Verhalten nicht einverstanden sind.

I. Das Kritikgespräch

Was für andere Gesprächssituationen gilt, gilt in gleichem Maße auch für Kritikgespräche: Es gibt keinen idealtypischen Verlauf. Niemand kann dafür garantieren, dass ein Mensch, der gerade mit seinen Fehlern konfrontiert wird, nicht negativ und völlig unkooperativ reagieren wird. Es gibt aber einige Untersuchungen darüber, die zeigen, dass der im Folgenden vorgeschlagene Ablauf eher zum Gelingen und zu einer wirklichen Verhaltensänderung führen kann. 48

1. Leitfaden Kritikgespräch

Negative Dinge sind häufig mit sehr heftigen Emotionen beladen. Umso wichtiger für den Erfolg eines Kritikgesprächs ist daher seine sorgfältige Vorbereitung. Es gibt Ihnen erstens die Gelegenheit, schon vorher etwas Dampf ab zu lassen und damit entspannter an das Gespräch heran zu gehen. Zweitens haben Sie Zeit, Ihre persönliche Einstellung zu verändern. Versuchen Sie einmal eine völlig neue Perspektive: Kritik an sich ist nichts Negatives. Kritik ist ein Prozess des Förderns! Ein Kritikgespräch ist damit der Beginn eines Förderprozesses. 49

8

a) Selbstklärung

Wer klar kommunizieren will, muss zunächst selbst eine klare Vorstellung darüber haben, was er mit einem Gespräch erreichen will. Wer erst im Gespräch damit beginnt, seine Gedanken zu klären, braucht sich nicht zu wundern, wenn dem Gespräch Deutlichkeit und Effizienz fehlen. 50

- „Was ist mir an der Kritik zentral und wichtig und welche Absicht verbinde ich damit?"
- „Wie geht es mir? Welche Gedanken und Gefühle habe ich in Bezug auf das Gesprächsthema und wenn ich an das bevorstehende Gespräch selbst denke?"

…und:

- „Wie wird es meinem Gesprächspartner gehen?"
- „Mit welchen Reaktionen rechne ich?"

Weitere Fragen für die Vorbereitung sind:

- „Was ist genau wann passiert?"
- „Welches Verhalten des Mitarbeiters hat zu dieser Situation geführt?"
- „Welchen Anteil hat der Mitarbeiter an der Situation insgesamt?"

b) Rahmenklärung

Gerade für herausfordernde Gespräche kann der Ort des Gesprächs eine entscheidende Rolle spielen. Nicht immer ist das Chefbüro der beste Ort. Warum nicht bei einem gemeinsamen Mittagessen die Atmosphäre entspannen? Bei einem sehr wichtigen Mandanten würden Sie das doch auch tun, oder? 51

Praxishinweis:

Klären Sie folgende Fragen im Voraus:

- *Wo findet das Gespräch statt?*
- *Wie viel Zeit nehme ich mir?*
- *Kann dort das Gespräch ungestört stattfinden?*

c) Verabredung zum Gespräch

52 Je heikler die zu besprechenden Themen sind, desto wichtiger ist die Verabredung zu einem Gesprächstermin. Vermeiden Sie eine Überfallsstrategie. Eine klare Bitte um einen Gesprächstermin und die konkrete Ankündigung des Themas machen Ihren Gesprächspartner zu einem wirklichen Gegenüber. Der Gesprächspartner soll wissen, was auf ihn zukommt, und er soll auch die Möglichkeit zur Vorbereitung haben.

Beispiel:

„Frau A. Wann kann ich Sie für eine halbe Stunde sprechen. Es geht um …"

bei drängenden Problemen:

„Ich sehe, dass Sie gerade an … arbeiten. Ich möchte Sie nicht unterbrechen. Wann kann ich Sie im Laufe des heutigen Vormittags sprechen. Es geht um … und es ist mir ganz wichtig, dass wir schnell eine Lösung finden."

2. Gesprächsablauf

53 Orientieren Sie sich dabei an den bereits vorgestellten Tipps unter Punkt „Wie Sie Gespräche führen können". Wenn Sie dann noch die folgenden zehn Grundsätze beherzigen, können Sie mit Erfolg rechnen.

Zehn Grundsätze für wirksame Kritikgespräche

(1) Konstruktive Kritik ist zeitnah

54 Stellen Sich vor, Sie möchten Klavierspielen lernen und die Töne wären zeitverzögert zu hören. Wie wäre es so möglich, Ihr Können zu verbessern? Je schneller Sie kritische Rückmeldung geben, desto erfolgreicher ist sie. Es gibt allerdings auch ein Zu-früh, z.B. in Lernsituationen, wenn es darum geht, neue Fähigkeiten einzuüben, zu trainieren und erst zu festigen.

(2) Kritik wird unter vier Augen ausgesprochen

55 Kritikgespräche sind am wirkungsvollsten in einem Vier-Augen-Gespräch. Kritik vor Teamkollegen ist beschämend und respektlos. Niemand wird gerne vor anderen bloß gestellt.

(3) Kritik ermöglicht es, aus Fehlern zu lernen

56 Wer Fehler oder Fehlverhalten kritisiert, hilft das Handeln und Verhalten zu verbessern. Wer die Person kritisiert („Sie sind faul, nachlässig, …"), verletzt oder entmutigt, erzeugt Angst, Demotivation, Ärger oder Widerstand. Bedenken Sie: Wünsche, Erwartungen und Forderungen können erfüllt werden, Vorwürfe nicht!

(4) Kritik ist konkret, sachlich und präzise

Der Sachverhalt muss im Kritikgespräch möglichst exakt und klar verständlich angesprochen werden. 57
Wer nur sagt, dass „etwas“ falsch gemacht wurde, ohne Fakten und Beispiele zu nennen, vernebelt mehr als er klärt.

(5) Kritik ist begleitet von Emotionen

Wer Ärger, Enttäuschung oder Wut verspürt, tut gut daran, das auch seinem Gesprächspartner zu 58
sagen. All unsere Gefühle sind real vorhanden und wollen auch zur Sprache kommen. Lassen Sie aber vorher den ersten Zorn verrauchen. Dadurch vermeiden Sie, Dinge zu sagen, die Ihnen nachher womöglich leid tun.

(6) Kritik enthält keine Verallgemeinerungen, Unter- oder Übertreibungen

Kein „immer“, „nie“, „ständig“, „alles“, „jedes Mal“, „manchmal“, „ein bisschen“, „eigentlich“, „ein we- 59
nig“ …! Niemand kommt <u>immer</u> zu spät – der Kritisierte wird sich sofort daran erinnern, dass er ja am … rechtzeitig gekommen ist. Kritik nennt klare Fakten oder Beispiele.

(7) Kritik braucht ein Gespräch

Warum ein Mitarbeiter handelt, wie er handelt, welche Hintergründe, Ursachen, Motive es dafür 60
gibt, erfahren Sie nur, wenn der Betreffende die Möglichkeit hat, es Ihnen zu sagen. Nur wer im Gespräch mit dem anderen ist und bleibt, der kann auch verstehen.

(8) Kritik bietet Hilfe an

Im Kritikgespräch wird gemeinsam nach Lösungen gesucht. Beide - Kritisierender, wie auch Kriti- 61
sierter - sind aufgefordert, ihren Beitrag zu leisten. Konstruktive Kritik enthält Vorschläge zur Verbesserung.

(9) Kritik fordert Verbindlichkeiten

Gemeinsam vereinbarte Lösungen oder Ziele bedürfen einer verbindlichen Abmachung. Dabei geht 62
es nicht darum, sie später einer Überprüfung im Sinne von Nachprüfung zu unterziehen. Sollte sich eine Besserung eingestellt haben, müssen Sie dafür Ihren Mitarbeiter loben können. Lob und Kritik brauchen ein ausgewogenes Verhältnis. Wer mit Lob geizt, aber mit Kritik schnell zur Stelle ist, wird kaum auf positive Effekte hoffen können.

(10) Vermiedene Kritik ist eine vergebene Chance

Wenn Sie – aus welchen Gründen auch immer – auf Kritik verzichten, verhindern Sie, dass Mitar- 63
beiter sich verbessern können, Arbeiten so erledigt werden, wie Sie es sich erwarten oder Fehler in Zukunft vermieden werden können.

! Praxishinweis:

Bereiten Sie Ihre Kritikgespräche konsequent nach. Sie vermitteln damit, dass Sie es ernst meinen. Geben Sie Ihrem Mitarbeiter regelmäßig Feedback darüber, ob er sich auf dem richtigen Weg befindet. Bestärken Sie ihn durch positive Rückmeldungen, wenn es dazu Gelegenheit gibt.

G. Resümee

Kommunikation ist das meistgebrauchte Wort des 3. Jahrtausends. Kommunikation ist aber auch das, was Menschen zusammenbringen oder auch meilenweit von einander trennen kann. Ich bin daher der Meinung, dass dieser Siegerplatz völlig gerechtfertigt ist. Wir sind als Menschen nicht denkbar ohne Kommunikation. **Kommunikation ist alles, ohne Kommunikation ist alles nichts!** Beachtung findet diese Behauptung häufig erst, wenn Kommunikation nicht mehr funktioniert. So weit muss es gar nicht erst kommen. Jedem kann es gelingen so, zu kommunizieren, dass es für alle Beteiligten ein Gewinn ist. Es gilt, wie übrigens bei allen anderen Kompetenzen und Fähigkeiten auch, sie zu üben und ständig weiter zu entwickeln.

Christine Lindenthaler

ist Unternehmensberaterin und akademische Wirtschaftstrainerin. Als solche hat sie sich auf die Beratung zum Thema Kommunikation spezialisiert. Ihre Trainings setzen immer auf den bereits vorhandenen Fähigkeiten der Teilnehmer auf und diese werden entsprechend der beruflichen Anforderungen und Herausforderungen weiterentwickelt.

Mehr über ihre Arbeit und ihre Trainingsmethoden zum Thema Kommunikation finden sie unter www.i-communication.at.

Warum haben Sie sich mit diesem Thema befasst?

Ich bin studierte Pädagogin. Für die Tätigkeit von Pädagogen ist Kommunikation eine Grundbedingung. Entscheidend ist für mich nicht nur, dass Menschen überhaupt miteinander reden können, sondern vor allem wie sie das tun.

Inwieweit haben Sie mit Steuerberatern zu tun?

Ich arbeite in verschiedenen Projekten mit Stefan Lami zusammen. Dieser ist als Managementberater ausschließlich in Steuerberatungskanzleien tätig. In unseren gemeinsamen Beratungsprojekten ist mein Part immer das Thema Kommunikation.

8

Was sind für Sie die wesentlichen Faktoren, die beruflich und privat Erfolg ausmachen?

Für mich ist erfolgreich, wem es gelingt, etwas mit Leidenschaft zu tun. Diese Einstellung gilt für mich für alle Lebensbereiche. Beruflich oder privat ist damit gleichbedeutend.

§ 9 Erfolgreich Netzwerken für Steuerberater

A. Einführung

1 Empfehlen Sie Ihrem besten Freund auch mal gerne einen guten Wein? Wenn ja, wie fühlen Sie sich, wenn er ihm mundet? Richtig! Sie freuen sich, dass Sie eine gute Empfehlung ausgesprochen haben. Oder was tun Sie, wenn Ihre beste Mitarbeiterin über Zahnschmerzen klagt und Sie eine wirkliche Koriphäe am Zahnarzthimmel kennen, der Ihnen die Angst vorm Bohren genommen hat? Richtig! Sie schicken Ihre Mitarbeiterin dorthin. Und wie fühlen Sie sich, wenn dieser Zahnarzt ihr nun auch alle Angst nimmt und sie wieder voll einsatzfähig macht? Richtig! Sie sind mit sich zufrieden!

2 Und jetzt anders herum: Wie geht es Ihnen, wenn Ihre beste Freundin Ihnen kurzfristig ihr Auto leiht, da Ihres schon wieder in die Werkstatt musste und Sie zu einem dringenden Termin aufs Land fahren müssen? Richtig! Sie sind dankbar und nehmen sich vor, sich in geraumer Zeit zu revanchieren!

3 Das, verehrte Steuerberater/innen, das ist und so geht Netzwerken!

B. Teil 1: Netzwerken allgemein

I. Was ist und wie geht Netzwerken?

4 Theoretisch versteht man unter Netzwerken „... eine methodische und systematische Art der Beziehungspflege, die in der offenen Absicht der gegenseitigen Förderung, des Austauschs und des persönlichen Vorteils geschieht."[1] Das beinhaltet den Aufbau und die Pflege eines Beziehungsgeflechts einer mehr oder weniger großen Gruppe von miteinander vernetzten Personen. Diese kennen sich gegenseitig mehr oder weniger gut, informieren sich wechselseitig und unterstützen sich gegenseitig.[2] Sie treffen sich regelmäßig, tauschen Wissen, Tipps und Strategien aus und knüpfen über ihr Netzwerk wieder weitere Kontakte, die ihnen von Nutzen sein können und die sie so leichter kennen und Ihnen vertrauen lernen. Ist man ein/e Netzwerker/in, so ist es nahezu selbstverständlich, sich in seinem Netzwerk gegenseitig unter die Arme zu greifen und sich gemeinsam im Netzwerk weiterzuentwickeln.

5 War Netzwerken noch bis in die 80er Jahre hinein eher als sog. „Vetternwirtschaft" verpönt, so besinnt man sich in jüngerer Zeit wieder den berühmten und erfolgreichen Netzwerkursprüngen (Gilden, Zünfte, Hanse, Freimaurern, etc.) und sieht es heute geradezu als schick an, einem renommierten Netzwerk anzugehören. Und das mit Recht, denn Netzwerken ist heute aus dem Privat-, wie auch dem Geschäftsleben nicht mehr wegzudenken.

II. Was bringt Netzwerken?

6 Jedes Netzwerken, wenn es denn ernsthaft betrieben wird, hat praktisch gesehen einen sehr großen Nutzen für jede/n Einzelne/n des jeweiligen Netzwerkes.

1 Uwe Scheler, Erfolgsfaktor Networking, München, Piper, 2003
2 Michael Schetsche, Kai Lehmann (Hrsg.), Netzwerker-Perspektiven, Regensburg, S. Roderer, 2003

Die wissenschaftlichen Disziplinen der Soziologie und Psychologie beschäftigen sich schon seit Jahrzehnten mit dem Begriff des sog. „sozialen Netzwerkes" und erforschten in zahlreichen Studien, dass, vor allem im Bereich der Jobsuche bzw. für die persönliche Karriere, ein aktives Netzwerken äußerst effektiv und gewinnbringend ist. Des Weiteren fördert es soziale Kontakte, die einer zunehmenden Isolierung der Einzelnen, insbesondere durch den Wegfall der traditionellen Gemeinschaftsstrukturen (z.B. Großfamilie, Dorfstruktur, Arbeitersiedlung), entgegenwirkt. Die selbst gewählten Beziehungen in einem Netzwerk führen häufig zu gleichförmigen Strukturen wie gleichen beruflichen Interessen, entsprechendem Alter und ähnlichem sozioökonomischem Status.[3] 7

In der Praxis bringt Netzwerken zunächst einmal eine große Zeitersparnis. Bevor ich die gelben Seiten bemühe, frage ich beispielsweise lieber gleich meine kompetente Arbeitskollegin, die sich auskennt, beispielsweise nach einem passenden Internetanbieter für zuhause. Und schon habe ich mir viel Zeit für andere wichtige Dinge gespart. Wenn es passt, kassiert die Kollegin auch gleich noch eine Empfehlungsprämie vom Anbieter und schon haben wir beide etwas davon. 8

Das finden wir für den Alltag ganz normal und das hat bestimmt schon jede/r einmal genauso getan, nicht wahr? Im Business finden wir das eher komisch und gehen oft lange Wege, um uns mit einer/m Dienstleister/in festzulegen. Doch was passiert, wenn wir die gleiche EDV-Betreuungsfirma wie unsere Nachbarkanzlei beanspruchen? Ja, genau! Nichts! Ist unsere Nachbarkanzlei ähnlich wie wir aufgestellt, so können wir uns darauf verlassen, dass wir mit diesem/r Dienstleister/in genauso zufrieden sein werden und haben eine Menge Zeit durch nicht erfolgte Suche gespart. 9

Netzwerken bringt außerdem Vertrauen, denn eine Empfehlung aus dem Netzwerk nimmt mir jegliche Angst davor, z.B. eine/n falsche/n Dienstleister/in zu beauftragen. Es werden nämlich in der Regel nur solche Dienstleister/innen empfohlen, mit denen gute Erfahrungen gemacht wurden. Wenn es mit jemandem Probleme gab, wird höchstens vor diesem gewarnt. 10

Netzwerken hält mich informiert. Durch regelmäßige Treffen mit meinen Netzwerkpartner/innen oder dem regelmäßigen Austausch via Internet oder Telefon, erhalte ich stets vielfältige Informationen. Bei gezielter Ansprache von spezialisierten Netzwerkpartnern/innen bekomme ich sogar genau DIE Informationen, die ich in diesem Moment benötige. 11

Mein Netzwerk bringt mir Verbündete für spezielle Projekte, neue wichtige geschäftliche und private Kontakte, gute Aufträge oder neue Jobs und Herausforderungen und vieles mehr. Vor allem jedoch bringt das Netzwerken großen Spaß, nicht zuletzt durch die schönen Netzwerkevents, die gegenseitige Unterstützung und das regelmäßige Treffen mit den Netzwerkkollegen/innen. 12

III. Netzwerken – ein People-Business

Jetzt höre ich schon, wie Sie sagen: „Das ist ja alles schön und gut, doch wie soll das Netzwerken denn in meinem daily Business funktionieren?" Meine Herren, meine Damen, ich sage Ihnen: Das geht! Und ich spreche dabei aus eigener Erfahrung: Ich kam vor mehr als 12 Jahren, nach mehrjähriger Tätigkeit in verschiedenen afrikanischen Ländern, nach München und kannte hier genau fünf Menschen. Allesamt ehemalige Kommilitonen/innen aus meiner Studienzeit in Bayreuth. Ich war einsam und sehnte mich dorthin, nach meinem großen Freundeskreis zurück. Heute, fast 13 Jahre später, kenne ich (ich habe extra einmal nachgezählt) hier in München ca. 600 Menschen verschiedenen Alters, unterschiedlichster Profession und Interessen. Man sagt, dass ein Mensch in seinem ganzen Leben mit ca. 2000 anderen Menschen zu tun hat. Bei mir kommen natürlich auch noch all diejenigen dazu, die in anderen Orten, Ländern und Kontinenten leben. So komme ich in meinem Alter von knapp 40 Jahren insgesamt schon auf mindestens 1000 Menschen, die ich gut kenne, d.h. 13

3 www.psychology48.com/deu/d/netzwerk/netzwerk.htm

dass mich mit jedem einzelnen Menschen etwas verbindet. Mit den meisten, ca. 800, habe ich Kontakt, wenn auch nicht regelmäßig, mit dem Rest nicht mehr. Allerdings könnte ich jederzeit mit ca. 100 Personen, die ich sehr, sehr lange nicht kontaktiert habe, wieder zusammen kommen. Das moderne Zeitalter des Internets macht es heutzutage möglich, mit mehr Menschen Kontakt zu halten, als es früher möglich war. Wenn ich Ihnen jetzt erzähle, dass ich mich vor fünf Jahren im Bereich der Marketingkommunikation selbständig gemacht habe und heute 99% meiner Aufträge über mein Netzwerk erhalte, wird Sie das sicher nicht mehr überraschen.

14 Jetzt höre ich Sie schon wieder sagen: „Das ist doch nicht normal, wie soll das denn gehen?" Dann kann ich Ihnen nur sagen: Doch, das ist normal, denn jeder „normale" Mensch kann Netzwerken erlernen. Mir macht das Netzwerken einen solchen großen Spaß, dass ich es seit geraumer Zeit zu meinem Beruf gemacht habe und auf professioneller Ebene beim sog. Business-Match-Making gegen Entgelt kompetente Menschen im Business sinnvoll zusammenbringe, damit diese gemeinsam beste Geschäfte machen können. Und ich habe noch niemanden mit meinen Netzwerkkontakten enttäuscht (siehe hierzu auch meine Website unter www.purple-consulting.de).

15 Mit Ausnahme des virtuellen Netzwerkens (siehe auch „Virtuelles Netzwerken"), ist Netzwerken ein People-Business, denn es fördert den direkten persönlichen Face-to-Face-Kontakt und bringt Menschen unterschiedlichster Branchen, Ideen und Herkunft über mindestens ein gemeinsames Interesse zusammen. Zunächst, um sich auszutauschen und ggf. später einen gemeinsamen Erfolg einzufahren. Wenn Sie nun sagen, dass man im Zeitalter des Internets keinen persönlichen Austausch mehr benötigt, so frage ich Sie, weshalb sich immer noch weltweit zahlreiche Menschen auf Messen, zu großen Events oder Sportereignissen zusammenfinden, wenn doch der Face-to-Face-Kontakt nicht mehr so wichtig ist? Gerade in Zeiten größter Technologisierung benötigen wir mehr denn je die persönliche Verbindung.

16 Und gerade das Persönliche macht es so interessant und spannend, sein eigenes Netzwerk auszubauen oder sich in verschiedenen formellen Netzwerken zu bewegen.

17 Ich zum Beispiel bin mit meinem Netzwerk völlig autark. Ich kann mit Stolz behaupten, dass ich für all meine Lebensanforderungen mindestens eine Person in meinem Netzwerk habe, die mir direkt weiterhelfen oder in Ausnahmefällen mir eine/m entsprechende/n Helfer/in empfehlen kann. Ich kenne alle Personen in meinem Netzwerk persönlich, ich weiß, wie sie agieren und wie sie „ticken" und das verleiht mir ein ganz besonderes Gefühl der Geborgenheit und Freude. Mein Netzwerk ist so gut aufgestellt, dass ich es mittlerweile für meine Kunden/innen mitnutze und im sog. Business Match Making gegen Entgelt Produkte und Leistungen aus meinem Netzwerk weitervermittele. Vor allem an die, die sich selbst noch ein bisschen schwer tun mit dem Business-Netzwerken und auf gute Empfehlungen angewiesen sind. Netzwerken muss einer/m leicht fallen, es muss nebenbei gehen, es muss Spaß machen und wird, wenn es auf Gegenseitigkeit beruht, auf jeden Fall erfolgreich sein! Doch nicht jedem Menschen geht das gleich leicht von der Hand.

IV. Wer ist ein/e Netzwerker/in?

18 Zugegeben, nicht jeder Mensch ist ein/e gute/r Netzwerker/in. Wenn Sie beispielsweise keine Menschen mögen, Ihnen Kommunikation schwer fällt, Sie ein Geheimniskrämer sind, gute Ideen und Tipps für sich behalten sowie lieber im Büro sitzen als andere Menschen zu treffen, dann sollten Sie jemanden dafür bezahlen, dass er/sie für Sie gute Kontakte und ggf. Aufträge beschafft.

19 Als Netzwerker/in sollte Ihnen all dies Spaß machen, dann haben Sie den Grundstein schon einmal gelegt, um ein gutes Netzwerk aufzubauen und damit auch noch Umsatz zu generieren.

20 Dennoch kann jede/r netzwerken. Hierzu gebe ich Ihnen ein Beispiel: Ein guter Freund suchte jüngst einen neuen Job im Technologiebereich und bat mich um Hilfe. Ich selbst lebe und arbeite in der Kommunikationsbranche und nichts liegt mir ferner als die neuen Technologien. Trotzdem konnte ich ihm als gute „Match-Makerin" weiterhelfen. Ich empfahl ihm, sein Netzwerk zu bemühen, womit ich mir und ihm zunächst jedoch keine Freude machte. Denn er habe kein Netzwerk, wie er mir zugleich mitteilte. „Und warum kommst Du dann zu mir?", fragte ich ihn. „Ich bin ja wohl ein wichtiger Netzwerkkontakt, oder?" Logischerweise hatte ich in meinem Netzwerk einige Personalberater/innen, die wiederum Kollegen/innen aus dem Technologiebereich hatten und so machte das Profil meines Freundes die Runde und er bekam viele hilfreiche Tipps und Empfehlungen. Außerdem empfahl ich ihm, das virtuelle Netzwerk XING (siehe auch „Virtuelles Netzwerken") zu bemühen und dort gezielt die Personalberater/innen der Technologiebranche in Süddeutschland anzuschreiben, welche man ganz einfach über die XING-Suchfunktion findet. Gesagt getan und schließlich kontaktierte ihn ein Personalberater aus Nürnberg, der wiederum ein Kontakt eines angeschriebenen Beraters bei XING war, welcher ihm schließlich zu seinem neuen Traumjob verhalf. Die Welt ist klein durch Netzwerken.

21 Netzwerken sollte allerdings nicht zum Ziel haben, möglichst viele Kontakte zu sammeln. Nein, es kommt vor allem auf die Qualität der Kontakte an und auf ein ehrliches Interesse an den Netzwerk-Kollegen/innen und die Wertschätzung derer Fähigkeiten und Wissen. So reicht es auch schon aus, erst einmal einige wenige Menschen beim Netzwerken näher kennen und für sich schätzen zu lernen, um erfolgreiche Schritte mit dem Netzwerken zu gehen.

22 Weitere Netzwerkkontakte ergeben sich darüber hinaus dann häufig von ganz alleine.

23 Gemäß dem „Kleine-Welt-Prinzip", das bekannterweise von Milgram[4] bereits in den Siebzigern ausgiebig erforscht und von zahlreichen Experimenten (vgl. z.B. mit den Studien von Duncan J. Watts[5]) auch in jüngerer Zeit belegt wurde, kennt jeder Mensch jeden anderen Menschen über durchschnittlich fünf bis sieben andere Personen. So ist es z.B. jedem Deutschen über Netzwerken möglich, Bill Clinton nach Deutschland zu holen, wie ein gleichnamiges Buch über Netzwerken sehr einleuchtend beschreibt[6].

24 Warum sollte es also einer/m deutschen Steuerberater/in nicht gelingen, gute Klienten über erfolgreiches Netzwerken zu gewinnen?

V. Netzwerk = Vielzahl an Mitarbeitern/innen

25 Mein Netzwerk beinhaltet ca. 1000 Personen, jedoch halte ich nur zu ca. 350 regelmäßig Kontakt. Mein ganz enges Netzwerk besteht aus ca. 100 Personen, mit denen ich auch über das normale Business hinaus netzwerke und befreundet bin. Die 350 Personen versuche ich stets über all die Dinge, die ich geschäftlich unternehme, informiert zu halten. Im Zeitalter der modernen digitalen Kommunikation fällt mir das nicht schwer, da ich mit wenigen Klicks bei XING einen Newsletter, eine Ankündigung, z.B. von einem Vortrag von mir oder einfach eine Statusmeldung über eine Neuigkeit oder erfolgreiche Abwicklung eines Auftrages in meinem Business an alle abgeben kann. Natürlich beachten nicht alle immer alle Meldungen von mir, da jede/r in meinem Netzwerk sehr beschäftigt ist, doch bin ich immer wieder überrascht, dass ich jedes Mal sehr viele positive Rückmeldungen

4 Stanley Milgram: Obedience to Authority. An Experimental View. Harper, New York 1974, 1975
5 Duncan J. Watts: Six Degrees – The Science of a Connected Age. W. W. Norton & Company, 2003
6 Hermann Scherer, Wie man Bill Clinton nach Deutschland holt: Networking für Fortgeschrittene, Frankfurt, Campus, 2006

nach einer solchen Ankündigung bekomme. Da ich immer bemüht bin, dass meine aktiven Netzwerkkollegen/innen mich und meine Leistungen stets in sehr guter Erinnerung haben und mich gegebenenfalls gerne weiterempfehlen, habe ich folglich mindestens 350 Mitarbeiter/innen, die Tag ein Tag aus für mich unterwegs sind. In meinem ganz engen Netzwerk (ca. 100 Personen) haben wir sogar die Philosophie, immer erst einmal im Netzwerk die anstehenden Jobs zu vergeben und nur, wenn wir sicher sind, dass die benötigte Leistung nicht durch das Netzwerk erfüllt werden kann, unser erweitertes Netzwerk zu bemühen. Das gilt natürlich auch für alle privaten Anliegen.

26 Betreibt man intensives Netzwerken - ich netzwerke im Durchschnitt ca. eine viertel bis halbe Stunde pro Tag - über viele Jahre hinweg, so werden sich nach ein paar Jahren, je nachdem wie nachhaltig man genetzwerkt hat, die geschäftsträchtigen Empfehlungen aus dem Netzwerk häufen bzw. ausschließlich die Aufträge ausmachen. Obwohl ich schon mein Leben lang netzwerke, habe ich ca. ein Jahr vor Beginn meiner Selbständigkeit mein Business-Netzwerken noch verstärkt, so dass ich bereits innerhalb des ersten Jahres meiner Unternehmung Aufträge aus und aufgrund meines Netzwerkes bekam. Das waren zunächst kleinere Aufträge, doch wurden sie mit der Zeit auch immer umfang- und ertragreicher. Für die Projekte aus dem Netzwerk ist dann kaum mehr Akquise zu leisten, da sich diese mit einer Empfehlung so gut wie erledigt hat.

27 Mit jedem Jahr meiner Selbständigkeit wurde die Inanspruchnahme meiner Leistungen durch mein Netzwerk oder durch Empfehlungen aus selbigen mehr und mehr und seit dem fünften Jahr meines eigenen Unternehmens erhalte ich sämtliche Aufträge nur noch aus meinem Netzwerk, das ich natürlich bestens pflege und stets erweitere. So spare ich mir den/die Vertriebsmitarbeiter/in und habe mehr Budget für eine sinnvolle Öffentlichkeitsarbeit, die ich neben Netzwerken als beste Marketingkommunikationsmaßnahme einschätze.

28 Im Gegenzug empfehle ich natürlich stets meine Netzwerk-Kollegen/innen an meine Geschäftskontakte weiter. Wenn das unter der Prämisse einer guten Ausgewogenheit passiert, sind alle damit einverstanden. Bei Projekten mit größerem finanziellem Output wird dann natürlich auch über Provisionen gesprochen, was durchaus legitim ist, damit jede/r etwas davon hat. Durch die Inanspruchnahme einer Empfehlung spart sich der/die Auftraggeber/in immer viel Zeit und damit Geld, so dass die geringen Mehrkosten durch eine Provision nicht wirklich ins Gewicht fallen.

29 Mittlerweile gibt es auch immer mehr Personen aus meinem Netzwerk, die meine besten Kontakte auch für sich nutzen möchten und welche bereit sind, mir für die Vermittlung einen gewissen Betrag zu zahlen. Mit meinem sog. Business-Match-Making vermakele ich folglich seit geraumer Zeit die Leistungen und Produkte meiner Netzwerk-Kollegen/innen, deren Einverständnis vorausgesetzt, und werde damit immer erfolgreicher. Warum auch nicht? Versicherungs- und Immobilienmakler/innen haben ja auch ihre Daseinsberechtigung und werden gerne beansprucht, da sie mit ihren Leistungen ihren Auftragsgeber/innen stets Arbeit und Zeit sparen.

VI. Netzwerken – ein emotionales Thema

30 Beim Netzwerken kommen wir emotionalen Grundbedürfnissen nach, die wir zur Selbstbestätigung und für unseren Erfolg im Beruf dringend nötig haben. Geben wir eine Empfehlung ab, dann sind wir in der herausragenden Lage, über Informationen zu verfügen, die andere nicht haben. Wie fühlen wir uns dabei? Richtig! Sehr gut. Nehmen wir eine Empfehlung an und erweist sich diese als äußerst hilfreich, dann fühlen wir uns sicher und geborgen und erfreuen uns daran, dass wir über solch gute Kontakte verfügen, die uns in jeder Situation weiterhelfen können.

Wenn Sie jetzt sagen „Jetzt übertreibt sie aber, wichtige Entscheidungen treffe ich nicht emotional," dann kann ich nur sagen: Machen Sie sich doch nichts vor! Auch Sie handeln emotional, oder welche Motivation veranlasste Sie, z.B. den schnittigen Sportwagen zu erwerben? Etwa die ca. 20.000 – 30.000 €, die er mehr kostet als ein funktionaler Mittelklassewagen? Auch Sie kaufen aus emotionalen Gründen und begründen Ihren Einkauf danach rational. Und so geht das auch beim Netzwerken. Wie gerne verlassen wir uns auf den Tipp eines/r Kollegen/in, wenn es darum geht, z.B. unsere Website neu gestalten oder eine neue Werbebroschüre drucken zu lassen. Dann sind wir mit unserer Entscheidung nicht alleine und verlassen uns darauf, dass der/die Kollege/in Recht hat, meistens ohne noch einmal ein Vergleichsangebot einzuholen. Wir freuen uns darüber hinaus sogar, Zeit und viel Aufwand gespart zu haben, wenn wir dem Tipp eines anderen, dem wir vertrauen, gefolgt sind. 31

VII. Steuern – auch ein emotionales Thema

Genauso funktioniert es in der Steuerberatung. Wenn Steuern Ihr daily Business und für Sie spannend und „normal" sind, haben Sie vielleicht vergessen, dass Steuern für die Mehrheit der Angestellten und Selbständigen eine emotionale Belastung, ein emotionales Negativerlebnis sind. Nicht nur, dass wir sie zahlen müssen, nein, wir haben permanent Angst, dass wir zu viel Steuern bezahlen und als Unternehmer/innen gar vergessen, etwas Steuerrelevantes anzugeben und damit auf die gleiche Stufe wie berühmte Steuerhinterzieher wie Zumwinkel et. al. gestellt zu werden. Außerdem fürchten wir, Steuerfristen zu verpassen und damit sofort saftige Strafgebühren ans Finanzamt überweisen zu müssen. Hinzu kommen Ängste, dass von oberster Stufe in unseren finanziellen Verhältnissen gestöbert wird und wir uns verdächtig machen, wenn wir versehentlich einen „falschen" Bewirtungsbeleg in unsere Buchhaltung bringen. Das einzige emotionale Hoch, was wir bzgl. Steuern verspüren können, ist, mit kleinen und legalen Tricks ein bisschen Steuern einzusparen – dann haben wir „Kleinen" auch mal Triumphgefühle gegenüber der „großen" Steuermacht. Deshalb brauchen wir äußerst gute Steuerberater/innen, bei denen wir uns gut fühlen und die uns diese Triumphgefühle möglichst oft verschaffen. Außerdem sollten sie äußerst diskret sein, denn schließlich lassen wir hier „die Hosen runter" und legen unsere geheimsten finanziellen Dinge offen, über die wir am liebsten mit niemandem sprechen würden. Zudem müssen Steuerberater/innen zuverlässig sein, denn wir möchten ihnen auch die vollständige Korrespondenz mit der Finanzbehörde überlassen und die Bilanzen und Steuerbescheide nicht wirklich ganz und gar verstehen, denn dafür haben wir ja unsere Berater/innen. Doch immer wieder hört man Geschichten von Steuerberater/innen, die wichtige Fristen vergessen bzw. bestimmte Fakten falsch angegeben haben und die Strafzahlungen an das Finanzamt steigern sich nun ins Unermessliche. So etwas darf auf keinen Fall passieren, also brauche ich den/die beste/n Steuerberater/in der Welt. Aber wie komme ich an diese/n ran? Richtig! Ich frage in meinem Bekanntenkreis, ich schicke ein E-Mail an mein Netzwerk und je nachdem, wie dieses aufgestellt ist, bekomme ich null bis zehn Empfehlungen. Wie Sie wissen, ist mein Netzwerk sehr groß, folglich erhalte ich mindestens zehn Empfehlungen, wovon ich dann drei näher betrachte und mir schließlich den/die Berater/in aussuche, der/die auf meiner „Wellenlänge" ist, mich emotional anspricht, bei dem/der ich ein gutes Gefühl habe und der/die dann rational betrachtet natürlich alle Tricks und Tipps auf Lager hat, die ich für mich und mein Business brauche. Kurzum, ich vertraue ihr/ihm, weil er/sie oder die Empfehlung für ihn/sie aus meinem Netzwerk kam. Und wenn er/sie dann auch seine/ihre Arbeit gut macht, bin ich mehr als zufrieden. 32

Nun frage ich mich, ob auch Sie mir empfohlen worden wären? Sind Sie auch Bestandteil meines Netzwerkes? Sie kennen bereits die Faustregel, auf die sich auch der größte Online-Businessnetzwerk-Anbieter XING[7] beruft: „Jede/r kennt jede/n über max. fünf Personen." D.h., dass Sie durch 33

7 www.xing.com

mein Netzwerk maximal fünf Personen von mir entfernt sind und dadurch mit großer Wahrscheinlichkeit mir bereits schon viel näher sind, als Sie denken. Aber natürlich nur, wenn Sie selbst netzwerken und zwar mit Sinn und Verstand. Beim Netzwerken macht man andere Menschen erfolgreicher und zufriedener und man wird damit selbst zufriedener und erfolgreicher.

34 Wie das auch für Sie möglich ist, zeige ich Ihnen jetzt:

C. Teil 2: Wie geht's? – Netzwerken für Steuerberater/innen

35 Mit ein Ziel dieses Buches ist es, Sie als Steuerberater/innen an eine bessere oder andere Vermarktungsstrategie heranzuführen. Sie werden deshalb aus meinen Ausführungen immer wieder das Thema „Neukundengewinnung“ herauslesen. Obwohl Netzwerken überhaupt nicht auf Kunden/innen hin ausgelegt sein muss, fokussiere ich dennoch ein wenig darauf, um Ihnen Netzwerken auch als eine Form der Marketingkommunikation näherzubringen. Denn Netzwerken bietet eine ideale Möglichkeit, Kunden/innen besten zu pflegen bzw. neue hinzuzugewinnen.

36 Nun gibt es bekanntlich auch auf beste Konzepte keine Erfolgsgarantie, doch habe ich mich sehr bemüht, Ihnen in folgenden Ausführungen die mir wichtigsten Punkte für ein Erfolg versprechendes Business-Netzwerken anschaulich darzulegen, stets unter der Prämisse, dass es für jede/n anwendbar ist. Hierbei stütze ich mich auf meine eigenen Erfahrungen und die grundlegenden Erkenntnisse der erfolgreichen Buchautorin Monika Scheddin, die in ihrem Buch „Erfolgsstrategie Networking“[8] bereits in der dritten Auflage sehr anschaulich beschreibt, wie jede/r Netzwerken systematisch für ihren/seinen Erfolg nutzen kann. Es sei jeder/m für ausführliche Netzwerk-Studien empfohlen, nicht zuletzt, da es die besten hundert Netzwerke Deutschlands skizziert und deren Kontaktadressen veröffentlicht.

I. Mein persönliches Netzwerk sichten, auf- und ausbauen

37 In meinen vielfältigen Trainings und Beratungen höre ich von meinen Kunden/innen häufig den Satz: „Ich habe leider kein Netzwerk ...“, worüber ich stets schmunzeln muss. Denn jeder Mensch, der seine Wohnung regelmäßig verlässt und einer geregelten Arbeit nachgeht, hat ein Netzwerk. Dieses Netzwerk ist häufig nicht sehr groß, doch sind es meist wenige, aber sehr wichtige Kontakte, sei es der/die beste Studiumsfreund/in, der ein oder die andere Arbeitskollege/in oder der/die Nachbar/in, der/die die Blumen gießt, wenn man im Urlaub ist, etc.

38 Frage ich nach jeder Person im Einzelnen, so stellt sich häufig heraus, dass die meisten qualitativ sehr hochwertige Kontakte sind, mit denen man sich schon im einen oder anderen Notfall unterstützend ausgetauscht hat.

1. Nutzen Sie Ihr bereits bestehendes Netzwerk besser für sich

39 Gehen Sie dabei das Netzwerken sehr pragmatisch an: Nehmen Sie sich Zeit und schreiben Sie einmal auf, wen Sie woher und in welchem Zusammenhang kennen. Schon werden Sie sehen, dass es eine ganze Menge Menschen gibt, mit denen Sie bereits vernetzt sind und jede/r hat so seinen/ihren individuellen Wert für Sie, was natürlich auch andersherum gilt. Dann denken Sie über alte Kontakte nach, wie z.B. Schul-/Studienfreunde/innen, die Sie aus den Augen verloren haben, ihnen jedoch immer sehr wertvoll waren. Aus meiner Erfahrung heraus freuen sich diese häufig sehr, wenn man wieder mit ihnen in Kontakt tritt und einen Neuanfang der Beziehung wagt. Moderne Internet-

8 Monika Scheddin, Erfolgsstrategie Networking, München, Allitera, 3. Auflage, 2009

plattformen wie XING oder Facebook machen es sehr wahrscheinlich, alte Freunde/innen wieder zu finden. Und noch bevor man sie kontaktiert, findet man in deren hinterlegten Profilen, was sie heute beschäftigt (siehe auch „Virtuelles Netzwerken“). Jetzt haben Sie also die Freunde/innen, Verwandte und Bekannte gesichtet, stehen mit ihnen wieder in Kontakt und denken sich vielleicht: „Na, die wissen doch sowieso, was ich mache.“ Weit gefehlt! Sie wissen vielleicht, dass Sie Steuerberater/in sind, doch wissen sie häufig nichts über Ihre Spezialisierung, Ihre Qualitäten, Ihre repräsentativen Kunden/innen, etc. Wir Deutschen neigen nämlich dazu, in unserer Freizeit das Berufsleben weitestgehend auszuklammern und das „Prahlen“ mit unseren besten Kunden/innen liegt uns sowieso nicht. Nein, ich möchte Sie jetzt nicht zum „Angeben“ anstiften, doch es spricht nichts dagegen, die Freunde/innen, Verwandte und Bekannte ab und an über laufende Projekte, neu erworbene Spezialisierungen etc. zu informieren. Nicht, dass es Ihnen einmal wie mir ergeht: Ich erzählte bei einem Treffen mit meiner besten Studienfreundin, dass mein Unternehmen im Geschäftsbereich Marketingkommunikation gerade einmal wieder eine tolle Website für eine Kundin abgewickelt hat. Da schaute mich meine Freundin mit großen Augen an und gestand mir, dass sie gerade einen sehr großen Webauftrag an eine ihr unbekannte Agentur in Auftrag gegeben hat und nicht wirklich zufrieden ist. Da sie nicht wusste, dass mein Unternehmen auch Webdesign und –programmierung im Angebot hat, hatte sie natürlich überhaupt nicht an mich gedacht. Sehr ärgerlich für beiden Seiten. Ich war mir sehr sicher, dass sie das hätte wissen müssen. Mein Learning daraus war, das ich auch meine besten Freunde/innen stets auf dem Laufenden bzgl. meines Portfolios halten muss, und ich schwor mir selbst, immer genau hinzuhören, wenn mich ein/e Netzwerkpartner/in über seine/ihre neuen Leistungen informiert.

Der Austausch über Ihr Portfolio kann bei persönlichen Treffen, per E-Mail oder durch den Hinweis auf Ihre neue Homepage o.ä. geschehen. Vergessen Sie dabei bitte nicht, alle auch darauf hinzuweisen, dass sie Sie gegebenenfalls weiter empfehlen sollen. Auch wenn man denkt, dass das im engen Netzwerk doch selbstverständlich sein sollte, funktioniert das nicht automatisch. Manche Ihrer Netzwerkkollegen/innen werden sich vielleicht denken, dass Sie Neuaufträge gar nicht benötigen, da Sie ja sowieso schon so vielbeschäftigt sind. 40

Wenn Ihnen Ihre Kontakte allerdings wirklich wohl gesonnen sind, dann werden sie sich mit Ihnen über Ihre Neuigkeiten freuen und Sie gerne weiterempfehlen. Das alles gilt natürlich auch für den umgekehrten Fall. 41

Für Ihre Tätigkeit als selbständige/r Steuerberater/in reicht es sicherlich nicht aus, nur Ihr bereits bestehendes persönliches Netzwerk zu bemühen, sondern Sie sollten dieses sinnvoll erweitern, damit Sie erfolgreich netzwerken können. Gehen Sie mit offenen Augen und Interesse durch die Welt und schon werden Sie erfahren, dass man überall wunderbare Menschen kennenlernen kann, mit denen ein regelmäßiger Austausch sehr inspirierend ist. 42

2. Binden Sie Ihre Mandanten/innen in Ihr Netzwerk ein

Vernetzen Sie sich mit Ihren Kunden/innen und vernetzen Sie diese untereinander! 43

Um Ihr Netzwerk sinnvoll zu erweitern, besinnen Sie sich bitte unbedingt auf Ihre Mandanten/innen. Wenn Sie bestens arbeiten, dann haben sich sicherlich im Laufe Ihrer Tätigkeiten viele gute Beziehungen zu Ihren Kunden/innen ergeben. Diese sollten Sie unbedingt in Ihr Netzwerk einbeziehen, denn wer kann Sie besser an potentielle Neukunden/innen empfehlen als die bereits zufriedenen Bestandskunden/innen? Im Gegenzug ist es natürlich wichtig, dass auch Sie die Tätigkeiten Ihrer Mandanten/innen kennenlernen und besser verstehen. Sie haben als Steuerberater/in natürlich den Vorteil, dass Sie ohnehin schon sehr nah an Ihren Kunden sind. Doch reicht es nicht aus, die Steuererklärungen dieser Personen zu bearbeiten, denn die persönlichen Werte und die sog. Soft 44

Skills sind nicht zwingend aus deren Unterlagen herauszulesen. Meine Steuerberaterin z.B. hat es sich auf ihre Fahnen geschrieben, sich um ihre Mandanten/innen immer sehr gut zu kümmern. So lädt sie uns immer wieder zu der einen oder anderen kleinen Veranstaltung in ihre Kanzlei ein, um uns in diesen Runden besser kennenzulernen. Außerdem gibt sie für ihre Mandanten/innen immer wieder die Gastgeberin und bringt bei Treffen in kleinerer Runde Mandanten/innen aus einer oder ähnlichen Branchen bei einem gemütlichen Abendessen zusammen, damit auch diese sich untereinander kennenlernen und netzwerken können. Eine wunderbare Idee, ich habe von den dadurch neu erworbenen Kontakten auch schon profitiert und sie von mir.

3. Docken Sie an dem einen oder anderen bereits bestehenden Netzwerk an

45 Hierfür müssen Sie zunächst einmal wissen, welche Netzwerkarten es gibt. Frau Scheddin unterscheidet zwischen regionalen und überregionalen Netzwerken, zwischen geschlossenen, exklusiven und offenen und zwischen informellen und formellen Netzwerken. Ein regionales Netzwerk ist beispielsweise der Übersee Club, der nur in Hamburg tätig ist. Die Lions haben dagegen ein weltweites Netzwerk, auch wenn sich die Mitglieder meistens auf regionaler Ebene treffen. Das berühmteste geschlossene Netzwerk ist sicherlich das der Freimaurer, aber auch viele Firmen haben geschlossene Unternehmens-Clubs, da man sich hier nur als Firmenangehöriger tummeln darf. Exklusive Clubs haben dagegen meistens feste Regeln, die die Zugehörigkeit streng limitieren, wie z.B. der Herrenclub in München oder der Berlin Capital Club. Umso mehr Freiheit bieten die offenen Netzwerke, die beinahe allen eine Mitgliedschaft anbieten und bei denen die Aufnahmehürden äußerst niedrig sind, wie z.B. die Internetnetzwerke oder politische Parteien und Stiftungen. Informelle Netzwerke legen kaum Regeln für ihre Zusammenkünfte fest. So finden sie sich meistens zunächst spontan zusammen, z.B. anlässlich eines Ereignisses, wie beispielsweise das Münchner Oktoberfest, das Regine Sixt nun schon seit langem zum Anlass für ihre mittlerweile legendäre Damenwiesn nimmt, und werden im Laufe der Zeit immer formeller.

46 Die größte Gruppe der Netzwerke nimmt die der formellen Netzwerke ein, zu dem einen oder anderen Sie sicherlich auch bereits gehören, wie z.B. Sport- und Vereine aller Art, Berufsverbände (siehe Beitrag Thiemann in diesem Buch), Unternehmer- oder Branchentreffs. Alle haben gemein, dass sie eine feste Struktur, Satzung oder ein Programm haben, das von ihren Gründern/innen festgelegt wurde und das fortwährend Bestand hat. Das gilt natürlich auch für die Beitrittsregeln, die jedoch häufig nicht allzu streng sind. Es finden in diesen Netzwerken regelmäßige Treffen statt, häufig am selben Ort und mit vorheriger Anmeldung.

47 Für welche Netzwerke Sie sich letztendlich entscheiden, bleibt Ihnen überlassen. Steuerberater/innen, und das ist Ihr eindeutiger Vorteil, werden überall gebraucht. Hier empfiehlt es sich, sich zunächst verschiedene Netzwerke auf deren Veranstaltungen anzuschauen und sich dann zu entscheiden, wo man sich am besten aufgehoben fühlt und am erfolgversprechendsten netzwerken kann. Besuchen Sie auch einmal ein für Sie sehr außergewöhnliches Netzwerk, wie z.B. den deutsch-schweizerischen Wirtschaftsclub o.ä. Das gibt Ihnen auf mache Dinge einen neuen Blickwinkel und kann Sie sicherlich auch für Ihr Gebiet neu inspirieren.

4. Setzen Sie sich klare Netzwerkziele und haben Sie Spaß beim Netzwerken

Frau Scheddin weist eindrücklich darauf hin, dass nur eine gut durchdachte und befolgte Zielsetzung zum Netzwerk-Erfolg führen kann. Setzen Sie sich messbare Netzwerkziele, z.B. mit welchen Personen Sie sich zu welchem Zweck in welcher Zeit vernetzen möchten und überprüfen Sie ab und an Ihre Netzwerk-Spur. Schnuppern Sie jedoch nicht endlos in den verschiedensten Netzwerken, sonst laufen Sie Gefahr, ihre Zielsetzung und unnötig viel Zeit zu verlieren. Durch eine Mitgliedschaft in einem Businessclub o.ä. legen Sie sich fest und kommen so Ihren Zielen ein Stück näher. Dass Sie trotzdem ab und zu ein anderes Netzwerk besuchen, ist damit nicht ausgeschlossen. Glauben Sie mir, Sie wissen nun, wo Sie hingehören und das gibt Ihnen ein gutes Gefühl und den notwendigen Halt für Ihre beruflichen und privaten Wege. 48

Doch bitte halten Sie sich stets an die, meiner Meinung nach, höchste Networking-Prämisse: Netzwerken MUSS Spaß machen, sonst bringt es keinen Erfolg. Verbissen an Ihrer Strategie festzuhalten, wird Ihnen nur Unmut einbringen. Gibt es denn im beruflichen Alltag mehr Vergnügen, als sich mit angenehmen Netzwerkkollegen/innen zu treffen, anregend zu plaudern, ggf. zudem noch schön zu lunchen und dabei Business zu machen? Mir fallen da einige unangenehmere Jobs ein. Außerdem brauchen Sie bei allem Spaß auch unbedingt noch Geduld, da Netzwerken eine mittelfristige Strategie ist, um beispielsweise Neukunden/innen zu gewinnen, und viel mehr bedeutet als nur Business machen. 49

5. Besuchen Sie Ihre Branchennetzwerke

Für jede Branche gibt es mindestens ein Netzwerk, das sich auch in Ihrer regionalen Nähe befindet. Auch wenn Sie jetzt denken: „Was soll ich mich unnötig unter meines Gleichen tummeln?", so hat das doch auch viele Vorteile. Gemäß meinem Motto „Ich habe keine Konkurrenten/innen, sondern nur Verbündete" kann ich auf Brachentreffen wertvolle Informationen erhalten. Ich erfahre von den neusten Trends, bekomme mit, was die anderen unter Business verstehen und wie sie es machen, welche neuen Gebiete es zu „beackern" gilt und wie andere mit ihren Mandanten/innen umgehen. Sie können sich gezielt Verbündete suchen, können sich auch einmal bei Personalengpässen helfen und erhalten sicherlich den einen oder anderen Auftrag von einem/r Kollegen/in, den er/sie nicht bearbeiten kann. Auch Sie als Steuerberater/innen haben ihre Spezialisierung, denn jede/r ist auf seine/ihre Weise individuell, und das gilt es hier gezielt zu platzieren, so dass Sie sich gegenseitig unterstützen können. 50

Sie müssen den Branchentreff nicht unbedingt zu Ihrem persönlichen Netzwerk machen, doch knüpfen Sie auch hier Kontakte, die Ihnen zukünftig einmal wertvoll sein können. Meine Steuerberaterin z.B. hat einen Brachenstammtisch gegründet. Hierbei muss man gar nicht viel mehr machen, als Steuerberater/in sein und einfach hingehen. Alle Teilnehmer/innen begrüßen diesen regelmäßigen Austausch sehr. 51

II. Mein Netzwerk hegen und pflegen

1. Zeigen Sie sich regelmäßig auf ihren Netzwerktreffen und halten Sie sich an die Netzwerkregeln

52 Wichtig ist: Haben Sie sich für ein formelles Netzwerk entschieden, besuchen Sie die Veranstaltungen des gewählten Netzwerkes regelmäßig, um dafür zu sorgen, dass Sie jede/r in dem Netzwerk auch bald gut kennt und weiß, was Sie bieten und was Sie brauchen.

53 Außerdem sind die Regeln des von Ihnen gewählten Netzwerkes unbedingt zu befolgen. Wollen Sie, dass Ihre eigenen Regeln zum Tragen kommen, so gründen Sie besser Ihren eigenen Businessclub. Denn diejenigen, die ein eigenes Netzwerk o.ä. aufbauen, investieren hierfür sehr viel Zeit und mitunter auch sehr viel Geld. Ihnen fehlt meistens etwas bei anderen formellen Netzwerken oder sie möchten vieles anders und nach ihren Vorstellungen umsetzen. Deshalb legen sie sich bei ihrem eigenen Netzwerk kräftig ins Zeug. Sie machen sich sehr viel Arbeit bei der Gründung und noch viel mehr bei der nachhaltigen Weiterentwicklung ihres Netzwerkes. Dies sollten Sie bei jedem Besuch und bei Ihrem Beitritt in einen Business-Club o.ä. immer beachten. Sie sind nun das „jüngste" Mitglied und sollten zunächst nur durch gezieltes und konstruktives Engagement beitragen, bevor Sie gleich durch zuviel Kritik auffallen. Behandeln Sie die Netzwerkverantwortlichen, wie Sie selbst gerne behandelt werden möchten. So ist es ratsam, die zugesagten Termine unbedingt einzuhalten bzw. rechtzeitig abzusagen oder den/die Gastgeber/in stets höflich und zuvorkommend zu behandeln, mit einer Begrüßung am Beginn und einer Verabschiedung am Ende einer Veranstaltung. Falls Sie diese Hinweise seltsam finden sollten, so schauen Sie sich doch einmal in unserer unpersönlichen Zeit um und finden Sie heraus, wie Sie andere durch Höflichkeit und Zuvorkommenheit umso mehr für sich einnehmen können.

2. Engagieren Sie sich in Ihrem gewählten Netzwerk

54 Übernehmen Sie beispielsweise ein Ehrenamt, wie z.B. das der/des Schatzmeisters/in. Neben dem Spaß und dem besseren Einblick in die Netzwerkstrukturen, die Sie dabei haben werden, beschleunigt das ganz immens Ihren Bekanntheitsgrad im Netzwerk.

55 Denken Sie zudem unbedingt auch an Ihre Netzwerk-Kollegen/innen, wenn Sie etwas zu geben haben. D.h. nicht, dass Sie ab sofort alle auf Ihre Geburtstagsparty einladen sollen, dieses Privileg überlassen Sie natürlich immer noch Ihrem engsten Kreis, doch haben Sie beispielsweise einmal eine Theaterkarte übrig, so schenken Sie diese doch einmal Ihrem/r Club-Kollegen/in. Oder haben Sie Zugang zu einem schönen Event, zu dem Sie noch andere mitbringen dürfen, so denken Sie an Ihre Mitnetzwerker/innen. Stellen Sie Ihrem Netzwerk Ihre Hilfe zur Verfügung, d.h. geben Sie gute Tipps, wenn es steuerlich einmal bei jemandem brennt oder gehen Sie auch mal bei privaten Dingen, z.B. einem Umzug, zur Hand. Das gesamte Netzwerk wird es Ihnen danken und über Ihr Engagement wird bald „geredet" werden. Und eine sehr gute Reputation beschleunigt Ihren Netzwerk-Erfolg!

56 Verfahren Sie aber bitte nur nach oben genannten Tipps, wenn Sie dieses auch gerne tun. Sonst werden Sie schnell als eigennützig bekannt und alle Bemühungen sind zwecklos. Bitte übertreiben Sie es auch nicht mit Ihrem Engagement, sonst kann es passieren, dass Sie sich bald ausgenutzt fühlen. Auf die richtige Dosierung kommt es an.

3. Lernen Sie Ihre Netzwerkkollegen/innen persönlich kennen

Nehmen Sie sich unbedingt die Zeit, möglichst viele der anderen Mitglieder persönlich kennenzulernen. Treffen Sie diese sukzessiv auch außerhalb der Netzwerk-Veranstaltungen und hören Sie genau hin, was Ihre Club-Kollegen/innen zu sagen und zu bieten haben. Versäumen Sie dabei auch nicht, ihnen deutlich mitzuteilen, welches Ihre speziellen Steuerberatungsleistungen sind. Wenn Sie nun Ihre Netzwerk-Kollegen/innen besser kennen, werden Sie manche mehr und manche weniger mögen. Das ist nur allzu menschlich. Dennoch sollten Sie es sich nicht mit den Club-Kollegen/innen verscherzen, um sich nicht Feinde/innen im eigenen Haus zu schaffen. Allerdings sollten Sie, meiner Meinung nach, auch nur mit denen netzwerken, die Ihnen auch sympathisch sind, sonst macht es keinen Spaß. 57

Ein näheres Kennenlernen schützt Sie so vor schwarzen Schafen, die es leider auch in jedem Netzwerk gibt. Geben Sie zunächst einmal jedem/r eine Chance, doch wenn nichts zurückkommt oder Sie sich überhaupt nicht verstehen, dann lassen Sie das Netzwerken mit dem jeweiligen Kontakt. In der Regel verlassen solche Personen ein Netzwerk auch schnell wieder, da sich durch ihr Verhalten auch kein Erfolg beim Netzwerken einstellt. 58

Wenn Sie sich nun fragen, wann Sie all das oben Beschriebene umsetzen sollen in Ihrer doch so knapp bemessenen Zeit, dann zitiere ich diesbezüglich noch einmal Frau Scheddin, die stets sagt: „Zeit ist eine Sache der Priorität.“ Beobachten Sie sich doch einmal: Nehmen Sie etwas für sich selbst sehr wichtig, so bringen Sie hierfür in jedem Fall auch Zeit auf und auch wenn mehrere Termine auf ein Datum fallen, so werden Sie sich sicherlich den Termin heraussuchen, der für Sie die höchste Priorität hat. Und nun haben Sie sich gerade für das Netzwerken entschieden, also setzen Sie sich hierfür auch die Priorität und nehmen sich dafür die Zeit. Auch wenn Sie mir das nicht glauben, mit einem guten Zeitmanagement ist das sehr gut möglich. Ich nutze häufig die Mittagszeit für einen Lunch mit Netzwerk-Kollegen/innen oder den späten Freitagnachmittag, bevor es ins Wochenende geht. Manche nutzen die Morgenstunden zu einem Netzwerk-Frühstück oder gehen zusammen Golf spielen oder anderen Freizeitbeschäftigungen nach, die sie beide haben, und netzwerken so ganz nebenbei. Überhaupt sollte, mit ein bisschen Übung, Netzwerken im Vorbeigehen passieren, dann wird es richtig effektiv. 59

Bald werden Sie auch die, ich nenne sie, „Netzwerkknotenpunkte“ erkennen, d.h. Personen in Ihrem Netzwerk, die es besonders gut verstehen zu netzwerken. Diese haben Kontakte, die weit über den Business-Club o.ä. hinausgehen und die wiederum auch für Sie interessant sein können. Tummeln Sie sich mit diesen „Knotenpunkten“ und schon lernen Sie ganz automatisch neue Menschen kennen und erweitern so ganz gemächlich, aber systematisch Ihr persönliches Netzwerk. 60

III. Mein Netzwerk erfolgreich nutzen

1. Nutzen Sie Ihr Netzwerk, doch nutzen Sie es nicht aus

Nutzen und nicht Ausnutzen MUSS stets die Prämisse des Netzwerkens sein. Netzwerken zielt in erster Linie auf das sog. Win-Win-Prinzip, was heißt, dass jede/r Netzwerkpartner/in etwas vom gegenseitigen Netzwerken haben sollte! Wollen Sie Ihr persönliches Netzwerk auch für Ihren Erfolg nutzen, so achten Sie bitte immer darauf, Ihren Netzwerk-Kollegen/innen auch zu nützen. In der Regel ist es sinnvoll, zunächst einmal in das Netzwerk hinein zu investieren, um später selbst Ertrag schöpfen zu können. Was heißt das? Ich z.B. habe bereits vor meiner Selbständigkeit damit ange- 61 fangen, mein persönliches Netzwerk auszubauen. Ich habe mir einerseits ein institutionelles Netzwerk gesucht und andererseits über bereits vorhandene „Knotenpunkte" (siehe oben) noch mehr Kontakte geknüpft und so mein persönliches Netzwerk Schritt für Schritt vergrößert. Als ich mich dann selbständig machte, habe ich selbstverständlich alle von mir benötigten Dienstleistungen von Personen aus meinem Netzwerk in Anspruch genommen. So kam ich zu meiner Steuerberaterin, meiner Anwältin, meiner Kosmetikerin und gleichzeitig treuen Zuhörerin bei all den „Auf und Abs" im Business, meinem Coach, meiner Vermögensverwalterin, dem Versicherungsmakler und dem Banker meines Vertrauens.

62 So sparte ich viel Zeit und Geld, indem ich nicht lange Vergleichsangebote etc. einholen musste, denn ich vertraute all jenen bereits voll und ganz, da sie zu meinem Netzwerk gehören und sie haben mich bis heute nicht ein einziges Mal enttäuscht.

63 So tat ich zunächst vielen Personen meines Netzwerkes etwas Gutes und vertraute darauf, dass auch wieder Gutes zurückkommt. Und genauso ist es geschehen: Heute bekomme ich alle meine Beauftragungen aus und durch mein Netzwerk und natürlich vergebe ich immer noch alle meine Aufträge im oder über das Netzwerk. Belohnen Sie in diesem Zusammenhang auch Ihr Netzwerk mit einem Sonderpreis für Ihre Leistungen. 5,00 € weniger im Stundensatz bringen Sie z.B. nicht um und machen Ihre/n Netzwerkpartner/in nicht etwa reicher, doch kann diese Reduzierung eine tolle zusammenschweißende Wirkung auf Sie und Ihre Netzwerkkollegen/innen haben.

2. Seien Sie offen zu Ihren Netzwerkpartner/innen

64 Ein offenes Miteinander und ein transparentes Wirken sind dem Win-Win-Prinzip äußerst zuträglich, denn keine/r darf das Gefühl haben, zu kurz zu kommen. Alle sollen etwas vom Netzwerken haben. Würde unsere Weltwirtschaft auf ähnlich fairen Prinzipien basieren, so hätten wir heute nicht mit den Folgen der Fehler von Einzelnen zu kämpfen, die nur für sich und nicht für das Gemeinwohl gewirtschaftet, aber leider alle mit den Auswirkungen ihres Tun getroffen haben.

65 Gehen Sie deshalb rücksichtsvoll mit Ihrer Netzwerkgemeinschaft um!

66 Sollten Sie beim Netzwerken einmal das Gefühl der Unausgewogenheit haben, so sprechen Sie mit den betreffenden Personen darüber, seien Sie ehrlich und handeln Sie gemeinsam aus, wie wieder ein Gleichgewicht herzustellen ist. Denn jedes Gefühl ist subjektiv und ohne dass wir die anderen fragen, erfahren wir nicht, wie sie fühlen, was sie brauchen und was sie denken. Oft genügt schon das Gespräch bei einem schönen Mittagessen, damit alle wieder glücklich sind.

IV. Systematische Empfehlungen im Netzwerk

67 Haben wir bisher die „Pflicht" des Netzwerkens betrachtet, so kommen wir nun zur „Kür": Wir lassen uns über unser Netzwerk empfehlen. Eigentlich sollte das ja eine Selbstverständlichkeit sein, doch auch hier gilt es ein paar Punkte zu beachten, um die Netzwerkempfehlungen zudem noch effektiver zu machen.

1. Kommunizieren Sie! Lassen Sie das Netzwerk wissen, was Sie tun

68 Veranstalten Sie doch einmal einen Tag der offenen Tür und laden Sie Ihr Netzwerk ein. Zeigen Sie damit Ihre Räumlichkeiten, Ihre Mitarbeiter/innen und sich selbst als perfekte/n Gastgeber/in. Das

brennt sich in das Gedächtnis Ihrer Netzwerk-Kollegen/innen ein und schon werden Sie Empfehlungen erhalten. Wenn Sie dieses Event dann evtl. noch mit einem/r Geschäftspartner/in, wie z.B. dem/der Anwalt/Anwältin aus Ihrer Bürogemeinschaft oder der Nachbarkanzlei gemeinsam veranstalten, dann können Sie hier beste Synergieeffekte nutzen.

Interessant könnte im Rahmen Ihrer Kommunikation zum Aufbau eines besseren Netzwerkes ein Newsletter für Mandanten/innen und Netzwerkpartner/innen sein. Doch bitte informieren Sie hier nicht nur über die Neuerungen bzgl. der Säumniszuschläge des Finanzamtes, sondern stellen Sie z.B. in jedem Newsletter den/die Mandanten/in des Monats oder Quartals vor, das finden alle Leser/innen spannend, und sorgen Sie stets für abwechslungsreiche News. Meine Steuerberaterin gibt in ihrem Mandanten/innenbrief auch häufig Buchtipps, die nicht unmittelbar etwas mit Steuern zu tun haben, sondern mit den Brachenschwerpunkten ihrer Kunden/innen. Und das kommt sehr gut an! 69

2. Lassen Sie Ihr Netzwerk an Ihren Leistungen teilhaben

Das einfachste ist, einmal einen spannenden Vortrag über Ihre Tätigkeiten, z.B. über ein Sozialprojekt, über das Sie sprechen dürfen, in Ihrem Netzwerk zu halten, so dass Ihre Netzwerkkollegen/innen genau wissen, auf was Sie beispielsweise spezialisiert sind oder wo Ihre Schwerpunkte liegen. Übernehmen Sie außerdem auch eine Aufgabe o.ä. in Ihrem Netzwerk: Stellen Sie beispielsweise als Steuerexperte/in kleine Steuertipps und –tricks auf der Homepage Ihres Netzwerkes zur Verfügung und überzeugen Sie damit von Ihrer Persönlichkeit und Ihrem Know-how. 70

3. Fordern Sie Ihr Kunden/innen-Netzwerk gezielt auf, Sie zu unterstützen

Es macht großen Sinn, Ihre Kunden/innen in Ihr Netzwerk einzubeziehen, denn wer kann Sie besser empfehlen als zufriedene Kunden/innen? Trotzdem funktioniert das Empfehlen durch den Kunden/innen-Kreis nicht immer so wie erhofft, da auch diese darum gebeten werden müssen. Doch nichts leichter als das: Der Erfolgstrainer Roger Rankel macht in seinem Buch „Sales Secrets"[9] deutlich, dass bereits beim ersten Gespräch mit einem/r Neukunden/in, der Grundstein für die Weiterempfehlung gelegt werden sollte: Stellen Sie stets die Frage: „Wäre es für Sie vorstellbar, dass Sie mich weiterempfehlen, wenn Sie mit meiner Beratung zufrieden sind?" Bejaht der/die Kunde/in, formuliert der/die Berater/in, wie folgt: „ Okay, dann starten wir jetzt mit der eigentlichen Beratung, und dann, wenn Sie mir sagen, dass Sie zufrieden sind, kommen wir noch einmal auf die Weiterempfehlung zurück." Damit suggerieren Sie Ihren/r Neukunden/in zudem, dass Sie so gut sind, dass Sie in jedem Fall mit einer Weiterempfehlung rechnen. Des Weiteren beschreibt Roger Rankel die wenigen notwendigen Schritte der erfolgreichen Weiterempfehlung durch Ihre Kunden/innen wie folgt: Fertigen Sie gemeinsam mit dem/der Kunden/in eine Liste mit möglichen neuen Interessenten/innen an. Hier werden zunächst alle Kontakte aus dem Netzwerk des/r Kunden/in aufgelistet, die beispielsweise eine/n Steuerberater/in benötigen könnten und dann gezielt diejenigen ausgewählt, die am besten passen könnten. Im nächsten Schritt stellt der/die Kunde/in selbst den Kontakt zu den potentiellen Neukunden/innen her, da er/sie ja am besten kennt. Er/sie spricht dabei die Empfehlung für Sie aus und gibt kurz Feedback, ob Sie sich bei ihm/ihr melden dürfen. Erst dann beginnen Sie mit Ihrer Akquisetätigkeit, wobei es nun sehr viel wahrscheinlicher ist, dass sie diese Personen als Neukunden/innen gewinnen können. 71

9 Roger Rankel, Sales Secrets, Wiesbaden, Gabler, 2008

72 Auch wenn Sie es jetzt nicht glauben, das klappt in der Praxis richtig gut. Probieren Sie es einfach aus, Sie haben nichts zu verlieren!

73 Natürlich ist dasselbe Procedere umso besser bei Bestandskunden/innen durchzuführen, da diese sicherlich schon einmal signalisiert haben, dass sie mit Ihren Leistungen zufrieden sind. Wenn nicht, dann formulieren Sie als Empfehlungseinstieg einfach die Frage: „Sind Sie eigentlich mit mir und meinen Leistungen zufrieden? Wenn ja, können Sie sich vorstellen, mich weiterzuempfehlen?"

4. Führen Sie Einzelgespräche mit Netzwerk-Kollegen/innen im Hinblick auf Empfehlungen

74 Hier gilt die gleiche Vorgehensweise wie bei Punkt drei, doch steigen Sie nun am besten mit folgender Frage ins Gespräch ein: „Ich bin ganz glücklich, denn einer meiner besten Kunden hat mich soeben an ein gutes Unternehmen weiterempfohlen und die haben schon gebucht. Könntest Du Dir eigentlich auch vorstellen, mich weiterzuempfehlen?" Wenn er/sie bejaht, dann folgen Sie den oben beschriebenen Schritten. Dabei empfiehlt es sich, den/die jeweilige/n Netzwerkpartner/in, wenn gewünscht, auf gleiche Art weiterzuempfehlen. Dann entspricht das voll und ganz dem Win-Win-Prinzip und kann gar nicht schief gehen.

75 Ich bin mir sicher, Ihnen fällt noch eine ganze Menge mehr ein, wie Sie Ihr Netzwerk von sich und Ihrer Leistung überzeugen können. Vergessen Sie dabei nur nicht, immer aktiv um Empfehlungen zu bitten, da die meisten nicht wissen, dass Sie noch Neukunden-Bedarf haben. Denn jeder Mensch spricht immer sehr gerne eine Empfehlung aus, wenn er davon überzeugt ist, dass die Person und deren Leistung, die sie empfehlen, ohne Bedenken empfehlenswert sind.

V. Virtuelles Netzwerken

76 Zum Ende hin sei auch auf das virtuelle Netzwerken hingewiesen. Auch wenn es den von mir propagierten Face-to-Face-Kontakt vernachlässigt, ist es aus der heutigen modernen Welt nicht mehr wegzudenken. XING, Facebook, LinkedIn, StayFriends, My Space, Flickr und Twitter sind nur einige Namen der vielfältigen Netzwerk-Anbieter im Internet. Diese machen es möglich, dass heutzutage alle netzwerken können, sowohl auf privater, als auch beruflicher Ebene. War das Netzwerken früher hauptsächlich formellen Zusammenschlüssen vorbehalten, so bietet heute das Internet alle Möglichkeiten des virtuellen Netzwerkens, das zu jeder Tageszeit, an jedem beliebigen Ort (man braucht nur Internetzugang bzw. Mobilfunk) und mit beinahe jedem Menschen auf der Welt betrieben werden kann. Das ist hilfreich, wenn man internationale Kontakte hat, mit denen man nicht ständig persönlich zusammentreffen kann. Es ist aber manchmal auch verwirrend, wenn man sich allzu schnell auf eine Kontaktaufnahme einlässt und dann den Überblick über die vielfältigen Kontakte verliert. Dennoch bietet das Netzwerken über eines der genannten Plattformen eine ideale Ergänzung zum realen Netzwerken und sollte nicht unbeachtet bleiben.

Nutzen Sie die virtuellen Netzwerkkanäle, aber bitte mit Bedacht!

77 Exemplarisch für die Vielzahl der Portale sei hier www.XING.com (von „crossing"), eines der größten virtuellen Netzwerkplattformen, näher betrachtet. XING sagt von sich selbst, dass es weltweit über 7 Mio. Personen miteinander vernetzt und dass alle XING-Nutzer/innnen über wenige Menschen miteinander vernetzt sind. Das macht XING schön anschaulich, indem bei jeder beliebigen

Person, die man bei XING findet, die Zwischenkontakte angezeigt werden, über die man mit der gesuchten Person vernetzt ist. Das macht Spaß, probieren Sie es doch mal aus!

Wenn man das Netzwerken bei XING professionell betreibt, so ist es auch hier möglich, erfolgreich zu sein. Die meisten meiner Geschäftspartner/innen suchen beispielsweise ihre Mitarbeiter/innen über XING und sparen sich somit wieder Zeit und Geld. Schon bevor man jemanden zum Gespräch einlädt, sieht man ein Foto und das Profil und kann sich ein Bild von der Person machen. Häufig wird dabei auch geschaut, mit wem diese Person vernetzt ist und in welchen Gruppen sie sich tummelt, was zusätzlich viel über die jeweilige Person verrät. 78

In der Regel legt man bei XING ein Profil an, das dann von anderen eingesehen werden kann. So empfiehlt es sich, hier äußerst ehrlich vorzugehen, da ich z.B. kaum eine/n Personaler/in kenne, der/die nicht die Bewerbungen, die bei ihm eingehen, noch einmal mit dem Profil in XING abgleicht. Bei XING ist es einfach, seinen Kontakten über sog. „Gruppennewsletter" etwas mitzuteilen. Ich nutze das beispielsweise für meine News. Ab und an setze ich auch eine neue Statusmeldung zu meinem Business ab, so dass alle gleich wissen, was mich gerade neu bewegt. Diese Statusmeldung erhalten dann alle meine Kontakte automatisch auf ihrer XING-Startseite angezeigt. Aber bitte überfordern Sie Ihr virtuelles Netzwerk nicht. Es empfiehlt sich die Statusmeldung nur ca. alle sechs Wochen zu erneuern und die Newsletter nur max. einmal im Monat zu versenden, sonst ist ihr Netzwerk bald von Ihnen genervt und verliert den Blick fürs Wesentliche. Schön ist es auch, dass Sie sich bei XING in diversen Gruppen zu Themen, die Sie interessieren, tummeln können und hier Ihre Expertise ab und an gezielt abgeben können. Hierdurch haben sich auch schon die vielfältigsten Aufträge ergeben. 79

9

Bei XING gilt es auch zu beachten, dass potentielle Auftraggeber/innen heute Ihr Profil bei XING erst mal überprüfen, um zu schauen, wie Ihre bisherige Karriere verlief und mit wem Sie sonst noch vernetzt sind. Deshalb halten Sie sich mit Übertreibungen zurück und prüfen Sie immer, mit wem Sie sich vernetzen! 80

Auch beim Kontakte Knüpfen bei XING gilt die Prämisse, dass es nicht auf Masse ankommt, sondern auf die Qualität. Schauen Sie sich die Personen gründlich an, die um Ihre Kontaktaufnahme bitten. Vernetzen Sie sich nur mit Menschen, die Sie kennen oder mit denen Sie schon zu tun hatten, z.B. in einem vorangegangenen regen E-Mailaustausch zu einer bestimmten Thematik, bei dem Sie die Person schon etwas kennenlernen konnten. 81

Wichtig ist auch die Tatsache, dass das Internet nichts vergisst. Alles, was sie dort hineinstellen, bleibt über viele Jahre hinweg gespeichert. Wenn ich meinen Namen „google", bin ich heute immer wieder entsetzt, dass ein Foto von mir auf bestimmten „alten" Seiten noch vorhanden ist, das bereits mehr als zehn Jahre alt ist und mir heute so gar nicht mehr gefällt. Deshalb überlegen Sie vorher, bevor Sie ein Statement, eine Gruppenmitgliedschaft oder einen Kontakt bei XING absetzen. 82

Außerdem eignet sich XING, um alte Kontakte wieder aufzuspüren und über diese Plattform neu zu beleben, auch wenn sich diese Person eventuell gerade am anderen Ende der Welt befindet. Aber Vorsicht bei Ihrer allzu überschwänglichen Personensuche: Bei XING können Sie jederzeit überprüfen, wer auf Ihrem Profil war. Nicht dass es Ihnen wie mir ergeht, als ich eine Schulkollegin bei XING gefunden habe und ganz automatisch auf deren Profil gegangen bin. Sofort erinnerte ich mich nun auch wieder, weshalb ich mich mit dieser Person nie verstanden habe und klickte gleich wieder von deren Profil weg. Keine fünf Minuten später hat diese Dame jedoch entdeckt, dass ich sie aufgestöbert hatte und bot mir sofort die Kontaktaufnahme an. Zum Glück gibt es bei XING auch die Möglichkeit, die Kontaktaufnahme abzulehnen oder einen bestehenden Kontakt zu löschen, doch ersparte mir das nicht die Peinlichkeit der Situation. 83

84 Trotz allem ist XING eine seriöse und sichere Plattform. Die Macher sind stets darauf bedacht, die Privatsphären der User/innen nicht zu verletzten. Man kann alles bei XING frei schalten, muss es aber nicht. Es wird sich akribisch an alle Datenschutzvorgaben gehalten und so gab es bei XING – im Gegensatz zu vielen anderen Portalen – bislang keine Pannen beim Datenschutz der User/innen.

85 Auch zur Jobsuche ist XING seriös. So kann man als User/in zwar angeben, dass man einen neuen Job sucht, doch wird diese Tatsache nur Recruitern mitgeteilt und ist nicht der allgemeinen Öffentlichkeit zugänglich.

86 Nutzen Sie folglich XING und andere seriöse Portale, doch seien Sie auch stets auf der Hut, Sie stellen sich hiermit der Öffentlichkeit in einem solchem Maße, dass sie selbst nicht mehr kontrollieren können. Sie können solche virtuellen Netzwerke meistens erst einmal umsonst testen und eine dauerhafte Mitgliedschaft ist dann vergleichsweise sehr erschwinglich.

87 Außerdem ersetzt ein sehr gutes Profil in einem Internetnetzwerk häufig auch vielen Menschen in sog. freien Berufen die eigene Website und spart ihnen somit einiges an Geld.

88 XING veranstaltet allerdings auch regelmäßig regionale Events, um den persönlichen Face-to-Face-Kontakt seiner Mitglieder zu fördern. Ich besuche beispielsweise jedes Jahr sehr gerne das Treffen im Hippodrom des Münchner Oktoberfestes und knüpfe hier in geselliger Runde sehr interessante neue Kontakte. Hier traf ich auch schon viele XING-Mitglieder, die ihr Neugeschäft nur noch über diese Internet-Plattform generieren, wie beispielsweise einen Coach oder einen Versicherungsmakler.

D. Schlusswort

89 Geschäftlichen Erfolg durch Netzwerken können nicht nur „geborene" Netzwerker/innen erlangen. Mit geringer anfänglicher Anstrengung ist dies für jede/n möglich. Selbst wenn Sie beruflich komplett ausgelastet sind, gibt es immer ein wenig Spielraum fürs Netzwerken. Und wenn Sie dann einmal angefangen haben, werden Sie sehen, dass es richtig Spaß macht. Durchforsten Sie also Ihren Kalender, schaffen Sie sich ein bisschen Zeit, die ein oder andere Netzwerkveranstaltung zu besuchen, bauen Sie Ihr Netzwerk systematisch aus und werden Sie durch Netzwerken noch erfolgreicher!

90 Wenn Ihnen Netzwerken richtig Spaß macht und Ihr Netzwerk mittlerweile auf eine gute Größe angewachsen ist, die sämtliche Business-Bereiche in sich vereint, dann sind Sie vielleicht auch bald so aufgestellt wie ich und erzielen im sog. Business Match Making aus Ihrem Netzwerk kommerziellen Erfolg. Hierbei vermakele ich mein Netzwerk, d.h. die besten Kontakte aus meinem Netzwerk, natürlich nur, wenn ausdrücklich erlaubt, damit auch andere etwas von den Produkten und Leistungen meines Netzwerkes haben. Zudem bringe ich Menschen im Business zusammen, damit sie gemeinsam noch besseres Business machen und schließlich auch mich an ihrem Erfolg teilhaben lassen. Viel Spaß dabei!

E. Einige Netzwerk-Adressen für Steuerberater

91 Hier nur einige wenige Netzwerke, die ich kenne und für gut halte:

www.agbc.de Amerikanisch-deutscher Businessclub, angesiedelt in verschiedenen Städten Deutschlands, mit monatlichen Treffen zu verschiedenen Business- und Freizeitthemen. Hier kann man die amerikanische Art des Netzwerkens kennenlernen, die zwar unverbindlicher, aber sehr viel ungezwungener als die deutsche funktioniert.

www.business-breakfast-club.de Hier treffen sich Frauen mit Interesse an persönlicher und beruflicher Weiterentwicklung in verschiedenen Städten Deutschland zum Frühstücken und Netzwerken.

www.ewmd.org EWMD ist ein internationales Netzwerk für Frauen im Mangagement und mit ca. 800 Mitgliedern in mehr als 40 europäischen Städten angesiedelt.

www.lions-clubs.de Der Lions Club International verfügt über 1 Mio. Mitglieder, aufgeteilt in ca. 45.000 Clubs in über 186 Ländern. Beitreten kann man nur, wenn man von Mitgliedern in den Lions Club aufgefordert wird. Die Voraussetzung ist stets soziales Engagement.

www.mmc-home.de Münchner Marketing Circle, ein regionaler Verein zum Thema Marketing.

www.rotary.de Rotary International ist die Dachorganisation der Rotary Clubs. Dabei handelt es sich um international verbreitete „Service-Clubs" für humanitäre Dienste, zu denen sich Angehörige verschiedener Berufe zusammengeschlossen haben.

www.webgrrls.de Virtuelles Netzwerk für weibliche Führungs- und Fachkräfte.

www.wjd.de Wirtschaftsjunioren. Ein bundesweiter Club für Führungskräfte und Unternehmer/innen.

www.womans-business-club.de WOMAN's Businessclub – mein Haus- und Hofclub. In München und Frankfurt/Main ansässig. Ein Club für Unternehmerinnen und leitende Angestellte verschiedener Branchen.

www.xing.com Eines der größten virtuellen Business-Netzwerke für alle Branchen.

Und vergessen Sie bitte nicht, Ihre regionalen Sportclubs (z.B. Tennis oder Golf)! Auch hier können 92
Sie in einem ungezwungenen Rahmen bestens netzwerken!

Literatur

STANLEY MILGRAM, Obedience to Authority. An Experimental View. Harper, New York 1974, 1975,

ROGER RANKEL, Sales Secrets, Wiesbaden, Gabler, 2008

UWE SCHELER, Erfolgsfaktor Networking, München, Piper, 2003

HERMANN SCHERER, Wie man Bill Clinton nach Deutschland holt: Networking für Fortgeschrittene, Frankfurt, Campus, 2006

MONIKA SCHEDDIN, Erfolgsstrategie Networking, München, Allitera, 3. Auflage, 2009

MICHAEL SCHETSCHE, KAI LEHMANN (HRSG.), Netzwerker-Perspektiven. Regensburg, S. Roderer, 2003

SEBASTIAN ULBRICHT, PROF. DR. CHRISTOPH CLASES, „Networking jenseits von Visitenkarten und Cocktailsparties", in www.goldwynreport.com , 2008

DUNCAN J. WATTS, Six Degrees – The Science of a Connected Age. W. W. Norton & Company, 2003

Kirstin Wolf

Die Profession und Leidenschaft von Kirstin Wolf ist das sog. Business-Match-Making. D.h., sie bringt auf professioneller Ebene kompetente Menschen und deren Leistungen zusammen, damit diese gemeinsam noch erfolgreicher werden.

Als studierte Geographielehrerin war Kirstin Wolf lange Zeit in verschiedenen Ländern Afrikas unterwegs. Sesshaft wurde sie später als Veranstaltungsmanagerin in München, nach einer Zusatzausbildung im Marketing, u.a. bei der Messe München GmbH, der Agentur expo works und zuletzt als GF der PURPLE GmbH Design and Communication. Seit der Gründung der PURPLE Consulting ist sie als „Match Makerin", Beraterin und Coach unterwegs, worin sie ihre berufliche Erfüllung gefunden hat. Aber sehen Sie selbst: www.purple-consulting.de

Warum haben Sie sich mit diesem Thema befasst?

Netzwerken ist mein Leben und ich netzwerke bereits mein Leben lang. Deshalb verfüge ich über ein sehr umfangreiches Netzwerk und dadurch über beste Kontakte in fast alle Branchen. So habe ich das Netzwerken mit dem sog. „Business-Match-Making" zu meinem Beruf gemacht und erspare meinen Kunden/innen mit meinen professionellen „Matchings" die „Qual der Wahl" und viel Zeit und Geld!

9

Inwieweit haben Sie mit Steuerberatern zu tun?

Natürlich habe ich auch Steuerberater/innen im meinem vielfältigen Kundenkreis, weshalb ich genau weiß, wie ich diese „Zunft" einzuschätzen habe und wo es beruflich häufig hakt. Außerdem habe ich selbst die beste Steuerberaterin der Welt, die mir immer wieder neue Impulse für mein erfolgreiches Wirken im Job gibt.

Was sind für Sie die wesentlichen Faktoren, die beruflich und privat Erfolg ausmachen?

Ich denke, dass die meisten von uns immer noch den Spaßfaktor im Job vernachlässigen sowie viele grundsätzlichen Werte wie Fairness, Offenheit, Ehrlichkeit, Wertschätzung und Authentizität. Nur wenn wir all das in unserem Beruf wiederfinden, können wir wirklich erfolgreich sein. Wer Erfolg nur auf die finanzielle Ebene und nicht auch auf ein wertvolles Miteinander mit Kollegen/innen und Kunden/innen herunterbricht, wird auf Dauer nicht glücklich sein. Wer nur „über die Schultern anderer" sein Geld verdient, wird es irgendwann bereuen. Wer nur hochmütig durchs Leben geht, findet irgendwann den Fall.

Erfolg im privaten Leben habe ich, wenn mein Familien-, Bekannten- und Freundeskreis stets zu mir steht, mich schätzt und gerne mit mir zusammen ist. Denn ich bemühe mich, immer wertschätzend mit allen umzugehen. Dann fühle ich mich sicher und geborgen und führe ein glückliches Leben.

§ 10 Internet- und Onlinemarketing – Kompendium für Steuerberater

A. Einführung

Internetauftritt – Kostengrab oder Mandantenmaschine?

Wir blättern nicht mehr, wir googeln. Wir schicken keine SMS, wir twittern. Wenn wir etwas zu sagen haben, hängen wir es nicht mehr ans Schwarze Brett, wir bloggen. Anzeigen im regionalen Informationsblatt sind out, wir schalten Adwords oder machen Bannerwerbung und rechnen mit unseren Affiliates auf Provisionsbasis ab. 1

Erschrecken Sie nicht. Ich wollte Ihnen nur das Gefühl geben, wie sich der eine oder andere Mandant fühlt, wenn er mit steuerlichen Fachbegriffen konfrontiert wird. Auf den folgenden Seiten erfahren sie alles Wissenswerte rund um den Internetauftritt für ihre Steuerkanzlei. 2

Das Internet hat in unseren Alltag Einzug gehalten und ist nicht mehr wegzudenken. Die meisten Steuerkanzleien haben einen Internetauftritt. Sie treten damit mit ca. 8 Milliarden Hosts weltweit[1] und ca. 100 Millionen[2] deutschen Internetangeboten in Konkurrenz um die Gunst des Nutzers. 3

Gefunden werden und im Internet ganz oben stehen. Das ist das Ziel.

Im Kapitel „Internet" erfahren sie Wissenswertes zur Historie und zum Aufbau des Internets. Über diese Grundlagen hinweg wird ein kurzer Ausflug in die Zukunft des Webs gemacht. 4

B. Internet

Neukundenakquisition I Bestandskundenbindung I Medienkonvergenz I

Über welchen Kanal auch immer die Kunden zu uns kommen – ob klassische Anzeigenschaltung, ein themenspezifischer Vortrag, Internetwerbung oder eine Empfehlung eines Mandanten – das Internet spielt immer eine Rolle. 5

I. Nutzerverhalten

Das Nutzerverhalten hat sich mit der Omnipräsenz des Internets verändert. Der aufgeklärte informierte „homo oeconomicus" recherchiert seine Geschäftskontakte in Xing, LinkedIn oder facebook oder googelt ganz einfach. 6

Die gewonnene Transparenz erfordert eine höhere Flexibilität. Die Auffindbarkeit und der Vergleich von Steuerkanzleien ist durch das Internet sehr viel einfacher geworden. Daraus erwächst für das Unternehmen Steuerkanzlei eine große Chance, denn eine Branchenbuchanzeige bietet wenig Möglichkeit, sich qualitativ abzugrenzen. 7

1 informationsbereitstellende Computer im Internet
2 nicht jede registrierte Domain beinhaltet ein aktives Informationsangebot

II. Folgende Fragen soll das Kapitel klären

8 *Frage:* *Wie ist das Internet entstanden?*

Antwort: Rückschlüsse für die Entwicklung des eigenen Internetauftritts.

Frage: *Wie hat sich das Internet entwickelt und wie wird es in Zukunft weitergehen?*

Antwort: Trends aus dem Internet für die moderne Steuerkanzlei.

Frage: *Wie hat sich die Informationsbeschaffung verändert?*

Antwort: Aufbau des eigenen Internetauftritts sollte sich dem Nutzerverhalten anpassen.

III. Internet – Die Grundlagen

Entstehung I Grundlagen I Statistik zur Größe I

9 Grundsätzliches zum Internet dient der Bewusstwerdung für das Medium. Das Internet ist ein erstaunliches Informationsmedium. Damit ein Internetauftritt erfolgreich werden kann, sind Informationen zu Aufbau, Herkunft und Struktur nicht zwingend erforderlich, aber hilfreich.

IV. Internet – Die Entstehung des Internets[3]

10

Knotenpunkte I Wissensaustausch I Vernetzung

10 Das Internet ging aus dem im Jahr 1969 entstandenen ARPANET hervor, einem Projekt des US-Verteidigungsministeriums. Es wurde zur Vernetzung von Universitäten und Forschungseinrichtungen benutzt. Ziel des Projekts war zunächst, die knappen Rechenkapazitäten sinnvoll zu nutzen – zunächst in den USA, später weltweit. Erst 1982 begann sich der Name „Internet" durchzusetzen.

11 Nach einer weit verbreiteten Legende bestand das ursprüngliche Ziel des Projektes – vor dem Hintergrund des Kalten Krieges – in der Schaffung eines verteilten Kommunikationssystems, um im Falle eines Atomkrieges eine störungsfreie Kommunikation zu ermöglichen. In Wirklichkeit wurden vorwiegend zivile Projekte gefördert.

12 Die wichtigste Applikation in den Anfängen war die E-Mail. 1971 erfolgten die ersten Tests und am 2. August 1984 wurde die erste E-Mail in Deutschland empfangen.

13 Rasanten Auftrieb erhielt das Internet seit dem Jahr 1993 durch das World Wide Web, kurz WWW, als der erste grafikfähige Webbrowser veröffentlicht und zum kostenlosen Download angeboten wurde. Das WWW wurde im Jahr 1989 im CERN (bei Genf) von Tim Berners-Lee entwickelt. Schließlich konnten auch Laien auf das Netz zugreifen, was mit der wachsenden Zahl von Nutzern zu vielen kommerziellen Angeboten im Netz führte.

14 Im Jahre 2005 wurden etwa 0,8% der weltweiten Stromerzeugung für den Betrieb des Internets benötigt. Am 11. Mai 2009 gab die DENIC, die zentrale deutsche Registrierungsbehörde für deutsche „.de"-Domains, die Anzahl der .de-Domains mit über 12 Mio. an. Weltweit sind derzeit weit über 100 Mio. Domains registriert. Laut dem Informationsdienst Netcraft werden rund 8 Mrd. an das Internet angeschlossene informationsbereitstellende Rechner, sog. Hosts, gezählt.

---

3 in Anlehnung an den Wikipediaartikel „Internet"
http://de.wikipedia.org/wiki/Internet
http://www.denic.de/hintergrund/statistiken.html
http://news.netcraft.com/archives/web_server_survey.html

Das Internet ist der größte dezentral organisierte Informationsspeicher der Menscheit und ist aus 15
unserem Alltag nicht mehr wegzudenken.

V. Internet – gestern, heute, morgen?

statisches Internet I dynamisches Internet I Medienkonvergenz I

Das Internet oder Web ist stetig im Wandel. Es ist Informationsbewahrer und kreativer Zerstörer 16
zugleich. Der wesentliche Erfolgsfaktor des Internets ist seine einfache Handhabung und damit verbunden die niedrigen Einstiegshürden zu publizieren. Wollten sie früher 100.000 Menschen täglich erreichen, brauchten Sie einen Verlag. Heute erreichen dies reichweitenstarke Seiten wie SchülerVZ, wer-kennt-wen.de, StudiVZ oder T-Online ebenfalls.

Praxishinweis:

Auf den Seiten der IVW[4] – Informationsgemeinschaft zur Feststellung der Verbreitung von Werbeträgern e.V. finden Sie detaillierte Statistiken zur Verbreitung von Werbeträgern.

Sie brauchen eigentlich nur eine funktionierende Webseite. Seit den ersten Firmendarstellungen im 17
Internet in den frühen 90er Jahren hat sich vieles verändert. Insbesondere in der Erstellung von Internetauftritten.

1. Web 1.0 – Das statische Web

Sie erinnern sich noch an die Internetauftritte, die eher schlicht gehalten waren und wenig Bilder auf 18
der Webseite hatten. Die Kommunikationsmöglichkeiten zwischen Nutzer (User) und Bereitsteller (Content-Provider) beschränkten sich meist auf Telefon und E-Mail. Wurden Formulare angeboten, so nutzten diese den E-Mail-Client des Nutzers.

OnlineShops und Ecommerce haben sich etabliert und die „.com-Blase" wuchs zum Jahrtausend- 19
wechsel ins Unermessliche. Mit der umfassenden Einführung von Breitbandinternetanschlüssen (DSL-Technologie) wurde das Angebot kommerzieller Dienste im Internet umfangreicher. Professionelle Internetauftritte (wenige) stellen den Nutzern (viele) ihre Dienste und Inhalte zur Verfügung.

2. Web 2.0 – Das dynamische Web

Web 2.0 ist ein kritisch diskutiertes Schlagwort, welches für eine Reihe interaktiver und kollabora- 20
tiver Elemente des WWW steht. Der Begriff wurde in den Jahren 2003 und 2004 erstmals der breiten Öffentlichkeit bekannt gemacht. Das Web 2.0 bezieht den Nutzer in die Erstellung der Webseiten ein. Folgende Merkmale sind typisch für Web 2.0 Anwendungen:

- Nutzung von Software über den WebBrowser (Kalender, E-mail)
- Inhalte sind wichtiger als das Aussehen (Wikipedia)
- „Architektur des Mitwirkens" (Jeder kann mitmachen.)
- Software oder Information wird durch Nutzer weiterentwickelt (Open-Source)
- Bürgerjournalismus, WebLogBücher (WebLogs), soziale Netzwerke

4 http://www.ivw.de/; http://www.ivwonline.de/ausweisung2/search/ausweisung.php

21 Bezeichnend für diese Generation des Internets ist die Integration des Nutzers in die Webseite. Der Nutzer wird Teil des Onlinedienstes. Er generiert freiwillig Informationen und trägt so zum Mehrwert der Webseite bei.

Beispiele hierfür sind:

- Wikipedia ist ein Projekt zum Aufbau einer Enzyklopädie aus freien Inhalten in allen Sprachen der Welt. Jeder kann mit seinem Wissen beitragen. Seit Mai 2001 sind so 911.508 Artikel in deutscher Sprache entstanden. Gute Autorinnen und Autoren sind stets willkommen.
- Facebook ist eine Website zur Bildung und Unterhaltung sozialer Netzwerke, die der Firma Facebook, Inc. mit Sitz im kalifornischen Palo Alto gehört. Im April 2009 hatte die Plattform nach eigenen Angaben mehr als 200 Millionen Nutzer weltweit.

Praxishinweis: Buchtipp

Mehr zu den Entwicklungen und Möglichkeiten erfahren sie im Buch „Wikinomics – Die Revolution im Netz" (Don Tapscott / Anthony D. Williams I ISBN 978-3-446-41219-4)

3. Web 3.0 – Das Web des Wissens und der Dinge

22 Das Semantische Web ist eine Erweiterung des World Wide Web mit dem Ziel, die Bedeutung von Informationen für Computer verwertbar zu machen. Die Informationen im Web sollen von Maschinen interpretiert und automatisch maschinell weiterverarbeitet werden können.

23 Das World Wide Web kann derzeit nur von Menschen verstanden werden, da die Daten im WWW zum größten Teil unstrukturiert vorliegen. Kein Computer kann aus den Daten, die in den Strukturen herkömmlicher Webseiten stehen, direkt Informationen gewinnen. Gleichzeitig ist der Umfang der Informationen im World Wide Web insgesamt zu groß, um von Menschen erfasst zu werden. Die Suchmaschinen, die sie täglich einsetzen, interpretieren lediglich den verfügbaren Datenbestand, verstehen aber die Daten nicht.

24 Das Semantische Web soll die Lösung für diese Probleme darstellen. Durch das Konzept der Wissensrepräsentation wird mit Hilfe von standardisierten Technologien sowie Beziehungen und ggf. Ableitungsregeln das verfügbare Wissen miteinander verknüpft. Eine auf Logik, Ontologie und Berechenbarkeit aufsetzende Suchtechnologie liefert präzisere Ergebnisse im wachsenden und unüberschaubaren Netz.

25 Das Internet der Dinge bezeichnet die elektronische Vernetzung von Gegenständen des Alltags. Ausgehend von der Vorstellung, dass Gegenstände mit einer eigenen Intelligenz ausgestattet sind, zielt das Internet der Dinge auf einen selbständigen Informationsaustausch der Gegenstände untereinander.

VI. Internet – Bibliothek oder Informationsdschungel

Informationsbeschaffung I Wissensvorsprung I Unstrukturierte Informationen I

26 Bei der Informationsbeschaffung wird zwischen dem absichtslosen und zufälligen Aufnehmen von Informationen und dem gezielten Suchen nach Informationen unterschieden. Beide Wege sind für die Erstellung eines Internetauftritts von Bedeutung. Vergegenwärtigen wir uns die Situation eines Informationssuchenden und überlegen, welche Medien dafür in Betracht kommen.

Internetnutzung zur Unterhaltung bzw. Information 2008
Angaben in Prozent

	Gesamt	14-19 J.	20-29 J.	30-49 J.	50+
überwiegend zur Unterhaltung	19	58	30	13	8
überwiegend um Informationen zu erhalten	62	18	42	65	83
sowohl als auch	18	24	28	22	10

Basis: Onlinenutzer ab 14 Jahre in Deutschland (2008: n=1186)
Quelle: ARD/ZDF-Onlinestudie 2008

Genutzte Onlineanwendungen 2008
mindestens einmal wöchentlich genutzt
Angaben in Prozent

	Gesamt	14-19 J.	20-29 J.	30-49 J.	50+
Unterhaltung	84	88	96	86	72
Senden / Empfangen von E-Mails	82	75	94	83	78
zielgerichtet bestimme Angebote suchen	54	41	57	62	46

Fazit:

In der für das Unternehmen Steuerkanzlei relevanten Zielgruppe der 30 – 50+ jährigen wird das Internet genutzt, um Informationen zu erhalten. Dabei wird auf Suchmaschinen, E-Mails und bestimmte Angebote (Plattformen) zurückgegriffen.

Informationsquellen

Der Informationssuchende stößt dabei meist auf Informationen zweiter Ordnung[5]. Er nutzt aufbereitete und veränderte Daten. Die wenigsten Mandanten werden die Implikationen einer Novellierung der Steuergesetzte durch Studieren der jeweiligen Gesetzesänderungen in Erfahrung bringen. Vielmehr ist der Mandant darauf angewiesen, die Informationen für ihn angepasst und verständlich vorzufinden. 27

5 *"Beobachtung zweiter Ordnung" nannte der Soziologie-Dozent Niklas Luhmann die Beobachtung von Beobachtung.

Informationsquellen

Zielloses surfen oder browsen gehört der Vergangenheit an. In einer Wissensgesellschaft wird gezielt nach Informationen gesucht.

C. Analyse – Vorbereitung für den „großen" Auftritt

28 Zum seriösen Auftreten des Unternehmens Steuerkanzlei gehören Geschäftspapier, Visitenkarten und der Internetauftritt ebenso wie eine Imagebroschüre. Wird eine Broschüre mit 5000 Exemplaren gedruckt, wird diese in der Regel benutzt, bis sie aufgebraucht ist – auch, wenn die Broschüre schon längst nicht mehr ganz aktuell ist. Darin liegt der unschlagbare Vorteil eines Internetauftritts: Die flexible und schnelle Änderung der Inhalte.

29 Die Menge der weltweit publizierten Informationen wächst laut IDC schneller als angenommen wurde. Insgesamt fasse das „digitale Universum" nun 487 Milliarden Gigabyte an Daten. EMCs IDC-Studie geht davon aus, dass sich das digitale Datenvolumen bis 2012 alle eineinhalb Jahre verdoppelt. [6]

30 Das Internet baut auf die schnelle und flexible Änderung von Inhalten. Mit E-Mail-Push[7], RSS-Feed[8] und Newsseiten können wir uns im Sekundentakt informieren.

Digitale Unternehmensbroschüre oder schnell wachsende Informationsseite?

31 Das Kapitel 1 ist gleichzusetzen mit der Stunde 0. Wir fangen jetzt an einen Internetauftritt zu planen oder zu optimieren. Erfahren sie hier, was alles dafür notwendig ist.

I. Analyse – Startvorbereitungen

Entstehung I Grundlagen I Statistik zur Größe I

32 Der Internetauftritt ist Chefsache und Spiegelbild der Kanzlei. Die Kanzleistrategie findet sich im Internetauftritt wieder und vermittelt damit dem künftigen und bestehenden Mandanten auch die Art und Weise, wie er mit Informationen versorgt wird. Ein Internetauftritt kann nur dann erfolgreich sein, wenn er sich an den Unternehmenszielen orientiert und in einer klaren, für die Zielgruppe verständlichen Sprache deren Fragen beantwortet.

6 http://www.it-business.de/news/produkte/storage/daten-storage-management/articles/188531/index.html
7 Ein Dienst bei dem Emails auf das Handy oder ein verwandtes Gerät geschickt werden.
8 Ein Abonnement von Informationen

Ein weiterer wesentlicher Faktor für den Erfolg oder Misserfolg eines Internetauftritts ist die Priorität, die der Internetauftritt im Unternehmen Steuerkanzlei genießt. In einer internetaffinen Kanzlei ist es leicht, Mitarbeiter und Kanzleiführung für die Erstellung von Inhalten zu gewinnen. Eine wachsende Informationsseite wird möglich. 33

Steht die Kanzleiführung eher auf „Kriegsfuß" mit den neuen Medien, wird der Internetauftritt in der Kommunikation eine eher untergeordnete Rolle spielen. 34

II. Folgende Fragen soll das Kapitel klären:

Frage: *Wie sehe ich den Internetauftritt?* 35

Antwort: Basis für den Aufbau des Internetauftritts.

Frage: *Wie ist die Kanzlei positioniert?*

Antwort: Trends aus dem Internet für die moderne Steuerkanzlei.

Frage: *Wer gehört zu meiner Zielgruppe?*

Antwort: Die adäquate Ansprache der Zielgruppe entscheidet über Erfolg oder Misserfolg.

III. Analyse – Positionierung

Ziel I Zielgruppe I Positionierung I

Sie kennen ihren einzigartigen Verkaufsvorteil (USP = unique selling proposition) und haben eine klare, für den Mandanten nachvollziehbare Identität (CI = corporate identity) geschaffen (vgl. auch den Beitrag von Frau Zollner in diesem Buch). Sie haben die langfristigen Unternehmensziele und Strategien für deren Erreichung festgelegt. 36

1. Meta-Ziel – Kanzleieinführung

Die Markteinführung einer Kanzlei ist eine besondere Herausforderung – auch im Hinblick auf den Internetauftritt. Sie haben die Chance, von Anfang an einen Internetauftritt zu schaffen, der zum Unternehmen, seiner Strategie und den Mandanten passt. 37

Der Internetauftritt zur Kanzleieinführung wird in erster Linie Informationen zur Kanzlei und deren Leistungsspektrum enthalten. Er sollte flexibel und ausbaufähig sein. 38

2. Meta-Ziel – Kanzleiexpansion

Eine erfolgreiche Kanzlei möchte sich regional ausdehnen, z.B. ein Büro in einer anderen Destination eröffnen oder einen weiteren spezifischen Leistungsteil mit hinzunehmen. Die Unternehmensstrategie und deren Umsetzung setzt sich im Internet fort. 39

Der Internetauftritt zur Kanzleiexpansion erweitert meist den vorhandenen Auftritt, um die Informationen der Expansion. Er sollte optimiert und angepasst werden und den neuen Herausforderungen gewachsen sein. 40

3. Meta-Ziel – Kanzleisicherung

41 Die Kanzlei ist mit klaren Strukturen und entsprechendem Leistungsspektrum im Wettbewerb positioniert. Die Aufmerksamkeit gilt den Maßnahmen zur Sicherung des Mandantenstamms.

42 Der Internetauftritt zur Kanzleisicherung ist geprägt von Mandantenbindungsmaßnahmen. Er sollte Werkzeuge beinhalten, um auf Veränderungen des Marktes schnell reagieren zu können.

Fazit:

Für jede individuelle Herausforderung, die sich dem Unternehmen Steuerkanzlei stellt, wird eine Entsprechung im Internetauftritt auf sie zukommen. Aus diesem Grund ist die Wahl der Instrumente im Strategie-Teil dieses Kapitels entscheidend für den Erfolg.

IV. Positionierung und Wettbewerb

43 Machen Sie sich ein Bild von Ihrem Wettbewerb. Nur wenn wir die Position der Wettbewerber kennen, können wir eine Strategie entwickeln, um unsere Position zu etablieren und/oder zu stärken.

Praxistipp:

Ich rate ihnen dringend, diese Tätigkeit selbst auszuführen und keinesfalls einer Agentur oder einem Berater zu übergeben. Sie sollten selbst ein Gefühl für die Situation auf dem Markt entwickeln. Nur so können sie selbst die „richtigen" Entscheidungen treffen.

44 Eine einfache Wettbewerbsanalyse im Hinblick auf Internet- und Onlinemarketing ist folgende: Suchen Sie sich selbst. Versetzen Sie sich in die Lage eines Mandanten und versuchen Sie, sich selbst zu finden. Auf dem Weg dorthin begegnen Ihnen viele Kollegen.

45 Als Beispiel überprüfen Sie die Suchergebnisse für „Steuerberater München" bei Google oder geben Sie Begriffe ein, die für Ihre Mandanten wichtig sein können, wie z.B. „Umsatzsteuer im Ausland". Ein weiterer Weg ist das lokale Branchenbuch. Analysieren Sie den Auftritt ihrer Standeskollegen.

46 Nehmen Sie sich die Zeit und geben bei http://maps.google.com den Suchbegriff „Steuerberater München" ein. Jeder Punkt steht für eine Steuerberaterkanzlei. Jeder Punkt konkurriert um Mandanten.

47 Analysieren Sie die Seiten nach deren Inhalt, Gestaltung und den Instrumenten, mit denen mit den Mandanten in Kommunikation getreten wird. Am einfachsten geht das mit einer Tabelle.

48 Vorschläge für Analyseparameter:

- Subjektiver Eindruck im Hinblick auf Professionalität (niedrig – hoch)
- Informationsdichte (Visitenkarte – Informationsseite)
- Team
- Leistungsspektrum
- Kontaktmöglichkeiten (E-Mail, Telefon, Rückrufmöglichkeiten)
- Informationsdownload
- Jobbörse
- Anfahrtsskizze
- Netzwerk und Kooperationen
- Termine, Veranstaltungen und News

Durch das Erstellen einer einfachen Matrix verschaffen Sie sich einen Überblick hinsichtlich der Wettbewerber und deren Kommunikationsverhalten gegenüber dem Mandanten. Sie kennen jetzt Ihre Position im Verhältnis zum Wettbewerb aus Kanzleisicht. 49

V. Analyse – Zielgruppe

Ziel I Zielgruppe I Positionierung I

Kennen Sie Ihre Zielperson, den für Sie relevanten Entscheider und sein individuelles Informationsverhalten? Wissen Sie, welche Themen diesen Menschen bewegen? Ein erfolgreicher Internetauftritt beantwortet all seine Fragen. 50

Im Internet werden Sie gefunden oder nicht. Diese einfache Erkenntnis beantwortet im Umkehrschluss alle Fragen. Je genauer Sie die individuellen Bedürfnisse der Entscheider, die für Sie relevant sind, kennen, umso genauer können Sie Ihren Internetauftritt auf deren Bedürfnisse zuschneiden. Je präziser Sie die Antworten geben können, umso erfolgreicher sind Sie. 51

1. Die Unternehmensstrategie

Zur Eingrenzung der Zielgruppe orientieren Sie sich an Ihrer Unternehmensstrategie (Markteinführung, Expansion, Bestandssicherung) und an Ihrem Leistungsspektrum. 52

Beispiel:

- Alterseinkünftegesetz
- Ausländisches Steuerrecht Kanada
- Erbschaftsteuer
- Grenzgängerberatung Deutschland-Frankreich
- Kommunales Rechnungswesen
- Ratingberatung nach (§ 18 KWG)
- Vermögensplanung
- Zollrecht

2. Die Segmentierung

Spezifizieren Sie im nächsten Schritt Ihren Zielkunden so genau wie möglich. Stellen Sie sich folgende und weitere Fragen: 53

Frage: *Haben Sie einen Branchenfokus oder arbeiten Sie Branchenübergreifend?*

Antwort: Für jede Branche gibt es spezielle Herausforderungen, auf die Sie Antworten finden sollten.

Frage: *Wer entscheidet wirklich im Unternehmen (BuyingCenter[9])?*

Antwort: Für jede am Entscheidungsprozess beteiligte Person brauchen Sie eine individuelle Antwort.

---

9 Bei der Entscheidung sind mehrere Personen involviert. Diese Personen benötigen jeweils individuell auf ihre Informationsbedürfnisse zugeschnittene Informationen.

Frage: *Wie beschaffen die Entscheider sich die Informationen?*
Antwort: Verpacken Sie die Information „mundgerecht“ und bieten sie diese zum „richtigen“ Zeitpunkt an.

Frage: *Welche Themen sind für diese Organisationsform besonders relevant?*
Antwort: Nur wer die Themen der Zielpersonen genau kennt, kann auch die passenden Antworten geben.

3. Die Informationsgewinnung

54 So einfach wie effektiv: Die Mandantenbefragung. Die einfachste, wirkungsvollste und kostengünstigste Informationsquelle befindet sich direkt auf Ihrem Schreibtisch: Das Telefon! Rufen Sie ihre Mandanten an und fragen Sie nach. Mutmaßen Sie nicht! Rufen Sie an! Sie werden Erstaunliches feststellen. Sie werden erfahren, was Ihre Mandanten bewegt. Sie lernen die Herausforderungen kennen. Und vor allem anderen: Sie erfahren exakt den Wortlaut der Fragestellung! Genau diese Fragen geben die Entscheider in die Suchmaschinen ein.

Beispiel:

- „Steuerberater München“ ergibt bei Google.com ca. 820.000 Suchtreffer
- „Ausländisches Steuerrecht Kanada“ ergibt bei Google.com ca. 16.800 Suchtreffer
- „Kanzlei München Steuerrecht Kanada“ ergibt bei Google.com ca. 8.450 Suchtreffer

55 Sie sehen, je präziser Sie in der Ansprache Ihrer Mandanten auf der Webseite sind, umso einfacher werden Sie gefunden. Erstellen Sie eine einfache Liste mit Themen und werten Sie die Häufigkeiten aus. Diese Vorgehensweise sollten Sie sich beibehalten. In jedem Erstgespräch, Beratungsgespräch oder Kontakt auf einer Netzwerkveranstaltung erfahren Sie, was die Entscheider wirklich interessiert.

56 Was tun, wenn noch keine Mandanten vorhanden sind oder Sie Ihre Positionierung verändert haben und die Mandanten nicht mehr zu Ihnen passen?

57 Nutzen Sie Branchenveranstaltungen, Messen, Kongresse und Wirtschaftsverbände, um persönlichen Kontakt zu den Mandanten aufzubauen. Informieren Sie sich in den Medien der Zielpersonen. Evaluieren Sie so die brennendsten Themen der Zielpersonen, die sich mit Ihrem Leistungsspektrum decken. So gewinnen sie einen erheblichen Informationsvorsprung, den Sie auf ihrer Webseite erfolgreich umsetzen können.

Fazit:

Ein Internetauftritt beantwortet die Fragen in den Köpfen der Mandanten, bezogen auf Ihr spezielles Leistungsspektrum. Je besser Sie die Bedürfnisse ihrer Zielgruppe in Hinblick auf Thema und Informationsbeschaffungsverhalten kennen, umso präziser können sie Ihren Internetauftritt gestalten. Internet ist Chefsache.

D. Strategie – Elemente für den Erfolg richtig einsetzen

58 Eine Strategie ist ein längerfristig ausgerichtetes, planvolles Anstreben einer vorteilhaften Lage oder eines Ziels. Der Erfolg von Strategien oder strategischer Planung liegt nicht nur im Wissen um das Vorhaben und das Vorgehen, sondern auch im Einsatz einer List, eines Tricks, eines überraschenden Moments oder einer entscheidenden Idee, damit letztlich die Strategie erfolgreicher ist als die der Konkurrenz oder des Gegners.

Erfolg in der Umsetzung von Strategien hat derjenige, der die zur Verfügung stehenden Mittel weise und im Sinn des übergeordneten Ziels einzusetzen vermag. Das Internet befindet sich im steten Wandel und damit verbunden die Möglichkeiten, die zum Ziel führen können. 59

„Übe dich unablässig darin, deinem Weg zu folgen."
(Voraussetzung für das erfolgreiche Gelingen einer Strategie)
[Miyamoto Musashi]

Das Kapitel 2 informiert Sie über die 5 grundsätzlichen Erfolgsfaktoren eines Internetauftritts und eröffnet Ihnen durch die Übergabe eines Werkzeugkastens eine Vielzahl an Strategieoptionen. 60

I. Strategie – Erfolg in fünf Feldern

Präsenz I Technologie I Inhalt I Screendesign & Usability I

Ein erfolgreicher Internetauftritt erfüllt die jeweiligen Aufgaben in fünf Strategiefeldern optimal. Basis für die jeweiligen Felder ist die vorangegangene Analyse im Hinblick auf die individuellen Anforderungen der entsprechenden Steuerkanzlei. 61

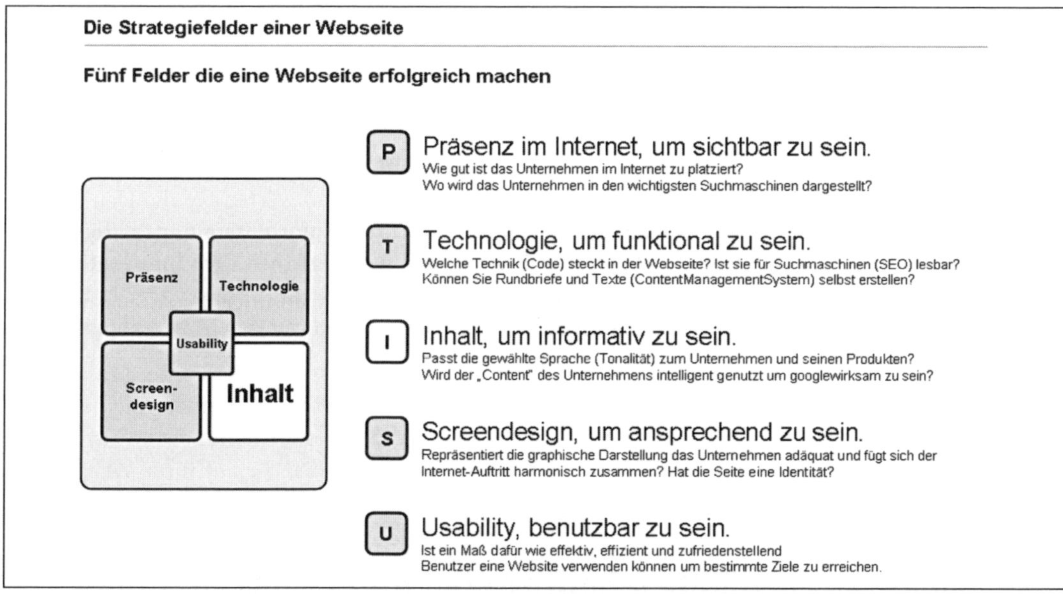

II. Folgende Fragen soll das Kapitel klären

Frage: *Wie rückt mein Internetauftritt in die Aufmerksamkeit meiner Zielgruppe?* 62
Antwort: Vernetzung und exzellenter Inhalt machen sichtbar.

Frage: *Welche Technologie setze ich ein?*
Antwort: Darstellung verschiedener Varianten, einen Internetauftritt zu erstellen.

Frage: *Welchen Inhalt stelle ich dar?*
Antwort: Die Themen orientieren sich an den Fragen der Nutzer.

Frage: *Wie gestalte ich den neuen Internetauftritt?*
Antwort: Genau in Anlehnung an meine „Corporate Identity".

Frage: *Wann ist ein Internetauftritt einfach zu bedienen?*
Antwort: Wenn kein Nachdenken erforderlich ist. (Intuitive Bedienung)

III. Strategie – Präsenz im Netz

Präsenz I Sichtbarkeit im Netz I Information der Zielgruppe I

63 Unsichtbarkeit wäre manchmal eine hilfreiche Eigenschaft. Im Internet- und Onlinemarketing hingegen ist die **Sichtbarkeit** das oberste Ziel, nach dem wir streben. Allerdings mit der Maßgabe, nur von denjenigen gesehen zu werden, für die unsere Informationen relevant sind. Eine richtig geführte Onlinemarketingkampagne kann Streuverluste[10] auf 0 reduzieren.

1. Zielgerichtet Präsenz erzeugen

64 Ein einfaches Werbewirkungs-Prinzip ist das sog. AIDA-Modell. Der Name ist ein Akronym, welches sich aus den Anfangsbuchstaben für folgende Begriffe zusammensetzt:

- Attention Aufmerksamkeit anregen
- Interest Interesse erregen
- Desire Verlangen wecken
- Action Handeln auslösen

65 Sie können Aufmerksamkeit im Internet anregen, wenn Sie mit ihrer Information zur richtigen Zeit am richtigen Ort sind. Im Rahmen der Analyse haben wir uns detailliert mit dem Informationsbeschaffungsverhalten unserer Nutzer auseinandergesetzt. Wir wissen, wann und wo der Nutzer sich mit Informationen versorgt. Versorgen Sie nun den Nutzer zielgerichtet mit den notwendigen Informationen.

Praxistipp:

Fragen sie jeden Mandanten, ob Bestand oder Erstkontakt, wie er auf Sie aufmerksam wurde. So können sie iterativ die richtigen Wege beschreiten.

2. Einige ausgewählte Möglichkeiten für Präsenz zu sorgen

a) Netzwerkseiten

66 Schalten Sie Anzeigen auf Netzwerkseiten und veröffentlichen Sie Ihr Kanzleiprofil. Je häufiger Sie im Internet auftauchen, umso besser werden Sie gefunden. Achten Sie bei der Schaltung und Profilveröffentlichung darauf, dass Sie ihre übergeordneten Ziele erreichen.

10 Streuverlust bezeichnet Adressaten, die durch belegte Werbeträger zwar mit einer Werbekampagne erreicht werden, die aber nicht zur definierten Zielgruppe gehören. Dies stellt eine kostenträchtige Fehlstreuung dar und ist zu vermeiden.

Beispiele:

Xing: www.xing.de

Deutscher Steuerberater e.V.: www.dstv.de

Steuerberater-Suchservice: www.dstv.de/suchservice

b) Special-Interest-Portale und -Seiten

Sie arbeiten für eine spezielle Zielgruppe. Als Beispiel nehmen wir Unternehmen, die in deutsch-kanadischen Handelsbeziehungen stehen. In diesem Fall ist es anzuraten, sich einem Verein oder Verband für deutsch-kanadische Handelsbeziehungen anzuschließen oder einen Artikel zum Thema zu veröffentlichen – natürlich mit Nennung der eigenen Kanzlei -, um so gefunden zu werden. 67

c) Suchmaschinen

Eine Vielzahl von Suchmaschinen steht Ihnen zur Verfügung, um Werbung zu schalten. Meist werden bezahlte Anzeigen neben den Suchergebnissen eingeblendet. Google ist sicherlich die bekannteste und größte Suchmaschine. Allerdings gibt es auch viele kleinere Suchmaschinen, deren Nutzung sinnvoll sein kann. Fragen Sie ihre Kunden, wie und wo sie gesucht haben. 68

d) Informations- und Wissensportale

Geizen Sie nicht mit ihrem Wissen! Veröffentlichen Sie Informationen rund um Ihre Kanzlei und um Ihr Themengebiet im Internet. Beispiele könnten Expertenseiten oder Wissensportale sein. Laden Sie Ihren eigenen Namen und den Ihrer Kanzlei mit Wissen auf. So werden Sie gefunden. 69

Beispiele:

www.brainguide.de

www.competence-site .de

e) Offline

Leider viel zu oft in den Hintergrund gedrängt: Die Analog- oder Offlinekommunikation. Bringen Sie Ihre Internetseite so oft wie möglich in Ihrer Kanzleikommunikation unter. Auf Visitenkarten, Briefbögen, der Broschüre, Präsenten etc. Achten Sie bei der Wahl der Domain auf Einfachheit! Im Kapitel E unter „Aufmerksamkeit im Netz erzeugen“ vertiefen wir die jeweiligen Maßnahmen weiter. 70

IV. Strategie – Mit Inhalten und der richtigen Navigation überzeugen

Inhalt I Wissen I Einfachheit I

71 Der präsentierte Inhalt muss zum Informationssuchenden passen und muss seiner Sprachwelt entsprechen. Ein guter Internetauftritt enthält einige Wegweiser, die den Nutzer zielgerichtet zu den wichtigen Informationen führen. Diese Wegweiser zu identifizieren ist eine der Schlüsselaufgaben für einen erfolgreichen Internetauftritt.

1. Fragezeichen im Kopf des Nutzers

72 Im Rahmen der Analyse haben wir eine Vielzahl an Gesprächen mit dem Nutzer geführt und kennen einen Teil seiner Fragen. Gruppieren wir nun diese Antworten, so kommen wir zu einer einfachen und aussagekräftigen Struktur des Internetauftritts und somit zu einer sinnvollen Navigation der Webseite.

Beispiel für eine schlechte Navigation:

- Wir über uns
- Team
- Leistung
- Karriere
- News
- Anfahrt

73 Nicht nur für den Nutzer, auch für die Suchmaschinen ist die Navigation der Einstieg in Ihre Webseite. Die oben genannten Navigationspunkte sind zu allgemein gefasst. Sie könnten auf ein Autohaus, eine Bäckerei und eine Steuerkanzlei passen.

2. Konkret vor Abstrakt

74 Werden sie in Ihrer Navigation konkret.

- Steuerberatung international
- Wirtschaftsprüfung
- Einkommensteuer für Expatriates
- Stb. Maier (intern)
- Mandantenrundbrief
- Kontakt
- Anfahrt

75 Sie kennen die Themen Ihrer Nutzer durch die Befragung. Versuchen Sie nun, diese auf der Webseite darzustellen. Erinnern Sie sich bei der Entwicklung Ihrer Navigation an den letzten Besuch eines Baumarktes. Sie betreten den Baumarkt und einfache, große Schilder weisen Ihnen den Weg.

V. Strategie – Technologie muss funktionieren

Technologie I Zukunftsfähigkeit I Funktionalität I

Die Technologie zur Entwicklung von Internetauftritten ist äußerst umfangreich. An dieser Stelle des Kapitels werden wenige grundsätzliche Methoden und Werkzeuge dargestellt. 76

Grundsätzlich sollten Sie bei der Beauftragung von Internet-Agenturen darauf achten, dass die eingesetzte Technik eine gewisse Verbreitung hat. Je häufiger eine Technik eingesetzt wird, umso größer ist die Wahrscheinlichkeit, jemanden zu finden, der diese Technik ebenfalls beherrscht. Andererseits binden Sie sich gegebenenfalls an einen Partner. Ein Wechsel hat dann zur Folge, dass ihr Internetauftritt neu erstellt werden muss, da die neue Agentur mit der Vorgängertechnik nicht umgehen kann. 77

1. Arten von Webseiten

Stark vereinfacht gibt es eigentlich nur zwei Arten von Webseiten: Die kleine, überschaubare Unternehmenspräsentation mit wenig Seiten und die große Informationswebseite mit vielen Unterpunkten und Verknüpfungen zu anderen Internetdiensten, die sich ständig ändert. Achten Sie bei der Wahl der Technik insbesondere darauf, wie häufig und in welchem Umfang Sie Änderungen durchführen wollen. 78

a) Kleine Unternehmenspräsentation oder Internetvisitenkarte

Eine kleine Unternehmenspräsentation oder Internetvisitenkarte in der Größe bis zu 20 Seiten können Sie über eine Agentur oder einen Webdienstleister pflegen lassen. Es ist weder nötig, ein Datenbanksystem noch eine komplexes Pflegeprogramm zu erwerben oder zu verwenden. 79

b) Das Informationsschwergewicht mit ständiger Änderung

Die Inhalte ihrer Webseite ändern sich wöchentlich, Sie ergänzen laufend neue Artikel in Ihrem Internetauftritt, und Sie überlegen sich einen elektronischen Mandantenbrief zu verschicken? Dann sollten Sie sich für einen datenbankgestützten Internetauftritt entscheiden. Der technische und finanzielle Aufwand rechnet sich schnell, wenn Sie weit mehr als 50 Seiten aktuell halten wollen. 80

2. Exkurs: Aufbau einer datenbankgestützten Seite – Wie kommt der Nutzer an seine Informationen?

Anhand des Weges, wie der Nutzer an die Informationen kommt, wird in den folgenden Sätzen die Funktionsweise der datenbankgestützten Internetseite erläutert. 81

- Schritt_1

  Der Nutzer stellt über seinen Internet-Browser eine Anfrage an den Server. Sie können sich das in etwa so vorstellen, als ob Sie eine Anfrage in das Suchfeld bei Google eintragen. Nur tippen Sie die Frage nicht ein, Sie stellen sie per Mausklick.

- Schritt_2

  Der Webserver beantwortet Ihre Anfrage wie folgt: Er kombiniert Textinformationen aus einer Datenbank mit Bildinformationen und liefert Ihnen eine eigens für Ihre Anfrage zusammengestellte Antwortseite. Wurde diese Anfrage schon einmal gestellt und haben sich die Daten nicht geändert, so greifen Sie auf eine bestehende Seite zu. Auf Grund der schnellen Internetverbindung und der hohen Rechenleistung erscheint es Ihnen, als ob blitzschnell die Seite verfügbar ist.

- Schritt_3

  Wie kommen die Daten in die Datenbank? In der Regel erfolgt dies über ein sogenanntes „Content Management System"[11] (CMS). Meist können sie das CMS über einen Internetbrowser bedienen und steuern. Ähnlich wie in einen gewöhnlichen Texteditor können sie Informationen eingeben, Bilder integrieren und Formulare gestalten. Die Arbeit mit einen CMS ist nicht trivial und bedarf einiger Übung. Bekannte freie auf „open source Basis" entwickelte CMS sind Typo3 und Joomla. Darüber hinaus gibt es unzählige andere CMS-Systeme.

Praxistipp:

Sollte die gewählte Agentur ein CMS empfehlen, lassen Sie sich im Vorfeld das gewählte CMS zeigen. Damit können Sie sofort eine Referenz ansehen, und Sie können das CMS kennenlernen.

Schematische Darstellung einer dynamischen Webseite

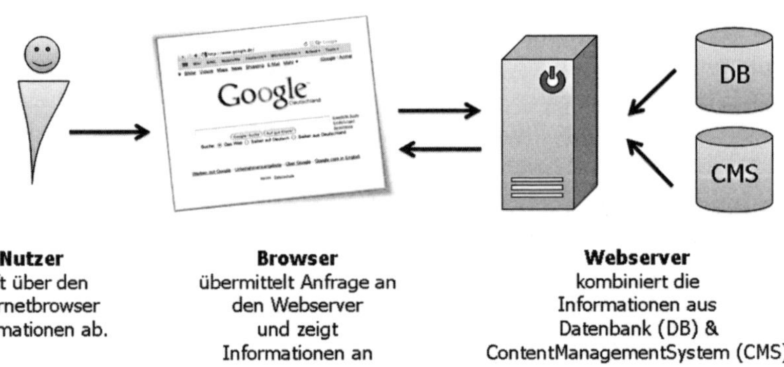

3. Anmerkung zur Technik

82 Es gibt viele interessante, nützliche und optisch beeindruckende Möglichkeiten, eine Internetseite zu gestalten. Eine noch nicht genannte Möglichkeit zur Erstellung multimedialer Inhalte ist der Flash-Film. Flash findet heutzutage auf vielen Webseiten Anwendung, sei es als Werbebanner, als Teil einer Website, wie z. B. als Steuerungsmenü, oder in Form kompletter Flash-Seiten.

83 Die animierte Darstellung von komplexen Zusammenhängen (Visualisierung), das Einbetten von Videodateien oder die Gestaltung von multimedialen Animationen als Webseitenintro ist einfach und schnell möglich. Durch die Flash-Technologie sind auch große Datenmengen schnell und einfach übertragbar.

11 http://de.wikipedia.org/wiki/Content-Management-System
http://de.wikipedia.org/wiki/Typo_3
http://de.wikipedia.org/wiki/Joomla

In Maßen eingesetzt kann ein Flash-Film[12] durchaus zum Verständnis von Informationen beitragen, z.B. die Animation der Funktionsweise eines Viertaktmotors. Das animierte Firmenlogo als Intro vor die Startseite, also vor die eigentliche Information gestellt, oder die permanent blinkenden, kreisenden oder flackernden Navigationselemente sind dem Ziel des Nutzers – nämlich der Informationsbeschaffung - eher abträglich. 84

VI. Strategie – Screendesign

Gestaltung I Design I Funktionalität I Einfachheit I

Die Begriffe „Gestaltung" oder „Design" werden oftmals als reine Verschönerung von Produkten verstanden. Das Design von Internetauftritten hätte nach dieser Auffassung lediglich die Aufgabe, für eine rein ästhetische Aufwertung zu sorgen. 85

Das Design einer Webseite bietet den Zugang und den Weg zu den Informationen auf Ihrer Webseite. Nur wenn Informationen effektiv genutzt werden können, erhalten Sie einen Wert für den Nutzer. Betrachten wir unseren Nutzer als Informationssuchenden, so hat das Design die Aufgabe, das Auffinden von Informationen so einfach wie möglich zu gestalten. 86

1. Den richtigen Ton treffen

Die Tonalität (engl. tonality) bezeichnet den Stil und die Atmosphäre, mit der die Werbebotschaft oder Information an den Empfänger vermittelt wird. Bildsprache und Tonalität müssen exakt auf die Zielgruppe und ihre Bedürfnisse abgestimmt sein. 87

Mutmaßlich lassen sich Ingenieure durch klare Linien und technisches Design, Naturfreunde hingegen eher durch natürliche Formen begeistern. Die „Anmutung" des Internetauftritts orientiert sich an den „Vorlieben" der Zielgruppe. Wesentlich dabei ist die Farbgestaltung. 88

2. Exkurs Farben

Farben können Botschaften, Gefühle und Aussagen vermitteln und dienen als Orientierungshilfe. 89

rot = stark, temperamentvoll, gefährlich, lebendig

Das Herz der Liebe ist rot. Stoppschilder sind rot. In Ägypten ist Rot die Farbe des Zorns und der Zerstörung. 90

orange = lebendig, unkonventionell, dynamisch

Orange ist die Farbe des Buddhismus, kleidet Straßenreiniger und steht in China für Liebe und Glück. 91

weiß = rein, unschuldig, ehrlich

In der westlichen Kultur verkörpert die Farbe Weiß Reinheit und Sauberkeit. In Asien hingegen Trauer und Tod. 92

Buchtipp:

Kompendium Screen-Design „Effektiv informieren und kommunizieren mit Multimedia"
von Prof. Dr. Frank Thissen (ISBN 3-540-43552-2)

12 http://de.wikipedia.org/wiki/Adobe_Flash

VII. Strategie – Usability (Benutzerfreundlichkeit)

Funktionalität I Einfachheit I Leichtigkeit I

93 Ist etwas schwierig zu benutzen, benutzen wir es nicht gerne. Die Programmierung des Videorecorders, die Entkalkungsprozedur einer Kaffeemaschine oder das Festlegen einer Route im Navigationssystem können zu quälenden Herausforderungen werden. Anders als bei der Kaffeemaschine ist im Internet die Alternative, also die „einfach" zu bedienende Webseite, nur einen Mausklick entfernt.

1. Grundregel

94 Ein Internetauftritt sollte wie jedes andere technische Hilfsmittel benutzerfreundlich sein. Die Darstellung der Informationen ist an die menschliche Aufnahmefähigkeit anzupassen. Sorgen Sie für Klarheit auf der Webseite.

95 Eine Webseite sollte

- naheliegend und selbsterklärend,
- einfach und klar,
- ohne Nachdenken nutzbar sein.

2. Dinge, die Nutzer zum Nachdenken bringen

96
- Navigationselemente = Ziel, einfach einleuchtend
- Links und Buttons = Ziel, eindeutig anklickbar
- Seitenaufbau = Ziel, relevant sortiert
- Inhalt = Ziel, so präzise und strukturiert

3. Warum sollte Ihre Webseite benutzerfreundlich sein?

97 Klar ist die Konkurrenz nur einen Mausklick entfernt. Was aber, wenn das nicht so ist und Sie einen ganz besonders einzigartigen Internetauftritt geschaffen haben? Gehen Sie davon aus, dass das Gefühl der Nutzer, das bei der Benutzung des Internetauftritts entsteht, sich direkt auf ihr Unternehmen überträgt. Die Assoziationen einfach, schnell, verständlich, mandanten- und serviceorientiert sollten entstehen – nicht kompliziert, schwierig und schwerfällig.

4. Testen Sie Ihre Seite

98 Ein Usability-Test ist sinnvoll, nicht teuer und vermeidet Spekulationen über die Funktionalität Ihrer Webseite. Was richtig oder falsch, schön oder hässlich ist, liegt einzig im individuellen Auge des Betrachters.

99 Da Sie selbst, die Agentur oder die Programmierer nicht zur unmittelbaren Zielgruppe Ihres eigenen Internetauftrittes gehören, können Sie die Funktionalität nicht beurteilen.

- Ein Test ist besser als kein Test.
- Beginnen Sie so früh wie möglich.
- Ein Tester ist besser als kein Tester.

Usability ist ein iterativer Prozess. Lassen Sie Ihre Webseite in allen Stufen der Entwicklung testen. Der erste Entwurf (meist als Ausdruck), die erste Demo, die Seite mit Inhalten und Formularen, die fertige Seite kurz vor dem „go live". Nehmen Sie sich jeweils 3 Personen, vermeiden Sie es, viele Informationen im Vorfeld zu verraten. Überlegen Sie sich für den Test kleine Aufgaben für die Nutzer. (Unternehmensbroschüre herunterladen, Terminanfrage ausfüllen, Anfahrtsskizze finden) Begeben Sie sich in die Rolle des aufmerksamen Beobachters und notieren Sie sich die Fragen der Nutzer. 100

Buchtipp:

Web Usability "Don't make me think!" von Steve Krug ISBN 3826615956

E. Umsetzung – Entwicklung einer Webseite begleiten

An der Entwicklung eines Internetauftritts sind in der Regel viele Gewerke beteiligt. Als Auftraggeber liegt die Steuerung der Leistungsträger in Ihren Händen. Allzu gerne begibt man sich in die Abhängigkeit der Auftragnehmer, denn die Experten wissen schon, was sie tun. Oder? 101

Damit Sie auf dem Weg zum eigenen Internetauftritt nicht auf der Strecke bleiben und als Navigator die Richtung angeben können, müssen Sie die Knackpunkte oder Meilensteine kennen. 102

Schritt für Schritt zur eigenen Webseite

Das Kapitel 3 führt Sie chronologisch durch die Entwicklung eines Internetauftritts und gibt darüber hinaus wertvolle Hinweise zur „richtigen" Auswahl von Dienstleistern. 103

I. Umsetzung – Internetauftritt

Zeitplan I Dienstleister I Projektmanagement I

Je strukturierter und zielgerichteter Sie an die Umsetzung eines Internetauftrittes herangehen, umso schneller, günstiger und erfolgreicher wird dieser. Auf dem Weg zum eigenen Internetauftritt erwarten Sie allerdings einige Stolpersteine. 104

1. Analysephase (ca. 1 Monat)

Innerhalb dieser Phase werden wesentliche Parameter für einen erfolgreichen Internetauftritt analysiert: Die Informationsbedürfnisse Ihrer künftigen Nutzer bzw. Klienten und der bestehende Wettbewerb. 105

a) Aufgaben

- übergeordnete Kanzleiziele auf Internetauftritt-Ziele übertragen 106
- Wettbewerbsanalyse mit Fokus auf Internet- und Onlinemarketing der Konkurrenten
- Zielgruppensegmentierung und Zielpersonenrecherche

b) Professionelle Unterstützung

Sie sollten in dieser Phase keine oder wenig professionelle Hilfe in Anspruch nehmen. Diese wesentlichen Aufgaben sollten Sie selbst oder im Team mit den Führungskräften Ihrer Kanzlei erledigen, 107 da sie maßgeblich für den Erfolg ihres Internetauftritts sind. Nur wenn Sie bestens über die Informationsbedürfnisse Ihrer Zielgruppe Bescheid wissen, können Sie einer Agentur den richtigen Auftrag erteilen.

2. Strategiephase (ca. 2 Monate)

a) „Vorbereitende Strategie"

108 Die Strategiephase teilt sich in zwei Segmente. Das erste umfasst die vorbereitenden strategischen Maßnahmen, in denen Sie und Ihr Führungsteam die 5 Elemente für einen erfolgreichen Internetauftritt durchdenken sollten.

109 Ziel dieses Abschnitts ist es, ein sinnvolles und aussagekräftiges Agenturbriefing[13] durchführen zu können. Ein ausgezeichnetes Agenturbriefing versetzt Sie in die Lage, mehrere Agenturen auswählen zu können. Es empfiehlt sich, die Agenturen um den Auftrag „pitchen[14]" zu lassen.

110 Aufgaben „vorbereitende Strategie"

- Durchsprache der 5 Felder nach Thomas Jäger (siehe S. 167)
- Entwicklung eines aussagekräftigen Briefings

b) Pitchpräsentation und Auftragsvergabe

111 Der zweite Abschnitt betrifft die Pitchpräsentation und die Auftragsvergabe. Wählen Sie sich bis zu drei Agenturen aus. Achten sie bei der Auswahl auf Professionalität im Auftreten und informieren Sie sich auf den jeweiligen Webseiten. Agenturen finden Sie über das Internet, Informationsportale wie (XING) oder über Branchenverbände. Selbstverständlich können Sie sich auch der Empfehlung bedienen.

Praxistipp: Kriterien für professionelle Agenturen

- *Eigene Webseite mit Telefonnummer*
- *Branchenerfahrung und entsprechende Referenzen*
- *Dokumentierte Prozesse in der Agentur (Ansprechpartner für Themen)*
- *Kostenfreies Beratungsgespräch (Besuchen Sie immer die Agentur vor Ort und machen sich dort ein Bild!)*

(vgl. hierzu auch den Beitrag von Frau Kisslinger-Popp zum Thema Werbung in diesem Buch)

II. Umsetzung – Aufmerksamkeit im Netz erzeugen

112 Sie kennen die Phrasen „gefunden wird, wer oben steht", „Erfolg im Onlinemarketing hat nur der, der vorne steht". Diesen Aussagen pflichte ich voll und ganz bei. Allerdings mit einer kleinen Anmerkung zum Weg, der an die Spitze des Onlinemarkts führt.

13 Agenturbriefing: Eine Kurzanweisung (Besprechung) vor einem wichtigen Ereignis. Der Begriff ist ein Anglizismus (engl. brief = kurz, briefing = Einsatzbesprechung) Das Briefing für eine Webseite enthält alle wesentlichen Informationen um einen Internetauftritt zu konzipieren. D.h. Aussagen zu Präsenz, zum Inhalt (Themenschwerpunkte), Zielgruppe und Informationsbedürfnisse, Technologie, ggf. Designvorgaben.

14 Pitch: Bezeichnet ein gezieltes, gegeneinander antreten lassen von Agenturen. Jede Agentur bekommt das gleiche Briefing und entwickelt eine Präsentation. Die Agenturen halten die Präsentation einzeln vor dem Kunden, der sich dann für eine Agentur entscheidet. Es liegt im ermessen des Auftraggebers eine Aufwandsentschädigung zu bezahlen. Es liegt im ermessen der Agenturen sich diesem Verfahren zu unterwerfen.

Es gibt den langen, arbeitsintensiven Weg, der sich aus Schritt 1 und Schritt 2 ableitet, und es gibt den vermeintlich schnellen und effizienten Weg über Werbeschaltungen. Beide Wege haben gemeinsam, dass Sie sich engagieren müssen. Im Internet bringt Sie nichts „einfach so" nach oben. 113

Gefunden Werden ist kein Hexenwerk, es ist Fleißarbeit

Die folgenden Kapitel führen Sie in die Materie des gezielten „Sichtbar Werdens" im Internet ein. Es wird gezeigt, wie gezielt Aufmerksamkeit (Präsenz) generiert wird, Sie erhalten eine Einführung in die Möglichkeiten des Suchmaschinenmarketings und erhalten Tipps, wie Sie Onlinemarketing betreiben können. 114

III. Umsetzung – Präsenz im Internet

Netzwerke I Portale I Sichtbarkeit I

Ihr Ziel ist es, omnipräsent (Allgegenwart, Allgegenwärtigkeit, Omnipräsenz oder Ubiquität (lat.) steht für „überall vorkommend, allgemein verbreitet, allgegenwärtig, omnipräsent") zu werden. Beziehen wir die Allgegenwärtigkeit auf unseren zukünftigen Besucher der Webseite, so müssten wir überall dort vertreten sein, wo der künftige Nutzer nach uns zu suchen vermag. 115

1. Identifizieren Sie interessante Informationsquellen

Es ist an uns, die Orte zu identifizieren, an denen die Wahrscheinlichkeit für neue Nutzer am höchsten ist. Erinnern wir uns an **Schritt_1 – Analyse Zielgruppe**, dort haben wir uns intensiv mit dem Informationsbeschaffungsverhalten der künftigen Nutzer beschäftigt. 116

10

2. Entwickeln Sie eine Präsenzstrategie

Ein Tipp, bevor sie beginnen: Suchen Sie nach Kollegen! Google bietet dazu eine besonders geschickte Möglichkeit. Tippen Sie in die Google-Suchzeile folgendes ein: link: www.namedeskollegen.de/com* (*ersetzen sie dies durch die gültige Internetadresse ihrer Steuerberaterkollegen) und drücken auf „Suche". Jetzt sehen Sie, wo Ihre Kollegen im Internet präsent sind. 117

3. Zeigen Sie sich!

Fast alle Veranstaltungen, Podiumsdiskussionen, Referate und Vorträge werden heute im Internet mit einer ausführlichen Nachberichterstattung versehen. Nutzen Sie den Vorteil, vom Rahmen der Veranstaltungen zu profitieren! 118

4. Seien Sie professionell

Achten Sie auf eine einheitliche Kommunikation. Kommunizieren Sie bei allen Orten im Internet, an denen Sie präsent sind, eine einheitliche E-Mail-Adresse, Domain und Firmenbezeichnung. Formulieren Sie eine kurze, mit Schlagwörtern zu Ihren Themen versehene, Kanzleibeschreibung die Sie mehrfach einsetzen können. Das erspart Arbeit. 119

5. Netzwerkseiten

120 Die sogenannten Netzwerkseiten bieten Ihnen die Möglichkeit, „Networking" zu betreiben, also zielgerichtet Kontakt mit interessanten Personen aufzunehmen. Meist hinterlegen Sie ein Personen- und/oder Firmenprofil auf den Seiten des jeweiligen Anbieters. Hier gilt: Seien Sie so informativ und präzise wie möglich!

Beispiele:

Xing

LinkedIn

Facebook

Qype

a) Steuerberaterportale

121 Unter Beachtung der Weisheit „Man sieht den Wald vor lauter Bäumen nicht" ist es hilfreich, berufsspezifische Portalseiten mit konventionellen Branchenbüchern zu vergleichen. Eine Anzeige macht nur dann Sinn, wenn der Nutzer sehr detaillierte Möglichkeiten hat, nach dem passenden Steuerberater zu suchen. (Region, Stadtviertel, Themenschwerpunkt, Nutzterbewertungen etc.)

b) Special-Interest-Portale

122 Special-Interest-Portale, also Seiten, die sich mit ganz besonderen Themenstellungen beschäftigen, sind die optimalen Werbeträger.

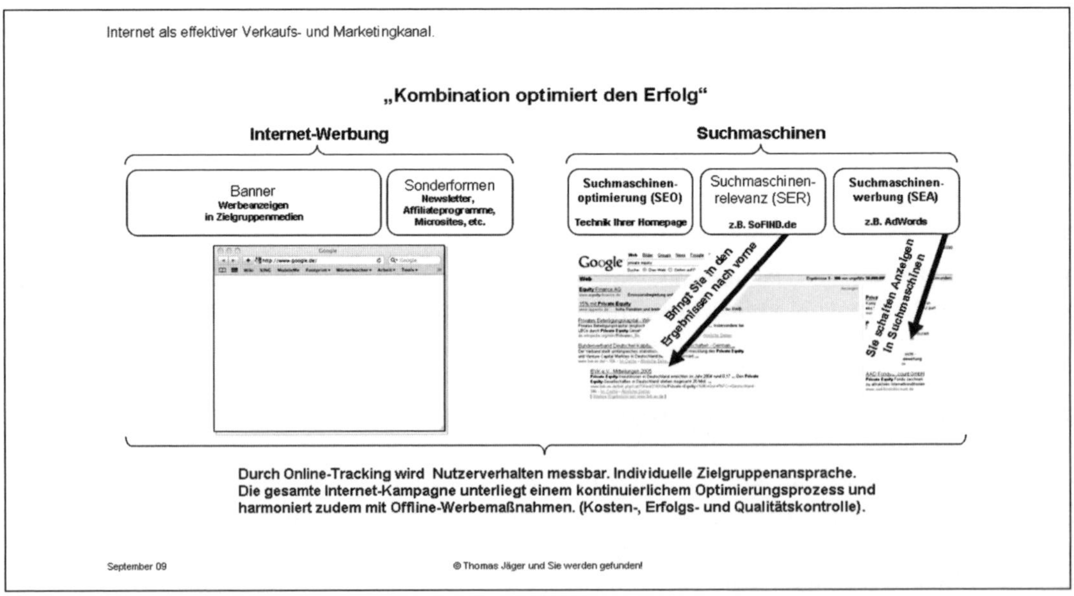

6. Vorträge, Präsentationen – zeigen Sie sich!

Seien Sie professionell! Bereiten Sie die Veranstaltungen vor! 123

Fassen Sie Ihre Sichtweise und Ihre Tipps in Schlagworten und kurzen Aussagen zusammen! 124

In der Regel sollte die Zusammenfassung eine DIN A4-Seite nicht übersteigen. Gehen Sie zu einer Veranstaltung, drucken Sie diese Unterlage aus, heften eine Visitenkarte daran und fertig ist ein einfaches, aber wirkungsvolles Kommunikationsinstrument. 125

Berichten Sie im Vorfeld jeder Veranstaltung, an der Sie teilnehmen oder die Sie selbst veranstalten, ausführlich über den Inhalt und Ihre Sichtweise des Themas! 126

Kündigen Sie Termin und Dauer Ihrer Anwesenheit an. Bieten Sie sich für Expertengespräche an. So kommen Sie aktiv mit zukünftigen Mandanten in Kontakt und können durch Ihre Fachkompetenz überzeugen. 127

Sammeln Sie Visitenkarten! 128

Wenn Sie einen Vortrag halten, können Sie die Zusammenfassung gegen Visitenkarte aushändigen. Stellen Sie eine kleine Schachtel auf, in die Teilnehmer ihre Visitenkarte einwerfen können, wenn Sie Interesse an diesem Skriptum haben. Das ist ein erster Schritt in professionelles Onlinemarketing, denn an diese Kontakte können Sie einen Newsletter verschicken! 129

Nachberichterstattung im Internet eröffnet Ihnen größte Chancen! 130

Ganz egal, ob Eigen- oder Fremdveranstaltung, Referent oder Teilnehmer. Kommentieren Sie jede Veranstaltung, an der Sie teilgenommen haben, auf Ihrer Webseite. Verlinken Sie die Seiten untereinander. So bauen Sie eine beeindruckende fachliche Tiefe auf Ihrer Webseite auf. Sie zeigen Kompetenz und vernetzen sich. 131

Praxistipp:

Bitte verfahren Sie so nur bei Veranstaltungen, die gemäß Ihrer eigenen Kanzleipositionierung für Sie als wichtig gelten. Der samstägliche Kinobesuch ist definitiv nicht angebracht. Auch der Bericht über den Besuch einer politischen Veranstaltung sollte kritisch gewürdigt werden.

IV. Umsetzung – Suchmaschinen

Verzeichnisse I Suchmaschinen I gefunden werden I

Weit über 100 Mio. Internetadressen können Sie im Internet aufrufen. Zu viele, um sie sich als Favoriten zu speichern. Und viel zu viele, um sie jeden Tag anzusurfen, denn die Inhalte ändern sich ständig. Ganz zu schweigen von den vielfältigen Inhalten, die in Blogs, Twitter oder bei Wikipedia in jeder Sekunde entstehen. 132

Wir brauchen Unterstützung bei der Informationsbeschaffung: Die Suchmaschinen! Sie helfen uns bei der Gewinnung von Informationen im Internet. Ohne diese Helfer finden wir uns nicht mehr zurecht. 133

Dieses Wissen ist interessant für die Ziele des strategischen Onlinemarketings. Die Berücksichtigung des individuellen Informationsbeschaffungsverhaltens der Zielpersonen ist entscheidend für den Erfolg des erfolgreichen Internetauftritts. 134

Für werbetreibende Unternehmen eröffnen sich durch die Vielzahl von Webseiten und die dadurch bedingte Notwendigkeit von Suchmaschinen interessante Möglichkeiten in der Kommunikation mit potentiellen Käufern. Mit Suchmaschinenmarketing lassen sich Streuverluste (theoretisch) auf 0 re- 135 duzieren. Grundsätzlich gilt: Nehmen Sie bei der Planung von Kampagnen professionelle Unterstützung in Anspruch.

1. Informationsbeschaffung – Arten

136 Grundsätzlich gibt es verschiedene Arten, sich Informationen im Internet zu beschaffen. Jeder Nutzer bedient sich dabei, individuell seiner Erfahrung angepasst, dem ihm erfolgreich erscheinendem Weg. Für unsere gezielten Aktivitäten im Hinblick auf die Vermarktung bedeutet dies eine optimale Nutzung dieser individuellen Zugangswege zum Netz. So begleiten wir den Nutzer auf der Informationssuche und schaffen die Möglichkeit, dass er sich auf unsere Seite begibt.

a) Surfen

137 Der Informationssuchende begibt sich von einer Startseite (AOL, t-online) aus ins Internet und surft durch das Netz auf der Suche nach den für ihn richtigen Informationen. Im Grunde geht er damit den gleichen Weg wie Suchmaschinenroboter. Er folgt den „Links" auf dem Weg durch das Netz zu der für Ihn relevanten Information.

b) Webverzeichnisse oder Webkataloge

138 Redaktionell geprüfte Internetseiten (Inhalte) werden in einen Schlagwortkatalog integriert und dem Nutzer in hierarchischer, thematisch sortierter Form präsentiert.

Praxistipp: Strategie für Surfen und Webverzeichnisse oder Webkatalog

Von Seiten der Anbieter werden ihnen viele verschiedene Möglichkeiten geboten, Werbung zu machen: redaktioneller Beitrag im Katalog, Schaltung einer Anzeige oder Werbefläche passend zu einer für sie nützlichen Kategorie. Wählen Sie diejenige aus, die sich am Besten mit dem Verhalten ihrer Zielgruppe deckt.

c) Suchmaschinen

139 Das wesentlichste Unterscheidungsmerkmal einer Suchmaschine zu einem Webkatalog ist, dass die Ergebnislisten ausschließlich auf automatisierten Verfahren beruhen. Der Nutzer trägt die für ihn wichtigen Schlagwörter (Keywords) in ein Formular ein und erteilt der Suchmaschine einen Suchauftrag. Die Suchmaschinen durchsuchen daraufhin ihren eigenen Datenbestand und liefern eine Ergebnisliste.

Beispiel:

Geben Sie auf www.google.de die Begriffe „Steuerberater" und „München" ein, werden Sie entsprechend gekennzeichnete Anzeigen finden.

d) MetaSuchmaschinen

140 MetaSuchmaschinen sind dadurch gekennzeichnet, dass sie über keinen eigenen Datenbestand verfügen, sondern gezielt auf die Daten anderer Suchmaschinen und Webkataloge zugreifen.

Beispiel:

http://www.metacrawler.de

Praxistipp: Strategie für Suchmaschinen und MetaSuchmaschinen

Seien Sie präzise und wählen Sie mit Bedacht die Schlüsselwörter aus, bei denen Ihre Anzeige geschaltet werden soll. Erfolg hat derjenige, der bei der Auswahl der Schlagwörter die Fragen seiner potentiellen Kunden beantworten kann.

2. Was gibt es zu beachten?

Lassen Sie sich Zeit bei der Auswahl des Werbeträgers. Holen Sie sich vergleichbare Informationen. Wer ist die Zielgruppe des Werbeträgers? Passt diese zu Ihnen? Wie wurden die Informationen ermittelt? Was bekommen Sie für Informationen, wenn Sie die Werbung geschaltet haben? 141

Bitte beachten Sie die Abrechnungsmodalitäten der Suchmaschinenbetreiber! Hier gibt es unterschiedliche Modelle. Bezahlen nach Klick, also erfolgsorientierte Modelle, oder Buchung eines bestimmten Zeitraums. Gerade bei den erfolgsorientierten Modellen kann ein nicht begrenztes Budget zu „großen Augen" am Ende des Monats führen. 142

3. Suchmaschinenoptimierung (SEO / SearchEngineOptimization)

Ich beginne mit einem Zitat von Sergey Brin, Lawrece Page (Erfinder von Google) „Die Anzahl an Webdokumenten im Index wächst stetig in beträchtlichem Ausmaß, jedoch nicht die Fähigkeit des Benutzers, diese auch anzuschauen (...) Das Ziel des Suchens ist es, qualitativ hochwertige Suchergebnisse effizient anzubieten." 143

a) Prinzip: Suchmaschinenoptimierung

Google ist, zumindest in Deutschland, die wichtigste Suchmaschine. Ein Webdienst, www.webhits.de, ermittelt die Wichtigkeit der Suchmaschinen anhand von freiwilligen Nutzerdaten. Suchmaschinenoptimierung baut auf dem Wissen der Funktionsweise von Suchmaschinen auf. Jede Suchmaschine setzt zur Erzeugung der Ergebnislisten ein eigenes Verfahren ein. Dennoch gibt es Parallelen, die Sie sich bei der Optimierung Ihrer Seiten zunutze machen können. 144

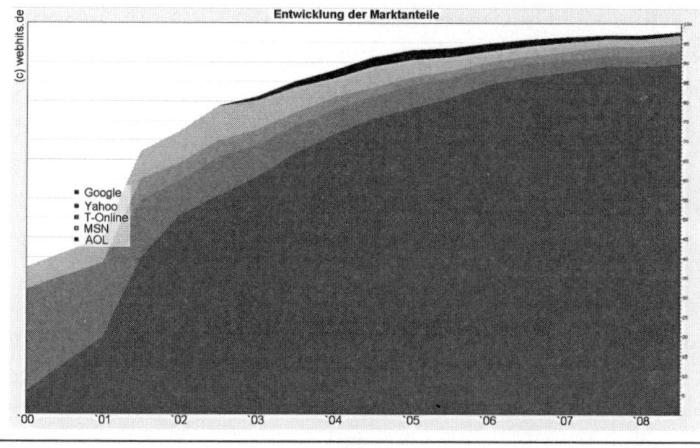

b) System Suchmaschine

145 Die Datengewinnung und die darauf folgende Datenanaylse und -verwaltung werden innerhalb eines komplexen Systems organisiert, das als Ganzes den Namen „Suchmaschine" trägt. Bei der Aufnahme und Verarbeitung der Dokumente im Kontext von Informations-Retrieval-Systemen, zu denen ja Suchmaschinen gehören, gibt es typische und charakteristische Komponenten und Filtermethoden. Wenn Sie die prinzipielle Funktionsweise einer Suchmaschine kennen, vermeiden Sie Fehler bei der Optimierung.

c) Datenaufbereitung und Dokumentenanalyse

146 Die Aufgabe einer Suchmaschine besteht darin, relevante Dokumente auf Basis eines oder mehrerer Suchbegriffe zu finden. Der entscheidende Faktor ist die Suchmaschinenrelevanz (SER): Was ist relevant und wie wird die Relevanz zu einem Thema hergestellt?

147 Im ersten Schritt gewinnt ein „WebCrawlerSystem" ein Dokument für den Datenspeicher der Suchmaschine. Eine Webseite, die Sie veröffentlichen, ist so ein Dokument. Kern der Suchmaschinenoptimierung ist es, den Suchmaschinen den Weg zum Dokument zu vereinfachen.

aa) OffPageOptimierung | Linkbuilding | Backlinks | Verlinkungsstrategie |

148 Zum Thema Ihrer Webseite werden gezielt verwandte Webseiten gesucht und eine geschickte Verlinkung erzeugt. Das erleichtert gleichermaßen Suchmaschinen wie Nutzern das Auffinden ihrer Seiten im Netz. (s. PageRankModell)

Praxistipp:

Je häufiger Sie im Netz themenspezifisch präsent sind, umso besser werden Sie gefunden.

bb) OnPageOptimierung | QuellcodeOptimierung | technisches SEO |

149 Ein einwandfreier, technisch fehlerfreier Quellcode unter Berücksichtigung der Vorgaben des W3C ist Basis für gute Ergebnisse der Optimierung. Technische Hürden, die das Einlesen der Informationen in den Dokumentenspeicher der Suchmaschinen erschweren, werden minimiert.

Praxistipp:

Engagieren Sie Profis und achten Sie darauf, dass der Quellcode fehlerfrei ist. (W3C Validator)

cc) Textoptimierung | KeyWords | Relevanz |

150 Achtung! Hier überschreiten viele Suchmaschinenprofis deutlich ihre Kompetenz! Bei der Definition von Keywords und der Erstellung und Optimierung von Inhalten haben Techniker nichts verloren. Hier geht es um Sprache, Semantik und Ontologien.

Praxistipp:

Je qualitativ hochwertiger und umfassender Sie Ihr spezielles Thema behandeln, umso erfolgreicher sind Sie.

d) Zum guten Schluss

SEO (Search Engine Optimization, Suchmaschinenoptimierung) Maßnahmen benötigen i.d.R. einige Wochen Zeit, um wirkungsvoll anzulaufen. Während und nach dieser Vorlaufzeit sind die Ergebnisse permanent und transparent zu überprüfen. 151

aa) Kontrollieren Sie ihre Erfolge

Über die sog. SERP (Search Engine Ranking Positions) können Sie ermitteln, wie gut Sie bei einem Thema gefunden werden. Ein Schlagwort wird in eine Suchmaschine eingegeben. Anhand der Ergebnisliste wird nun ermittelt, wo Sie stehen. 152

Beispiel: Google

Die Positionen 1-10 sind die wichtigsten, da sie die erste Seite darstellen. 80 % der Suchenden benutzen nur die erste Seite, je weiter Sie in den Positionen zurückfallen oder gar nicht erst auftauchen, umso unwahrscheinlicher ist es, gefunden zu werden.

Nutzen Sie jedoch die Informationen von Position 50 bis 1 um zu sehen, wie Sie sich im Vergleich zum Wettbewerber entwickeln. Mit SERP-Tools können Sie den Erfolg messen lassen. Stellen Sie sich vor, Sie müssten 100 verschiedene Schlagwörter alle 7 Tage per Hand nachsehen. Das ist sehr mühsam.

Praxistipp: ToolTipp

für Windows > *http://www.ibusinesspromoter.com von Axandra*

für MAC > *http://www.advancedwebranking.com vom Caphyon*

10

bb) SEO – Projekt

Hier gilt: Lassen Sie nur Profis ran. Viele Webmaster und Internet-Seitenentwickler bieten Suchmaschinenoptimierung an. Teilweise mit „Ergebnisgarantien". Verlangen Sie Professionalität in der Herangehensweise! 153

cc) Schlagwortanalyse

Üblicherweise sollten Ihre Schlagwörter und die Ihrer Konkurrenten analysiert werden. Insbesondere im Hinblick auf den unternehmensstrategischen Fokus. Am Ende sollten Sie die Wörter kennen, bei denen Sie gefunden werden sollen, und wissen, wo Ihre Konkurrenz steht. Eine Übersicht der SERPs sollte Ihnen – am besten wöchentlich – vorgelegt werden. 154

dd) Optimierung OffPage, OnPage und Textoptimierung

Sämtliche Maßnahmen sind zu begründen. Generell sind Tricks oder Wundermittel zu vermeiden. Optimierer, die „sauber" arbeiten, können jede Maßnahme inhaltlich und fachlich begründen und Ihnen absolute Klarheit über die Vorgehensweise verschaffen. 155

ee) Erfolge sichtbar machen

Ob Suchmaschinenwerbung oder Suchmaschinenoptimierung: Erfolge zeigen sich meist nach einigen Wochen bis Monaten. Sämtliche Maßnahmen können jedoch protokolliert und mit Kennzahlen versehen werden. Sie sollten zu jedem Zeitpunkt des Projekts wissen, was die Dienstleister im Moment tun. 156

4. Werbung in Suchmaschinen (SearchEngineAdvertising)

157 Bei Online-Werbung hat nur Erfolg, wer auf den vorderen Plätzen mitspielt. Dieses markige Zitat hat unbestrittene Gültigkeit. Aber wie funktioniert das eigentlich?

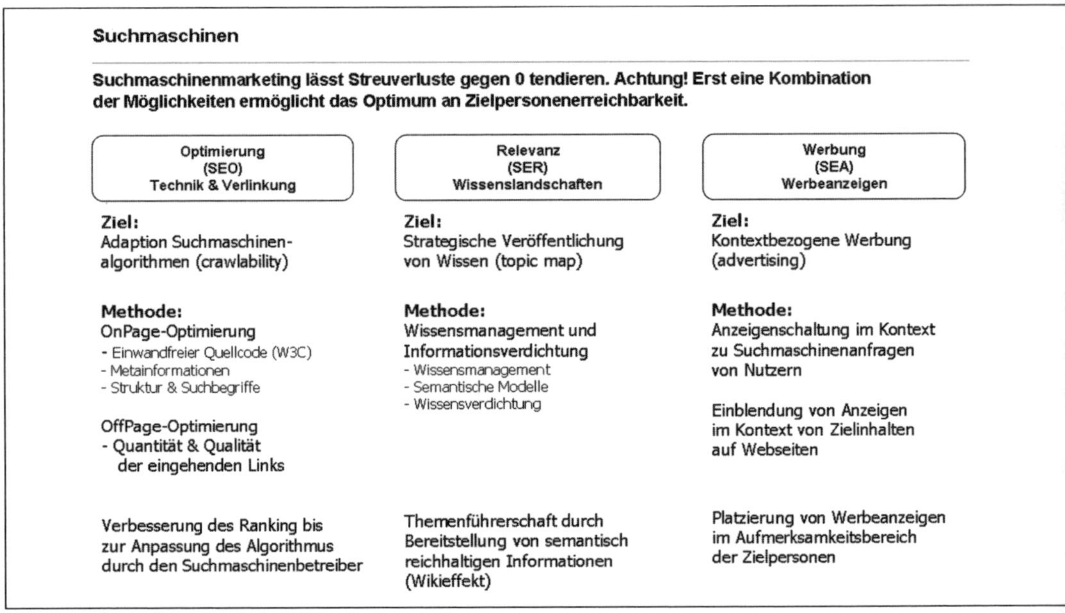

a) Prinzip: Suchmaschinenwerbung

158 Der Nutzer erteilt der Suchmaschine einen Suchauftrag durch Eingabe seiner Schlagwörter (Keywords) in das Suchformular. Als Ergebnis erhält der Nutzer eine Ergebnisliste.

159 Bei der „Auslieferung“ der Ergebnisliste auf Ihren Bildschirm werden Werbeanzeigen im Umfeld der Suchergebnisse angezeigt. Die Suchmaschine identifiziert anhand der eingegebenen Schlagwörter die passenden Werbeanzeigen und zeigt diese an.

b) Werbemodell – Cost per impression

160 Es gibt Werbemodelle, bei denen der Werbetreibende für das Anzeigen/Einblenden der Werbung neben den Suchergebnissen Geld an den Suchmaschinendienst bezahlen muss. „Cost per impression“ oder „CPI“ sind die Fachtermini, die im Onlinemarketing dafür benutzt werden. Die Kritik an diesem Verfahren liegt auf der Hand. Sie bezahlen für geschaltete Anzeigen und können maximal an Bekanntheitsgrad gewinnen.

c) Werbemodell – Pay per click alternativ Cost per Click (CPC)

161 „Pay per click“ bedeutet: bezahlen nach „Klick“. Gemeint ist der Klick auf die Werbeanzeige des Werbetreibenden. Der Werbetreibende bezahlt nichts für das Anzeigen/Einblenden der Werbung, bis zum dem Zeitpunk, an dem der Nutzer auf die Anzeige klickt.

Der Preis für die Anzeige wird in der Regel über ein Bieterverfahren ermittelt. Das bedeutet, dass der 162
Positionsrang innerhalb der Werbeanzeigen gegen Höchstgebot versteigert wird. Gesteigert wird der Preis, den der Werbetreibende bereit ist für den „Klick" zu bezahlen.

Praxistipp:

Sie können im externen Google KeyWordTool selbst nachschlagen, wie hoch die Investition in eine Google Kampagne für bestimmte Schlagwörter sein kann.

Der Link lautet: https://adwords.google.de/select/KeywordToolExternal

Tragen Sie die gewünschten Schlagwörter ein und wählen Sie bei „Wählen Sie die Spalten für die An- 163
zeige aus:" den Menüpunkt „Schätzung zum durchschnittlichen CPC" aus. Jetzt bekommen Sie ein Gefühl für Preise pro Klick und Möglichkeiten. Kampagnen sind grundsätzlich einfach zu erstellen. In Anbetracht der Vielzahl an Möglichkeiten rate ich allerdings zur professionellen Unterstützung.

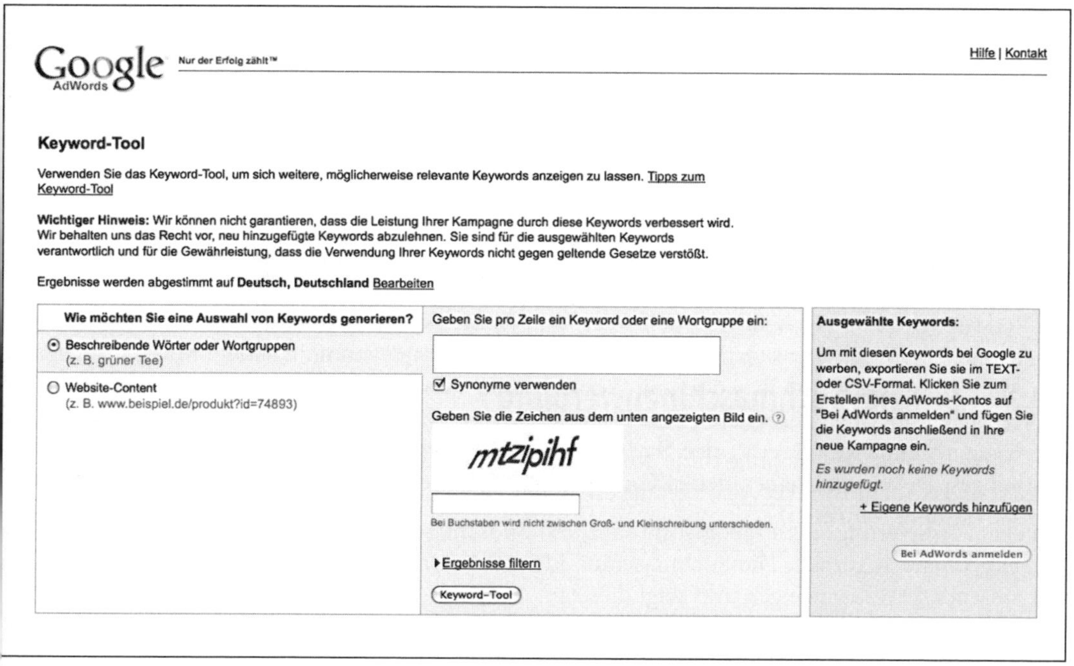

V. Umsetzung – Website Tuning

Videos I Landkarten I Kommunikation I

Jeden Tag kommen unzählige Möglichkeiten hinzu, Ihren Internetauftritt noch informativer, noch 164
besser und noch vorteilhafter zu gestalten. Im Vorfeld zu diesen Möglichkeiten möchte ich gerne an die Analyse und die Zielgruppen erinnern. Versetzen Sie sich in die Lage Ihres Nutzers: Hilft eine „zusätzliche Applikation, ein Werkzeug oder eine neue Funktion" auf Ihrer Webseite wirklich weiter oder wird die Webseite dadurch nur „laut und unruhig".

1. Videos von Vorträgen

165 Nutzen Sie Videodokumentationen von Ihren Vorträgen, um sich als Person erlebbar zu machen. Gerade in den beratenden Berufen ist die persönliche und emotionale Ebene der Erfolgsfaktor schlechthin. Sie können sich diesen Effekt sehr einfach zu Nutze machen.

Praxistipp:

Lassen Sie jeden Vortrag, den Sie halten, per Video dokumentieren und auf eine Länge von ca. 5 Min. bis maximal 10 Min. schneiden. Jetzt können Sie das Video im Internet veröffentlichen.

Es empfiehlt sich folgende Vorgehensweise:

- *Kurzbeschreibung der Inhalte des Vortrags*
- *Präsentationsfolien zum Download*
- *Video zum Öffnen auf ihrer Webseite*

Mit dieser Vorgehensweise erreichen Sie alle Informationstypen und bieten so abwechslungsreiche Informationen für jeden.

Praxistipp:

Sie können kostenfrei Videos auf der Internetplattform www.youtube.com hochladen. Diese Plattform bietet über das automatische Einbetten die Möglichkeit, auf sehr einfachem Weg Videos in Ihre eigene Webseite zu integrieren.

2. Podcasts

166 Als Podcast wird das regelmäßige Publizieren und Anbieten von Mediendateien über das Internet bezeichnet. Das Wort setzt sich zusammen aus „Pod“ (abgeleitet von iPod, einem Musikabspielgerät von Apple) und „Cast“ von Broadcasting (Fernseh- und Rundfunk). Mit Hilfe von Podcasts können Sie Inhalte audiovisuell aufbereiten und Ihren Mandanten zur Verfügung stellen. Podcasts können durch sogenannte „NewsFeeds“, also Nachrichtenkanäle, direkt von den Nutzern abonniert werden. Einfach gesagt: Wenn Sie einen neuen Podcast in das Internet stellen, wird Ihre Zuhörerschaft automatisch darüber informiert.

Beispiel:

Frau Bundeskanzlerin Angela Merkel informiert ebenfalls regelmäßig über einen Podcast:

http://www.bundeskanzlerin.de/Webs/BK/DE/Aktuelles/VideoPodcast/video-podcast.html

3. Landkarten für die bessere Navigation

167 Einen kompetenten Ansprechpartner „vor Ort“ zu haben ist wichtig. Die Verknüpfung von Geoinformationen, also dem aktuellen persönlichen Standort, mit der Anfrage an eine Suchmaschine ist heute bereits Realität.

Beispiel:

Öffnen Sie Ihren Browser und geben Sie bei http://maps.google.com folgende Begriffe ein: „Steuerberater“ und „München“. Drücken Sie dann auf „Suchen“. Jeder der nun sichtbaren Punkte ist ein Steuerberater.

Viele Suchmaschinen bieten die Möglichkeit, Informationen hinzuzufügen. Nutzen Sie diese Gelegenheit und fügen Sie Informationen zu ihrer Kanzlei hinzu. Je präziser Sie mit den Angaben zu Arbeitsgebieten und Ort sind, umso erfolgreicher können Sie werden. Suchmaschinen belohnen qualitativ hochwertige Informationen. 168

Eine weitere Möglichkeit neben Google ist www.Qype.com. Hier melden Nutzer interessante Orte an und weitere Nutzer können Empfehlungen abgeben. Moderne Mobiltelefone – wie das iPhone von Apple – haben eine Applikation, mit der Sie diese Daten abfragen können. 169

Beispiel:

Ein Nutzer steht am Marienplatz in München und gibt „Steuerberater" ein. Das Mobiltelefon zeigt in der Folge alle im Umkreis befindlichen und eingetragenen Kanzleien – gelistet nach Nutzerbewertungen – an.

4. Umsetzung – Newsletter

Permissionmarketing I Rundbrief I elektronischer Mandantenbrief I

Die E-Mail ist im heutigen geschäftlichen Alltag nicht mehr wegzudenken. Sie ist ein vielfältig einsetzbares Kommunikationsmittel mit erstaunlichen Eigenschaften. Diese machen sie gerade für das elektronische Dialogmarketing interessant. 170

Achten Sie im normalen, also nicht werblichen E-Mail-Verkehr, auf einheitliche Kommunikation (Fußzeile und Impressum). Bitte beachten Sie auch Ihre standesrechtlichen Informationspflichten. 171

Praxistipp: Der kurze E-Mail-Knigge

Wenn Sie Bilder und Fußzeilen einbinden, achten Sie bitte darauf, nicht bei jeder Antwort das Bild oder die Fußzeile einzufügen. Extrem lange Vertraulichkeitshinweise beeinträchtigen die Lesbarkeit ihrer E-Mails enorm, wenn der Nutzer ein mobiles Endgerät verwendet.

a) Inhalt und Aufbau

Eine E-Mail kann heute mit allen Inhalten, die sie von der klassischen Webseite kennen, ausgestattet werden. Text und Bilder sowie firmentypische Formatierung (Corporate Identity) sind selbstverständlich. Was in der klassischen Briefkommunikation gilt, gilt auch für die E-Mail: 172

- Anrede, Name und Anschrift müssen fehlerfrei sein,
- Inhalte sollten für den Empfänger interessant, ja fast unverzichtbar sein,
- Verwenden Sie Schlagwörter, die den Empfänger ansprechen,
- Hervorhebungen sollten sparsam und bedacht gewählt werden,
- Geben Sie aktiv die Möglichkeit zum Dialog (Response-Element),
- Bieten Sie die Möglichkeit, den Newsletter abzubestellen,
- Geben Sie ihre Kommunikationsdaten an.

b) Übermittlung

Die E-Mail wird über elektronische Wege – Kabel- und Serverstrukturen – sofort übermittelt. In der jiddischen Sprache wird sie auch als „Blitzbriv" oder „Blitzpost" bezeichnet. 173

c) Kostenvorteil

174 Ist die E-Mail angelegt und der Adressverteiler aufgebaut, muss kein Porto und auch kein Druck für das Papier bezahlt werden.

d) Transparenz

175 Bei einem herkömmlichen postalischen Mailing (Versandaktion) können Sie mit Sicherheit nur sagen, dass Sie die Post im Postamt verschickt haben. Haben Sie die Möglichkeit zur Antwort gegeben, dann können Sie noch sagen, wie viele Antworten Sie zu den Briefen, die Sie verschickt haben, erhalten haben.

176 Die E-Mail hingegen kann ihnen folgende Ergebnisse liefern:

- an wen und wann wurde die E-Mail verschickt,
- ist die E-Mail im Postfach angekommen (also stimmt der Empfänger),
- wann hat der Empfänger die E-Mail geöffnet (Informationsverhalten),
- auf welche Informationen hat der Empfänger innerhalb der E-Mail geklickt,
- wie oft hat der Empfänger die E-Mail gelesen.

177 Dialogmarketing im Internet ist ein sehr erfolgreicher Weg für die Mandantengewinnung und Mandantenbindung über das Internet. Sie sehen: Gerade der Transparenzteil bietet Ihnen viele Möglichkeiten, Informationen über ihre Mandanten zu gewinnen.

178 Ein gut gestalteter Newsletter oder Mandantenrundbrief wird gerne gelesen. Vorraussetzung dafür ist, dass die Informationen auf die ausgewählten Adressen zugeschnitten sind. Bauen Sie sich zu diesem Thema unterschiedliche Adressverteiler auf. Informieren Sie die Menschen zielgerichtet, nicht wahllos.

e) Professionelle E-Mail-Werkzeuge

179 Sicherlich ist es möglich, die eine oder andere E-Mail von dem Kanzleirechner selbst zu versenden. Das ist für gelegentliche Aktionen der richtige Weg. Wenn Sie jedoch die vollen Möglichkeiten des modernen E-Mail-Marketings ausnutzen möchten, sollten Sie sich für eine professionelle Lösung entscheiden. Es gibt in diesem Bereich eine Vielzahl von verschiedenen technischen Lösungen.

180 Eine professionelle Internetmarketingagentur hat in der Regel Zugang zu guten und erprobten Lösungen. Informieren Sie sich umfassend und vergleichen Sie verschiedene Angebote.

f) Wie oft wird ein Newsletter oder Mandantenrundbrief verschickt?

181 Nicht zu oft und nicht zu selten. Je präziser Sie sich Ihrem Mandanten in der Analysephase gewidmet haben, umso präziser können Sie diese Frage beantworten. Grundsätzlich ist ein moderates E-Mail-Marketing anzustreben. Die perfekte E-Mail erreicht den Mandanten zum Zeitpunkt des entstehenden Informationsbedürfnisses. Da wir aber nicht genau wissen, wann sich der Mandant mit einem Thema beschäftigt, können wir nur Vermutungen anstellen.

Beispiel:

Erfassen Sie alle Kontakte mit Dienstwagen. Gibt es eine wichtige Änderung in der Besteuerung von Dienstwagen, dann senden Sie eine informative E-Mail. Oder alle GmbH-Geschäftsführer sind sicherlich interessiert, wenn Sie über Änderungen des GmbH-Gesetzes berichten, die die Tantienmenregelungen betreffen.

Praxistipp:

Legen Sie sich eine professionelle Adressdatenbank zu, die Ihnen die Möglichkeit bietet, Ihren Kontakten zusätzliche Informationen hinzuzufügen.

Wichtig: Sie müssen nach diesen Informationen auswerten können!

g) Achtung: Permissionmarketing!

In Deutschland sind bestimmte Werbemaßnahmen nur nach erklärter oder mutmaßlicher Einwilligung zulässig. Dies ist vor allem in § 7 Absatz 2 Nummer 2, 3 UWG geregelt. Dazu gehört auch das E-Mail-Marketing. Bitte informieren Sie sich hierzu bei dem Dienstleister Ihres Vertrauens. 182

F. Controlling – Erfolg messbar machen

Auf Grund der technischen Gegebenheiten ist im Internet fast alles messbar. Jeder Seitenaufruf, jeder Mausklick, jede Abfrage einer Suchmaschine wird gemessen und ausgewertet. Der Nutzer wird permanent überwacht. 183

Gleichwohl ist es nicht so dramatisch wie im Roman „1984" von George Orwell, in dem der angebliche Diktator des fiktiven und totalitären Staates „Ozeanien" die Kontrolle und Unterdrückung seiner Bürger zur Perfektion getrieben hat. 184

Wer seine Anonymität schützt, behält Sie auch. Für uns, die wir eine Webseite betreiben, sind die verschiedenen Methoden der Informationsgewinnung wichtig, um unseren Erfolg permanent optimieren zu können. 185

Controlling im Sinne von Steuerung ermöglicht richtungweisendes Eingreifen.

Die folgenden Abschnitte eröffnen Ihnen kurz die Möglichkeiten des gezielten und an Zahlen orientierten Onlinemarketings. Anhand des kostenlosen Dienstes Google-Analytics erfahren Sie einige Möglichkeiten der Informationsgewinnung. 186

I. Controlling – Goolge-Analytics

Google bietet mit seinem Werkzeug Google Analytics ein sehr wirkungsvolles und umfangreiches Analysetool für die eigene Webseite an. Vorraussetzung für die Nutzung ist die Erstellung eines Google-Kontos und die Einbindung von „Quellcode" in Ihre Webseite. Ihr Dienstleister kann dies ohne Schwierigkeiten für Sie erledigen. 187

Grundsätzlich bietet jeder Anbieter von Webdiensten die Möglichkeit, Auswertungen über ihre Webseite zu machen. Viele der Werkzeuge bieten ähnliche Ansichten. Bitte informieren Sie sich hier über ihren WebDienstleister. 188

II. Auswertung – Besucher

Die Besucherauswertung, gibt Ihnen Aufschluss über die Besuchsgewohnheiten ihrer Benutzer. Sie können anhand der Kurve sehen, wie sich die Besucherzahlen verändert haben. Ein Berg kann durch eine E-Mail-Aktion, einen Vortrag oder durch eine Veröffentlichung entstanden sein. Setzen Sie sich Ziele bezüglich der Nutzer auf Ihrer Webseite. 189

III. Auswertung – Zugriffsquellen

190 Die Zugriffsquellen informieren Sie über die Herkunft Ihrer Besucher. Woher kommen die Nutzer? Über Suchmaschinen oder über eine gute Verlinkung (verweisende Webseite)? Oder geben die Menschen den Domainnamen direkt ein? Das alles sind vielfältige Informationen, die Sie sich zunutze machen können.

Beispiel:

Sie merken, die Nutzer kommen über eine bestimmte Suchmaschine und ein bestimmtes Thema. Bauen Sie das Thema aus und schreiben Sie mehr qualitativ hochwertigen Inhalt. Sie werden noch besser gefunden und erhalten noch mehr Nutzer. Wichtig: Bieten Sie den Nutzern immer die Möglichkeit, mit Ihnen in Kontakt zu treten, z.B. durch ein Formular. Auch das können Sie messen und somit den Erfolg Ihrer Internetaktivitäten absolut transparent messbar machen.

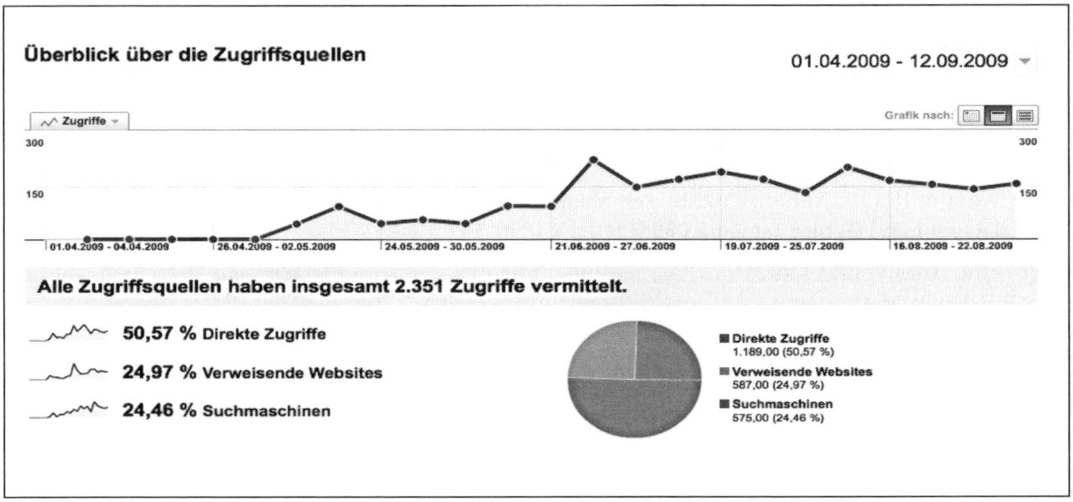

IV. Auswertung – Karten Overlay

191 Diese Auswertung zeigt Ihnen, woher die Besucher auf Ihrer Webseite stammen. Sie können so die Erfolge von Kampagnen oder Akquisitionsgesprächen nachweisen. Sie haben beispielsweise eine Veranstaltung in München gemacht und sehen, dass aus München viele Besucher auf Ihre Webseite kommen.

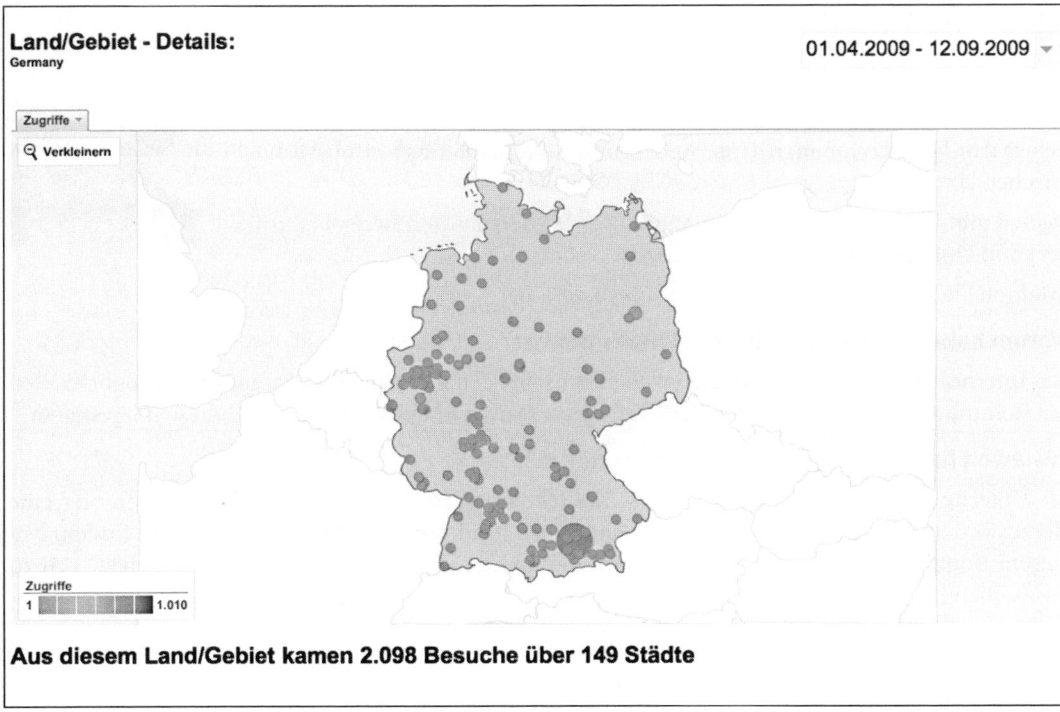

10

G. Schlussbemerkung

192 Das Internet bietet unendlich viele Möglichkeiten, von denen wir noch vor wenigen Jahren nie zu träumen gewagt hätten. Wie Sie diese für Ihr Unternehmen Steuerkanzlei nutzen können, habe ich versucht, mit meinem Beitrag aufzuzeigen. Haben Sie keine Angst vor den vielen Fachbegriffen. Hier gilt dasselbe wie im steuerberatenden Beruf: Wenn man sich einmal wirklich mit der Materie befasst, ist alles nicht mehr so kompliziert und kann sogar richtig zur Passion werden.

Thomas Jäger

Der Betriebswirtschaftler gilt als Mitbegründer der Suchmaschinenrelevanz (SER). Im Rahmen seiner Tätigkeit hat er sich umfangreiche Kenntnisse im Bereich Wissensverbreitung im Internet angeeignet. Als Unternehmer hat er mehrere Start Up-Unternehmen (Internet- und Onlinemarketing) erfolgreich gegründet.

Derzeit gibt Thomas Jäger sein umfangreiches Wissen aus den Bereichen Internet- und Onlinemarketing als Privatdozent weiter.

Erfahren Sie mehr unter www.jaeger-im-web.de.

Warum haben Sie sich mit diesem Thema befasst?

Das Internet ist die größte Informationsquelle unseres Zeitalters und bietet ungeahnte Möglichkeiten der Kommunikation. Ich wollte aktiver Teil dieser Weltgesellschaft werden und diese mitgestalten.

Inwieweit haben Sie mit Steuerberatern zu tun?

Als Unternehmer habe und hatte ich viel Kontakt zu Steuerberatern. Für mich ist es immer eine Herausforderung, den „richtigen" Ansprechpartner rund um das Thema „Steuern" zu finden. Mit diesem Kompendium möchte ich den interessierten Steuerberatern die Möglichkeit geben, sich zu positionieren.

Was sind für Sie die wesentlichen Faktoren, die beruflich und privat Erfolg ausmachen?

10 Das Leben ist zu komplex, um es in beruflich und privat zu teilen. Ich bin erfolgreich, wenn ich mit Bewusstsein und Gelassenheit meine Ziele erreiche, ohne die Freiheit von Anderen einzuschränken.

§ 11 Erfolgsfaktor Schnell-Lesen

A. Erfolgsfaktor Schnell-Lesen

1 Die Fähigkeit, schnell lesen zu können und dennoch gleichzeitig den Textinhalt gut zu verstehen und zu behalten, ist zweifellos ein bedeutender Erfolgsfaktor. Sowohl Lern- als auch Hirnforschung zeigen, dass sich die gewöhnliche Lesegeschwindigkeit durch richtiges Training auch bei komplexen Texten mindestens verdoppeln lässt. Aufgrund einer gleichzeitig stark erhöhten Konzentration werden dabei paradoxerweise selbst schwierige Texte deutlich besser verstanden und abgespeichert.

2 Diese erweiterte Lesefähigkeit bringt zwei unverzichtbare Vorteile mit sich: Zum einen wird von einer erheblichen Zeitersparnis profitiert, die meistens zwischen 30 und 60 Minuten täglich ausmacht. Zum anderen entsteht die Möglichkeit, sich mit relativ geringem Zeitaufwand kontinuierlich neues Wissen anzueignen.

3 In der Flut der täglichen Aufgaben bleibt oft keine Zeit mehr für gezielte, regelmäßige und langfristig orientierte Wissensaufnahme. Dabei ist wohl gerade eine kontinuierliche Wissensaufnahme einer der wichtigsten Schlüssel zum langfristigen Erfolg. Eine Umfrage ergab, dass überdurchschnittlich erfolgreiche Unternehmer und Berater sich fast alle auch ein überdurchschnittlich hohes tägliches Lesepensum setzen. Viele betrachten regelmäßiges Lesen als ihre wichtigste Investition für den zukünftigen Erfolg. Lesen liefert heute das Wissen, das den Erfolg von morgen gewährleistet. Lesen öffnet Türen, die bislang noch nicht einmal bekannt waren. Lesen liefert Ideen. Lesen schärft den Verstand und fördert den Intellekt, es trainiert die Konzentration und provoziert Kreativität. Lesen formt einerseits die Persönlichkeit und liefert andererseits praktisch umsetzbare Erkenntnisse. Dabei gleicht das Lesen dem Schärfen der Effektivitäts-Säge. Als ein hart schuftender Holzarbeiter gefragt wird, weshalb er seine stumpfe Säge denn nicht schärfe, antwortet er: „Dafür habe ich leider keine Zeit." Abraham Lincoln soll stattdessen gesagt haben: „Wenn ich zehn Stunden Zeit hätte, einen Baum zu fällen, würde ich neun Stunden davon auf das Schärfen der Axt verwenden."

4 Im Folgenden lernen Sie die Vorteile, die Funktionsweise und das Training des Schnell-Lesens kennen. Geübte Schnell-Leser lesen etwa 600 Wörter in der Minute und lesen damit ein 250-Seiten starkes Buch in zwei Stunden durch. Hier können Sie vorab Ihre derzeitige Lesegeschwindigkeit bereits testen: www.ritterspeedreading.de.

B. Erhöhung des Textverständnisses

I. Gesteigerte Konzentration

5 Die Qualität des Textverständnisses eines Lesers hängt in erster Linie von seinem Konzentrationsgrad ab. Je höher die Konzentration des Lesers, desto höher liegt das Textverständnis. In diesem Punkt zeigt die Neurowissenschaft anhand klarer Zahlen, dass der Durchschnittsleser hier weit hinter seinem Potential zurücksteht. Die meisten Menschen lesen in etwa genauso schnell wie sie sprechen, was rund 200 Worten pro Minute entspricht. Die durchschnittliche Denkgeschwindigkeit liegt jedoch dreimal so hoch bei etwa 600 Worten pro Minute. Das lässt sich im Alltag leicht nachvollziehen. Nahezu jeder kennt die Situation, in der ihm plötzlich eine Idee kommt, die er gerne jemand anderem schriftlich oder mündlich mitteilen möchte. Anschließend stellt er jedoch fest, dass es viel

länger dauert, die Idee in Worten auszudrücken, als sie lediglich zu denken. Oftmals hat der Sprecher während des Ausdrückens eines Satzes schon die nächsten 5 Sätze im Kopf. Wenn ein Leser daher lediglich mit einer durchschnittlichen Geschwindigkeit von 200 Worten pro Minute lesen kann, bedeutet dies gleichsam, dass er nur ein Drittel seiner Konzentrationsbandbreite nutzt.

6 Zwei Drittel seiner Aufmerksamkeit gehen jede einzelne Sekunde an ablenkende Gedankenimpulse oder Sinneseindrücke verloren. Die Neurologie bestätigt dies. Im Wachbewusstsein verarbeitet das menschliche Gehirn bewusst rund 126 Bits pro Sekunde. Ein Bit entspricht hier einer neurologischen Informationseinheit und hängt mit dem Energieverbrauch der neuronalen Datenübertragung zusammen. Die Informationsdichte, welche einem Bit entspricht, ist individuell verschieden. Es kann jedoch davon ausgegangen werden, dass fast jeder Mensch ca. 126 Bits pro Sekunde verarbeitet. Beim durchschnittlichen Lesen werden allerdings nur rund 40 Bits pro Sekunde verarbeitet.

(Mihaly Csikszentmihalyi, <Flow – the psychology of Optimal Experience>, p. 48)

7 Somit besteht die beste Methode, seine Konzentration beim Lesen zu erhöhen, darin, die Lesegeschwindigkeit systematisch zu erhöhen. Dies erfordert selbstverständlich ein angemessenes Training. Genauso, wie bei einer erhöhten Fahrgeschwindigkeit die Konzentration und der Wachheitsgrad des Autofahrers erheblich steigen, so erhöhen sich bei einer gezielten Lesebeschleunigung auch der Aufmerksamkeitsgrad und die Konzentration des Lesers. Durch die erhöhte Konzentration wiederum steigt folgerecht auch das Textverständnis.

II. Fokus auf das Wesentliche

8 Wenn Textaussagen geübter Schnell-Leser mit Aussagen durchschnittlicher Leser verglichen werden, wird in den meisten Fällen ein deutlicher Unterschied in der Wiedergabe festgestellt. Geübte Schnell-Leser sind oft in der Lage, die wesentlichen Kernaussagen eines Textes deutlich besser wiederzugeben als langsame Leser. Der Grund hierfür liegt darin, dass langsame Leser den sprichwörtlichen Wald vor lauter Bäumen nicht mehr sehen. Ein zögernder Leser verliert sich leicht in Einzelheiten. Durch Unmengen von Detailangaben wie Zahlen, Namen, Fachbegriffe, Zitate und Querverweise büßt er den Blick auf das Wesentliche ein. Die Baumrinde, die Moose und die Pilze können zwar, um bei der Metapher des Waldes zu bleiben, am besten vor Ort inmitten des Waldes analysiert werden. Wenn allerdings die Form des Waldes erkannt, sowie eine klare Abgrenzung von Nadel-, Misch- und Laubwaldvorkommen vorgenommen werden soll, dann ist die langsame Walddurchwanderung der falsche Ansatz. Dieses Ziel wird am besten aus der Luftperspektive erfüllt. Der Luftperspektive entspricht in diesem Fall das überdurchschnittlich schnelle Lesen. Hier werden die Einzelheiten zwar auch noch aufgenommen, der Leser hält sich allerdings nicht mehr an ihnen fest, sondern konzentriert sich auf die wichtigsten Quintessenzen des Textes. Auf diese Weise erkennt der schnelle Leser deutlich besser, auf welche Punkte es im Text tatsächlich ankommt. Handelt es sich bei den zu lesenden Texten um äußerst detailreiche Texte, bei denen keine einzige Einzelheit unterschlagen werden darf und alles sehr genau aufgenommen werden muss, so bietet das Schnell-Lesen eine sehr vorteilhafte Herangehensweise. Gerade bei solchen Texten ist es umso wichtiger, einen guten Überblick zu behalten. In diesen Fällen wird folgendermaßen vorgegangen: Zunächst wird ein geeigneter Sinnabschnitt gewählt. Je nach Komplexität des Textes kann es sich dabei etwa um eine Seite oder nur um einen einzelnen Absatz handeln. Anschließend wird dieser Textteil mittels der Schnell-Lese-Technik einmal als Ganzes erfasst. Hierdurch werden die Kernaussagen bereits erfasst, ein guter Überblick gewonnen und die Querverbindung der einzelnen Sinneinheiten erkannt. Erst im zweiten Durchgang wird der Abschnitt nochmals in einem etwas langsameren Tempo auf Details hin überprüft. Mit dieser Vorgehensweise wird ein Vielfaches mehr erreicht. Erstens treten durch die Nutzung des Schnell-Lesens alle damit verbundenen und in diesem Kapitel vorgestellten Vorteile

ein. Dazu gehören eine stark erhöhte Konzentration, die bessere Nutzung des Ultrakurzzeitgedächtnisses, verbesserte Kognition und die Aktivierung des Kontrastreizes. Zweitens können im zweiten Lesedurchgang auch die Details viel besser verarbeitet werden, da sie zum einen schon vorab aufgenommen wurden und zum anderen leichter in Bezug zum Gesamtkontext gebracht werden können. Drittens geht der gesamte Vorgang paradoxerweise schneller, als wenn der Text nur einmal Wort für Wort durchgearbeitet wird. Der Grund liegt darin, dass durch den Schnell-Durchgang der zweite Lesevorgang nur noch 50 % der sonst üblichen Zeit in Anspruch nimmt. Da der erste Durchgang nur etwa 30 % der Zeit dauert, erzielt der Leser bei hochkomplexen Texten nicht nur ein deutliches besseres Textverständnis, sondern spart sich am Ende sogar 20 % seiner Zeit. Diese Extrazeit kann dann wiederum für die Aktivierung der im zweiten Teil vorgestellten Gedächtnistechniken genutzt werden. Auf diese Weise ist eine herausragende Prüfungsvorbereitung gewährleistet.

III. Bessere Nutzung des Ultrakurzzeitgedächtnisses

Zusätzlich zu einer verbesserten Konzentration auf das Wesentliche besitzen trainierte Schnell-Leser 9
in der Regel auch ein allgemein höheres Textverständnis. Ein weiterer Grund für diese Gegebenheit liegt in der besseren Nutzung des Ultrakurzzeitgedächtnisses (UKZ). Das UKZ nimmt über die verschiedenen Sinne kommenden Informationen auf und behält diese 1-2 Sekunden lang vollständig gespeichert. Aus diesem Grund wird das UKZ auch sensorisches Gedächtnis genannt. Ohne diese Gehirnfunktion wäre das menschliche Überleben stark gefährdet. Durch das sensorische Gedächtnis können bei einer Straßenüberquerung sowohl beteiligte Radfahrer, Fußgänger, Autos und deren Geschwindigkeiten, die eigene vorangegangene Bewegung und viele weitere Informationen gleichzeitig beachtet werden. Darüber hinaus ermöglicht das UKZ dem Menschen, aufgenommene Informationen sinnvoll zu verarbeiten. Hierbei operiert das sensorische Gedächtnis auf rein elektrischer Basis, es finden also keine chemischen Veränderungen im Gehirn statt. Eine im sensorischen Speicher befindliche Information kann daher nicht mehr wiederholt werden. Nur die allerwichtigsten Informationen, welche einen äußerst geringen Teil ausmachen, gehen darüber hinaus ins Kurzzeitgedächtnis über. Dies ist der Grund, weshalb die Höhe des Textverständnisses in direktem Zusammenhang mit der jeweiligen Lesegeschwindigkeit steht. Zur Demonstration dient folgender Satz: „Die Gesamtsteuerbelastung der Limited mit Körperschaftssteuer und Gewerbesteuer beträgt – abhängig vom Gewerbesteuerhebesatz der jeweiligen Gemeinde – rd. 38,65%“ (Die Limited, xy, Gabler Verlag) Ein durchschnittlicher Leser braucht für diesen Satz etwa 4 Sekunden. Das bedeutet, dass dem Ultrakurzzeitgedächtnis noch bevor der Satz zu Ende gelesen wurde, die erste Satzhälfte bereits größtenteils wieder entfallen ist. Zwar kann der Satz auf diese Weise dennoch verstanden werden, allerdings sind dafür bereits kurze Satzteilwiederholungen in Form von Rücksprüngen notwendig. Bei einem einmaligen Lesen werden viele Leser bereits leichte Verständnislücken aufweisen. Ein geübter Schnell-Leser hingegen hat den Satz in 1-2 Sekunden komplett gelesen. Der Satz befindet sich daher zumindest für kurze Zeit vollständig und als Ganzes im UKZ. Auf diese Weise kann das Gehirn die Aussage sofort in eine bedeutsame Sinneinheit umwandeln und anschließend als solche im Kurzzeitgedächtnis abspeichern. Das allgemeine Textverständnis ist dadurch erheblich besser.

IV. Bessere Nutzung des Kurz- und Langzeitgedächtnisses

Ein erheblicher Unterschied im Textverständnis eines langsamen Lesers und eines trainierten schnel- 10
len Lesers wird vor allem bei einer langfristigen Befragung erkannt. Besteht die Aufgabe darin, ein vollständiges Buch zu lesen, so hat der Schnell-Leser nach Beenden des Leseprozesses normalerweise ein deutlich besseres Verständnis. Der Grund hierfür liegt in der besseren Nutzung des Kurz- und

Langzeitgedächtnisses. Wird ein vom UKZ aufgenommenes Informationspaket verstanden und als sinnvoll betrachtet, so bleiben die hierdurch entstandenen elektrischen Impulse in Bewegung. Diese sich wiederholenden, bestimmten Bahnen folgenden Bewegungen hinterlassen ganz bestimmte molekulare und chemische Spuren im Gehirn. Diese bilden das Kurzzeitgedächtnis. Werden die synaptischen Verbindungen hierdurch neu strukturiert, befinden sich die Informationen anschließend im sog. Langzeitgedächtnis. Eine genaue Speicherdauer kann hier nicht genannt werden. Es kann allerdings davon ausgegangen werden, dass bei einem konzentrierten Lesedurchgang die wichtigsten Essenzen mehrere Stunden bis einige Tage präsent bleiben. Für den Schnell-Leser ist diese Zeitspanne ideal. Der Durchschnittsleser steht hier jedoch einem Problem gegenüber: Da oftmals Wochen vergehen, bevor ein Buch tatsächlich beendet wird, hat der Leser große Teile des Textes bereits wieder vergessen. Er kann somit die einzelnen Aussagen nur unzureichend in Bezug zueinander setzen und leidet deshalb häufig an einem mangelnden Gesamtverständnis. Ein schneller Leser hingegen hat das Buch in der Regel innerhalb einiger Stunden oder Tage beendet. Infolgedessen hat er alle wesentlichen Aussagen noch gleichzeitig in nahezu vollständiger Form im Gedächtnis und kann diese ausgezeichnet in Bezug zueinander setzen. Sein Gesamtverständnis ist entsprechend hoch.

V. Verbesserte Kognition durch emotionale Hochstimmung

11 Natürlich spielt auch die jeweilige Intelligenz eine gewisse Rolle bei der Textverarbeitung. Um ein vielfaches wichtiger jedoch als die Intelligenz ist die allgemeine Kognition. Unter dem Begriff Kognition werden dabei unter anderem alle Vorgänge des Gehirns bezüglich der Verarbeitung von Informationen, sowie sämtliche Denkprozesse, zusammengefasst. Hierzu gehören Konzentration, Reaktionsgeschwindigkeit, Verarbeitungsgeschwindigkeit, Gedächtnisstärke, Kreativität, problemlösendes Denken und zusammenhangorientiertes Vernetzen von Daten. Die Kognitionsqualität kann dabei bei jedem Menschen stark variieren und hängt weitgehend vom jeweiligen emotionalen Zustand ab. Dies erklärt auch, weshalb viele Menschen in manchen Emotionslagen intellektuelle Höchstleistungen vollbringen können, während sie in einer anderen Stimmung dazu völlig unfähig sind. Auch wenn dies umgekehrt nicht zwingend gelten muss, so kann durchaus behauptet werden, dass eine emotionale Hochstimmung auch mit einer herausragenden Kognitionsleistung einhergeht.

12 Die Gründe hierfür liegen hauptsächlich in einer optimalen Ausschüttung kognitionsverbessernder Neurotransmitter. Hierbei handelt es sich um gehirneigene Botenstoffe, welche eine wichtige Rolle in Bezug auf die Kognition einnehmen. Einige wichtige Neurotransmitter sind beispielsweise Acetylcholin, Dopamin, Endorphin, Glutamat, Noradrenalin und Serotonin, welche allesamt wesentlich für Konzentration, Gedächtnis, Kreativität und Denkgeschwindigkeit, bzw. den gesamten Kognitionsprozess sind. Eine im Jahr 2006 durchgeführte Studie der Wissenschaftler Daniel Wegner von der Harvard Universität und Emily Pronin von der Princeton Universität hat hierzu experimentell belegt, dass eine überdurchschnittlich hohe Lesegeschwindigkeit maßgeblich dazu beiträgt, diese für den Kognitionsprozess so wichtige emotionale Hochstimmung zu erzeugen. In der genannten Studie unterteilten die Psychologen 144 Probanden in 4 Gruppen. Anschließend mussten die Teilnehmer auf einem Bildschirm erscheinende Texte vorlesen. Bei zwei der Gruppen erschienen die Texte dabei so schnell, dass sie gezwungen waren doppelt so schnell wie gewöhnlich zu lesen. Die anderen beiden Gruppen konnten dabei nur halb so langsam wie der allgemeine Leserdurchschnitt lesen. In einer anschließenden Befragung stellte sich eine klare Tendenz heraus. Die schnellen Leser fühlten sich laut eigenen Angaben deutlich besser, fröhlicher, enthusiastischer und wacher als die langsamen Leser. Darüber hinaus gaben sie an, sich spürbar kreativer und konzentrierter zu fühlen. (<Manic Thinking. Independent Effects of Thought Speed and Thought Content on Mood> von Emily Pronin und Daniel M. Wegner - Psychological Science Bd. 17, S. 807) Dieses Ergebnis konnte in der Seminarpraxis mehrfach bestätigt werden.

C. Erhöhung der Texterinnerung

I. Erhöhtes Verständnis führt zu erhöhter Erinnerung

Je bedeutsamer eine Informationseinheit erscheint, mit desto größerer Wahrscheinlichkeit wird diese Informationseinheit im Gehirn abgespeichert. Die erinnerbare Informationsmenge, sowie die Erinnerungsdauer hängen also in erster Linie von der Bedeutsamkeit der Informationen ab. Andererseits gilt: Je besser ein Text verstanden wird, desto mehr Sinn kann daraus entnommen werden und je mehr Sinn einem Text entnommen wird, umso größer wird die Bedeutsamkeit, die das Gehirn den aufgenommenen Informationen beimisst. Eine Erhöhung des Textverständnisses führt daher automatisch gleichsam auch zu einer Erhöhung der Texterinnerung. Da durch gezieltes, hochkonzentriertes Schnell-Lesen das Verständnis des Textes zunimmt, hat der trainierte Schnell-Leser folglich auch eine messbar höhere Erinnerung an das Gelesene. 13

II. Emotionaler Zustand

Wie bereits beschrieben beeinflusst der emotionale Zustand eines Menschen auch seine jeweilige Gedächtnisstärke. Werden Informationen in intensiven Emotionslagen aufgenommen, bleiben diese deutlich besser im Gedächtnis haften. Wie bereits erläutert, trägt das Schnell-Lesen maßgeblich dazu bei, einen optimalen Emotionszustand zu erzeugen und somit auch maximale Erinnerung an das Gelesene zu ermöglichen. 14

III. Kontrast

11

Vorangehend wurde bereits erläutert, weshalb ein geübter Schnell-Leser besser in der Lage ist, die Kernaussagen eines Textes zu erfassen. Der Grund hierfür liegt in der besseren Übersicht. Zusätzlich zeigt die Praxis, dass dieses schnelle Übersichtslesen gleichzeitig paradoxerweise auch die Erinnerung an die wichtigsten Details erhöht. Ausschlaggebend dafür ist der durch das Schnell-Lesen entstehende Kontrast. Eines der wichtigsten Kriterien bezüglich der Erinnerung an eine bestimmte Information ist sicherlich Kontrast. Versucht sich ein Maler mitten im Wald die Form eines Baumes einzuprägen, so wird er wahrscheinlich kläglich versagen. Sieht er jedoch den gleichen Baum inmitten einer kahlen Wüste, so prägt er sich den Baum ein, ob er möchte oder nicht. Gleiches gilt für geschriebene Informationen. 15

Das größte Problem des langsamen Lesers besteht darin, dass er nahezu alle Informationen in der gleichen Geschwindigkeit aufnimmt. Es entsteht also kein geschwindigkeitsbedingter Kontrast. Im Grunde wird jede Information gleichwertig aufgenommen. Die Wahrscheinlichkeit, die wesentlichsten Einzelheiten im Gedächtnis zu behalten, sinkt daher deutlich. Ein trainierter Schnell-Leser hingegen geht hier anders vor. Den Großteil des Textes wird er doppelt bis dreimal so schnell lesen wie der Durchschnitt. Nur bei wichtigen Einzelheiten oder Details wird er kurz anhalten und diese unterstreichen, markieren oder evt. sogar kurz herausschreiben. Durch den abrupten Wechsel der Aufnahmegeschwindigkeit entsteht für das Gehirn dabei ein starker Kontrast. Auf diese Weise bleiben wesentliche Einzelheiten, wie Zahlen, Namen, Daten, Fakten und Begriffe deutlich besser im Gedächtnis haften. 16

IV. Kombination mit Gedächtnistechniken

17 Das Schnell-Lesen kann hervorragend mit den im vorangegangenen Teil vorgestellten Gedächtnistechniken kombiniert werden. Dabei wird die Hälfte der zur Verfügung stehenden Lernzeit verwendet, um zunächst in kurzer Zeit so viel wie möglich durchzulesen. Wichtige Textpunkte, die wahrscheinlich nicht von selbst in Erinnerung bleiben würden, werden währenddessen blitzschnell mit einem „M“ versehen („M“ steht für <Memorieren> oder <Merken>). In der zweiten Hälfte der aufgewendeten Zeit geht der Leser schnell zurück im Text und überblickt nochmals alle mit einem „M“ markierten Stellen. Dabei werden zunächst alle Stellen gestrichen, die inzwischen unwesentlich erscheinen oder jetzt, nach dem Lesen des gesamten Textes, wahrscheinlich sowieso in Erinnerung bleiben würden. Alle anderen Stellen werden dann so schnell wie möglich mittels der aus dem zweiten Teil bekannten Gedächtnistechniken abgespeichert. Dabei ist zu beachten, nicht in Perfektionismus zu verfallen und auch den Abspeicherungsprozess so schnell wie möglich durchzugehen. Es ist besser, vor der Prüfung die Zeit zu haben, den Text nochmals wiederholen zu können und die Erinnerungen dann zu festigen, als sich am Anfang zu lange mit einzelnen Textblöcken aufzuhalten. Auf diese Weise sind die beste Prüfungsvorbereitung und ein maximaler Wissensstand gesichert.

D. Test der Ausgangsgeschwindigkeit

I. Voraussetzungen für den Erfolg

18 Alle oben genannten Vorteile des Schnell-Lesens bezüglich einer Verständnis- und Erinnerungserweiterung gelten selbstverständlich nur für den trainierten Schnell-Leser. Allein der Beschluss, schneller zu lesen, reicht nicht aus. Wer ohne professionelles Training seine Lesegeschwindigkeit erhöht, erfährt meistens vielmehr einen Verlust an Textverständnis.

19 Voraussetzungen für den Erfolg sind spezifische motorische und konzentrative Fertigkeiten, die es sich in einem strukturierten Trainingsprogramm anzueignen gilt. Um die hierbei erreichten Fortschritte messen zu können, ist es notwendig, zu Beginn die Ausgangsgeschwindigkeit zu testen.

II. Testanleitung

20 Um aussagekräftige Steigerungsergebnisse zu erhalten, ist es erforderlich, zusätzlich zur Lesegeschwindigkeit sowohl das Textverständnis, als auch den Erinnerungsgrad zu testen.

21 Fragen mit Textantworten eignen sich hierfür beim Selbsttest nicht, da eine objektive Kontrolle aus subjektiver Sicht nicht möglich ist. Das Multiple-Choice-Verfahren liefert andererseits wiederum verzerrte Ergebnisse, da der Schnell-Leser hier durch gezieltes Raten außergewöhnliche Erfolge erzielen kann. Stattdessen wird eine Testform gewählt, welche das Erraten richtiger Antworten völlig unmöglich macht. Bei der folgenden Vorgehensweise wird ausschließlich Wissen bewertet, welches sich eindeutig und unmissverständlich in aktiver Erinnerung befand. Auf diese Weise werden präzise und aussagekräftige Testergebnisse erzielt. Nur so lässt sich der Fortschritt befriedigend messen. Es wird folgendermaßen vorgegangen: Zunächst wird der entsprechende Test-Text einmal komplett durchgelesen. Anschließend wird der Text verdeckt und alle noch in Erinnerung verbliebenen Textpunkte auf einem Blatt Papier festgehalten. Hierzu gehören Detailangaben wie Zahlen, Namen, Fakten, als auch Kernaussagen, Zusammenhänge und Schlussfolgerungen. Eine stichwortartige Darstellung reicht dabei vollkommen aus. Im Anschluss werden anhand des Auswertungsbogens die Punkte

verglichen. Für jede genannte Inhaltseinheit, die sich auf dem Auswertungsbogen befindet, gibt es eine vorgegebene Punktzahl. Aus der Gesamtsumme aller erreichen Punkte ergeben sich das jeweilige Textverständnis sowie der Erinnerungsgrad. Die genaue Vorgehensweise der Auswertung erklärt sich jedoch von selbst, sobald mit dieser begonnen wird. Es findet sich hier zusätzlich eine weitere Anleitung auf dem Auswertungsbogen. Zunächst wird jedoch empfohlen einfach mit dem Test zu beginnen, den Text einmal durchzulesen und anschließend stichwortartig, ohne nochmals in den Text zu schauen, alle in Erinnerung verbliebenen Punkte schriftlich festzuhalten. Vor Beginn wird lediglich eine Stoppuhrfunktion (z.B. mit Hilfe Handy, PC oder Digitaluhr) oder eine vergleichbare Uhr mit Minuten und Sekundenanzeige benötigt, mit deren Hilfe zu Beginn die Zeit auf die Sekunde genau festhalten wird. Es ist essentiell, dass die Lesezeit auf die Sekunde genau festgehalten wird.

Der Test-Text beginnt auf der folgenden Seite hinter der Startlinie und endet auf der übernächsten 22
Seite exakt an der Schlusslinie. Sobald die Schlusslinie erreicht ist, wird die Zeit gestoppt und auf der darauf folgenden Seite in das entsprechende Feld eingetragen. Anschließend werden alle memorierten Informationen stichwortartig notiert.

Zuletzt soll noch eine Anmerkung gemacht werden: Für aussagekräftige Messungen der späteren 23
Fortschritte ist es zu Beginn notwendig, die reale Anfangsgeschwindigkeit zu ermitteln. Es wird daher empfohlen, weder schneller noch langsamer zu lesen als sonst, sondern sich im gewöhnlichen und vertrauten Lesegang zu bewegen.

III. Text 1: Gewinnabführungsvertrag

3. Zeitliche Voraussetzungen

Nach § 14 Abs. 1 Satz 1 Nr. 1 KStG muss die Organgesellschaft vom Beginn ihres Wirtschaftsjahres an ununterbrochen finanziell in das Unternehmen des Organträgers eingegliedert sein. Ununterbrochen bedeutet, dass diese Eingliederung vom Beginn ihres Wirtschaftsjahres an ohne Unterbrechung bis zum Ende des Wirtschaftsjahres bestehen muss. Das gilt auch im Falle eines Rumpfwirtschaftsjahres. 88

Start

4. Gewinnabführungsvertrag

Zur Vermeidung einer doppelten Besteuerung ist ein Gewinnabführungsvertrag abzuschließen. Dieser Vertrag ist, wenn die Organgesellschaft eine GmbH ist, zivilrechtlich nur wirksam, wenn die Gesellschafterversammlung der beherrschten und der herrschenden Gesellschaft dem Vertrag zugestimmt haben und seine Eintragung in das Handelsregister der beherrschten Gesellschaft erfolgt ist. Der Zustimmungsbeschluss der Gesellschafterversammlung der beherrschten Gesellschaft bedarf der notariellen Beurkundung. 89

Beachtet werden muss, dass entgegen § 41 Abs. 1 Satz 1 AO ein zivilrechtlich nicht wirksamer Gewinnabführungsvertrag steuerlich auch dann unbeachtlich ist, wenn die Vertragsparteien den Vertrag als wirksam behandelt und tatsächlich durchgeführt haben.[411]

Voraussetzung für die steuerrechtliche Anerkennung einer GmbH als Organgesellschaft ist, dass sich diese wirksam verpflichtet, ihren **gesamten Gewinn** an ein anderes Unternehmen i.S.d. § 14 KStG abzuführen und die Gewinnabführung den in § 301 AktG genannten Betrag nicht überschreitet. Nach § 301 AktG kann eine Gesellschaft, gleichgültig welche Vereinbarungen über die Berechnung des abzuführenden Gewinns getroffen worden sind, als ihren Gewinn höchstens den ohne die Gewinnabführung entstehenden Jahresüberschuss, vermindert um einen Verlustvortrag aus dem Vorjahr und um den Betrag, der in die gesetzliche Rücklage einzustellen ist, abführen; sind während der Dauer des Vertrags Beträge in andere Gewinnrücklagen eingestellt worden, so können diese Beträge den anderen Gewinnrücklagen entnommen und als Gewinn abgeführt werden.

Die Verlustübernahme muss ausdrücklich vereinbart werden.[412] Das bedeutet, dass der Gewinnabführungsvertrag eine dem § 302 Abs. 1 und 3 AktG entsprechende Vereinbarung über die Verlustübernahme enthalten muss. Dabei genügt es, dass entweder in dem Vertragstext auf § 302 AktG verwiesen oder der Vertragstext entsprechend dem Inhalt dieser Vorschrift gestaltet wird.

Die Einkommenszurechnung kann erstmals für das Wirtschaftsjahr der Organgesellschaft erfolgen, in dem der Gewinnabführungsvertrag wirksam wird (§ 14 Abs. 1 Satz 2 KStG).

Der Gewinnabführungsvertrag muss auf einen Zeitraum von mindestens 5 (Zeit-)Jahren abgeschlossen sein (§ 14 Abs. 1 Nr. 3 Satz 1 KStG). Der Zeitraum beginnt mit dem Anfang des Wirtschaftsjahres, für das die Rechtsfolgen des § 14 Abs. 1 Satz 1 KStG erstmals eintreten.

Die Organgesellschaft muss sich aufgrund des Gewinnabführungsvertrages verpflichten, ihren gesamten Gewinn an ein anderes gewerbliches Unternehmen abzuführen (§ 14 Abs. 1 Satz 1 KStG). Die Abführung des gesamten Gewinnes setzt hierbei voraus, dass der Jahresabschluss keinen Bilanzgewinn mehr ausweist.

411 BFH 30.07.1997, I R 7/97, BStBl 1998 II, 33.
412 BFH 17.12.1980, I R 220/78, BStBl 1981 II, 383.

Bei einem lediglich mit der GmbH-Vorgründungsgesellschaft abgeschlossenen Gewinnabführungsvertrag gehen die sich daraus ergebenden Rechte und Pflichten nicht automatisch auf die später gegründete und eingetragene GmbH über.[413]

Gesellschaftsrechtlich ist zwischen der Vorgründungsgesellschaft, der Vorgesellschaft und der eingetragenen Kapitalgesellschaft zu unterscheiden. Als Vorgesellschaft bezeichnet man die errichtete, aber noch nicht eingetragene GmbH (d.h. die GmbH im Gründungsstadium). Die Vorgesellschaft setzt also den Abschluss des notariellen Gesellschaftsvertrages voraus. Die Vorgründungsgesellschaft ist dagegen in der Regel eine Gesellschaft bürgerlichen Rechts, deren Zweck in der gemeinsamen Errichtung einer GmbH besteht. Die Vorgründungsgesellschaft bezieht sich deshalb auf die Zeit vor Abschluss des notariellen Gesellschaftsvertrages. Die Vorgründungsgesellschaft ist weder mit der Vorgesellschaft noch mit der später entstehenden Kapitalgesellschaft identisch. Rechte und Verbindlichkeiten gehen deshalb nicht automatisch von der Vorgründungsgesellschaft mit dem Abschluss des Gesellschaftsvertrages auf die Vorgesellschaft und später mit der Eintragung der Kapitalgesellschaft auf diese über. Sie müssen vielmehr einzeln übertragen bzw. übernommen werden.[414]

Zwar hat der BFH in seiner früheren Rechtsprechung[415] in Anlehnung an die frühere Rechtsprechung des BGH[416] die Vorgründungsgesellschaft als Vorgesellschaft und die Vorgesellschaft als Gründergesellschaft bezeichnet. Die andere Terminologie hat jedoch keinen Einfluss auf die materielle Entscheidung über die Rechtsfrage. Im Übrigen hat der BGH die Terminologie geändert.[417] Es erscheint dem BFH angebracht, die geänderte Terminologie auch für das Körperschaftsteuerrecht zu übernehmen.

90 Der Durchführung des Gewinnabführungsvertrages steht es nicht entgegen, wenn z.B.[418]

- der an den Organträger abzuführende Gewinn entsprechend dem gesetzlichen Gebot in § 301 AktG durch einen beim Inkrafttreten des Gewinnabführungsvertrages vorhandenen **Verlustvortrag** gemindert wird. Der Ausgleich vorvertraglicher Verluste durch den Organträger ist steuerrechtlich als Einlage zu werten;
- der ohne die Gewinnabführung entstehende Jahresüberschuss der Organgesellschaft nach § 301 AktG um den Betrag vermindert wird, der nach § 300 AktG in die **gesetzliche Rücklage** einzustellen ist. Zuführungen zur gesetzlichen Rücklage, die die gesetzlich vorgeschriebenen Beträge übersteigen, sind jedoch steuerrechtlich wie die Bildung von Gewinnrücklagen zu beurteilen;
- die Organgesellschaft nach § 14 Abs. 1 Satz 1 Nr. 4 KStG **Gewinnrücklagen** i.S.d. § 272 Abs. 3 und 4 HGB mit Ausnahme der gesetzlichen Rücklagen, aber einschließlich der Rücklage für eigene Anteile und der satzungsmäßigen Rücklagen (§ 266 Abs. 3 A III HGB) bildet, die bei vernünftiger kaufmännischer Beurteilung wirtschaftlich begründet sind. Die Bildung einer Kapitalrücklage i.S.d. § 272 Abs. 2 Nr. 4 HGB beeinflusst die Höhe der Gewinnabführung nicht und stellt daher keinen Verstoß gegen § 14 Abs. 1 Satz 1 Nr. 4 KStG dar. Für die Bildung der Rücklagen muss ein konkreter Anlass gegeben sein, der es auch aus objektiver unternehmerischer Sicht rechtfertigt, eine Rücklage zu bilden, wie z.B. eine geplante Betriebsver-

413 BFH 08.11.1989, I R 174/86, BStBl 1990 II, 91.
414 BGH 13.12.1982, II ZR 282/81, BGHZ 86, 122; 07.05.1984, II ZR 276/83, BGHZ 91, 148; 17.12.1984, II ZR 69/84, GmbHR 1985, 214.
415 BFH 20.10.1982, I R 118/78, BStBl 1983 II, 247.
416 BGH 02.05.1966, II ZR 219/63, BGHZ 45, 338.
417 BGH 07.05.1984, II ZR 276/83, BGHZ 91, 148.
418 R 60 Abs. 5 KStR.

legung, Werkserneuerung oder Kapazitätserweiterung. Die Beschränkung nach § 14 Abs. 1 Satz 1 Nr. 4 KStG ist nicht auf die Zuführung zum Sonderposten mit Rücklageanteil i.S.d. § 247 Abs. 3 und § 273 HGB, z.B. Rücklagen für Ersatzbeschaffung sowie Rücklagen i.S.d. § 6b EStG, und auf die Bildung stiller Reserven anzuwenden;

- die Organgesellschaft ständig **Verluste** erwirtschaftet.

Wird ein Gewinnabführungsvertrag, der noch nicht 5 aufeinander folgende Jahre durchgeführt 91
worden ist, durch Kündigung oder im gegenseitigen Einvernehmen beendet, bleibt der Vertrag dennoch für die Jahre, für die er durchgeführt worden ist, steuerrechtlich wirksam, wenn die Beendigung auf einem wichtigen Grund beruht. Ein solcher wichtiger Grund kann insbesondere in der Veräußerung oder Einbringung der Organbeteiligung durch den Organträger, der Verschmelzung, Spaltung oder Liquidation des Organträgers oder der Organgesellschaft gesehen werden. Stand bereits im Zeitpunkt des Vertragsabschlusses fest, dass der Gewinnabführungsvertrag vor Ablauf der ersten 5 Jahre beendet werden wird, ist ein wichtiger Grund nicht anzunehmen. Das gilt wiederum nicht für die Beendigung des Gewinnabführungsvertrages durch Verschmelzung oder aufgrund der Liquidation der Organgesellschaft. Liegt ein wichtiger Grund nicht vor, ist der Gewinnabführungsvertrag von Anfang an als steuerrechtlich unwirksam anzunehmen.

Ist der Gewinnabführungsvertrag bereits mindestens 5 aufeinander folgende Jahre durchgeführt worden, bleibt er für diese Jahre steuerrechtlich wirksam.

Wird der Gewinnabführungsvertrag in einem Jahr nicht durchgeführt, ist er[419]

- von Anfang an als steuerrechtlich unwirksam anzusehen, wenn er noch nicht 5 aufeinander folgende Jahre durchgeführt worden ist;
- erst ab diesem Jahr als steuerrechtlich unwirksam anzusehen, wenn er bereits mindestens 5 aufeinander folgende Jahre durchgeführt worden ist. Soll die körperschaftsteuerrechtliche Organschaft ab einem späteren Jahr wieder anerkannt werden, bedarf es einer erneuten mindestens fünfjährigen Laufzeit und ununterbrochenen Durchführung des Vertrags.

Ist der Gewinnabführungsvertrag als steuerrechtlich unwirksam anzusehen, ist die Organgesellschaft nach den allgemeinen steuerrechtlichen Vorschriften zur KSt zu veranlagen.

Ende

5. Zuzurechnendes Einkommen der Organgesellschaft

Als zuzurechnendes Einkommen ist das Einkommen der Organgesellschaft vor Berücksichtigung 92
des an den Organträger abgeführten Gewinns oder des vom Organträger zum Ausgleich eines sonst entstehenden Jahresfehlbetrags (§ 302 Abs. 1 AktG) geleisteten Betrags zu verstehen. Bei der Ermittlung des Einkommens des Organträgers bleibt demnach der von der Organgesellschaft an den Organträger abgeführte Gewinn außer Ansatz. Ein vom Organträger an die Organgesellschaft zum Ausgleich eines sonst entstehenden Jahresfehlbetrages geleisteter Betrag darf nicht abgezogen werden.

Gewinne der Organgesellschaft, die aus der Auflösung vorvertraglicher unversteuerter stiller Reserven herrühren, sind Teil des Ergebnisses des Wirtschaftsjahres der Organgesellschaft, in dem die Auflösung der Reserven erfolgt. Handelsrechtlich unterliegen diese Gewinne deshalb der vertraglichen Abführungsverpflichtung. Steuerrechtlich gehören sie zu dem Einkommen, das nach § 14 KStG dem Organträger zuzurechnen ist.[420]

419 R 60 Abs. 8 KStR.
420 R 61 KStR.

IV. Testbogen 1

Test 1 ___ **Min** ___ **Sek**

Memorierter Kontent:

Erreichte Punktzahl: ___ **von 100 =** ___ **%Textverständnis/Texterinnerung**

Ihre Lesezeit: ___ **Min. und** ___ **Sek. =** _____ **Sekunden**

Lesegeschwindigkeit: (1071 Wörter x 60 Sek. = 64260) ➔ **64260 : Lesezeit Sek =**

_______ **Wörter pro Minute (W/M) bei** ___ **% Textverständnis/Texterinnerung**

(➔ siehe Fortschrittstabelle am Ende des Buches)

V. Auswertungsanleitung

24 Die Auswertung erfolgt ganz einfach. Auf den folgenden Seiten befindet sich ein Auswertungsbogen. Hier sind alle wichtigen Textpunkte aufgeführt und mit welcher Gewichtung sie zum allgemeinen Textverständnis beitragen. Hier werden nun alle Punkte durchgegangen und für jede genannte Inhaltseinheit, die sich auf dem Auswertungsbogen befindet, gibt es die dort vorgegebene Punktzahl. Wurden einzelne Punkte nur teilweise genannt, besteht die Möglichkeit, sich die Punkte anteilsmäßig zu geben. Am Ende werden alle Punkte zusammengezählt und die Gesamtsumme unter „Textverständnis/Texterinnerung“ eingetragen. Die Punktzahl spiegelt gleichzeitig auch das Verständnis und die Erinnerung des Textes als Prozentangabe wieder. Mithilfe der unter im Anschluss befindlichen Formel und einem Taschenrechner kann zusätzlich auch leicht die Lesegeschwindigkeit in Worten pro Minute ermittelt und eingetragen werden.

VI. Auswertungsbogen

D. Lösungsbogen 1

Inhalt in Stichpunkten	Maximale Punktzahl	Erreichte Punktzahl
Gewinnabführungsvertrag zur Vermeidung einer doppelten Besteuerung	**10**	
Voraussetzungen der zivilrechtlichen Wirksamkeit des Gewinnabführungsvertrages:	**4**	
■ **Zustimmung der Gesellschafterversammlung** der beherrschten und der herrschenden Gesellschaft.	**2**	
■ **Eintragung** in das Handelsregister der beherrschten Gesellschaft.	**2**	
■ **Notarielle Beurkundung** des Zustimmungsbeschlusses der beherrschten Gesellschaft.	**2**	
Steuerrechtlich auch dann unbeachtlich, wenn **als wirksam behandelt und tatsächlich durchgeführt**, entgegen § 41 I 1 AO.	**5**	
Verpflichtung, den **gesamten Gewinn** an ein anderes Unternehmen i.S.d. § 14 KStG abzuführen.	**5**	
Gewinnabführung darf **in § 301 AktG genannten Betrag** nicht überschreiten.	**5**	
Ausdrückliche Vereinbarung der **Verlustübernahme** erforderlich, § 302 I, III AktG.	**5**	
Einkommenszurechnung erstmals für Wirtschaftsjahr, in dem Gewinnabführungsvertrag wirksam, § 14 I S. 2 KStG.	**5**	
Abschluss des Gewinnabführungsvertrages auf **mindestens 5 Jahren**, § 14 Abs. 1 Nr. 3 S. 1 KStG	**5**	
Gewinnabführungsabschluss mit der **GmbH-Vorgründungsgesellschaft**: kein automatischer Übergang der Rechte und Pflichten auf die später gegründet eingetragene GmbH.	**8**	
■ **Gesellschaftsrechtliche Unterscheidung** zwischen Vorgründungsgesellschaft, Vorgesellschaft und eingetragener Kapitalgesellschaft.	**1**	

11

Inhalt in Stichpunkten	Maximale Punktzahl	Erreichte Punktzahl
■ Frühere **Terminologie** von BFH und BGH: Vorgesellschaft und Gründergesellschaft	**1**	
Beispiele, die **Durchführung des Gewinnabführungsvertrages nicht entgegenstehen**:	**2**	
■ Minderung des abzuführenden Gewinns durch **vorhandene Verlustvorträge**.	**2**	
■ Minderung um Betrag, der nach § 300 AktG in die **gesetzliche Rücklage** einzustellen ist.	**2**	
■ Bildung wirtschaftlich begründeter **Gewinnrücklagen** im Sinne des § 272 Abs. 3 und Abs. 4 HGB nach § 14 Abs. 1 S. 1 Nr. 4 KStG.	**2**	
■ Ständige Erwirtschaftung von **Verlusten**.	**2**	
Kündigung oder Beendigung des Gewinnabführungsvertrages innerhalb der ersten 5 aufeinander folgenden durchgeführten Jahre	**4**	
■ **Mit wichtigem Grund**: Vertrag bleibt für die durchgeführten Jahre steuerrechtlich wirksam.	**2**	
■ **Ein Beispiel für wichtigen Grund** gemerkt (z.B. Veräußerung oder Einbringung der Organbeteiligung durch den Organträger)	**2**	
■ **Ohne wichtigen Grund**: Vertrag von Anfang an als steuerrechtlich unwirksam anzunehmen.	**2**	
Nichtdurchführung des Gewinnabführungsvertrag in einem Jahr:	**2**	
■ **Vertrag insgesamt steuerrechtlich unwirksam**, wenn noch nicht 5 aufeinander folgende Jahre durchgeführt.	**4**	
■ **ab diesem Jahr steuerrechtlich unwirksam**, wenn 5 aufeinander folgende Jahre durchgeführt.	**4**	
Folge der steuerrechtlichen Unwirksamkeit des Gewinnabführungsvertrages: Organgesellschaft allgemein zur Körperschaftsteuer zu veranlagen.	**10**	

E. Hintergrundwissen

I. Zielsetzung

Die durchschnittliche Lesegeschwindigkeit liegt bei 150 bis 250 Worten pro Minute. Die Erfahrung 25
hat gezeigt, dass ein durchschnittlicher Leser diese Geschwindigkeit bei gleichem oder besserem Textverständnis mindestens verdoppeln kann. Durch intensives Training erzielen viele Leser unter Beibehaltung eines hohen Textverständnisses auch eine Verdreifachung ihrer Geschwindigkeit. Weitere Steigerungen sind durch extremes Training im Einzelfall möglich, jedoch selten. Diese Ergebnisse spiegeln sich auch in den Bit-Zahlen wieder, die bereits erwähnt wurden. Bei einer Geschwindigkeit von 200 Worten pro Minute verarbeitet der Leser ca. 40 Bits pro Sekunde. Die gesamte Verarbeitungskapazität liegt allerdings bei 126 Bits pro Sekunde und die durchschnittliche Denkgeschwindigkeit damit bei 600 Worten pro Minute. Diese Zahlen zeigen, dass für die meisten Leser eine Verdreifachung der Lesegeschwindigkeit ohne Informationsverlust möglich ist, während selbst unter Beibehaltung kommentierender Gedanken die Lesegeschwindigkeit leicht verdoppelt werden kann. Eine weitere realistische Zielsetzung beinhaltet die Erhöhung der Lesegeschwindigkeit um etwa 50 % bei gleichzeitigem Anstieg des Textverständnisses um 20-50 %, je nach Ausgangslage.

II. Zeitaufwand bis zur Zielerreichung: 2 Wochen

Je nach Ausgangsergebnis, individueller Lerngeschwindigkeit und persönlicher Zielvorstellung kann 26
die Zeit bis zur Einstellung des Trainingserfolges natürlich variieren. Für außergewöhnliche Erfolgserlebnisse können 50 bis 100 Trainingsstunden notwendig sein. Die durchgeführten Seminare zeigen jedoch, dass nahezu jeder Leser seine ursprüngliche Lesegeschwindigkeit bereits innerhalb von 2 Tagen bei gleichem oder besserem Textverständnis verdoppeln kann (siehe Anhang: Seminare). Für ein zufrieden stellendes Ergebnis im Alleindurchgang sollten jedoch mindestens 2 Wochen angesetzt werden. Ein Leser, der mit dem hier vorstellten Trainingsprogramm täglich eine Stunde für zwei Wochen lang übt, wird das oben beschriebene Trainingsziel mit höchster Wahrscheinlichkeit erreichen. Dabei ist es unbedingt notwendig, dass die Trainingszeiten konsequent eingehalten werden. Werden diese 12-14 Trainingsstunden über mehr als 2 Wochen hinweg verteilt, wird der Erfolg fraglich. Dies gilt jedoch nur für das anfängliche Training. Sobald die Fähigkeit des Schnell-Lesens beherrscht wird, ist kein weiteres Üben mehr notwendig. Nach dem abgeschlossenen Lernprozess verhält es sich genauso wie mit dem Erlernen einer Sportart. Ist das Gehirn einmal mit der Fähigkeit vertraut, kann es diese immer wieder aktivieren. Anschließend sind die einzigen Vorrausetzungen das regelmäßige Lesen und die Anwendung dieser Technik.

III. Ausgangslage: Schulische Leseausbildung

Der Grund, weshalb die meisten Menschen nur einen Bruchteil ihres Lesepotentials nutzen, liegt 27
größtenteils in einer derzeitigen Limitierung der schulischen Leseausbildung. Den wenigsten Menschen ist bewusst, inwieweit das primäre Schulsystem die eigene Lern- und Lesefähigkeit für den Rest des Lebens prägt und formt. Dieser Sachverhalt wird besser verstanden, sobald das heute vorherrschende Lernsystem mit geschichtlich älteren Systemen verglichen wird. So ist es beispielsweise bekannt, dass im antiken Griechenland selbst ein gebildeter und lesegeübter Mensch einen Text nur verstehen konnte, wenn er ihn während des Lesens laut aussprach. Selbst nach jahrzehntelanger Le-

sepraxis änderte sich an dieser Tatsache nichts. Hätte ein Mensch jener Zeit plötzlich versucht, einen Text leise zu lesen, so hätte er zwangsläufig festgestellt, dass er den Text auf diese Weise nicht ausreichend verstehen kann. Er hätte eine ähnliche Reaktion gezeigt, wie heute die meisten Leser in Bezug auf das Schnell-Lesen. Für einen Schnell-Leser allerdings ist ein gutes Textverständnis bei hoher Geschwindigkeit selbstverständlich. Genauso wie einem gewöhnlichen Leser das leise Lesen völlig normal vorkommt. Für einen Bürger des antiken Griechenlands jedoch stellte es eine scheinbar unmögliche Aufgabe dar. Dabei lag der Grund hierfür einzig in einer limitierten Leseausbildung. Eine Erklärung für diesen Umstand wird unter anderem im fehlenden Buchdruck gefunden. Zur damaligen Zeit hatte in einer Lerngruppe generell immer nur ein Student den Text vorliegen und musste ihn traditionsgemäß laut vorlesen. Diese Vorgehensweise wurde solange praktiziert, bis sie zu einer festen Gewohnheit wurde und ein beständiges Verhaltensmuster bildete. Ab einem gewissen Punkt bestimmte dieses Verhalten dann den Grad der individuellen Lesefähigkeit.

28 Heute hingegen hat jeder Schüler den gleichen Text vorliegen. Dabei wird der Text jeweils von einem Schüler laut vorgelesen, während alle anderen Schüler leise mitlesen. Auf diese Weise erlernt der heutige Schüler das leise Lesen und Verstehen von Texten. An dieser Stelle ist allerdings auch die heutige Leseausbildung bereits beendet und damit stark limitiert. Zwar müssen die Leser der heutigen Zeit die Texte nicht mehr laut aussprechen, um sie zu verstehen, es ist allerdings immer noch erforderlich, die Texte zumindest innerlich mitzusprechen. Um dies zu verstehen, ist es lohnenswert, die Herangehensweise der heutigen Leseschulung etwas genauer zu betrachten. In der Schule wird zu Beginn erlernt, einzelnen Buchstaben einen Laut zuzuordnen. Dabei werden Buchstaben in ihrer reinen Lautform erlernt. Um das Wort „Apfelbaum" zu lesen, müssen zunächst alle einzelnen Buchstaben des Wortes laut ausgesprochen werden. Diese Laute werden dann möglichst schnell hintereinander gesprochen, so dass sich dadurch die Verbindung zu dem bereits vom Hören bekannten Wort herstellen lässt. Da die Bedeutung des Wortes „Apfelbaum" bisher nur an den Klang des Wortes geknüpft und das visuelle Schriftbild völlig unbekannt ist, liegt zu diesem Zeitpunkt die einzige Möglichkeit des Lesens nur im lauten Mitsprechen.

29 An diesem Punkt unterscheidet sich der heutige Leseschüler nicht von dem des antiken Griechenlands. Der Unterschied liegt lediglich darin, dass der heutige Leser anschließend lernt, die Worte leise innerlich mitzusprechen. Damit ist die Leseausbildung abgeschlossen.

30 Die moderne Lernforschung zeigt jedoch, dass das menschliche Gehirn durchaus in der Lage wäre, Textinhalte auch rein visuell zu verarbeiten, ohne sie innerlich mitsprechen zu müssen. Sehr aufschlussreich ist hier ein Text, der im Jahr 2003 im Internet zirkulierte. Dieser Text entsprach in Form und Inhalt in etwa folgendem:

31 „Sie wdreen ftslestelen, dsas es kien Pboelrm ist, dseein Staz zu vhsetreen, ohowbl die Bhcbastuen alelr Wteoerr vlloeig drchuenniedar snid. Lglideich Aagnsfns- und Ednuhcbbsaetn snid krerokt. Der Gunrd legit dairn, dsas das mneschilhce Gherin nhcit mher jdeen Bcuhstbaen enizlen leist, snodren das Wrot als gnazes."

32 Dieser Text liefert wahrscheinlich eine der anschaulichsten Begründungen, weshalb das Schnell-Lesen neurologisch so gut funktioniert. In der anfänglichen Leseform war es für das Gehirn notwendig, die einzelnen Buchstaben aneinanderzureihen um die Verbindung zum auditiv bekannten Wort herzustellen. Deshalb war es auch unumgänglich, die Worte zunächst laut und anschließend zumindest innerlich mitzusprechen. Das oben aufgeführte Beispiel beweist jedoch, dass dies nach langjähriger Lese-Erfahrung nicht mehr notwendig ist. Der einzige Grund, weshalb nahezu alle Leser die Worte beim Lesen innerlich mitsprechen, liegt in einem aus der Kindheit stammenden festgefahrenen Verhaltensmuster – genauso wie es bei den Bürgern des antiken Griechenlands vorzufinden war. Das Textbeispiel mit den durcheinander gewürfelten Buchstaben demonstriert eindrucksvoll, dass das Gehirn eines Lesers inzwischen solche perfekten bildhaften Assoziationen der einzelnen Worte be-

sitzt, dass es selbst verzerrte Bildstrukturen sofort mühelos erkennen kann. Hiermit besteht die ideale Vorrausetzung zum Erlernen des Schnell-Lesens. Der angehende Schnell-Leser erlernt und trainiert darauf aufbauend nun die Fähigkeit, Worte auch rein visuell zu verarbeiten. Damit erwirbt er auch die Fähigkeit, mehrere Worte gleichzeitig zu verarbeiten. Solange jedes Wort innerlich mitgesprochen wird, ist diese Vorgehensweise nicht möglich, da auditive Klänge generell nacheinander erfolgen müssen – auch in der internen Verarbeitung. Da das Gehirn jedoch inzwischen einzelne Worte ganzheitlich und komplett aufnehmen kann, unabhängig von der Reihenfolge der Buchstaben, kann es auch erlernen, das gleiche mit Wortgruppen zu machen. Auf diese Weise werden beispielsweise mit einer Blickfixierung drei Worte gleichzeitig aufgenommen. Dem menschlichen Gehirn fällt diese Aufgabe relativ leicht. Schließlich denkt das Gehirn sowieso nicht in einzelnen Worten, sondern vielmehr in kompletten Strukturen oder so genannten Sinneinheiten. Zur besseren Vorstellung dieses Tatbestands dient das bereits genannte Beispiel eines plötzlichen Gedankens, der während einer Konversation auftaucht. Der Gedanke selbst taucht blitzartig auf, doch die verbale Formulierung erfordert Zeit. Beim Schnell-Lese-Training wird erlernt, den Text genauso blitzartig in einer schnellen Abfolge kompletter Sinneinheiten und Sinnstrukturen aufzunehmen.

IV. Neurologische Funktionsweise

Aus neurowissenschaftlicher Sicht liegt der Unterschied zwischen einem gewöhnlichen Leser und einem Schnell-Leser in einer teilweisen Lokalisationsverschiebung der neuronalen Aktivität. Beim normalen Lesen werden die aufgenommen Daten vom visuellen Kortex zur inhaltlichen Verarbeitung vollständig an den auditiven Kortex weitergeleitet. Im übertragenen Sinn heißt dies, dass es sich beim Lesen um die einzige visuelle Tätigkeit handelt, bei der die Augen dazu benutzt werden, um zu hören anstatt zu sehen. Beim fortgeschrittenen Schnell-Lesen hingegen werden die Informationen teilweise direkt durch den visuellen Kortex des Gehirns verarbeitet. Diese Fähigkeit wird in der Trainingsphase durch eine verstärkte Stimulierung des visuellen Verarbeitungszentrums erzielt. Für ein besseres Verständnis dieses Vorgangs hilft der Vergleich mit der Gehirnaktivität eines Blinden. Aufgrund einer übermäßig starken Stimulation ist der auditive Kortex blinder Menschen erheblich komplexer ausgeprägt als bei gewöhnlichen Menschen. Der Grund ist das Fehlen des visuellen Sinns, wodurch das auditive Verarbeitungszentrum zur Kompensation gezwungen wird. Würde ein sehender Mensch sich täglich regelmäßig für eine gewisse Zeitspanne die Augen verbinden und gleichzeitig herausfordernden Tätigkeiten nachgehen, so würde auch dessen Gehirn versuchen, den Verlust auszugleichen. Schon nach kurzer Zeit würde auch in diesem Fall der auditive Kortex an Komplexität gewinnen. Genau das gleiche passiert beim Schnell-Lese-Training, nur umgekehrt. Hier werden die Augen regelmäßig und systematisch so schnell über den Text geführt, dass ein internes auditives Verarbeiten kaum noch möglich ist. Um diesen Verlust auszugleichen, wird der visuelle Kortex während des Lesens immer stärker stimuliert und intensiver in den Leseprozess miteinbezogen. Dies geschieht bei Geschwindigkeiten von ca. 800 Worten pro Minute. Wenn im folgenden Trainingsstadium die Lesegeschwindigkeit auf beispielsweise 500 Worte pro Minute reduziert wird, hat das Gehirn des Lesers einen spürbaren Vorteil. Die Worte können zu einem beträchtlichen Teil wieder auditiv verarbeitet werden, gleichzeitig ist jedoch auch die visuelle Textverarbeitung ausgeprägter. Diese Kombination auditiver und visueller Verarbeitung befähigt den Schnell-Leser anschließend, den Text selbst bei sehr hohen Geschwindigkeiten noch hervorragend zu verstehen. 33

V. Vermeidung von Missverständnissen

34 Ein weit verbreitetes Missverständnis, welches durch die obige Darstellung des Schnell-Lesens häufig provoziert wird, besteht in der Annahme, das innerliche Mitsprechen müsste ab jetzt während des Lesens ausgeschaltet werden. Dies ist nicht der Fall. Genauer gesagt wäre dies sogar grundlegend falsch. Es gibt viele Schnell-Leser, die 600 Worte pro Minute lesen und dennoch jedes einzelne Wort innerlich hören. Schließlich ist es bei entsprechender Konzentration auch möglich, sich einen Text mittels des Computers in der dreifachen Geschwindigkeit vorlesen zu lassen und ihn trotzdem noch zu verstehen. Es geht beim Schnell-Lese-Training lediglich darum, dass das Verständnis des Lesens nicht mehr zwingend davon abhängt, ob nun jedes einzelne Wort innerlich mitgesprochen wird oder nicht. In vielen Fällen werden auch nur noch bestimmte Worte subvokalisiert. Oftmals schließen Seminarteilnehmer daraus, sie würden beim Schnell-Lesen nur noch die wichtigsten Worte innerlich mitsprechen. Doch woher weiß der Leser, bei welchen Worten es sich um die wichtigsten handelt? Die Antwort lautet, dass weiterhin alle Worte gelesen werden. Davon werden allerdings nur noch die wesentlichen Worte innerlich gehört, während die restlichen Worte rein visuell verarbeitet werden. Wer sich beim Training allerdings ständig fragt, ob er den Text innerlich mitspricht oder nicht, wird vom Inhalt kaum etwas mitbekommen. Im Verlaufe des Trainings ist es daher empfehlenswert, der Frage nach der Subvokalisation keinerlei Beachtung zu schenken und sich stattdessen einfach auf den Inhalt zu konzentrieren.

F. Trainingsvorbereitung

I. Erlernen einer psychomotorischen Fertigkeit

35 Wie schon erläutert, bereitet das schnelle Lesen in den meisten Fällen deutlich mehr Freude und Glücksgefühle als die gewöhnliche Vorgehensweise. Nahezu jeder Seminarabsolvent berichtet von einem bislang unbekannten Genuss und Spaß am Lesen.

36 Um an diesen Punkt zu kommen, ist allerdings eine anfängliche Trainingsphase zu überwinden, die durchaus sehr anstrengend sein kann. Um die notwendige Motivation zu entwickeln, das Trainingsprogramm bis zur Einstellung des Erfolgs durchzuhalten, muss das Schnell-Lesen als psychomotorische Fertigkeit verstanden werden. Das heißt, es werden sowohl bestimmte kognitive Verarbeitungsfertigkeiten, als auch gewisse motorische Fertigkeiten in Form von äußerst schnellen und gleichzeitig dennoch fein abgestimmten Pupillenbewegungen erfordert. Zu den komplexen psychomotorischen Fertigkeiten (PF) gehören unter anderem auch das Autofahren, 10-Finger-Schreiben, das Spielen eines Instruments, Tennis oder überhaupt jede Sportart. Dabei gibt es mindestens 4 Faktoren, die alle psychomotorischen Fertigkeiten gemeinsam haben:

1. Solange die allgemeinen kognitiven und motorischen Grundvorrausetzungen nicht gestört sind, kann eine psychomotorische Fertigkeit von jedem Menschen erlernt werden.
2. Solange Punkt 1 erfüllt ist und keine stetig steigende erhöhte Muskelkraft benötigt wird, kann eine psychomotorische Fertigkeit nach der Beherrschung der Grundlagen durch erweitertes Training schrittweise verbessert werden. Jemand, der bislang nur mit 2 Fingern schrieb, kann lernen, mit 10 Fingern zu schreiben. Eine Person, welche ein bestimmtes Klavierstück bisher nur mit einer Hand spielen konnte, kann lernen das Stück mit beiden Händen zu spielen. Der Autofahrer kann ein Rennfahrer-Training absolvieren, der Freizeit-Tennisspieler kann eine bessere Technik erlernen und der gewöhnliche Leser kann zum Schnell-Leser werden.

3. Jeder neue Trainingsschritt einer psychomotorischen Fertigkeit führt in der Regel beim Versuch der Besserung zunächst zu einer Verschlechterung. Ist jedoch eine ausreichende Trainingsphase überwunden, verhält es sich genau umgekehrt. Wer beispielsweise bereits mit 2 Fingern schreiben kann und jetzt versucht mit 10 Fingern zu schreiben, der ist zunächst nicht schneller, sondern sogar noch langsamer als vorher. Wer ein Klavierstück bisher nur rechtshändig spielen kann und jetzt versucht, die linke Hand noch hinzuzunehmen, der wird plötzlich viel größere Probleme haben, das Stück zu spielen. Der Tennisspieler, dem gesagt wird, er müsse den Schläger anders führen, um sein Spiel zu verbessern, der wird zunächst schlechter spielen als bisher. Wer hingegen das 10-Finger-Schreiben einmal erlernt hat, kann hier Geschwindigkeiten erreichen, die mit 2 Fingern niemals zu schaffen wären. Der Pianist, der beide Hände zum Spiel nutzt, kann damit Klänge erzeugen von denen der einhändige Klavierspieler nie etwas erfährt und auch der konsequent übende Tennisspieler wird schon bald einen erheblichen Anstieg seiner Spielfertigkeit bemerken. Genauso verhält es sich auch beim Erlernen des Schnell-Lesens. Am Anfang wird natürlich keinesfalls mehr verstanden und behalten. Stattdessen verschlechtert sich das Verständnis sogar. Sobald es jedoch beherrscht wird, werden das Textverständnis und die gesamte Lesefähigkeit auf ein neues Niveau gehoben.
4. Jede zur Verbesserung dienende Veränderung einer psychomotorischen Fertigkeit ist zu Beginn meistens mühsam und anstrengend. Sobald die neue Fertigkeit jedoch erlernt wurde, ist sie stattdessen mit einer gewissen Erleichterung und einem erhöhtem Genuss verbunden. Beim Erlernen des 10-Finger-Schreibens verkrampfen sich die Finger zunächst, das anfängliche Klavierspiel mit 2 Händen wird anfangs als stressvoll empfunden und auch das neue Tennistraining ist zu Beginn mühsam. Ausnahmslos jeder, der das 10-Finger-Schreiben erlernt hat, wird jedoch nach einiger Zeit versichern, dass es nicht nur deutlich schneller ist, sondern gleichzeitig auch viel entspannender und angenehmer als das bisherige Schreiben. Genauso werden auch das zweihändige Klavierspiel und das fortgeschrittene Tennisspiel weit mehr Genuss, Freude und Spaß bringen. So verhält es sich natürlich auch beim Schnell-Lesen. Am Anfang kann es durchaus als anstrengend empfunden werden. Sobald es jedoch zu einer Gewohnheit geworden ist, wird das Schnell-Lesen sogar als entspannender und angenehmer empfunden als das bisherige Lesen. Dies sollte während des Trainings nie vergessen werden. Wenn beim Training festgestellt wird, dass einem der ganze Prozess zu mühsam vorkommt, sollte sich der Trainierende immer wieder ins Bewusstsein rufen, dass es sich hierbei um eine psychomotorische Fertigkeit handelt. Diese Erfahrungen sind anfangs vollkommen normal. Es ist von größter Wichtigkeit, sich in dieser Phase stetig sein Ziel vor Augen zu halten, den Prozess als das Erlernen einer neuen psychomotorischen Fertigkeit zu begreifen und solange weiterzutrainieren, bis sich der erwünschte Erfolg einstellt.

II. Trainingsmaterial

Ein für den Trainingserfolg entscheidender Faktor ist die Auswahl des richtigen Textmaterials. Am 37
besten eignen sich hierfür einfache Sachbücher mit anspruchslosen Inhalten und einer leicht verständlichen Schreibweise. Steuerfachliche, juristische, wirtschaftliche oder politische Texte werden hier nicht empfohlen. Sobald das Schnell-Lesen beherrscht wird, können selbstverständlich auch oder gerade hochkomplexe und schwierige Texte sehr gut mit dieser Technik gelesen werden. Nicht jedoch am Anfang. Da es sich um eine psychomotorische Fertigkeit handelt, verhält sie sich auch genauso wie alle anderen PF. Wer das erste Mal auf Skiern steht, sollte auch nicht gleich auf der schwarzen Piste trainieren, sondern zunächst auf dem Anfängerhügel üben, bis die Technik beherrscht wird. Anschließend kann der Skifahrer allmählich auf schwierigere Pisten übergehen. Genauso verhält es sich auch beim Schnell-Lese-Training. Es wird zunächst so lange mit leichten Sachtexten einfachen

Inhalts geübt, bis sich spürbare Erfolge einstellen. Danach werden dann allmählich schwierigere Texte verwendet. Ansonsten wird für alle Übungen des Trainingsprogramms eine Stoppuhrfunktion, bzw. eine Uhr mit deutlicher Minuten- und Sekundenanzeige benötigt.

G. Trainingsgrundlagen

I. Bewegungsreiz

38 Die wichtigste Änderung des ursprünglichen Leseprozesses besteht in der Nutzung eines Bewegungsreizes. In den ersten Schuljahren wird den Schülern noch beigebracht, nicht mit dem Finger zu lesen. Diese Vorgehensweise ist bis zu einem gewissen Zeitpunkt auch sinnvoll. Es ist anfangs von gewissem Wert zu erlernen, einem Text auch ohne die Benutzung eines Fingers folgen zu können. Inzwischen wird dies allerdings bereits beherrscht. Bei diesem Training gilt es die neusten wissenschaftlichen Erkenntnisse zu nutzen, um die Lesefähigkeit zu optimieren. Es ist allgemein bekannt, dass die menschlichen Augen biologisch dazu bestimmt sind, Bewegungen zu folgen. Hierbei handelt es sich um einen Millionen Jahre alten Überlebensinstinkt. Sowohl Beute als auch Bedrohungen wurden von den menschlichen Vorfahren größtenteils durch Bewegungen erspäht. Deshalb wird die Aufmerksamkeit automatisch verstärkt auf Bewegungsabläufe ausgerichtet. Auch im heutigen Straßenverkehr wird das Überleben durch diesen Urinstinkt gesichert. Dieser biologische Instinkt kann leicht zum Vorteil genutzt werden, indem beim Lesen generell ein Stift zur Unterstützung benutzt wird. Hier wird der Stift so unter den Textzeilen entlang geführt, als würde eine Zeile nach der anderen unterstrichen werden. Dabei ist auf eine flüssige und rhythmische Bewegung zu achten. Die Augen gleiten dabei gleichmäßig in der Bewegungsgeschwindigkeit über den Text. Auch wenn dies am Anfang noch nicht reibungslos funktioniert, so ist es wichtig, konsequent auf diese Weise weiterzulesen. Bereits nach kurzer Zeit wird sich eine messbare Geschwindigkeitssteigerung einstellen. An dieser Stelle wird eine 5-minütige Übung anhand eines Textes Ihrer Wahl empfohlen, bevor mit dem nächsten Punkt fortgeschritten wird.

II. Ergonomie

39 Da die physische Haltung einen spürbaren Effekt auf die Konzentrationsfähigkeit ausübt, ist eine aufrechte und wache Körperhaltung von Bedeutung. Die Durchblutung wird sofort erhöht, das Gehirn erhält mehr Sauerstoff und die Aufnahmefähigkeit steigt. Ferner ist ein optimaler Lesewinkel von Vorteil. Dies wird am leichtesten erreicht, indem am vorderen Ende des Buches ein bis drei weitere Bücher untergelegt werden. Auf diese Weise können die Augen den Text leichter aufnehmen, während der Nackenbereich entspannt bleibt.

III. Regressionsvermeidung

40 Eine der hinderlichsten Angewohnheiten des normalen Lesers besteht darin, während des Lesens immer wieder im Text zurückzuspringen. Dies kostet nicht nur viel Zeit, sondern auch Konzentration und Textverständnis werden durch diese Angewohnheit in Mitleidenschaft gezogen. Folgende abgeänderte Textaussage dient zur Veranschaulichung:

„Aus- und Weiterbildung ist eine zentrale Aufgabe auf dem Weg zum Wissensunternehmen. Neue Rollenverständnisse…" – Aus- und Weiterbildung – „… Rollenverständnisse und Arbeitsformen sind zu erlernen und begleiten. In den Vereinigten Staaten…" – sind zu begleiten – „…In den Vereinigten Staaten ist in den letzten Jahren ein Boom sog. Unternehmensuniversitäten zu verzeichnen,…" – Unternehmensuniversitäten – „…deren bekannteste die…" – zu verzeichnen – „…die Motorola University ist."

(S. 151 Klaus North - Wissensorientierte Unternehmensführung, Gabler Verlag 1998)

Eine solche Textaussage ist nur unter enormer Anstrengung lesbar. Obwohl bei den gängigen Leseregressionen die Rücksprünge bewusster geführt werden, macht der Leser hier unbewusst nichts anderes. Der einzige Grund, weshalb beim Lesen zurückgesprungen wird, besteht in einer schlechten Angewohnheit aus der Kindheit. Wer ab jetzt beim Lesen auf Regressionen verzichtet, wird anfänglich eventuell eine Minderung des Textverständnisses erfahren, da diese Leseform noch ungewohnt ist. Wird beim Lesen jedoch konsequent und diszipliniert auf Rücksprünge verzichtet und stattdessen weiter gelesen, stellt sich schon nach kurzer Zeit eine spürbare Erhöhung der Konzentration und damit des Textverständnisses ein. 41

H. Trainingsprogramm

I. Fünf Trainingsblöcke

Training 1 – Dauer: 10 Minuten 42

Training 2 – Dauer: 07 Minuten

Training 3 – Dauer: 16 Minuten

Training 4 – Dauer: 15 Minuten

Training 5 – Dauer: 12 Minuten

Insgesamt dauert die Durchführung aller 5 Trainingsblöcke 60 Minuten. Werden pro Tag konsequent und diszipliniert alle 5 Trainingsblöcke absolviert, stellen sich nach etwa 2 Wochen beträchtliche Fortschritte ein. Anschließend können die erzielten Erfolge im übernächsten Kapitel gemessen und festgehalten werden. 43

II. Training 1 – Dauer: 10 Minuten

1. Training von Motorik und visueller Textverarbeitung

Wie schon beschrieben handelt es sich beim Schnell-Lesen um eine psychomotorische Fertigkeit. Dies impliziert bereits, dass es sich hierbei auch um eine motorische Fertigkeit handelt, die entsprechend erlernt werden muss. Es ist wichtig, sich diesen Aspekt bewusst zu machen. Ansonsten kommt leicht der Irrglaube auf, es handle sich beim Schnell-Lesen um eine rein kognitive Herausforderung, wobei außer der Sehfertigkeit wohl kaum nennenswerte motorische Fertigkeiten notwendig seien. Dies ist nicht korrekt. Ein anfängliches Scheitern ist in vielen Fällen allein auf eine mangelnde motorische Fertigkeit zurückzuführen. Damit sich das Gehirn einer schnelleren Informationsaufnahme anpassen kann, müssen die Augen schließlich zunächst in der Lage sein, aus- 44 nahmslos alle vorliegenden Informationen eindeutig an das Gehirn weiterzuleiten. Dies ist nicht so einfach wie es scheint. Genau genommen erfordert es einen äußerst fein abgestimmten, exakten und punktgenauen Fixierungsrhythmus der Augen. Sowohl Pupillenausrichtung, Fixierungsanzahl und Fixierungsdauer müssen fein aufeinander abgestimmt und trainiert werden. Dafür ist keine außergewöhnliche Sehkraft vonnöten. Brillen- oder Kontaktlinsenträger haben hier die gleichen Vorraussetzungen wie jeder andere auch. Es ist einzig und allein eine Frage des Trainings. Um bei diesem Training nicht zusätzlich mit mangelndem Textverständnis kämpfen zu müssen, wird die folgende Übung mit einem bereits bekannten und gerade aufgenommenen Text durchgeführt. Das Training läuft dabei folgendermaßen ab: Zunächst wird in einem ausgewählten Übungsbuch ab einem geeigneten Anfangspunkt 3 Minuten lang auf Verständnis gelesen. Hier wird selbstverständlich, wie oben erwähnt, der Stift als Hilfsmittel benutzt. Anschließend wird die erreichte Textstelle markiert. Jetzt werden alle in Erinnerung befindlichen Punkte eine Minute lang wiedergegeben. Dies gewährleistet die Aufrechterhaltung der Konzentration während des Lesens und wird bei allen Lesedurchgängen des Trainingsprogramms gemacht. Im zweiten Durchgang wird der gleiche Text nochmals gelesen – diesmal allerdings in nur 2 Minuten. Bedingung ist, dass mindestens genauso weit gelesen wird wie im ersten Durchgang. Dafür muss die Lesegeschwindigkeit also um mindestens 50% erhöht werden. Hier spielt die Benutzung eines Stiftes eine große Rolle. Ohne Stift ist es schwer die vorgegebene Geschwindigkeit einzuhalten. Mithilfe des Stiftes wird dies jedoch relativ einfach. Der Stift wird in einer flüssigen unterstreichenden Bewegung die Zeilen entlang geführt, während die Augen dem Text in der vorgegebenen Geschwindigkeit folgen. Dabei sollte die Stiftgeschwindigkeit um mindestens 50 % höher liegen als im vorherigen Durchgang. Optimal ist, wenn in den 2 Minuten vorher markierte Punkt überschritten wird. In diesem Fall wird anschließend so schnell wie möglich weiter gelesen. Nach 2 Minuten wird der erreichte Punkt markiert. Jetzt werden die Inhaltspunkte wieder 1 Minute lang wiedergegeben, wobei das Ziel darin besteht, zusätzliche Informationen zu nennen. Anschließend wird derselbe Text ein drittes Mal gelesen – diesmal in nur 1 Minute. Bedingung ist wieder, dass mindestens genauso weit gelesen wird wie im ersten Durchgang oder weiter. Es muss also mindestens doppelt so schnell gelesen werden wie im vorherigen Durchgang. Der Stift muss in mindestens doppelter Geschwindigkeit die Zeilen entlang geführt werden. Anschließend werden eine Minute lang zusätzlich aufgenommene Informationen wiedergegeben. Die gesamte Trainingszeit beträgt damit neun Minuten. Zwischenzeiten mit eingerechnet, kann von einer Zeitinvestition von 10 Minuten ausgegangen werden. Durch dieses Training werden die Augen trainiert, auch noch in sehr hohen Geschwindigkeiten den Text vollständig aufzunehmen. Darüber hinaus erlernt das Gehirn, mehrere Worte gleichzeitig zu verarbeiten. Wortgruppen wird das Gehirn dabei eventuell teilweise auditiv und teilweise rein visuell verarbeiten.

2. Anleitung – Training 1

45 Dauer: 10 Minuten

3 Min: Lesen auf Verständnis, Endpunkt markieren

1 Min: Wiedergeben

2 Min: selben Text bis Endpunkt oder weiter lesen, neuen Endpunkt markieren

1 Min: Wiedergeben

1 Min: selben Text bis Endpunkt oder weiter lesen, neuen Endpunkt markieren

1 Min: Wiedergeben

III. Training 2 – Dauer: 8 Minuten

1. Anpassung durch systematische Überforderung

Das evolutionäre Programm hat das Gehirn mit einer bemerkenswerten Fähigkeit der Anpassung an neue Situationen ausgestattet. Um sich neuen Erfordernissen anzupassen, stehen dem menschlichen Gehirn eine Reihe von Variationsmöglichkeiten zur Verfügung. Synaptische Strukturen können anders vernetzt, Querverbindungen neu gebildet und die Schaltkreise entsprechend verknüpft werden. Die Neuronen können andere Neurotransmitter abfeuern, die Verarbeitungsgeschwindigkeit beschleunigt, die interne Reaktionszeit verkürzt, die Konzentration ausgeweitet oder verdichtet und viele weitere Veränderungen in Kraft gesetzt werden. Diese Anpassungsvorgänge treten unter bestimmten Voraussetzungen teilweise nach Wochen, teilweise auch bereits nach Tagen, Stunden, Minuten oder Sekunden ein. Damit das Gehirn diese Anpassungsmechanismen einsetzt, muss allerdings zunächst eine regelmäßige Notwendigkeit für Anpassung bestehen. Ansonsten hält das Gehirn lieber an bewährten Gewohnheiten fest. Besteht jedoch tatsächlich eine regelmäßige Notwendigkeit, wird das Gehirn gezwungenermaßen jegliche Möglichkeit der Veränderung in Gang setzen, um sich den neuen Begebenheiten anzugleichen. Für das Schnell-Lese-Training bedeutet dies, dass hier das Gehirn fortlaufend und systematisch in Lesesituationen gebracht wird, die einen Anpassungsprozess zwingend erforderlich machen. Das geschieht, indem die Lesegeschwindigkeit bis zu dem Punkt erhöht wird, an dem das Gehirn den Text mit seiner derzeitigen Fähigkeit nicht mehr ausreichend verstehen kann. An diesem Punkt wird die Lesegeschwindigkeit dann solange gehalten, bis sich eine spürbare Veränderung der Informationsverarbeitung einstellt. Entscheidend ist hierbei, die erhöhte Geschwindigkeit konsequent aufrechtzuerhalten, egal, ob der Text dabei verstanden wird oder nicht. Das Gehirn hat schließlich das grundlegende Potential, den Text in dieser Geschwindigkeit aufzunehmen. Entweder, die interne Textverarbeitung passt sich nun an die neue Begebenheit an oder es wird eben kein Inhalt aufgenommen. Doch das Tempo bleibt. Dem Gehirn wird keine einzige Chance der Sinnaufnahme gegeben, außer durch Anpassung an die neue Geschwindigkeit. Wenn das lange genug durchgehalten wird, dann findet das Gehirn nach und nach Möglichkeiten, den Inhalt durch eine erhöhte Konzentration und beschleunigte Denkprozesse trotzdem zu verstehen. 46

In der hier vorgestellten Trainingsphase wird dabei der Text mindestens in der doppelten Geschwindigkeit gelesen, die normalerweise für ein gutes Textverständnis nötig ist. Zunächst wird also auf Verständnis gelesen. Sobald ein Gefühl für die normale Geschwindigkeit erfahren wurde, wird die Stiftbewegung mindestens auf das zweifache Tempo beschleunigt. Im Zweifelsfall ist es besser den Stift sogar noch schneller zu bewegen. Es sollte eine Geschwindigkeit erreicht werden, bei welcher der Text anfangs überhaupt nicht mehr verstanden werden kann. Das ist ganz wesentlich. Dieses Tempo wird jetzt 8 Minuten lang gehalten, während die Augen konsequent der Stiftgeschwindigkeit folgen. Wem dies schwer fällt, kann diese Übung auch mit einem Metronom (Taktmesser) ausführen. Hierbei wird zunächst der Takt ermittelt, in welchem sich der Stift normalerweise über die Zeilen bewegt. Anschließend wird die Taktzahl verdoppelt. Es wird eine Zeile pro Taktschlag gelesen. Es funktioniert allerdings auch ohne Taktmesser, solange darauf geachtet wird, den Stift konsequent, rhythmisch und flüssig über die Zeilen zu führen. Bei dieser Übung ist es sehr wichtig, auf keinen Fall im Text zurückzuspringen, stehen zu bleiben oder die Geschwindigkeit zu reduzieren. Ansonsten wird das ganze Training augenblicklich unwirksam. Interessante Stellen können nach der Übung nochmals langsamer gelesen werden, nicht aber während des Trainings. Dies ist entscheidend für den Erfolg. In dieser Trainingsphase besteht das Ziel nicht in der Erfassung des Inhalts. Vielmehr geht es darum, das Gehirn systematisch zu überfordern und somit eine Anpassung zu erzwingen. 47

2. Anleitung – Training 2

48 Dauer: 7 Minuten

7 Min: Doppelte Lesegeschwindigkeit mit dem Stift vorgeben und mit den Augen folgen

IV. Training 3 – Dauer: 16 Minuten

1. Zwei Leseformen

49 Bei einem wirkungsvollen Schnell-Lese-Training wird grundsätzlich zwischen 2 verschiedenen Leseformen unterschieden. Diese werden hier als „Verständnis-Lesen“ und „Trainings-Lesen“ bezeichnet. „Verständnis-Lesen“ bedeutet, dass bei maximaler Geschwindigkeit gelesen wird, bei dem die wichtigsten Textaussagen noch verstanden werden können. Beim „Trainings-Lesen“ hingegen wird so schnell gelesen, dass der Text kaum oder auch gar nicht mehr verstanden werden kann. Leider geben die meisten Leser, die gerne das Schnell-Lesen meistern würden, hierbei viel zu schnell auf. Vielen ist es schwer verständlich, worin der Nutzen dieser Übung bestehen soll, wenn doch nichts vom Text verstanden werden kann. Dabei sind gerade diese Etappen des Trainings von größter Wirksamkeit. Das „Trainings-Lesen“ kann dabei als das Stemmen gegen ein Gewicht gesehen werden, welches viel zu schwer ist. Durch ein starkes Gegenstemmen wird sich das Gewicht zwar auch nicht bewegen, der Muskel wird allerdings dadurch dennoch stärker werden. Wichtig sind nur der Versuch sowie maximaler Krafteinsatz. Genauso verhält es sich auch beim „Trainings-Lesen“. Auch wenn der Text nicht verstanden werden kann, tritt dennoch ein Trainingseffekt ein.

2. Überkompensation

50 In Psychologie und Neurowissenschaft ist das Wort „Überkompensation“ ein wichtiger Begriff. Gemeint ist hier ein durch Überforderung entstehender Ausgleich, der über den bisherigen Normalzustand hinausgeht. Den meisten ist dieser Begriff auch aus dem Sport bekannt. Wird der Muskel an seine Grenze geführt, wird die dadurch entstandene Erschöpfung anschließend übermäßig ausgeglichen, so dass bei der nächsten Belastung eine erhöhte Kraft zur Verfügung steht. Sprinter nutzen das Prinzip, indem sie regelmäßig den Sprint bergauf trainieren, um anschließend auf gerade Strecke schneller zu laufen.

51 Dieses Phänomen stellt sich gleichsam auch bei Kognitionsprozessen ein. Sowohl bezüglich der Konzentrationsfähigkeit, der Denkgeschwindigkeit als auch der allgemeinen Informationsverarbeitung setzt das Gehirn bei entsprechender Herausforderung die Überkompensation in Gang.

52 Das Überkompensationstraining beim Schnell-Lesen funktioniert folgendermaßen: Zunächst wird ein entsprechender Text im Übungsbuch 4 Minuten lang mit doppelter Geschwindigkeit gelesen (siehe Training 2). Die Geschwindigkeit liegt hier also um 100 % höher als die Ausgangsgeschwindigkeit. In den darauf folgenden 4 Minuten wird der Stift im anschließenden Text um ca. 150 % schneller bewegt. Die Augen folgen dabei konsequent der Geschwindigkeit. Die nächsten 4 Minuten wird der folgende Text schließlich sogar um 200 % schneller gelesen. Das Lesetempo liegt an diesem Punkt also dreimal so hoch wie die Ausgangsgeschwindigkeit. In den letzten 4 Minuten wird der Text dann wieder in der gleichen Geschwindigkeit wie in den ersten 4 Minuten gelesen. Diese Übung funktioniert am besten, wenn das Tempo durch einen Taktmesser vorgegeben ist. Möglich ist das Training allerdings auch ohne Metronom, auch wenn dann die Geschwindigkeitsunterschiede nicht

ganz präzise sind. Das grundlegende Prinzip wird in jedem Fall erfüllt. Der Grund, weshalb dieses Training so wirkungsvoll ist, kann leicht verstanden werden, wenn die hier eintretende Wirkung mit einer aus dem Alltag bekannten Situation verglichen wird: Dem Autofahren. Angenommen, jemand fährt morgens mit dem Auto los und bewegt sich mit 30 km/h fort. Zu Beginn erscheint dies bereits als zügige Bewegung. Anschließend gelangt der Autofahrer auf eine Landstraße und fährt 100 km/h. Gleich darauf fährt er auf die Autobahn und fährt schließlich 180 km/h. Der Effekt tritt augenblicklich ein. Der Fahrer ist jetzt viel wacher, konzentrierter und aufmerksamer. Die Reaktionszeit wird verkürzt und die Informationsverarbeitung beschleunigt. Diese Geschwindigkeit wird nun 30 Minuten lang gehalten, so lange, bis sich der Fahrer daran gewöhnt. Danach verlässt er die Autobahn und fährt plötzlich nur noch mit 60 km/h. Zunächst erscheint es dem Fahrer so, als würde das Auto stehen. Auch einige Zeit später wirkt dieses Tempo immer noch äußerst langsam. Dabei fährt er immer noch doppelt so schnell wie ganz am Anfang. Der Grund, weshalb die Geschwindigkeit jetzt so langsam erscheint, liegt darin, dass das Gehirn die für das hohe Tempo benötigte Reaktionszeit und Verarbeitungsbeschleunigung immer noch beibehält und jetzt in der langsameren Geschwindigkeit aktiviert. Etwas Ähnliches geschieht auch bei dem hier vorgestellten Schnell-Lese-Training. In den ersten 4 Minuten erscheint die Geschwindigkeit sehr hoch. In den nächsten 4 Minuten wird die Geschwindigkeit allerdings nochmals deutlich erhöht und in den folgenden 4 Minuten liegt das Tempo nochmals um weitere 100 % höher. Es macht nichts, wenn in dieser Geschwindigkeit nichts mehr verstanden wird. Allein der Versuch in dem Tempo noch dem Text zu folgen stimuliert das Gehirn auf eine vollkommen neue Weise. Die Verarbeitungsgeschwindigkeit wird stark beschleunigt. Es ist viel zu schnell, doch das Gehirn macht alles, um irgendwie mitzukommen. Zwar wird dies dem Gehirn vermutlich nicht gelingen, doch wenn in den letzten 4 Minuten plötzlich wieder eine niedrigere Geschwindigkeit eintritt, erscheint dies dem Gehirn plötzlich relativ langsam. Auf einmal beginnt der Leser den Text in dieser Geschwindigkeit noch einigermaßen verstehen zu können. Wird dieses Training regelmäßig wiederholt, treten schon nach kurzer Zeit messbare Erfolge ein. Dies ist die klassische Nutzung des Prinzips der Überkompensation.

11

3. Anleitung – Training 3

Dauer: 16 Minuten 53

4 Min: 100 % schneller lesen als gewöhnlich

4 Min: 150 % schneller lesen als gewöhnlich

4 Min: 200 % schneller lesen als gewöhnlich

4 Min: 100 % schneller lesen als gewöhnlich

V. Training 4 – Dauer: 15 Minuten

1. Schnell-Lesen mit Erinnerungstraining

54 Die Leseerinnerung wird am besten trainiert, indem der Leser sich zwingt, nach Abschluss einer bestimmten Lesedauer alle in der Erinnerung befindlichen Inhaltspunkte wiederzugeben. Währenddessen darf nicht mehr im Text nachgeschlagen werden. Wird dies regelmäßig gemacht, steigt die Leseerinnerung schrittweise an. Auch die Merkfähigkeit folgt dem Prinzip der Überkompensation. Je höher die Herausforderung, desto stärker kompensiert das Gehirn. Nach einer Lesezeit von 3 Minuten können anfänglich vielleicht nur drei Inhaltspunkte genannt werden. Bald jedoch sind es schon

vier Inhaltspunkte und irgendwann 5, 6, 7 oder sogar mehr. Natürlich ist es für die Prüfungsvorbereitung von viel größerem Vorteil, alle wichtigen Punkte mittels der in diesem Buch vorgestellten Gedächtnistechniken abzuspeichern. Während des Schnell-Lese-Trainings sollte zusätzlich jedoch auch das reine Abrufen von Informationen trainiert werden, ohne die Hilfe von Gedächtnistechniken. Hierbei wird zusätzlich noch ein weiterer Teil des Gehirns trainiert.

55 Entscheidend ist dabei natürlich, in einer möglichst hohen Geschwindigkeit zu lesen. Auf diese Weise wird das Gehirn in die Lage versetzt Texte auch bei sehr hohen Geschwindigkeiten außerordentlich gut aufzunehmen. In diesem Training wird ein Text im Übungsbuch 3 Minuten lang um ca. 50 % schneller gelesen als gewöhnlich. Anschließend wird einfach alles wiedergegeben, was einem zu diesem Text noch einfällt. Dieser Vorgang ist mehrmals zu wiederholen.

2. Anleitung – Training 4

56 Dauer: 15 Minuten

3 Min: 50 % schneller lesen als gewöhnlich

1-2 Min: Wiedergeben

3 Min: 50 % schneller lesen als gewöhnlich

1-2 Min: Wiedergeben

3 Min: 50 % schneller lesen als gewöhnlich

1-2 Min: Wiedergeben

VI. Training 5 – Dauer: 12 Minuten

1. Schnell-Lesen mit Verständnistraining

57 Selbstverständlich kann auch das Textverständnis trainiert und kontinuierlich verbessert werden. Um das Textverständnis zu erhöhen ist es von hoher Wichtigkeit, während des Lesens Notizen zu machen. Durch das Notieren wichtiger Punkte treten mehrere vorteilhafte Wirkungen in Kraft. Unter anderem wird durch die erhöhte motorische Aktivität das Gehirn stärker stimuliert und damit auch Intelligenz und Konzentration gesteigert. Laut den Forschungen des Neuropsychologens Gerhard Neuweiler entstammt der Großteil der menschlichen Intelligenz aus der Nutzung der Feinmotorik, wozu selbstverständlich auch das Schreiben gehört. Dabei ist es wichtig, dass für jeden wichtigen Inhaltspunkt jeweils nur ein kurzes Stichwort notiert wird. Dieses Wort wird entweder an den Rand geschrieben oder auf ein separates Blatt. Es kann sich hierbei um Kurzerwähnungen komplexerer Sachverhalte handeln, als auch um einzelne Begriffe, Namen oder Zahlen. Selbstverständlich wird auch empfohlen, während des Lesens Markierungen zu setzen. Diese sollten jedoch nie als Ersatz für das Notieren dienen, sondern zusätzlich stattfinden. Dabei ist für die Wirksamkeit entscheidend, dass richtig markiert wird. Die meisten Studenten markieren generell zu viel. Hier sind die Bücher häufig mehr bunt als weiß. Damit geht der Effekt dieser Technik verloren. Das Markieren dient schließlich in erster Linie dazu, Kontrast zu erzeugen. Optimales Markieren sieht folgendermaßen aus: Einige wenige wichtige Worte oder Wortgruppen werden markiert, bzw. mit dem Stift eingekreist, die allerwichtigsten Zeilen werden unterstrichen und alle entscheidenden Textstellen, die länger als 3 Zeilen sind, am Rand angestrichen. Ähnliches gilt natürlich auch beim Schreiben. Notizen sind nur sinnvoll, wenn sie so kurz sind, dass sie anschließend mit einem kurzen Blick erfasst

werden können. Deshalb sollten auch bei längeren Sinnabschnitten immer nur einzelne Stichworte festgehalten werden. Dies müssen keine im Text befindlichen Worte sein, sondern können kreativ zugeordnet werden.

Für die bisherigen Übungen wurde empfohlen, mit äußerst leichten Büchern zu trainieren. Bei dem 58
folgenden Training ist es jedoch bereits sinnvoll, schwierigere Texte zu benutzen. Sollten die Texte dabei teilweise so schwer sein, dass sie bei einem einmalig zügigen Lesen unmöglich verstanden werden können, so empfiehlt sich die bereits empfohlene Taktik, nach der zunächst ein ausgewählter Textabschnitt von 1 bis 4 Absätzen in einer hohen und zügigen Geschwindigkeit gelesen und anschließend in einem etwas langsameren Tempo wiederholt wird. Dabei werden erst im zweiten Durchgang Notizen und Stiftmarkierungen gemacht. Nun wird der nächste Textabschnitt gewählt usw. Im Anschluss an das gesamte Lesetraining werden nun die wichtigsten Inhaltspunkte aufgezählt und erklärt. Hierbei unterscheidet sich das Training 5 in einem wesentlichen Element. Im Training 4 geht es vor allem darum, generell alles zu sagen, was einem noch zum Text einfällt. Für das Verständnistraining jedoch ist es sehr wichtig, sich nur auf das Wesentlichste zu beschränken und sich dabei so kurz wie möglich zu fassen. Lässt sich der Leser hier zuviel Zeit, neigt er leicht dazu, sich in wenig sagenden Umschreibungen und Assoziationen zu verlieren. Muss der Leser sich jedoch kurz fassen und auf den Punkt kommen, so ist er gezwungen, sich auf die Kernaussagen und die tatsächlichen Textessenzen zu konzentriert. Auf diese Weise wird das Gehirn geschult, bereits während des Lesens verstärkt auf entscheidende Textpunkte zu achten. Dadurch wird das Textverständnis kontinuierlich besser.

In dem jetzt folgenden Training wird dabei zunächst 4 Minuten lang mit dem Stift in höchstmög- 59
licher Geschwindigkeit gelesen. Anschließend werden die Notizen und Anstriche nochmals kurz überblickt und dann die 5 wichtigsten Inhaltspunkte wiedergeben. Die Übung wird zweimal durchgeführt.

2. Anleitung – Training 5

Dauer: 12 Minuten

4 Min: Lesen in höchstmöglicher Geschwindigkeit

1 Min: Überblicken der Notizen und Anstriche.

1 Min: Wiedergeben der 5 wichtigsten Inhaltspunkte

4 Min: Lesen in höchstmöglicher Geschwindigkeit

1 Min: Überblicken der Notizen und Anstriche.

1 Min: Wiedergeben der 5 wichtigsten Inhaltspunkte

I. Fünf Gründe für die langfristige Verwendung eines Stifts

An dieser Stelle stellt sich meist die Frage, ob der Stift ab jetzt immer verwendet werden soll oder nur 60
während des Trainings. Die Empfehlung lautet, den Stift wirklich ausnahmslos immer zu verwenden. Hierfür gibt es 3 sehr gute Gründe:

1. Durch die Stiftbewegung wird die Lesegeschwindigkeit bewusst durch die Hand vorgegeben und nicht von der gewohnheitsmäßigen Pupillenbewegung diktiert. Auf diese Weise besteht eine viel größere Kontrolle über den eigenen Leseprozess. Regressionen können vermieden werden und die Geschwindigkeit kann variiert und bewusst verändert werden.

2. Es findet eine visuelle Führung statt. Das herkömmliche Lesen stellt normalerweise eine Belastung für die Augen dar. Das menschliche Auge wurde genetisch nicht dafür geschaffen, kleinen Zeichen 30 cm vor dem Gesicht zu folgen. Aus diesem Grund strengt das Lesen die Augen an. Wer einen normalen Leser beobachtet, sieht, wie ruckhaft und unregelmäßig sich dessen Augen bewegen. Beim Schnell-Lesen müssen die Augen lediglich dem Stift folgen und befinden sich dabei in einer sanften und gleichmäßigen Bewegung. Dies stellt eine große Entlastung für das Auge dar.
3. Die Ausrichtung erhöhter Aufmerksamkeit auf einen Bewegungsreiz wurde bereits erwähnt. Dieser biologische Überlebensinstinkt sollte immer genutzt werden.

I. Lesetests zur Fortschrittsmessung

1. Text 2

B. Veräußerung von Anteilen an einer GmbH

I. Gesetzliche Regelung

Start Nach § 17 Abs. 1 Satz 1 EStG gehört zu den Einkünften aus Gewerbebetrieb auch der Gewinn aus der Veräußerung von Anteilen an einer GmbH, wenn der Veräußerer innerhalb der letzten fünf Jahre am Kapital der Gesellschaft unmittelbar oder mittelbar zu mindestens 1 v.H. beteiligt war. Dabei steht die verdeckte Einlage von Anteilen an einer Kapitalgesellschaft in eine Kapitalgesellschaft der Veräußerung der Anteile gleich (§ 17 Abs. 1 Satz 2 EStG).

18 **Anteile an einer GmbH** i.S.d. § 17 Abs. 1 EStG sind nach ständiger Rechtsprechung des BFH die Geschäftsanteile i.S.d. §§ 5 und 14 GmbHG.[567] Nach § 14 GmbHG bestimmt sich der Geschäftsanteil eines Gesellschafters nach dem Betrag der übernommenen Stammeinlage. Aus der Anbindung des § 17 Abs. 1 EStG an diese zivilrechtliche Regelung folgt, dass sich steuerrechtlich die Höhe des Anteils an einer GmbH ebenfalls aus der übernommenen Stammeinlage errechnet. Dagegen sind die Einflussmöglichkeiten eines Gesellschafters auf die Kapitalgesellschaft für die Beurteilung, ob eine wesentliche Beteiligung vorliegt, ohne Bedeutung. Von den dispositiven Vorschriften des GmbHG abweichende Vereinbarungen über das Stimmrecht, das Gewinnbezugsrecht oder die Beteiligung am Liquidationserlös beeinflussen die Höhe der Beteiligung nicht.[568] Dies führt zu einer kapitalmäßigen Bestimmung des Begriffs der wesentlichen Beteiligung. Für die Beteiligung am Kapital der Gesellschaft ist danach grundsätzlich der nominelle Anteil an deren Stammkapital maßgebend.[569]

Hat der Veräußerer den veräußerten Anteil innerhalb der letzten fünf Jahre vor der Veräußerung unentgeltlich erworben, so gilt § 17 Abs. 1 Satz 1 EStG entsprechend, wenn der Veräußerer zwar nicht selbst, aber der Rechtsvorgänger oder, sofern der Anteil nacheinander unentgeltlich übertragen worden ist, einer der Rechtsvorgänger innerhalb der letzten fünf Jahre im Sinne von § 17 Abs. 1 Satz 1 EStG beteiligt war.

19 **Veräußerungsgewinn** im Sinne des § 17 Abs. 1 EStG ist der Betrag, um den der Veräußerungspreis nach Abzug der Veräußerungskosten die Anschaffungskosten übersteigt. In den Fällen des § 17 Abs. 1 Satz 2 EStG tritt an die Stelle des Veräußerungspreises der Anteile ihr gemeiner Wert.

Hat der Veräußerer den veräußerten Anteil unentgeltlich erworben, so sind als Anschaffungskosten des Anteils die Anschaffungskosten des Rechtsvorgängers maßgebend, der den Anteil zuletzt entgeltlich erworben hat.

20 Ein **Veräußerungsverlust** ist nicht zu berücksichtigen, soweit er auf Anteile entfällt,

- die der Steuerpflichtige innerhalb der letzten fünf Jahre unentgeltlich erworben hatte. Dies gilt nicht, soweit der Rechtsvorgänger an Stelle des Steuerpflichtigen den Veräußerungsverlust hätte geltend machen können;
- die entgeltlich erworben worden sind und nicht innerhalb der gesamten letzten fünf Jahre zu einer Beteiligung des Steuerpflichtigen im Sinne von § 17 Abs. 1 Satz 1 EStG gehört haben. Dies gilt nicht für innerhalb der letzten fünf Jahre erworbene Anteile, deren Erwerb zur Begründung einer Beteiligung des Steuerpflichtigen im Sinne von § 17 Abs. 1 Satz 1 EStG geführt

567 BFH 25.11.1997, VIII R 29/94, BStBl 1998 II, 257; 25.11.1997, VIII R 36/96, BFH/NV 1998, 691; 25.11.1997, VIII R 49/96, BFH/NV 1998, 694; 14.06.2005, VIII R 73/03, BStBl 2005 II, 861.

568 BFH 25.1.1997, VIII R 29/94, BStBl 1998 II, 257.

569 BFH 25.1.1997, VIII R 29/94, BStBl 1998 II, 257; 14.6.2005, VIII R 73/03, BStBl 2005 II, 861.

hat oder die nach Begründung der Beteiligung im Sinne von § 17 Abs. 1 Satz 1 EStG erworben worden sind.

Der Veräußerungsgewinn wird zur Einkommensteuer nur herangezogen, soweit er den Teil von 9 060 € übersteigt, der dem veräußerten Anteil an der Kapitalgesellschaft entspricht. Der Freibetrag ermäßigt sich daher um den Betrag, um den der Veräußerungsgewinn den Teil von 36 100 € übersteigt, der dem veräußerten Anteil an der Kapitalgesellschaft entspricht.

Nach § 17 Abs. 4 EStG ist § 17 Abs. 1 bis 3 EStG entsprechend anzuwenden, wenn eine Kapitalgesellschaft aufgelöst wird oder wenn ihr Kapital herabgesetzt und zurückgezahlt wird oder wenn Beträge aus dem steuerlichen Einlagekonto i.S.d. § 27 KStG ausgeschüttet oder zurückgezahlt werden. In diesen Fällen ist als Veräußerungspreis der gemeine Wert des dem Steuerpflichtigen zugeteilten oder zurückgezahlten Vermögens der GmbH anzusehen.

§ 17 Abs. 4 Satz 1 EStG gilt nicht, soweit die Bezüge nach § 20 Abs. 1 Nr. 1 oder 2 EStG zu den Einnahmen aus Kapitalvermögen gehören.

Der Gewinn aus der Veräußerung einer Beteiligung ist nicht durch Betriebsvermögensvergleich, sondern gemäß § 17 Abs. 2 EStG aufgrund einer Stichtagsbewertung aller in dieser Vorschrift genannten Faktoren auf den Zeitpunkt der Entstehung des Gewinns oder Verlustes zu ermitteln.[570]

Der Gewinn i.S.d. § 17 EStG ergibt sich aus einer Gegenüberstellung des Veräußerungspreises (im Fall der Auflösung der GmbH: des gemeinen Wertes des dem Gesellschafter zugeteilten Vermögens) und der Veräußerungskosten einerseits sowie der Anschaffungskosten der Beteiligung andererseits. Aufwendungen, die nicht einem dieser Faktoren zugeordnet werden können, scheiden bei der Gewinnermittlung nach § 17 EStG aus. Die Berücksichtigung von Betriebsausgaben ist bei dieser Einkunftsart nicht möglich.[571]

Die Vorschriften über die Ermittlung des laufenden Gewinns aus Gewerbebetrieb (§§ 4 ff. EStG) oder eines Veräußerungsgewinns nach § 16 EStG sind im Rahmen der Gewinnermittlung nach § 17 EStG nur mit Einschränkungen heranzuziehen.[572] Sie sind nur insoweit anwendbar, als dies mit der Eigenart der Gewinnermittlung nach § 17 EStG vereinbar ist.

11

Ende

II. Eingeschränkter Anwendungsbereich

§ 17 EStG erfasst nur Veräußerungsgewinne, wenn der Veräußerer eine natürliche Person ist und die Anteile im Privatvermögen gehalten werden. Dementsprechend gilt § 17 EStG nicht für die Veräußerung der Beteiligung an einer GmbH, die zu einem Betriebsvermögen gehört. In diesem Fall ist der Gewinn nach § 4 oder § 5 EStG zu ermitteln. 21

Ist der **Veräußerer unbeschränkt einkommensteuerpflichtig** (§ 1 Abs.1, 2 oder 3 EStG), kommt es für eine steuerliche Erfassung des Veräußerungsgewinnes nicht darauf an, ob Anteile an einer inländischen oder an einer ausländischen GmbH veräußert werden. Es ist auch unerheblich, ob die GmbH der unbeschränkten oder der beschränkten Körperschaftsteuerpflicht unterliegt.

Ist der **Veräußerer beschränkt einkommensteuerpflichtig** nach § 1 Abs. 4 EStG, werden von § 17 EStG nur Anteile an einer GmbH erfasst, deren Sitz oder Geschäftsleitung sich in der Bundesrepublik Deutschland befindet.

570 BFH 12.02.1980, VIII R 114/77, BStBl 1980 II, 494; 30.06.1983, IV R 113/81, BStBl 1983 II, 640; 02.10.1984, VIII R 20/84, BStBl 1985 II, 428; 27.10.1992, VIII R 87/89, BStBl 1993 II, 340.
571 BFH 16.04.1991, VIII R 100/87, BStBl 1992 II, 234; 27.11.1995, VIII B 16/95, BFH/NV 1996, 406.
572 BFH 07.03.1974, VIII R 118/73, BStBl 1974 II, 567; 19.01.1993, VIII R 74/91, BFH/NV 1993, 714.

a) Testbogen

B. Testbogen 2

Test 2 ___ **Min** ___ **Sek**

Memorierter Kontent:

Erreichte Punktzahl: ___ **von 100 =** ___ **%Textverständnis/Texterinnerung**

Ihre Lesezeit: ___ **Min. und** ___ **Sek. =** _____ **Sekunden**

Lesegeschwindigkeit: (762 Wörter x 60 Sek.= 45720) ➔ **45720 : Lesezeit Sek =**

_______ **Wörter pro Minute (W/M) bei** ___ **% Textverständnis/Texterinnerung**

(➔ siehe Fortschrittstabelle am Ende des Buches)

b) Auswertungsbogen

C. Lösungsbogen 2

Inhalt in Stichpunkten	Maximale Punktzahl	Erreichte Punktzahl
Gewinn aus Veräußerung von GmbH-Anteilen: Einkünfte aus Gewerbebetrieb nach § 17 I S. 1 EStG, wenn in letzten fünf Jahren am Kapital zu mindestens 1 % beteiligt.	**10**	
Verdeckte Einlage von Anteilen an einer Kapitalgesellschaft in eine Kapitalgesellschaft steht Veräußerung der Anteile gleich, § 17 I S. 2 EStG.	**10**	
Kapitalmäßige Bestimmung des Begriffs der wesentlichen Beteiligung	**5**	
■ Ständige Rechtsprechung des BFH: Anteile an einer GmbH sind Geschäftsanteile iSd §§ 5 und 14 GmbHG;	**1**	
■ Höhe des Anteils nach Betrag der übernommenen Stammeinlage	**1**	
■ Einflussmöglichkeiten eines Gesellschafters auf Kapitalgesellschaft sowie abweichende Vereinbarungen ohne Bedeutung für Bestimmung der wesentlichen Beteiligung	**2**	
■ nomineller Anteil an Stammkapital maßgeblich	**1**	
Unentgeltlicher Erwerb der veräußerten Anteile innerhalb der letzten 5 Jahre vor Veräußerung: grundsätzlich § 17 I S.1 EStG entsprechend.	**10**	
Bestimmung des Veräußerungsgewinns iSd § 17 I EStG:	**4**	
■ Differenz von Veräußerungspreis abzüglich Veräußerungskosten und Anschaffungskosten	**4**	
■ bei unentgeltlichem Erwerb: Anschaffungskosten des Rechtsvorgängers	**2**	

Inhalt in Stichpunkten	Maximale Punktzahl	Erreichte Punktzahl
Veräußerungsverlust grundsätzlich nicht zu berücksichtigen, soweit Anteile	**2**	
■ innerhalb der letzten fünf Jahre unentgeltlich erworben wurden;	**4**	
■ entgeltlich erworben und nicht innerhalb der gesamten letzten fünf Jahre zu einer Beteiligung des Steuerpflichtigen i.S.v. § 17 I S. 1 EStG gehört haben.	**4**	
Eingeschränkte Heranziehung des Veräußerungserlöses zur Einkommensteuer bzw. Ermäßigung des Freibetrags, § 17 III EStG.	**10**	
Entsprechende Anwendung von § 17 I-III EStG auf Auflösung der Kapitalgesellschaft und weitere Fälle nach § 17 IV EStG.	**8**	
■ Keine entsprechende Anwendung nach § 17 IV, soweit Bezüge nach § 20 I Nr.1 oder 2 EStG Einnahmen aus Kapitalvermögen sind.	**2**	
Gewinn aus Veräußerung durch Stichtagsbewertung zu bewerten, nicht Betriebsvermögensvergleich, § 17 II EStG.	**10**	
Gewinnermittlungsvorschriften §§ 4 ff. EStG oder § 16 EStG nur eingeschränkt heranzuziehen	**8**	
■ Nur heranzuziehen, soweit mit Eigenart der Gewinnermittlung nach § 17 EStG vereinbar	**2**	

2. Text 3

§ 2 Grundlagen der Besteuerung – die Gewinnermittlung

A. Buchführung als Voraussetzung

1 Grundlage für die Gewinnermittlung und damit für die Besteuerung der GmbH ist die Buchführung. Ihr kommt somit eine zentrale Bedeutung zu.

I. Gesetzliche Grundlagen

Start Das **Dritte Buch des HGB** (§§ 238 – 342e HGB) enthält schwerpunktmäßig alle Vorschriften über den Einzel- und den Konzernabschluss, die Pflichten und Regelungen zur Aufstellung des Jahresabschlusses, des Konzernabschlusses sowie der sonstigen Unterlagen einschließlich der Aufstellungsfristen und der Pflichten zur Prüfung sowie Offenlegung des Jahresabschlusses. Es handelt sich dabei um die zentralen Regelungen der Rechnungslegung. Das GmbHG enthält dazu ergänzende Vorschriften, die speziell für Unternehmen in der Rechtsform der GmbH gelten. Steuerrechtlich sind zudem die Regelungen in §§ 140 – 148 AO betreffend Führung von Büchern und Aufzeichnungen zu beachten.

Die GmbH ist als Formkaufmann (§ 6 Abs. 1 HGB, § 13 Abs. 3 GmbHG) verpflichtet, Bücher zu führen (§ 238 Abs. 1 HGB). Diese Verpflichtung ist unabhängig von der Größe des Unternehmens und der ausgeübten Tätigkeit. Die Buchführung muss so beschaffen sein, dass sie einem sachverständigen Dritten innerhalb angemessener Zeit einen Überblick über die Geschäftsvorfälle und über die Lage des Unternehmens vermitteln kann. Dabei müssen sich die Geschäftsvorfälle in ihrer Entstehung und Abwicklung verfolgen lassen.

Ergänzend bestimmt § 140 AO: Wer nach anderen Gesetzen als den Steuergesetzen Bücher und Aufzeichnungen zu führen hat, die für die Besteuerung von Bedeutung sind, hat die Verpflichtungen, die ihm nach den anderen Gesetzen obliegen, auch für die Besteuerung zu erfüllen.

Die Eintragungen in Büchern und die sonst erforderlichen Aufzeichnungen müssen vollständig, richtig, zeitgerecht und geordnet vorgenommen werden (§ 239 Abs. 2 HGB). Dabei bestimmt sich die Frage, welche Handelsbücher zu führen sind, nach den Grundsätzen ordnungsmäßiger Buchführung.

3 Um die in § 239 HGB vorgeschriebene vollständige Erfassung aller Geschäftsvorfälle sicherzustellen, müssen diese in Grundbüchern chronologisch dokumentiert werden. Dies erfordert, dass für jeden Geschäftsvorfall regelmäßig folgende Daten festzuhalten sind: Datum, Beleghinweis, Vorgang, Konto, Gegenkonto und Betrag. Ferner sind die Geschäftsvorfälle nach sachlichen Kriterien in den sogenannten Hauptbüchern, die in der Regel aus den Sachbüchern bestehen, zu erfassen. Den Konten ist ein nach den individuellen Verhältnissen ausreichend tief gegliederter Kontenrahmen zugrunde zu legen. Neben den Hauptbüchern müssen Nebenbücher geführt werden, um bestimmte Einzelinformationen zu erfassen, z.B. die Kontokorrentbuchhaltung (Einzeldarstellung der Forderungen und Verbindlichkeiten), die Kassenbuchhaltung, die Lohn- und Gehaltsbuchhaltung, die Anlagen- und die Lagerbuchhaltung.

Gesetzlich ist kein bestimmtes Buchführungssystem vorgeschrieben. Üblich ist jedoch, dass sich kaufmännische Unternehmen der doppelten Buchführung bedienen. Dieses Buchführungssystem gewährleistet, dass der Erfolg in einem geschlossenen System in zweifacher Weise ermittelt wird, nämlich erstens durch die Erfolgskonten und zweitens durch den Vergleich des Vermögens am Ende und am Anfang des Geschäftsjahres.

Die in § 239 HGB festgelegte Dokumentationspflicht der Geschäftsvorfälle hat zum Inhalt, dass keine Buchung ohne Beleg vorgenommen werden darf (Belegprinzip). Dabei muss der Buchungsbeleg die notwendigen Informationen zu der vorzunehmenden Buchung als Nachweis des Geschäftsvorfalles enthalten.

Handelsrechtlich ist nicht vorgeschrieben, wo die Bücher zu führen sind. Für steuerliche Zwecke bestimmt jedoch § 146 Abs. 2 AO, dass dies im Inland zu geschehen hat. Dieser Grundsatz gilt jedoch nicht, soweit für Betriebsstätten außerhalb der Bundesrepublik Deutschland nach dortigem Recht eine solche Verpflichtung besteht und erfüllt wird; die Ergebnisse der dortigen Buchführung müssen dann jedoch in die Buchführung des inländischen Unternehmens übernommen werden, soweit sie für die Besteuerung von Bedeutung sind.

Die Buchungen und die sonst erforderlichen Aufzeichnungen sind in einer lebenden Sprache vorzunehmen. Wird eine andere als die deutsche Sprache verwendet, kann die Finanzbehörde Übersetzungen verlangen. Werden Abkürzungen, Ziffern, Buchstaben oder Symbole verwendet, muss im Einzelfall deren Bedeutung eindeutig festliegen (§ 146 Abs. 3 AO).

Es ist gesetzlich nicht vorgeschrieben, in welcher Währung die Buchungen erfolgen müssen. Lediglich der Jahresabschluss ist zwingend in Euro aufzustellen (§ 244 HGB).

Eintragungen oder Aufzeichnungen dürfen nicht in einer Weise verändert werden, dass der ursprüngliche Inhalt nicht mehr feststellbar ist (§ 239 Abs. 3 HGB).

Die Handelsbücher und die sonst erforderlichen Aufzeichnungen können auch in der geordneten Ablage von Belegen bestehen oder auf Datenträgern geführt werden, soweit diese Formen der Buchführung einschließlich des dabei angewandten Verfahrens den Grundsätzen ordnungsmäßiger Buchführung entsprechen. Bei der Führung der Handelsbücher und der sonst erforderlichen Aufzeichnungen auf Datenträgern muss insbesondere sichergestellt sein, dass die Daten während der Dauer der Aufbewahrungsfrist verfügbar sind und jederzeit innerhalb angemessener Frist lesbar gemacht werden können (§ 239 Abs. 4 HGB). Zusätzlich regelt § 146 Abs. 5 AO, dass bei Aufzeichnungen, die allein nach den Steuergesetzen vorzunehmen sind, sich die Zulässigkeit des angewendeten Verfahrens nach dem Zweck bestimmt, den die Aufzeichnungen für die Besteuerung erfüllen sollen.

Im Hinblick darauf, dass die Buchführung inzwischen in der Praxis überwiegend automatisiert 4
erfolgt und eine manuelle Buchführung nur noch in Ausnahmefällen anzutreffen ist, hat der Gesetzgeber in § 147 Abs. 6 AO für steuerliche Zwecke weitere Regelungen getroffen. Sind die Unterlagen (Bücher und Aufzeichnungen, Inventare, Jahresabschlüsse, Lageberichte, Eröffnungsbilanz, Arbeitsanweisungen und Organisationsunterlagen, Handels- und Geschäftsbriefe, Buchungsbelege, Zollanmeldungen und sonstige Unterlagen, soweit sie für die Besteuerung von Bedeutung sind) mit Hilfe eines Datenverarbeitungssystems erstellt worden, hat die Finanzbehörde im Rahmen einer Außenprüfung das Recht, Einsicht in die gespeicherten Daten zu nehmen und das Datenverarbeitungssystem zur Prüfung dieser Unterlagen zu nutzen.

Ende

a) Testbogen

Test 3 ___ **Min** ___ **Sek**

Memorierter Kontent:

____

____

____

____

____

____

____

____

____

____

____

____

____

____

____

____

____

____

____

____

Erreichte Punktzahl: ___ **von 100 =** ___ **%Textverständnis/Texterinnerung**

Ihre Lesezeit: ___ **Min. und** ___ **Sek. =** _____ **Sekunden**

Lesegeschwindigkeit: (808 Wörter x 60 Sek.= 48480) ➔ **48480 : Lesezeit Sek =**

_______ **Wörter pro Minute (W/M) bei** ___ **% Textverständnis/Texterinnerung**

(➔ siehe Fortschrittstabelle am Ende des Buches)

11

b) Auswertungsbogen

Inhalt in Stichpunkten	Maximale Punktzahl	Erreichte Punktzahl
Vorschriften über Pflichten und Regelungen der Rechnungslegung (Alt.: Paragraphen des Jahresabschlusses) im Dritten Buch des HGB, §§ 283–342 e HGB.	**6**	
■ Für GmbH ergänzende Vorschriften im GmbHG.	**2**	
■ Steuerrechtliche Normen in §§ 140–148 AO.	**2**	
Verpflichtung der GmbH, Bücher zu führen (Alt.: Jahresabschluss), § 238 I HGB.	**6**	
■ Unabhängig von Größe und ausgeübter Tätigkeit	**2**	
■ Funktion: Möglichkeit für Dritten, innerhalb angemessener Zeit Überblick über Geschäftsvorfälle und Lage des Unternehmens zu bekommen.	**2**	
Vollständige, richtige, zeitgerechte und geordnete Eintragung und Aufzeichnung, § 239 HGB.	**10**	
Erfassungspflicht aller Geschäftsvorfälle in verschiedenen Büchern	**6**	
■ chronologisch in Grundbüchern: bestimmte Daten	**2**	
■ sachlich in Haupt- und Nebenbüchern	**2**	
Kein Buchungssystem vorgeschrieben, üblich: doppelte Buchführung	**10**	
Belegprinzip wegen Dokumentationspflicht	**10**	
Modalitäten der Buchführungspflicht:		
■ Ort der Buchungspflicht: Inland	**5**	
■ Aufzeichnungen in lebender Sprache und in Euro	**5**	

11

Inhalt in Stichpunkten	Maximale Punktzahl	Erreichte Punktzahl
Veränderungen der Eintragungen oder Aufzeichnungen nur eingeschränkt erlaubt	**6**	
■ ursprünglicher Inhalt muss erkennbar sein, § 239 III HGB.	**4**	
Grundsätze der Aufzeichnung und Verfügbarkeit		
■ Grundsätze ordnungsgemäßer Buchführung	**5**	
■ Verfügbarkeit während Aufbewahrungsfrist und Lesbarkeit innerhalb angemessener Frist.	**5**	
Weitere Regelungen wegen automatisierter Buchführung	**8**	
■ Einsichtsrecht bei Datenverarbeitungssystemen	**2**	

3. Text 4

■ bei **Organgesellschaften:**
Abzug des dem Organträger zuzurechnenden Einkommens (§§ 14, 17 und 18 KStG).

17	=	Gesamtbetrag der Einkünfte
18	–	bei der übernehmenden Körperschaft im Jahr des Vermögensübergangs zu berücksichtigender Verlust
19	–	Verlustabzug nach § 10d EStG.
20	=	Einkommen
21	–	Freibetrag für bestimmte Körperschaften (§ 24 KStG).
22	=	zu versteuerndes Einkommen

Für GmbH's, die auch andere Einkünfte als gewerbliche haben, gelten entsprechend abweichende Regelungen.

Start 1. Verdeckte Gewinnausschüttungen

5 Der Begriff „verdeckte Gewinnausschüttung" ist im Gesetz nicht definiert, sondern wurde durch die Rechtsprechung entwickelt. Das BVerfG hält den Begriff der verdeckten Gewinnausschüttung zudem als unbestimmten Rechtsbegriff verfassungsrechtlich für unbedenklich und ferner durch die Rechtsprechung seit Jahrzehnten als einheitlich interpretiert.[228]

Eine verdeckte Gewinnausschüttung (§ 8 Abs. 3 Satz 2 KStG) ist begrifflich eine Vermögensminderung oder verhinderte Vermögensmehrung der GmbH, die durch das Gesellschaftsverhältnis veranlasst ist, sich auf die Höhe des Unternehmensgewinns auswirkt und nicht auf einem den gesellschaftsrechtlichen Vorschriften entsprechenden Gewinnverteilungsbeschluss beruht.[229] Diese Definition hat der BFH[230] noch dahingehend verfeinert, dass die Vermögensminderung der GmbH die Eignung haben müsse, im Fall ihrer „Erfüllung" bei dem begünstigten Gesellschafter einen Beteiligungsertrag i.S.d. § 20 Abs. 1 Nr. 1 Satz 2 EStG auszulösen.

6 Die verdeckte Gewinnausschüttung wirkt sich steuerlich bei der GmbH durch Erhöhung ihres der KSt, GewSt und dem Solidaritätszuschlag unterliegenden steuerlichen Einkommens aus. Ferner wirkt sie sich bei dem der ESt, der Kirchensteuer und dem Solidaritätszuschlag unterliegenden Gesellschafter, dem die verdeckte Gewinnausschüttung zugeflossen ist, durch Erfassung einer gemäß §§ 20 Abs. 1 Nr. 1 Satz 2, 3 Nr. 40 Buchst. d EStG im Halbeinkünfteverfahren steuerpflichtigen Einnahme aus (Doppel- oder Korrespondenzwirkung der verdeckten Gewinnausschüttung). Ist der vorteilsempfangende Gesellschafter eine Kapitalgesellschaft oder eine sonstige Körperschaft, ist bei ihm der Ertrag aus der verdeckten Gewinnausschüttung gemäß § 8 Abs. 1 KStG steuerfrei.

7 Durch eine verdeckte Gewinnausschüttung werden Gesellschaftern Vermögensvorteile in einer Form zugeführt, in der sie äußerlich nicht als ausgeschüttet erscheinen, sondern hinter einer anderen Bezeichnung verborgen sind (verschleierte Betriebsausgaben). Die Zweckrichtung, ob die Leistung an den Gesellschafter aus betrieblichen Gründen oder mit Rücksicht auf das Gesellschaftsverhältnis gewährt wird, kann nur anhand der objektiv nach außen in Erscheinung tretenden Merkmale des Einzelfalles festgestellt werden.[231]

8 Die Vermögensminderung bzw. verhinderte Vermögensmehrung muss grundsätzlich zugunsten eines GmbH-Gesellschafters erfolgen. Eine verdeckte Gewinnausschüttung ist aber auch dann

228 BVerfG 08.12.1992, BVerfGE 1993, 278.
229 BFH 23.05.1984, I R 294/81, BStBl 1984 II, 673; 22.02.1989, I R 44/85, BStBl 1989 II, 475.
230 BFH 07.08.2002, I R 2/02, BStBl 2004 II, 131.
231 BFH 23.05.1984, I R 294/81, BStBl 1984 II, 673.

anzunehmen, wenn die Leistung zwar vor Begründung des Gesellschaftsverhältnisses erbracht wird, ihren Grund aber in diesem Gesellschaftsverhältnis hat. Das gilt jedenfalls dann, wenn die Leistung in engem zeitlichen Zusammenhang mit der Begründung des Gesellschaftsverhältnisses steht und der Empfänger dann auch tatsächlich Anteilseigner wird.[232] Entsprechend kann eine Vorteilsgewährung auch an einen ehemaligen Anteilseigner als verdeckte Gewinnausschüttung gewertet werden, wenn sie durch das frühere Gesellschaftsverhältnis veranlasst ist. Die verdeckte Gewinnausschüttung wird dann dem ehemaligen Anteilseigner zugerechnet.

Eine Veranlassung durch das Gesellschaftsverhältnis ist sogar dann gegeben, wenn die Vermö- 9
gensminderung oder verhinderte Vermögensmehrung bei der GmbH zugunsten einer einem Gesellschafter nahe stehenden Person erfolgt. Die Unterscheidung zwischen einer Vorteilsziehung durch einen beherrschenden Gesellschafter und einer solchen durch eine ihm nahe stehende Person rechtfertigt keine unterschiedliche Beurteilung der verdeckten Gewinnausschüttung.[233]

Eine Vermögensminderung bzw. verhinderte Vermögensmehrung ist z.B. anzunehmen, wenn die GmbH entweder Aufwand tätigt, der steuerrechtlich unter Veranlassungsgesichtspunkten als Einkommensverteilung an die Gesellschafter zu beurteilen ist, oder wenn sie für eine von ihr erbrachte Leistung kein angemessenes Entgelt erhält.

Im Verhältnis zwischen Gesellschaft und beherrschendem Gesellschafter ist eine Veranlassung 10
durch das Gesellschaftsverhältnis in der Regel anzunehmen, wenn es an einer zivilrechtlich wirksamen, klaren, eindeutigen und im voraus abgeschlossenen Vereinbarung darüber fehlt, ob und in welcher Höhe ein Entgelt für eine Leistung des Gesellschafters zu zahlen ist, oder wenn nicht einer klaren Vereinbarung entsprechend verfahren wird.[234] Die beherrschende Stellung muss im Zeitpunkt der Vereinbarung oder des Vollzugs der Vermögensminderung oder verhinderten Vermögensmehrung vorliegen.

Die verdeckte Gewinnausschüttung setzt nicht notwendigerweise eine Bereicherung des Gesellschafters voraus.[235]

Die Vermögenseinbuße der GmbH aufgrund einer verdeckten Gewinnausschüttung ist mit Hilfe der Steuerbilanz zu ermitteln, indem sie ohne Berücksichtigung der Rechtsfolgen aus § 8 Abs. 3 Satz 2 KStG unter Anwendung des Maßgeblichkeitsgrundsatzes (§ 5 Abs. 1 EStG) aufgestellt wird. Der nach diesem Grundsatz ermittelte Steuerbilanzgewinn ist mit dem Gewinn zu vergleichen, der sich bei dem Ansatz des Aufwandes als Ausschüttung bzw. bei der Erfassung der verhinderten Vermögensmehrung als Einnahme ergibt. Die Vermögensminderung bzw. verhinderte Vermögensmehrung besteht in Höhe des sich danach ergebenden Differenzbetrages.

Bei einer verhinderten Vermögensmehrung tritt der Vermögensabfluss zeitlich gesehen in dem Augenblick ein, in dem sich die verhinderte Vermögensmehrung bei einer unterstellten angemessenen Entgeltsvereinbarung nach allgemeinen Realisationsgrundsätzen gewinnerhöhend ausgewirkt hätte.[236]

Für den größten Teil der entschiedenen Fälle hat der BFH eine Veranlassung der Vermögens- 11
minderung durch das Gesellschaftsverhältnis angenommen, wenn die Kapitalgesellschaft ihrem Gesellschafter einen Vermögensvorteil zuwendet, den sie bei der Anwendung der Sorgfalt eines ordentlichen und gewissenhaften Geschäftsleiters einem Nichtgesellschafter nicht gewährt hät-

232 BFH 24.01.1989, VIII R 74/84, BStBl 1989 II, 419.
233 BFH 01.10.1986, I R 54/83, BStBl 1987 II, 459; 29.04.1987, I R 192, BStBl 1988 II, 786; 22.02.1989, I R 9/85, BStBl 1989 II, 631.
234 BFH 22.02.1989, I R 44/85, BStBl 1989 II, 475.
235 BFH 16.02.1977, I R 132/75, BStBl 1977 II, 444.
236 BFH 23.06.1993, I R 72/92, BStBl 1993 II, 801.

te.[237] Ist allerdings der begünstigte Gesellschafter ein beherrschender, so kann eine verdeckte Gewinnausschüttung auch dann anzunehmen sein, wenn die Kapitalgesellschaft eine Leistung an ihn erbringt, für die es an einer klaren und im voraus getroffenen Vereinbarung fehlt.[238] In einem solchen Fall besteht wegen des fehlenden Interessengegensatzes zwischen der Gesellschaft und dem beherrschenden Gesellschafter die Möglichkeit, den Gewinn der Gesellschaft mehr oder weniger beliebig festzusetzen und ihn so zu beeinflussen, wie es bei der steuerlichen Gesamtbetrachtung der Einkommen der Gesellschaft einerseits und des Gesellschafters andererseits am günstigsten ist.[239]

Eine verdeckte Gewinnausschüttung liegt nicht vor, wenn die Zuwendung ihre Ursache nicht im Gesellschaftsverhältnis hat, sondern **betriebliche Gründe** für sie ausschlaggebend waren.[240] Der GmbH ist dabei ein gewisser Spielraum kaufmännischen Ermessens einzuräumen.[241]

12 Nicht Voraussetzung für die Annahme einer verdeckten Gewinnausschüttung und ohne Belang für die Einkommensermittlung ist, ob dem Gesellschafter ein Vermögensvorteil zugeflossen ist und bei diesem dadurch Einkünfte aus Kapitalvermögen entstehen.[242] § 8 Abs. 3 KStG regelt lediglich die Einkommenszurechnung bei der GmbH und macht diese nicht davon abhängig, dass hinsichtlich des zugerechneten Betrags die Ausschüttungsbelastung herzustellen ist.[243]

Fließt dem Gesellschafter tatsächlich ein Vermögensvorteil zu, so finden die Rechtsfolgen der §§ 27 ff. KStG Anwendung. Danach ist im Wirtschaftsjahr des Zuflusses die Ausschüttungsbelastung herzustellen (§ 28 Abs. 2 Satz 2 KStG).

Aufwendungen, die durch die Zuführung der verdeckten Gewinnausschüttung an den Gesellschafter ausgelöst werden, sind keine Betriebsausgaben der GmbH.

Ende Im Körperschaftsteuerrecht gilt der Begriff des gemeinen Wertes nach dem Bewertungsgesetz nur eingeschränkt für die Bewertung verdeckter Gewinnausschüttungen.[244]

13 Verfahrensrechtlich stehen der KSt-Bescheid für die ausschüttende GmbH und der ESt-Bescheid für den empfangenden Gesellschafter hinsichtlich der Erfassung einer verdeckten Gewinnausschüttung nicht im Verhältnis eines Grundlagenbescheids zum Folgebescheid (§ 171 AO).[245] Das für die Besteuerung des Gesellschafters zuständige Finanzamt hat die rechtlichen Voraussetzungen für das Vorliegen einer verdeckten Gewinnausschüttung eigenständig zu prüfen und die insoweit erforderlichen tatsächlichen Feststellungen zu treffen.[246] Dies kann nicht ohne Kritik gesehen werden; es würde sich vielmehr anbieten und zur Rechtssicherheit beitragen, wenn die materiellrechtliche Verknüpfung der Regelungen für die Behandlung einer verdeckten Gewinnausschüttung bei der GmbH und ihren Gesellschaftern durch entsprechende gesetzliche Vorschrift auch in das steuerliche Verfahrensrecht übertragen würde.

14 Die objektive **Beweislast** für das Vorliegen einer verdeckten Gewinnausschüttung obliegt dem Finanzamt.[247] Andererseits hat die GmbH die objektive Beweislast für die betriebliche Veranlassung der in der Buchführung als Betriebsvermögensminderung behandelten Aufwendungen. Sprechen

237 BFH 16.03.1967, I 261/63, BStBl 1967 III, 626.
238 BFH 14.03.1990, I R 6/89, BStBl 1990 II, 795.
239 BFH 26.04.1989, I R 172/87, BStBl 1989 II, 673.
240 BFH 01.04.1971, I R 129-131/69, BStBl 1971 II, 538.
241 BFH 27.11.1974, I R 250/72, BStBl 1975 II, 306.
242 BFH 22.02.1989, I R 9/85, BStBl 1989 II, 631.
243 BFH 09.08.1989, I R 4/84, BStBl 1990 II, 237.
244 BFH 27.11.1974, I R 250/72, BStBl 1975 II, 306.
245 BFH 27.10.1992, VIII R 41/89, BStBl 1993 II, 569; 12.03.2002, VIII B 2/01, BFH/NV 2002, 1273.
246 BFH 27.10.1992, VIII R 41/89, BStBl 1993 II, 569.
247 BFH 27.10.1992, VIII R 41/89, BStBl 1993 II, 569.

a) Testbogen

Test 4 ___ **Min** ___ **Sek**

Memorierter Kontent:

Erreichte Punktzahl: ___ **von 100 =** ___ **%Textverständnis/Texterinnerung**

Ihre Lesezeit: ___ **Min. und** ___ **Sek. =** _____ **Sekunden**

Lesegeschwindigkeit: (929 Wörter x 60 Sek.= 55740) ➔ **55740 : Lesezeit Sek =**

_______ **Wörter pro Minute (W/M) bei** ___ **% Textverständnis/Texterinnerung**

(➔ siehe Fortschrittstabelle am Ende des Buches)

11

b) Auswertungsbogen

Inhalt in Stichpunkten	Maximale Punktzahl	Erreichte Punktzahl
Begriff und Voraussetzungen „Verdeckte Gewinnausschüttung" i.S.d. § 8 III S. 2 KStG	**4**	
■ durch Rechtsprechung entwickelt, verfassungsgemäßer unbestimmter Rechtsbegriff.	**1**	
■ Vermögensminderung oder verhinderte Vermögensmehrung der GmbH	**1**	
■ durch das Gesellschaftsverhältnis veranlasst	**1**	
■ mit Auswirkung auf Höhe des Unternehmensgewinns	**1**	
■ nicht auf vorschriftsmäßigem Gewinnverteilungsbeschluss beruhend	**1**	
■ BFH für Fall der Vermögensminderung: Eignung, einen Beteiligungsertrag i.S.d § 20 I Nr.1 S.2 EStG auszulösen.	**1**	
Wirkung: Erhöhung des steuerlichen Einkommens bei GmbH und Gesellschafter (Gesellschafter eine Kapitalgesellschaft: Ertrag steuerfrei)	**5**	
■ Bei GmbH: KStG, GewSt, Solidaritätszuschlag	**1**	
■ Bei begünstigtem Gesellschafter: ESt, KirchenSt, Solidaritätszuschlag durch im Halbeinkünfteverfahren steuerpflichtigen Einnahme nach §§ 20 I Nr. 1 S. 2, 3 Nr. 40 Buchstabe d EStG.	**1**	
■ Bei Kapitalgesellschaft als begünstigtem Gesellschafter: steuerfrei nach § 8 I KStG	**1**	
■ Vermögensvorteile als „verschleierte Betriebsausgaben" (Alternative: Vermögensvorteile an Gesellschafter erscheinen äußerlich nicht als ausgeschüttet)	**2**	

Inhalt in Stichpunkten	Maximale Punktzahl	Erreichte Punktzahl
Vermögensmehrung oder -minderung zugunsten eines GmbH-Gesellschafters	**6**	
■ Auch, wenn Leistung vor Begründung des Gesellschaftsverhältnisses, soweit Grund im späteren Gesellschaftsverhältnis.	**2**	
■ Auch an ehemaligen Anteilseigner, soweit durch früheres Gesellschaftsverhältnis veranlasst.	**2**	
Vermögensmehrung oder -minderung zugunsten einer dem Gesellschafter nahe stehenden Person als „Veranlassung durch Geschäftsverhältnis".	**10**	
Fehlen oder Nichtbefolgen einer wirksamen, klaren, eindeutigen und im voraus abgeschlossenen Vereinbarung über Entgelt: Vermutung der „Veranlassung durch Geschäftsverhältnis" bei beherrschendem Gesellschafter	**10**	
Ermittlung der Vermögenseinbuße der Gesellschaft anhand der Steuerbilanz	**6**	
■ Differenzbetrag ZWISCHEN Steuerbilanzgewinn ohne Rechtsfolgen nach § 8 III 2 KStG unter Anwendung des Maßgeblichkeitsgrundsatzes § 5 I UND Bilanzgewinn bei Ansatz des Aufwand als Ausschüttung bzw. Erfassung der verhinderten Vermögensmehrung als Einnahme.	**2**	
■ Zeitpunkt des Vermögensabflusses bei verhinderter Vermögensmehrung: gewinnerhöhende Auswirkung nach allgemeinen Realisationsgrundsätzen bei unterstellter angemessener Entgeltsvereinbarung.	**2**	
BFH-Fälle zur Vermutung der „Veranlassung durch Gesellschaftsverhältnis":	**2**	
■ Soweit Vorteil einem Nichtgesellschafter bei Anwendung der Sorgfalt eines ordentlichen und gewissenhaften Geschäftsleiters nicht gewährt worden wäre.	**4**	
■ Wenn der Begünstigte ein beherrschender Gesellschafter ist und eine klare und im Voraus getroffene Vereinbarung fehlt.	**4**	

Inhalt in Stichpunkten	Maximale Punktzahl	Erreichte Punktzahl
Keine verdeckte Gewinnausschüttung bei betrieblichen Gründen für Zuwendung (Alternative: Spielraum für kaufmännisches Ermessen)	**10**	
Bereicherung des Gesellschafters bzw. Vermögensvorteil als Einkünfte aus Kapitalvermögen für Vorliegen einer verdeckten Gewinnausschüttung irrelevant.	**8**	
■ Bei tatsächlichem Vermögensvorteil nach §§ 27 ff. KStG Ausschüttungsbelastung herzustellen, § 28 II S. 2 KStG.	**2**	
Aufwendungen der verdeckten Gewinnausschüttung keine Betriebsausgaben.	**10**	

4. Text 5

Start

III. Steuerpflicht der in Großbritannien und Deutschland tätigen Limited

Eine Limited ohne Geschäftsleitung in Deutschland ist beschränkt steuerpflichtig, wenn sie Einkünfte i.S.d. § 49 EStG bezieht. Im Regelfall werden dies Einkünfte aus einer deutschen Betriebsstätte sein (§ 49 Abs. 1 Nr. 2 EStG), es ist jedoch auch denkbar, dass die Limited in Deutschland Einkünfte aus Vermietung und Verpachtung hat (§ 49 Abs. 1 Nr. 6 EStG).

1. Beschränkte Steuerpflicht mit Betriebsstättengewinnen

11 Hat die Limited ihren Satzungssitz und eine Betriebsstätte in Großbritannien und daneben noch eine Betriebsstätte in Deutschland, so bleibt sie in Großbritannien unbeschränkt steuerpflichtig. Die deutsche Betriebsstätte hat in diesem Fall auf die unbeschränkte Steuerpflicht in Großbritannien keinerlei Einfluss. Mit der deutschen Betriebsstätte ist die Limited in Deutschland **beschränkt steuerpflichtig**.

Praxishinweis:

Die in Großbritannien und Deutschland tätige Limited hat in beiden Ländern Steuererklärungen abzugeben:

*In **Großbritannien** unterliegt die Limited der unbeschränkten Steuerpflicht und hat entsprechende Steuererklärungen abzugeben.*

*In **Deutschland** ist die Limited mit dem Gewinn ihrer deutschen Betriebsstätte beschränkt steuerpflichtig (§ 2 Nr. 1 KStG) und hat eine Steuererklärung für beschränkt Steuerpflichtige abzugeben.*

Da die Limited in Großbritannien und in Deutschland steuerpflichtig ist, kommt das **DBA/GB** zur Anwendung. Nach Art. 3 DBA/GB besteht in beiden Staaten Steuerpflicht, wenn ein Unternehmen mit Geschäftsleitung in einem Staat (hier: Großbritannien) in dem anderen Staat (hier: Deutschland) eine gewerbliche Tätigkeit durch eine dort belegene Betriebsstätte ausübt

Praxishinweis:

*Da in Großbritannien die Körperschaftsteuer (noch) wesentlich niedriger ist (vgl. § 4 Rn. 27), als in Deutschland, wird die Limited oft werbewirksam als **„Steuersparmodell"** angepriesen. Hier ist jedoch höchste Vorsicht geboten. In den Genuss der niedrigen englischen Besteuerung kommt die Limited nur insoweit, als sie in Großbritannien tatsächlich eine Geschäftsleitung (place of effective management) hat. Treuhandlösungen und Briefkastenadressen reichen insoweit nicht aus!*

Im Rahmen der für 2008 geplanten Unternehmensteuerreform ist ein Absenken der Körperschaft-/Gewerbesteuerbelastung in Deutschland von rd. 38,65 % auf rd. 29,83 % geplant.[12]

12 Problematisch ist die Abgrenzung, wann in Deutschland eine **Betriebsstätte** anzunehmen ist, und welche Umsätze und Gewinne dieser deutschen Betriebsstätte zuzurechnen sind (vgl. § 4 Rn. 111). Da in Großbritannien die Steuersätze günstiger sind, wird die deutsche Finanzverwaltung genau prüfen, ob Gewinne von der deutschen Betriebsstätte in die englische Betriebsstätte „verlagert" wurden.

12 Referentenentwurf v. 05.02.2007 des Unternehmensteuerreformgesetzes.

2. Beschränkte Steuerpflicht mit anderen Einkünften

Auch wenn die Limited in Deutschland keine Betriebsstätte hat, kann sie mit anderen Einkünften, 13
die sie aus Deutschland bezieht, in Deutschland beschränkt steuerpflichtig sein.

Beispiel:

Die C-Ltd, deren Verwaltungssitz und Geschäftsleitung sich in London befinden, ist Eigentümerin eines in Berlin belegenen vermieteten Mehrfamilienhauses.

Die C-Ltd. ist in Großbritannien unbeschränkt steuerpflichtig. Mit den Einkünften aus dem Mehrfamilienhaus in Deutschland ist sie – daneben – in Deutschland beschränkt steuerpflichtig. Dabei gilt die isolierende Betrachtungsweise des § 49 Abs. 2 EStG, sodass die C-Ltd. im Rahmen der beschränkten Steuerpflicht Einkünfte aus Vermietung und Verpachtung und nicht etwa aus Gewerbebetrieb erzielt.

Abwandlung:

Das vermietete Grundstück gehört zu einer inländischen Betriebsstätte der C-Ltd.

Lösung: Auch die Einkünfte aus der Grundstücksvermietung stellen gewerbliche Einkünfte dar, mit denen die C-Ltd. beschränkt steuerpflichtig ist.

Isolierende Betrachtungsweise i.S.d. § 49 Abs. 2 EStG bedeutet, dass im Ausland gegebene Besteuerungsmerkmale außer Betracht bleiben, soweit bei ihrer Berücksichtigung inländische Einkünfte nach § 49 Abs. 1 EStG nicht angenommen werden könnten (vgl. R 223 EStR).

3. Besteuerungsrecht für das director-Gehalt

Hat der director einer Limited, die entweder nur in Großbritannien oder sowohl in Großbritan- 14
nien als auch in Deutschland tätig ist, seinen Wohnsitz in Deutschland, sollten die Gehaltszahlungen an den director genauer betrachtet werden. Für den Fall, dass die in England ansässige und tätige Limited an ihren director, der seinen Wohnsitz in Deutschland hat, Gehalt zahlt, ist Art. XI Abs. 3 DBA/GB zu beachten. Nach dieser Regelung werden Vergütungen, die eine in einem der Gebiete ansässige Person (hier: director mit Wohnsitz in Deutschland) für eine in dem anderen Gebiet ausgeübte unselbstständige Arbeit bezieht (hier: Gehalt für Tätigkeit in Großbritannien), nur in dem erstgenannten Gebiet (hier: Deutschland) besteuert, wenn

- der Empfänger sich in dem anderen Gebiet nicht länger als 183 Tage während des betreffenden Steuerjahres aufhält,
- die Vergütungen von einem Arbeitgeber oder für einen Arbeitgeber gezahlt werden, der nicht in dem anderen Gebiet ansässig ist, und
- die Vergütungen nicht vom Gewinn einer Betriebsstätte oder festen Einrichtung abgezogen werden, die der Arbeitgeber in dem anderen Gebiet hat.

Damit liegt das Besteuerungsrecht für eine Tätigkeit, die ein director mit deutschem Wohnsitz in Großbritannien ausübt, nach dem Arbeitsortprinzip grundsätzlich bei Großbritannien. Deutschland hingegen hat das Besteuerungsrecht, wenn alle drei Bedingungen der sog. 183-Tage-Klausel erfüllt sind. Mit anderen Worten: Ist eine der drei Bedingungen der 183-Tage-Klausel nicht erfüllt, verbleibt es beim Besteuerungsrecht in Großbritannien und der director kann so die niedrigeren englischen Steuersätze nutzen.[13]

13 BMF v. 14.9.2006 – IV B 6 – S-1300 – 367/06, BStBl. I 2006, 532, Rn. 4.1 ff, Luke, S. 72 ff., Heinz, S. 95 Rn. 63.

Ende

a) Testbogen

Test 5 ___ **Min** ___ **Sek**

Memorierter Kontent:

___

Erreichte Punktzahl: ___ **von 100 =** ___ **%Textverständnis/Texterinnerung**

Ihre Lesezeit: ___ **Min. und** ___ **Sek. =** _____ **Sekunden**

Lesegeschwindigkeit: (761 Wörter x 60 Sek.= 45660) ➔ **45660 : Lesezeit Sek =**

_______ **Wörter pro Minute (W/M) bei** ___ **% Textverständnis/Texterinnerung**

(➔ siehe Fortschrittstabelle am Ende des Buches)

b) Auswertungsbogen

Inhalt in Stichpunkten	Maximale Punktzahl	Erreichte Punktzahl
Limited in GB und D tätig und ohne Geschäftsleitung in Deutschland: mit Einkünften i.S.d. § 49 EStG beschränkt steuerpflichtig in D.	**8**	
■ Im Regefall Einkünfte aus deutscher Betriebsstätte, § 49 I Nr. 2 EStG.	**1**	
■ Einkünfte aus Vermietung und Verpachtung denkbar, § 49 I Nr. 6 EStG.	**1**	
Gewinn einer Betriebsstätte der Limited in Deutschland:		
■ beschränkt steuerpflichtig in D	**5**	
■ unbeschränkt steuerpflichtig in England	**5**	
Steuererklärungen in beiden Staaten abzugeben	**10**	
Anwendbarkeit des Doppelbesteuerungsabkommens GB nach Art. III DBA/GB	**10**	
Unterschiedliche Höhe der Körperschaftssteuer in GB und D	**4**	
■ Limited als „Steuersparmodell"	**2**	
■ in England niedriger, soweit dort tatsächliche Geschäftsleitung (Alt: place of effective management)	**2**	
■ Unternehmenssteuerreform 2008: Absenkung Körperschafts-/ Gewerbesteuer in D geplant	**2**	
Vorliegen einer „Betriebsstätte" in Deutschland genau zu bestimmen	**6**	
■ Zurechnung der Umsätze und Gewinne zur Betriebsstätte schwierig.	**2**	
■ Finanzbehörde prüft genau, ob „Verlagerung" nach England.	**2**	

11

Inhalt in Stichpunkten	Maximale Punktzahl	Erreichte Punktzahl
Beschränkte Steuerpflicht anderer Einkünfte der Limited	**6**	
■ Möglich, auch wenn keine Betriebsstätte in D.	**2**	
■ Einkünfte aus Vermietung und Verpachtung: Beispiel Mehrfamilienhaus in Berlin.	**2**	
Geltung der sog. isolierenden Betrachtungsweise i.S.d. § 49 II EStG.	**6**	
■ Im Ausland gegebene Besteuerungsmerkmale bleiben außer Betracht, soweit in Folge der Berücksichtigung dieser keine inländischen Einkünfte nach § 49 I EStG angenommen werden könnten.	**4**	
Besteuerung der Vergütungen des Directors einer Limited mit Wohnsitz in D nach Art. XI Abs 3 DBA/GB nur in D, wenn:	**4**	
■ Aufenthalt in GB nicht länger als 183 Tage im Steuerjahr;	**2**	
■ Arbeitgeber nicht in D ansässig	**2**	
■ Vergütung nicht von Gewinn einer Betriebsstätte/fester Einrichtung in D abgezogen.	**2**	
Grundsatz: Besteuerung der Vergütung nach Arbeitsortprinzip	**10**	

5. Text 6

@ Internet:

Eine Liste unzulässiger Firmenbestandteile ist über die Website des Company House erhältlich. www.companieshouse.gov.uk/infoAndGuide/sensitive.shtml.

Selbstverständlich sind auch Urheber- und Markenrechte Dritter bei der Wahl der Firmierung zu beachten.

Der Registrar beim Companies House prüft Urheber- und Markenrechte Dritter bei seiner Entscheidung über die Eintragung nicht.

@ Internet:

Auskünfte über bestehende Markenrechte erteilt das britische Patentamt über www.patent.gov.uk.

Die Firma muss auf der gesamten geschäftlichen Korrespondenz verwendet werden (Section 349 CA 1985).

Selbstverständlich kann die Firma der Gesellschaft auch geändert werden. Hierzu bedarf es eines Gesellschafterbeschlusses (Section 28 CA 1985). Die Änderung der Firmierung ist dem Companies House mitzuteilen. Der registrar stellt sodann eine neue Gründungsurkunde mit dem neuen Namen aus.

Start

2. Sitz der Gesellschaft

8 Im memorandum wird der Sitz der Gesellschaft festgelegt (Satzungssitz). Dort befindet sich das sogenannte registered office.

Beim registered office kann es sich auch um eine Briefkastenadresse handeln, da die Gesellschaft nicht verpflichtet ist, an ihrem Satzungssitz auch ihren tatsächlichen Sitz zu nehmen, wie die Vielzahl in Großbritannien eingetragenen Limiteds mit tatsächlichem Sitz in Deutschland zeigt. Das registered office ist deshalb auch oft bei einem Rechtsanwalt oder einer Service-Gesellschaft angesiedelt, die auch den secretary stellen.

Das registered office fungiert in erster Linie als offizielle Zustellungsadresse und Verwahrungsort für die Geschäftsunterlagen, während der eigentliche Verwaltungssitz im Ausland liegen kann. Eine Änderung des registered office ist zulässig, muss jedoch mit Form 287 dem Companies House mitgeteilt werden. Ausgeschlossen ist jedoch eine Änderung des Satzungssitzes dergestalt, dass die Gesellschaft von England nach Schottland (oder umgekehrt) zieht.[11] Auch eine Verlegung des Satzungssitzes in das europäische Ausland ist derzeit nocht nicht möglich.[12] Damit wird die in Art. 43 und 48 EGV postulierte Niederlassungsfreiheit eingeschränkt. Dies erscheint jedoch aus zwingenden Gründen des Allgemeininteresses unter Beachtung der ständigen Rechtsprechung des EuGH gerechtfertigt. Dieser hat in seiner „Inspire Art-Entscheidung" formuliert:

> **Zitat:**
> Nach der Rechtsprechung des Gerichtshofes sind nationale Maßnahmen, die die Ausübung der durch den EG-Vertrag garantierten Grundfreiheiten behindern oder weniger attraktiv machen können, gerechtfertigt, wenn vier Voraussetzungen erfüllt sind: Sie müssen in nicht diskriminierender Weise eingeräumt werden, sie müssen aus zwingenden Gründen des Allgemeininteresses gerechtfertigt sein, sie müssen zur Erreichung

11 Heinz, Die englische Limited, § 4, Rn. 13.

12 Gillissen, Europäische Transnationale Sitzverlegung und Fusion im Vereinigten Königreich und in Irland, S. 199 ff.

des verfolgten Zieles geeignet sein, und sie dürfen nicht über das hinausgehen, was zur Erreichung dieses Zieles erforderlich ist.[13]

Eine Verlegung des Satzungssitzes ist sowohl inländischen als auch ausländischen Gesellschaften, die ihren Geschäftssitz außerhalb von Großbritannien haben, untersagt. Eine Diskriminierung ist daher ausgeschlossen. Es bestehen zwingende Gründe des Allgemeininteresses, den Wegzug in das Ausland zu unterbinden. Denn dadurch würden die staatlichen Kontrollmöglichkeiten erheblich eingeschränkt. Ohne Satzungssitz fehlt es an der registerrechtlichen und gerichtlichen Zuständigkeit des Gründungsstaates, so dass zum Beispiel die Möglichkeit der Löschung von Amts wegen entfällt. Die Kontrollbefugnis obläge dem Staat des (neuen) Satzungssitzes, der jedoch nicht die Regeln für die Gründung der Gesellschaft aufgestellt hat und deshalb nur unter Schwierigkeiten zum Beispiel die Rechtsfähigkeit der Gesellschaft oder die Zulässigkeit von Satzungsänderungen prüfen kann. 9

Die Beschränkung der Niederlassungsfreiheit durch Verbot der Verlegung des Satzungssitzes ist daher geeignet, die staatliche Kontrolle zu gewährleisten. Diese staatliche Kontrolle ist auch erforderlich, da sie der Wahrung weiterer Interessen der Allgemeinheit dient, die auch vom EuGH in seinen Entscheidungen „Centros",[14] „Überseering"[15] und „Inspire Art" anerkannt worden sind, wie zum Beispiel der Schutz von Gläubigern,[16] von Minderheitsgesellschaftern,[17] und von Arbeitnehmern[18] sowie die Wirksamkeit von Steuerkontrollen.[19]

Neben der Funktion des Satzungssitzes, die Staatsangehörigkeit der Gesellschaft zu bestimmen, bestehen insbesondere im Hinblick auf den Satzungssitz diverse Aufbewahrungspflichten, deren Einhaltung gewährleisten soll, dass der Staat seine Kontrollfunktion ausüben kann und Dritte, die in Kontakt zur Gesellschaft treten, sich über deren Verhältnisse informieren können. So sind beim registered office folgende Informationen und Dokumente vorzuhalten:

- Gesellschafterliste (Section 353 CA 1985) 10

  Die Liste muss die Namen und Adressen der Anteilseigner sowie die Anzahl der von ihnen gehaltenen Anteile und die Höhe des eingezahlten Kapitals enthalten. Einzutragen sind des Weiteren der Beginn und das Ende der Gesellschafterstellung. Die Liste soll gemäß Section 352 CA 1985 am registered office aufbewahrt werden, Ausnahmen sind zulässig. Unzulässig ist jedoch eine Aufbewahrung außerhalb des Satzungssitzes. Bei einer Limited mit einem registered office in England oder Wales darf also die Liste nicht in Schottland aufbewahrt werden, erst recht nicht im europäischen Ausland.

- Verzeichnis der directors und secretary 11

  In diesem Verzeichnis sind Vor- und Nachnamen der directors und der secretary einzutragen, deren Wohnadresse und Nationalität sowie der Beruf jedes directors. Bei den directors sind auch Geschäftsführerpositionen bei anderen Gesellschaften in den letzten fünf Jahren zu benennen. Dieses Verzeichnis ist gemäß Section 288 CA 1985 in jedem Fall am registered office aufzubewahren.

13 EuGH vom 30.09.2003 Rs.C – 167/01 (Inspire Art), NJW 2003, 3331, 3334, Rn. 133.
14 EuGH vom 09.03.1999 – Rs. C – 212/97, NJW 1999, 2027 – Centros.
15 EuGH vom 05.11.2002 – Rs. C-208/00, NJW 2002, 3614 – Überseering.
16 „Centros" Rn. 35 ff., „Überseering" Rn. 92, „Inspire Art" Rn. 135.
17 Minderheitsgesellschaftern „Überseering" Rn. 92.
18 Arbeitnehmern „Überseering" Rn. 92.
19 Steuerkontrollen „Inspire Art" Rn. 40.

12 - die Liste der Gesellschaftsbeteiligungen der directors

  Anzugeben sind in diesem Verzeichnis die Beteiligung der direktors sowie ihrer Ehepartner und Kinder sowie deren Beteiligungen an anderen Gesellschaften des selben Konzerns.

13 - Protokollbuch

  Das Protokollbuch enthält die Sammlung der Protokolle der Gesellschafter- und Direktorenversammlungen.

14 - das Register der Vermögenslasten

  Gewährt die Gesellschaft zugunsten einzelner Gläubiger Sicherheiten, zum Beispiel in Form von Inhaberschuldverschreibungen, sind diese in das Verzeichnis einzutragen und am registered office aufzubewahren.

Auf der Grundlage der Regelung in Section 723 CA 1985 hat der Secretary of State eine Verordnung erlassen, wonach die vorstehenden Dokumente zu bestimmten Geschäftszeiten für die Gesellschafter aber auch für die Öffentlichkeit bereitzuhalten sind. Wird diese Verpflichtung nicht erfüllt, drohen Gesellschaft und directors Bußgelder.

Ende

3. Gesellschaftszweck

15 Das memorandum einer englischen Limited enthält üblicherweise eine umfassende Angabe des Gesellschaftszweckes. Dies hängt mit der sogenannten ultra-vires-Lehre zusammen, nach der die Gesellschaft nur solche Geschäfte tätigen durfte, die von ihrem Geschäftszweck gedeckt waren. Diese ultra-vires-Lehre ist durch die Änderung des Companies Act durch Section 108 bis 112 Companies Act 1989 praktisch abgeschafft worden. Es genügt nunmehr eine ganz allgemeine Angabe des Gesellschaftszweckes wie zum Beispiel „die Ausführung aller Geschäfte einer Handelsgesellschaft" (sogenannte catch-all-clause). Eine so weitgehende Formulierung des Gesellschaftszweckes ist im Hinblick auf die Haftung der directors bei Geschäften, die nicht vom Gesellschaftszweck gedeckt sind, auf der einen Seite sinnvoll.[20] Auf der anderen Seite haben die Gesellschafter ein Interesse daran, dass durch eine sachgerechte Definition des Geschäftszweckes die Befugnisse der directors – zumindest im Innenverhältnis – begrenzt werden.

Beispiel:

Definierter Zweck der Gesellschaft ist die Herstellung von Transformatoren. Die directors verkaufen die Produktionsanlagen und tätigen ausschließlich Immobiliengeschäfte. Dies wäre ein Pflichtverstoss, während bei der Verwendung einer catch-all-clause das Verhalten der directors rechtmäßig wäre.

Der Gesellschaftszweck kann jederzeit durch Gesellschafterbeschluss (Special Resolution) geändert werden (Section 4 CA 1985).

4. Angaben zum Kapital

16 Im memorandum wird das Gesellschaftskapital (share capital) und seine Stückelung in Anteile (shares) festgelegt. Es handelt sich hierbei um das Nominalkapital, also den Gesamtbetrag der Anteile, die die Gesellschaft ausgeben darf (in etwa vergleichbar mit dem genehmigten Kapital einer

20 Rehm in Eidenmüller, § 10, Rn. 17.

a) Testbogen

Test 6 ___ **Min** ___ **Sek**

Memorierter Kontent:

____

____

____

____

____

____

____

____

____

____

____

____

____

____

____

____

____

____

____

____

Erreichte Punktzahl: ___ **von 100 =** ___ **%Textverständnis/Texterinnerung**

Ihre Lesezeit: ___ **Min. und** ___ **Sek. =** _____ **Sekunden**

Lesegeschwindigkeit: (750 Wörter x 60 Sek.= 45000) **➔ 45000 : Lesezeit Sek =**

_______ **Wörter pro Minute (W/M) bei** ___ **% Textverständnis/Texterinnerung**

(➔ siehe Fortschrittstabelle am Ende des Buches)

b) Auswertungsbogen

Inhalt in Stichpunkten	Maximale Punktzahl	Erreichte Punktzahl
Sitz der Limited: als sog. Registered office im memorandum festgelegt	**10**	
Nicht notwendig tatsächlicher Sitz, Briefkastenadresse möglich	**10**	
Funktion des registered office: offizielle Zustellungsadresse und Verwahrungsort für Geschäftsunterlagen	**10**	
Verlegung des Satzungssitzes / registered office	**6**	
■ von England nach Schottland (und umgekehrt) nicht möglich.	**4**	
■ ins europäische Ausland noch nicht möglich.	**4**	
Einschränkung der Niederlassungsfreiheit im Rahmen der Inspire Art-Entscheidung wohl aus zwingenden Gründen des Allgemeininteresses gerechtfertigt:	**6**	
■ Maßnahmen nicht diskriminierend,	**2**	
■ aus zwingenden Gründen des Allgemeininteresses gerechtfertigt und	**1**	
■ zur Erreichung des verfolgten Ziels geeignet und erforderlich.	**1**	
Zwingende Gründe des Allgemeininteresses hier:		
■ durch Wegzug würden staatliche Kontrollmöglichkeiten erheblich eingeschränkt;	**4**	
■ registerrechtliche und gerichtliche Zuständigkeit würde wegfallen und erschwerte Prüfungsmöglichkeit des neuen zuständigen Satzungsstaates;	**2**	
■ Schutz von Gläubigern, Minderheitengesellschaftern und Arbeitnehmern;	**2**	
■ Wirksamkeit der Steuerkontrollen.	**2**	

11

Inhalt in Stichpunkten	Maximale Punktzahl	Erreichte Punktzahl
Funktion der Aufbewahrungspflichten im Zusammenhang mit Satzungssitz:		
■ Gewährleistung der staatlichen Kontrollfunktion	**6**	
■ Informationsmöglichkeit Dritter	**4**	
Vorzuhaltende Dokumente und Informationen betreffend Gesellschafter und directors:	**6**	
■ Gesellschafterliste	**2**	
■ Verzeichnis der directors und secretary	**1**	
■ Liste der Gesellschaftsbeteiligungen der directors	**1**	
Weitere vorzuhaltende Dokumente und Informationen:	**4**	
■ Protokollbuch	**3**	
■ Register der Vermögenslasten	**3**	
Bußgelder bei Nichterfüllung der Pflichten	**6**	
■ für Gesellschaft	**2**	
■ für directors	**2**	

11

J. Fortschrittstabelle

Test 1: _____ **Wörter pro Minute** _____ **% Textverständnis/-erinnerung**
Test 2: _____ **Wörter pro Minute** _____ **% Textverständnis/-erinnerung**
Test 3: _____ **Wörter pro Minute** _____ **% Textverständnis/-erinnerung**
Test 4: _____ **Wörter pro Minute** _____ **% Textverständnis/-erinnerung**
Test 5: _____ **Wörter pro Minute** _____ **% Textverständnis/-erinnerung**
Test 6: _____ **Wörter pro Minute** _____ **% Textverständnis/-erinnerung**

JONAS RITTER

ist Entwickler und Trainer moderner Lernstrategien und Experte für Schnell-Lese-Techniken. Er lehrte das von ihm entwickelte System unter anderem an der Harvard Universität in den USA und ist regelmäßiger Referent des internationalen Max-Planck-Instituts.

Seminar-Angebote sowie ein kostenfreies Online-Training finden Sie unter www.ritterspeedreading.de

Warum haben Sie sich mit dem Thema befasst?

Aufgrund meiner eigenen Frustration! Ich war schon immer sehr wissensdurstig, gleichzeitig ging mir das Lesen aber viel zu langsam. Zu allem Überdruss fiel es mir schwer, meine Konzentration über längere Zeit aufrecht zu halten. Die intensive Beschäftigung mit dem Schnell-Lesen weckte in mir eine ungeahnte Konzentrationsfähigkeit, die ich nun mit Freude anderen weitergebe.

Inwieweit haben Sie mit Steuerberatern zu tun?

Aufgrund der Vorteile, die Steuerberater durch unsere Seminare erfahren, bilden Steuerberater einen Großteil unserer Seminarteilnehmer.

Was sind für Sie die wesentlichen Faktoren, die beruflich und privat Erfolg ausmachen?

Das sind 7 Faktoren:

1. Proaktivität
2. Vorstellungskraft (Vision/Planung)
3. Konzentration
4. Kreativität
5. Kommunikation
6. Wissen und ...
7. ... kontinuierliches Lesen, um alle anderen Faktoren zu fördern.

§ 12 Angebote der Steuerberaterkammer für erfolgreiche Steuerberater

A. Eine für alle

1 Steuerberatende Tätigkeiten lassen sich bis ins Altertum zurückverfolgen. Bereits im Römischen Reich vertraten „oratores" („Redner") die von ihnen vertretene Partei in Steuerstreitigkeiten vor Gericht. Heute unterstützen in Deutschland rund 75.000 Steuerberater und mehr als 7.500 Steuerberatungsgesellschaften Unternehmen, Organisationen und Privatleute bei steuerlichen und betriebswirtschaftlichen Entscheidungen. Die Steuerberaterkammern stehen ihren Mitgliedern dabei auf vielfältige Art und Weise zur Seite.

2 Diese Unterstützung ist auch nötig, denn knapp drei Viertel der Berufsangehörigen üben ihre steuerberatende Tätigkeit selbstständig aus, also in eigener Praxis oder z.B. als Sozietätspartner. Die rund 47.000 Steuerberaterpraxen werden zu knapp drei Vierteln als Einzelpraxen geführt. Einzelkämpfer hätten es ohne Organisationen wie die Steuerberaterkammern mit ihrem breiten Unterstützungsangebot ungleich schwerer auf dem Markt. Grundlage für die Arbeit der Kammern ist das System der beruflichen Selbstverwaltung und -kontrolle, das eine freie, vom Staat unabhängige Berufsausübung aller Steuerberater gewährleistet. Nur ein von staatlicher Aufsicht unabhängiger Steuerberater kann seinen Mandanten unbeeinflusst und ausschließlich dessen Interessen Rechnung tragend beraten.

3 Das dies so bleibt und Steuerberater sich nicht staatlichen Kontrollen und Restriktionen unterwerfen müssen, dafür stehen in erster Linie die Steuerberaterkammern.

B. Die Steuerberaterkammer sind Sie!

4 Diese Kammern sind kein anonymes Gebilde, bevölkert von uneinsichtigen Bürokraten, deren ausschließliches Ziel es ist, den hart arbeitenden Steuerberatern das Leben zu erschweren. Vielmehr bilden die Steuerberater die Kammer. Jeder Steuerberater in Deutschland ist Mitglied einer Steuerberaterkammer. Er wählt den dortigen Vorstand und Präsidenten oder wird von anderen in diese Ämter gewählt. Vorstand und Präsident bestimmen wiederum – innerhalb gesetzlicher Grenzen versteht sich, aber nichtsdestotrotz mit erheblichen Freiheiten versehen – die Arbeit der Kammer. Also geneigter Leser, *Sie sind die Kammer* (vorausgesetzt Sie sind Steuerberater)! Wenn Ihnen daher „Ihre" Kammer missfällt: Sie haben es in der Hand, dies zu ändern!

C. Auch eine Imagefrage

5 Die gesetzlich verankerte Stellung der Steuerberaterkammern als Selbstverwaltungsorgan aller zum Beruf zugelassenen Steuerberater hat neben der Tatsache der Selbstverwaltung noch weitere Vorteile für den Berufsstand. Gerade durch die „Verkammerung" genießt der Beruf des Steuerberaters in der Öffentlichkeit ein wesentlich höheres Ansehen als nicht verkammerte Mitbewerber. Die Mitgliedschaft in seiner Kammer sollte daher von jedem Steuerberater im Qualitätswettbewerb zum eigenen Nutzen erkannt und betont werden.

6 Viele Kanzleien weisen daher bereits heute schon auf ihren Geschäftspapieren oder in Mandantenbroschüren auf ihre Mitgliedschaft in der Steuerberaterkammer hin.

Das hohe Ansehen des steuerberatenden Berufs resultiert aber auch aus dem besonderen Wissen des Steuerberaters um die wirtschaftlichen und persönlichen Verhältnisse seiner Mandanten. Dies verlangt ein hohes Maß an Integrität. Steuerberater sind daher gesetzlich verpflichtet, ihren Beruf unabhängig, eigenverantwortlich, gewissenhaft und verschwiegen auszuüben. Sie müssen sich jeder Tätigkeit enthalten, die mit ihrem Beruf oder mit dem Ansehen des Berufs nicht vereinbar ist. Über die Einhaltung dieser Pflichten wachen auf der einen Seite die Steuerberaterkammern als berufliche Selbstverwaltung, auf der anderen Seite die Berufsgerichte. 7

Natürlich gewinnt eine Kammer mit diesem Teil ihrer Arbeit keine Beliebtheitsrekorde, vor allem nicht bei den unmittelbar Betroffenen. Das Ansehen des Berufes resultiert aber, wie oben erwähnt, eben gerade daraus, dass er gewisse Pflichten hat, deren Einhaltung von den Kammern durchgesetzt wird. Ohne Berufsaufsicht durch die Kammer bestünde für den Berufsstand auch kein „Anspruch" mehr auf den Vertrauensvorsprung, der den Steuerberatern von den meisten Mandanten entgegengebracht wird und der ihn von bspw. Finanzberatern, Unternehmensberatern und Buchhaltern abhebt. 8

Daher wirken die Steuerberaterkammern auch an der Beratung von Steuergesetzen und an der Gestaltung des Berufsrechts mit. Dies hat direkte Konsequenzen für den Berufsalltag von Steuerberatern. 9

D. Hier steckt mehr drin, als Sie denken

Steuerberaterkammern bieten noch mehr als Ansehen. Sie sind auch Ratgeber und Dienstleister für ihre Mitglieder, und diesen Service qualifizierter Fachleute sollte man zum Wohle seiner Kanzlei ruhig nutzen. 10

Die Kammern informieren und unterstützen ihre Mitglieder in beruflichen Fragen und vertreten ihre Belange gegenüber öffentlichen Institutionen und der Politik. Zudem sichern die Kammern die Qualität der Berufsausübung durch intensive Beratung zu Fragen der Berufsausübung. So helfen die juristischen Mitarbeiter der Kammer gerne bei Praxisübertragungen, Sozietäts- und Gesellschaftsgründungen. Es ist daher in jedem Falle sinnvoll, entsprechende Vertragsentwürfe der Kammer zur Prüfung zu übersenden. Natürlich gibt es bei der Kammer oder dem von allen Kammern gegründeten DWS-Verlag in Berlin auch Musterverträge für Gründungsvorhaben, Praxiszusammenschlüsse, Praxisveräußerungen oder auch Mandatsverträge. Natürlich erhalten Sie bei der Kammer auch Rat zu Fragen der richtigen Abrechnung Ihrer Leistungen. 11

Die Kammern helfen auch bei Fragen zur Existenzgründung und -sicherung und fungieren als Schlichtungsstelle bei Streitigkeit zwischen ihren Mitgliedern. Gerade diese letztgenannte Serviceleistung der Kammer sollten Sie sich merken. Die Vermittlung durch die Kammer bei Streitigkeiten, z.B. zwischen den Kollegen einer Sozietät oder Steuerberatungsgesellschaft, ist in der Regel von großer Sachkunde geprägt und erzielt wesentlich schneller ein für alle Seiten annehmbares Ergebnis als ein Gerichtsverfahren. Außerdem ist es in jedem Fall preiswerter als ein Schiedsverfahren. Die Vorstandsmitglieder und Geschäftsführer vieler Kammern beherrschen zudem die Grundzüge der Mediation, so dass Sie sicher sein können, dass derartige Vermittlungen zielgerichtet ablaufen. 12

Ein weiterer wichtiger Teil der Leistungen der Kammern betrifft die Nachwuchsgewinnung. Jeder Steuerberater braucht qualifizierte Mitarbeiter. Es ist eine der vornehmsten Aufgaben der Steuerberaterkammern, dafür zu sorgen, dass ihren Mitgliedern qualifiziertes Personal zur Verfügung steht. Die Aufgaben der Kammern umfassen hierbei einerseits die Organisation der Berufsausbildung vom Ausbildungsstart bis zur Abschlussprüfung zur oder zum Steuerfachangestellten. 13

14 Eine prima Möglichkeit, selbst fachlich auf dem Laufenden zu bleiben, ist es, sich in den Prüfungsausschüssen der Kammern zu engagieren.

15 Andererseits ist es gerade in Zeiten des demografischen Wandels und den damit einhergehenden sinkenden Zahlen von Schulabgängern unerlässlich, junge Leute für eine Ausbildung im Steuerbereich zu begeistern. Im ganzen Land werben daher die Kammern für den Ausbildungsberuf „Steuerfachangestellte(r)", indem sie bei Ausbildungsmessen teilnehmen und an Informationsständen den Ausbildungsberuf präsentieren. Den Wirtschaftsunterricht allgemeinbildender Schulen unterstützen engagierte Berufskollegen, indem sie anhand der steuerberatenden Berufe wirtschaftliches Know-how vermitteln und so jungen Menschen das Berufsbild näher bringen.

16 Wer als Steuerberater an diesen Projekten teilnimmt, hat die herausragende Chance, selbst Nachwuchs zu gewinnen und sich zu präsentieren. Entsprechend der eigenen Praxisphilosophie können auf diesem Weg junge Menschen angesprochen werden, um sie für die Ideen und Ziele der eigenen Praxis zu begeistern.

17 Neben diesen großen Aufgabenfeldern bieten die Kammern auch noch jede Menge kleinerer Serviceleistungen, die Sie und Ihre Kanzlei weiterbringen.

18 Für ihre Mitglieder halten die Steuerberaterkammern einen Internet-Suchservice bereit, in den Sie sich mit Ihren Tätigkeitsschwerpunkten eintragen lassen können (und sollten). Dadurch werden Sie von ratsuchenden Bürgern und Unternehmen leichter als passender Ansprechpartner gefunden, und es lässt sich das eine oder andere Mandat akquirieren, das Ihnen sonst entgangen wäre.

19 Die meisten Kammern halten auf ihren Websites Praxis- und Jobbörsen bereit, deren Nutzung für Sie als Mitglied der Kammer kostenlos ist. Wenn Sie also eine Praxis dazu kaufen wollen oder qualifiziertes Personal suchen, finden Sie dazu auf der Website Ihrer Kammer die nötigen Hilfsmittel.

20 Apropos Website der Kammer: Die meisten Kammern halten auf ihren Websites in einem internen Mitgliederbereich eine Vielzahl von interessanten Informationen zum Download für Sie bereit. Bevor Sie daher lange und erfolglos im Internet recherchieren, versuchen Sie es zuerst bei Ihrer Kammer.

21 Viele Kammern versenden auch einen (völlig werbefreien) kostenlosen elektronischen Newsletter, der aktuelle Infos und Hinweise auf Seminare etc. enthält. Diesen sollten Sie ruhig abonnieren, wozu meist eine kurze E-Mail an die Kammergeschäftsstelle genügt.

E. Werden Sie aktiv!

22 Wer Interesse hat, als Gutachter oder Sachverständiger tätig zu werden, kann sich übrigens auch bei der Kammer registrieren lassen. Daraus kann sich durchaus der eine oder andere lukrative Auftrag ergeben.

23 Viele Steuerberaterkammern (und wenn nicht diese, dann die Steuerberaterverbände) sorgen darüber hinaus für ein breites Fortbildungsangebot für Steuerberater und deren Mitarbeiter zu konkurrenzfähigen Preisen.

24 Umgekehrt bieten die Kammern aber auch Fort- und Weiterbildung für Dritte an: Regelmäßig organisieren sie in Kooperation mit Industrie- und Handelskammern, Handwerkskammern, Arbeitsagenturen und Kreditinstituten Vortragsveranstaltungen. Die Kammern suchen hierfür interessante Vortragsthemen und fähige Referenten. Überlegen Sie sich, ob sie nicht hier der Kammer ihre Dienste anbieten – vorausgesetzt Ihre Stärke liegt im mündlichen Vortrag. Eine Mitwirkung bei diesen Veranstaltungen bietet eine gute Gelegenheit, sich selbst zu präsentieren und so einen Beitrag zum eigenen Kanzleimarketing zu leisten.

Die Kammern präsentieren die Leistungen ihrer Mitglieder auch bei Wirtschafts- und/oder Existenzgründermessen. Auch hier sollten Sie sich engagieren. 25

Viele Kammern organisieren darüber hinaus regelmäßige Kontaktgespräche mit den Finanzämtern. Auch an diesen sollten Sie unbedingt teilnehmen, um über aktuelle Entwicklungen informiert zu sein und Kontakte mit den Kolleginnen und Kollegen zu knüpfen. Wenn es einmal mit einem „Finanzamt" hakt, haben die meisten Kammern sog. Finanzamtsbeauftragte, die Sie in einem solchen Falle kontaktieren können. 26

Keinesfalls versäumen sollten Sie zu guter Letzt den jährlichen Kammertag Ihrer Kammer. Einerseits erfahren Sie dort viel über die aktuellen Projekte der Kammer und die neuesten Entwicklungen in der Berufspolitik. Andererseits bietet der Kammertag, an dem Steuerberater und Vertreter aus Wirtschaft und Politik zusammenkommen, eine hervorragende Plattform, um eigene Netzwerke zu bilden und zu vertiefen. 27

Hierfür sind übrigens auch die anderen bereits erwähnten Veranstaltungen der Kammern sehr gut geeignet. 28

F. Fazit

All dies zeigt, dass die Vorteile von Steuerberaterkammern vielfältig und unbestreitbar sind. Viele der „oratores" im Römischen Reich wären sicherlich dankbar gewesen für eine Organisation mit vergleichbaren Angeboten für ihre Mitglieder. 29

Aufstrebende Steuerberaterkanzleien sollten das in den Kammern vorhandene Wissen nutzen, das sich durch das Aufgabenspektrum der Steuerberaterkammern gebildet hat. Die Steuerberaterkammern verstehen sich hierbei als Ratgeber und Dienstleister für ihre Mitglieder. 30

Damit die Steuerberaterkammern aber auch weiterhin eine starke Interessenvertretung mit erheblichen Serviceleistungen bleiben, sind sie auf Ihre Mitwirkung und Unterstützung angewiesen. 31

Gehen Sie daher auf Ihre Kammer zu. Sie werden sehen, dass Sie davon ebenso profitieren werden, wie es der Kammer bei ihrer Aufgabenerfüllung hilft. 32

Auf einen kurzen Nenner gebracht funktioniert „Kammer" nämlich nach dem Motto: Hilfst Du mir, so helf ich Dir! 33

Ulrich Thiemann

Ulrich Thiemann ist Steuerberater in Koblenz mit Zusatzqualifikation Landwirtschaftliche Buchstelle.

Nach Abitur und erfolgreich bestandener Berufsausbildung zum Kaufmann im Groß- und Außenhandel studierte er Wirtschaftspädagogik in Mainz. Wegen der damaligen „Lehrerschwemme" fand er als Diplom-Handelslehrer keine Anstellung im Schuldienst. Er wurde Prüfungsassistent und später Prüfungsleiter in einer mittelgroßen Wirtschaftsprüfungsgesellschaft.

Unmittelbar nach der Bestellung zum Steuerberater machte er sich 1986 zusammen mit einem Kollegen selbständig. Aus kleinen Anfängen heraus formten die beiden Existenzgründer ein Steuerberatungsunternehmen, das mit rund 140 Mitarbeitern an vier Standorten in Rheinland-Pfalz vertreten ist.

Er selbst hat sich auf die Beratung von land- und forstwirtschaftlichen Betrieben spezialisiert, sein Kollege widmet sich fast ausschließlich der Betreuung von Ärzten, Zahnärzten und Apothekern.

Schon bald nach der Existenzgründung hat er sich ehrenamtlich in berufständischen Organisationen engagiert. Im Jahre 1995 wurde er in den Vorstand der Steuerberaterkammer Rheinland-Pfalz gewählt, deren Vizepräsident er seit 2007 ist.

Schwerpunkte seiner Kammerarbeit waren das Ausbildungswesen, das Berufsrecht und die Gründung sowie der spätere Aufbau des Versorgungswerkes der Steuerberaterinnen und Steuerberater in Rheinland-Pfalz.

Warum haben Sie sich mit diesen Themen befasst?

Als selbständiger Steuerberater habe ich von der Existenz und der Arbeit der Steuerberaterkammer profitiert und mich selbst später dort engagiert. Ich möchte insbesondere die jüngeren Kollegen motivieren, in ihrer Kammer mitzuarbeiten. Sie werden selbst am meisten davon profitieren.

Inwieweit haben Sie mit Steuerberatern zu tun?

Als Vizepräsident der rheinland-pfälzischen Kammer und Präsident des dortigen Versorgungswerkes, als Mitglied des Steuerberaterverbandes, als Mitgliedervertreter in der Deutschen Steuerberaterversicherung und natürlich in der eigenen Praxis habe ich fast täglich mit Steuerberaterkollegen Kontakt.

Was sind für Sie die wesentlichen Faktoren, die beruflich und privat Erfolg ausmachen?

Beruflich ist ein fundiertes Fachwissen in Verbindung mit einer gewissen Erfahrung eine notwendige, aber noch keine hinreichende Erfolgsvoraussetzung.

Hinzukommen muss sowohl im Beruf als auch im Privatleben eine lebensbejahende positive Grundeinstellung mit dem notwendigen Respekt vor dem jeweiligen Partner. Man sollte alles mit Freude tun und dies den Mitmenschen gegenüber auch kommunizieren. Verlässlichkeit und Zuverlässigkeit zahlt sich langfristig immer aus.

§ 13 Benchmarking – Unternehmensführung mit Disziplin

A. Wie kamen wir zu Benchmarking?

Es war im Jahr 1993 im Rahmen einer Marketingveranstaltung mit 30 Berufsträgern. Während der Diskussion stellte ich fest, dass sich die Teilnehmer – obwohl sie alle Steuerberater und Wirtschaftsprüfer waren – zu dem Thema Strategie und Führung nur wenig zu sagen hatten. 1

Ein junger Steuerberater, der sich gerade selbständig gemacht hatte, konnte die zukunftsorientierten Fragen seines Kollegen mit damals 50 Mitarbeitern überhaupt nicht verstehen. Umgekehrt erging es dem damals 15 Jahre älteren Kollegen ähnlich. Er kippte buchstäblich zur Seite und drehte den Kopf weg, wenn sein junger Kollege anfing, mit stolzer Brust und voller Überzeugung vom Aufbau seiner Kanzlei zu berichten. Existenzfragen interessierten ihn nicht mehr. Seine Aufgabe war mittlerweile die strategische Ausrichtung des Unternehmens. 2

Ich stand bei diesem Workshop als Moderator vorne, war umgeben von Kanzleiinhabern, die sich alle zu dem Thema Marketing zusammengefunden hatten, und stellte fest, dass sich die Teilnehmer gegenseitig wenig befruchteten. Es lag am unterschiedlichen Erfahrungshorizont. Obwohl die Gruppe vermeintlich homogen war, diskutierte sie immer wieder aneinander vorbei. 3

Die Beurteilung des Workshops fiel gut aus. Ich als Veranstalter und Moderator war dennoch unzufrieden. Ich hätte an diesem Tag gerne mehr Nutzen für alle Teilnehmer generiert. Heute kann ich sagen: „Dieser Tag war die Geburtsstunde des Benchmarking." Ab diesem Zeitpunkt dachte ich noch mehr über Nutzenorientierung und Kundenbindung nach und versuchte auf folgende Fragen eine Antwort zu finden: 4

- Wie funktioniert die „Nutzendenke"?
- Wie homogen müssen Gruppen sein?
- Wie wichtig ist die Altersstruktur?
- Welche Rolle spielt die „Chemie"?
- Wie wichtig ist die regionale Entfernung?
- Wann funktionieren Netzwerke reibungslos?

Mir war sehr schnell bewusst, dass einige dieser Kriterien ganz genau beachtet werden müssen, um ein dauerhaft erfolgreiches Benchmarking-System im Markt zu etablieren. Es muss die richtige Mischung aus Moderation und Vortrag sein und man braucht dazu Teilnehmer, die sich respektieren und gegenseitig wertschätzen. Der „Nasenfaktor" ist entscheidend, damit sich die Menschen öffnen. Wer sich öffnet, berichtet von seinen besonderen Stärken, seiner unternehmerischen Leidenschaft, seinem großen Erfahrungsschatz, aber auch von seinen Problemen und Schwierigkeiten. Und dies bereichert Benchmarking: Die positiven Erfahrungen des Kollegen kann ich übernehmen und nachahmen, die negativen und teuren Erfahrungen des Kollegen versuche ich zu vermeiden. 5

Benchmarking heißt, jeden Tag am Unternehmen zu arbeiten, sich regelmäßig mit den Besten der Branche zu treffen und sich über Fragen der Unternehmens- und Mitarbeiterführung auszutauschen. 6

Ein Kollege, der von Anfang an bei Benchmarking dabei ist, meint, dass gerade die Mischung aus jung und alt es ausmacht: „Ich denke, gerade für die jungen Kollegen ist das unglaublich wichtig. Sie 7 können sehr viel an Erfahrung mitnehmen. Sie müssen das Rad nicht immer wieder neu erfinden. Man kann ruhig sagen, welche Fehler man schon gemacht hat. Die jungen Kollegen sind aber auch für uns sehr befruchtend. Mit zunehmendem Alter bleibt man immer mehr stehen. Man schaut über die „eigene Stalltür" nicht mehr so richtig hinaus. Deshalb ist es für mich unglaublich wichtig, dass sich die Gruppe weiter entwickelt und junge Kolleginnen und Kollegen integriert werden."

8 Eine junge Kollegin, die seit 2000 dabei ist, findet: „In unserer Gruppe ist die Altersstruktur ausgeglichen. Jüngere und jung gebliebene Steuerberater, die schon auf 20 bis 25 Jahre Selbstständigkeit zurückblicken können, bringen ihren Erfahrungsschatz ein. Wichtig ist auch, dass sich die Gruppe gut versteht. Die Charaktere müssen zusammenpassen. Bei uns ist das eine sehr lustige Gruppe mit Kollegen von Freiburg bis Hamburg. Es macht richtig Spaß. Ich freue mich jedes Mal, die Kolleginnen und Kollegen zu treffen!"

9 Eine Kollegin, die seit 2002 aktiv bei Benchmarking mitmacht, beschreibt es so: „Ich finde es sehr gut, wie sich die Gruppen zusammensetzen. Wir sind homogen. Nicht nur vom Berufsstand, sondern auch von der Kanzlei und vom Umsatz her passen wir sehr gut zusammen. Wir haben ähnliche Fragen und Probleme, die uns bewegen. Und das Wichtigste ist, dass ich viermal im Jahr gezwungen bin, mich mit meinen Zahlen auseinanderzusetzen und genau hinzuschauen, wo ich im Vergleich zu den anderen Kollegen stehe. Ich kann die Kanzlei dann aus einer anderen Perspektive betrachten. Und diese Vogelperspektive hat mir bisher gefehlt. Ruhig auch mal zum Hörer greifen, eine Kollegin anrufen und fragen: Wie machst du das? Wie läuft das bei euch? Kann ich mit meinen Mitarbeitern/innen vorbeikommen und einmal den Ablauf „Lohn" ansehen? Zusammenfassend kann ich sagen, dass ich mit Hilfe von Benchmarking in den letzten Jahren die Entscheidungen schneller und besser getroffen habe."

B. Was ist Benchmarking und warum funktioniert Benchmarking schon so lange?

10 Benchmarking ist ein moderierter überregionaler Erfahrungsaustausch. Es ist speziell für unternehmerisch handelnde Steuerberater geschaffen, die zielgerichtet an ihren Unternehmen Veränderungen vornehmen. Benchmarking-Steuerberater haben Visionen und entwickeln hieraus ihre eigenen Strategien. Dabei können sie auf die Erfahrungen der Kollegen aufbauen, denn in dem Teilnehmerkreis wurde schon immer eine ähnliche Entscheidung getroffen oder zumindest Erfahrungen dazu gesammelt. Damit ist die Wahrscheinlichkeit, teure Fehlentscheidungen zu treffen, äußerst gering.

11 Benchmarking-Kanzleien sind regional 30 bis 50 km voneinander entfernt. Dies ist eine wichtige Voraussetzung. Somit besteht keine unmittelbare Konkurrenzsituation. Die Orientierung an den Besten gibt brauchbare Impulse und Anregungen.

12 In Benchmarking werden nur Kollegen aufgenommen, welche die Benchmarking-Prinzipien akzeptieren, für positive Veränderungen bereit sind und gerne ihr Wissen und ihre Erfahrung weitergeben.

13 Da sich alle Teilnehmer schriftlich zur Einhaltung der Prinzipien erklären, hat sich im Laufe der Jahre eine eigene Benchmarking-Philosophie entwickelt. Die Teilnehmer verpflichten sich:

- termingerecht die angeforderten Zahlen und Daten zu liefern,
- bei jedem Workshop pünktlich und vollzählig anwesend zu sein,
- durch gute Vorbereitung die Effektivität des Workshops zu erhöhen,
- gegenseitig interne Informationen zur Verfügung zu stellen,
- einen vertraulichen Austausch der Informationen zu gewährleisten,

- die gewonnenen Erkenntnisse nur für interne Zwecke zu nutzen,
- die Maßnahmen zeitnah und zügig umzusetzen.

Damit das Benchmarking-System dauerhaft funktioniert, legen wir die Einstiegshürden hoch und 14
gestalten den Ausstieg leicht. Dauerhaft zufriedene Geschäftspartner können nur über den Nutzen und nicht über Verträge gehalten werden.

Der objektive Vergleich mit den bestehenden Benchmarking-Kanzleien zeigt den neuen Kollegen, in 15
welchen Bereichen die Stärken sind und wo noch ungenutztes Potenzial schlummert.

Die Analyse im Bereich Lohn und Gehalt zeigt auf, wie viel Zeit pro Abrechnung benötigt wird. 16

Beispiele:

Die Kanzlei X erstellt pro Jahr ca. 12.000 Lohn- und Gehaltsabrechnungen inkl. 10 % Baulöhne. Die Mitarbeiter benötigen für eine Abrechnung 15 Minuten. Das Benchmark liegt bei 6 Minuten. Im direkten Vergleich reden wir über ein Rationalisierungspotenzial von ca. 1.500 Stunden pro Jahr. Dies entspricht einer Personalkosteneinsparung von ca. € 40.000 bzw. einer Umsatz- und Gewinnsteigerung von ca. € 100.000 pro Jahr. Interessant ist noch, dass die Leistung pro Stunde der Benchmarking-Kanzlei bei € 88 liegt, wobei die Abrechnung im Durchschnitt nur € 10 kostet. Die Leistung pro Stunde bei der Kanzlei X liegt bei nur € 66, wobei sie für eine Abrechnung € 16 verlangt.

Es macht in der Praxis einen großen Unterschied, ob meine Mitarbeiter in der Stunde 85 oder 40 Buchungszeilen erfassen. Wenn Sie bei einer Kanzlei mit einer Million Umsatz von ca. 300 000 Buchungszeilen ausgehen, macht dies einen Unterschied von ca. 4.000 Stunden im Jahr. Wenn Sie diesen Wert mit einem Stundensatz von nur € 50 multiplizieren, reden wir über ein Umsatz- und Gewinnpotenzial von rund € 200.000.

An diesen Beispielen ist erkennbar, dass nicht der Preis entscheidend ist, sondern wie die internen 17
Abläufe strukturiert sind. Unsere Erfahrung hat gezeigt, dass eine Steuerkanzlei auf Dauer über zu hohe Preise nie das Ergebnis erwirtschaften kann, was ihr täglich durch interne Desorganisation verloren geht.

C. Wie ist der Ablauf und was sind die Themen?

Die Kanzleien treffen sich viermal im Jahr – immer nach dem Quartalsende. Die Workshops sind 18
eintägig. Die Termine werden ein Jahr im Voraus gemeinsam so festgelegt, dass jeder Teilnehmer nach dem Prinzip der Vollständigkeit auch kommen kann.

Zu jedem Termin wird eine individuelle Tagesordnung erstellt. Dazu rufen wir am Ende des Quartals 19
alle Workshop-Teilnehmer an und fragen nach Themen, die sie gerne im Kollegenkreis diskutieren würden. Die Wünsche werden zu Themenblöcken zusammengefasst und angelehnt an die Balanced Score Card strukturiert. Die Balanced Score Card ist ein Führungsinstrument, bei dem Visionen und strategische Ziele mit dem betrieblichen Alltag verbunden werden können.

Zum Zeitpunkt des Entstehens dieses Buches, im Sommer 2009, treffen sich viele der Benchmarking- 20
Kanzleien bereits zum 48. Mal in Folge. Daraus ist erkennbar, dass der Themenpool unerschöpflich ist.

In jedem Workshop gibt es gesetzte und individuelle Themen. Folgende Tagesordnungspunkte sind 21
gesetzt:

1. Umsetzung der Maßnahmen aus dem letzten Workshop: Die Teilnehmer berichten von der Umsetzung ihrer „Hausaufgaben“ und erläutern, wie erfolgreich die einzelne Maßnahme, z. B. die Durchführung von „Jahreszielgesprächen“, gewirkt hat.

2. Controlling-Status: Hierbei handelt es sich um die Analyse der Zahlen des letzten Quartals. Die Teilnehmer kennen die Zahlen der Kanzleien, tauschen sich über die Veränderungen aus und können bei Abweichungen sofort mit abgestimmten Maßnahmen entgegenwirken.
3. Analyse der Geschäftsfelder: In jedem der Workshops wird ein anderes Thema intensiv behandelt, wie z.B. Analyse FiBu und Abschluss, Lohn, Einkommensteuer, Beratung, Wirtschaftsprüfung und Rechtsberatung.
4. Maßnahmen: Zum Schluss des Workshops nimmt sich jeder Teilnehmer selbst gesetzte Hausaufgaben mit und versucht sie kurzfristig umzusetzen. Am erfolgreichsten sind die Kanzleiinhaber, die unmittelbar nach dem Workshop in Form einer kurzen Kanzleibesprechung ihre Mitarbeiter über Benchmarking informieren und besprechen, wie die Maßnahmen im nächsten Quartal umgesetzt werden.

22 Die individuellen Tagesordnungspunkte ergeben sich aus der Aktualität der abgefragten Themenwünsche und werden in folgende Bereiche gegliedert:

1. Inhaber, Visionen, Gesundheit
2. Strategie, Ziele
3. Mitarbeiter, Produktivität, Qualität
4. Organisation, Prozesse, Abläufe, Technik, Digitalisierung
5. Mandanten, Produkte, Marketing
6. Finanzen

Diese Themenvielfalt sieht auf den ersten Blick eher nach einem bunt gemischten Blumenstrauß aus. Tatsächlich können an einem Tag maximal eine Handvoll Themen intensiv bearbeitet werden. Die nicht behandelten Themen werden auf den nächsten Workshop vertagt.

23 Eine Kollegin stellt fest: „Die Konsequenz ist nötig, damit jeder gute Ideen mit nach Hause nimmt und sukzessive umsetzt. Obwohl der Workshop umfangreich dokumentiert wird, bin ich ein Typ, der sehr viel mitschreibt. Zu Hause nehme ich mir dann immer wieder meine handschriftlichen Notizen und lese nach, was die Kollegen dazu gesagt haben. So reflektiere und verarbeite ich jeden Workshop stückchenweise. Für den dauerhaften Erfolg muss man hart arbeiten und sehr konsequent sein. Aber mit konkreten Zielen vor Augen kann man täglich an den Prozessen schleifen und die Abläufe so justieren, dass stufenweise eine erkennbare Verbesserung eintritt.“

24 Das Benchmarking-System ist mittlerweile so perfektioniert, dass wir ab dem 10. des Folgemonats nach Quartalsende von den Teilnehmern die Zahlen bekommen. Wir haben dann exakt 10 Tage Zeit, die Zahlen auszuwerten. Einige Tage vor dem Workshop erhalten die Teilnehmer die Unterlagen zur Einstimmung und Vorbereitung.

D. Worin besteht der Hauptnutzen aus Benchmarking?

25 Jeder Weltklasse-Sportler hat einen Coach und ein Trainingsprogramm. Benchmarking bietet für den Steuerberater ein optimales Trainingsumfeld: Ambitionierte Kollegen, moderne Trainingsmethoden und eine laufende Erfolgskontrolle. Durch die regelmäßigen Treffen in angenehmem Ambiente wird die Kanzleistrategie zu einer festen Größe im Geschäftsjahr. Abseits vom Kanzleialltag steht einen Tag lang Ihr wichtigster Kunde – nämlich Ihre eigene Kanzlei – im Mittelpunkt des Geschehens.

26 Das Grundkonzept besteht darin, dass sich Kanzleiinhaber zu Management-Zirkeln zusammenschließen, sich regelmäßig treffen, ihre Zahlen offenlegen und die richtigen Methoden und Werk-

zeuge auf die eigenen Kanzleien übertragen. Erfolgreiche Praktiker stecken ihre Köpfe zusammen und vervielfachen das Ergebnis der gemeinsamen Arbeit.

Der Vergleich der Benchmarks zeigt, welche Kriterien entscheidenden Einfluss auf die Kanzleiergebnisse haben und wo noch Potenziale zur Qualitäts- und Leistungssteigerung liegen. 27

Der konkrete Nutzen aus Benchmarking ist: 28

- Sie erhöhen nachhaltig die Produktivität,
- Sie steigern dauerhaft Umsatz und Gewinn,
- Sie verbessern die Kosten- und Leistungstransparenz,
- Sie erkennen wesentlich früher die wichtigen Trends,
- Sie haben die Entwicklung Ihrer Kanzlei viel besser im Griff,
- Sie arbeiten als Führungskraft mit wesentlich weniger Druck,
- Sie verschaffen sich dadurch viel größere geistige Freiräume,
- Sie steuern damit Ihre Kanzlei auf Wachstums- und Erfolgskurs.

Weil die Mitarbeiter zunehmend selbständiger arbeiten, sind sie zufriedener, leistungsfähiger und kreativer. Die Mitarbeiter kommen nicht mehr mit Fragen, sondern mit Lösungsvorschlägen. Alle Umfragen haben bisher gezeigt, dass Mitarbeiter am liebsten in gut geführten Kanzleien mit klaren Führungsstrukturen arbeiten wollen. Der Vergleich der Organisationsformen von ähnlich strukturierten Kanzleien bringt immer wieder neue Verbesserungsmöglichkeiten hervor. Die gemeinsame Diskussion der Ablauf- und Schnittstellenoptimierung im Abschlussbereich auf Basis der Benchmarks zeigt den Unterschied der Bearbeitung in den einzelnen Kanzleien. 29

Bei gleichem Durchschnittsumsatz der Bilanzen erstellen die besten Kanzleien in ein bis zwei Tagen eine Bilanz. Andere Kanzleien benötigen dafür bis zu einer Woche. Bei gleichem Durchschnittsumsatz erstellen Spitzenkanzleien die Einahmenüberschussrechnung in bis zu vier Stunden, während schwach aufgestellte Kanzleien dafür immer noch zwei bis drei Tage brauchen. Aus diesen Angaben wird ersichtlich, welches Rationalisierungspotenzial alleine noch im Abschlussbereich liegt. 30

Benchmarking verschafft hochkonzentriertes Wissen und praktische Anleitung für die erfolgreiche Weiterentwicklung der Kanzlei und setzt an drei Punkten an: 31

1. Es ersetzt das Bauchgefühl über die eigene Marktposition durch eine objektive Faktenlage.
2. Es räumt der Kanzleistrategie den gebührenden Stellenwert ein – zeitlich festgelegt, konzentriert und diszipliniert.
3. Es vermittelt erprobte Methoden bei der Einführung neuer Prozesse und Geschäftsfelder.

In den letzten Jahren haben sich die Rahmenbedingungen für Steuerkanzleien erheblich geändert. Sie kämpfen mit dem Informations-Überfluss und sind ständig gefordert. In Benchmarking werden die Informationen gefiltert und in konkret anwendbares Wissen für Kanzleiinhaber umgewandelt. Dieser Wissensvorsprung wird in die Kanzleien transportiert. Benchmarking lebt von Unternehmerpersönlichkeiten, die ihre Finger am Puls der Zeit haben. Lohnende Trends werden sofort umgesetzt; modische Trends zuerst entzaubert. 32

Benchmarking umfasst die gesamte Kanzlei und ist ein softwareunabhängiges Führungssystem. Alle Softwaresysteme des deutschen Steuerberatermarktes – ADDISON, AGENDA, CURADATA, DATEV, HMD, SBS, SCHLEUPEN, SIMBA, STOTAX, TSENIT – sind im Benchmarking vertreten, so dass auch im Bereich Software und Technik die unterschiedlichsten Blickwinkel beleuchtet und Erfahrungswerte ausgetauscht werden können. 33

Der Erfolg des Benchmarking ist die Verbindung zwischen dem Modernen und dem Traditionellen. Modern sind die Technik, Software, Organisation und Führungsmethoden. Traditionell ist und 34 bleibt der Mensch. Aus der Symbiose zwischen Mensch und Technik ergibt sich der Fortschritt. Die regelmäßigen Treffen stehen ganz im Zeichen des persönlichen Austausches und beeinflussen die Geschwindigkeit der Umsetzung. Die Erfahrungshorizonte der Teilnehmer aus den unterschiedlichen Regionen beleben die Diskussion und ermöglichen neue Perspektiven.

E. Worin besteht der Zusatznutzen aus Benchmarking?

35 Insgesamt ist Benchmarking von einem sehr großen Vertrauensverhältnis geprägt. Die Teilnehmer kennen sich über viele Jahre und haben durch den offenen Erfahrungsaustausch individuelle Beziehungen zueinander aufgebaut. Jeder kennt die Zahlen und Koordinaten der anderen. Wenn ein Teilnehmer Fragen und Probleme hat, ruft er direkt beim Benchmarking-Kollegen an, schildert seinen Fall und bekommt eine ehrliche Antwort.

36 Noch deutlicher wird es, wenn man das Benchmarking-System mit Zahlen hinterlegt. Hinter den 150 Benchmarking-Kanzleien steckt ein geistiges Potenzial von über 500 Berufsträgern – Wirtschaftsprüfern, Steuerberatern und Rechtsanwälten mit ca. 2.000 Mitarbeitern. In diesem Kollegenkreis gibt es immer jemanden, der organisatorische und personelle Fragen beantworten kann oder aber auch bei fachlichen Problemen gerne schnell und unkompliziert weiter hilft.

37 Viele Einzelkämpfer suchen gerade in der heutigen Zeit nach einem Netzwerk und geben zum Teil viel Geld dafür aus. Benchmarking ist ein sehr gut funktionierendes Netzwerk mit hohem Zusatznutzen für alle Beteiligten.

F. Was passiert, wenn Mitarbeiter „Chef" spielen?

38 Über mangelnde Arbeit braucht kaum ein Steuerberater zu klagen, wohl aber über das Missverhältnis von Arbeitseinsatz zu bezahlter Stunde. Daran ist nicht der Markt schuld, sondern der Grundstein für dieses Missverhältnis wird in vielen Kanzleien selbst gelegt. Das Stichwort heißt: mandantengerechte Leistungserfassung.

39 Manche Mitarbeiter haben immer noch eine zu hohe Identifikation mit dem Mandanten und schreiben deswegen oft einen Teil ihrer Arbeitszeit auf die Kanzlei. Das kann nicht sein. Diese Mitarbeiter „spielen" Chef. Sie nehmen Honorarentscheidungen vorweg. Werden Mitarbeiter und Mandate ausschließlich über die Deckungsbeitragsrechnung geführt, wird dieses Fehlverhalten noch gefördert. Je mehr Zeit auf die eigene Kanzlei geschrieben wird, umso besser fallen die Deckungsbeiträge der Mandate aus.

40 Der erste Schritt zur Steigerung ist, mehr wirtschaftliche Wahrheit in die Deckungsbeiträge zu bringen und die tatsächliche Arbeitszeit auf das Mandat zu schreiben. Die Frage, ob diese Zeit dem Mandanten auch voll in Rechnung gestellt wird, stellt sich erst später. Wichtig ist zunächst eine veränderte interne Betrachtungsweise.

41 Zu Beginn dieser Umstellung wird ein Leidensdruck erzeugt, denn die Deckungsbeiträge gehen zunächst in den Keller. Damit steigt gleichzeitig die Motivation des Kanzleiinhabers, mit dem betreffenden Mandanten über das Honorar zu sprechen.

42 Eine 40-Stunden-Woche bedeutet nach Abzug von Krankheit, Urlaub und Feiertagen auf das Jahr gesehen 1.720 Stunden Anwesenheitszeit pro Mitarbeiter. Zieht man davon für Fortbildung und interne Verwaltung noch einmal knapp 5 % ab, dann kommt man auf ca. 1.600 Stunden verrechenbare Arbeitszeit. Dies entspricht ca. 75 % Produktivität.

G. Wie viel Mut gehört zu Benchmarking?

Es gibt in der Literatur Meinungen, die sagen, wenn man Benchmarking betreibt, dann sollte man das doch bitte nicht mit den eigenen Kollegen aus der gleichen Branche tun. Sondern man soll in andere Branchen gehen, um sich dann wirklich zu öffnen, um Innovationen kennenzulernen. Aber gerade für Steuerberater und Wirtschaftsprüfer ist ein Vergleich mit den Kollegen und ein Diskutieren von gemeinsamen Problemen besonders wichtig. 43

Benchmarking ist in allererster Linie ein Nachdenken über die verschiedenen Strukturen der Kanzlei, ein Nachdenken über die Märkte, ein Nachdenken über die Chancen und Strategien, die man wählen kann – im Grunde genommen eigentlich eine Abkehr vom tatsächlichen Steuerberatersein. 44

Ein Gedankenaustausch mit anderen Kollegen, Sorgen besprechen können, auch Sorgen loswerden können, ist oft sehr wichtig. Unverzichtbar ist hierbei die Offenheit der Kollegen untereinander, die jedem Teilnehmer etwas Neues offenbart und ihm eine regelmäßige Überprüfung seines eigenen Standpunktes ermöglicht. Selbst in den Pausen wird intensiv weiterdiskutiert. Es bilden sich verlässliche Kontakte, die man vielfältig nutzen kann. Für manche Teilnehmer ist Benchmarking wie ein Rückzug in eine Oase zum Kraft tanken und Ideen sammeln. 45

Im Benchmarking wird viel an Trends und Strategie vorweggenommen. Wo geht der Markt hin? Wie entwickelt sich der Berufsstand? Wie beschaffe ich Personal? Wie kann ich Kostenstrukturen verbessern? – Jeder sucht dabei für sich das Wichtigste heraus. Man verbringt einen Tag im Kreise von geschätzten Kollegen und kann sich sicher sein, dass jeder Diskussionsbeitrag fundiert ist und weiterhilft. Es können aber auch Aussagen von Kollegen sehr hilfreich sein: „Da bist du aber ganz schön auf dem Holzweg. Denk mal anders darüber nach!" Man bekommt keine schönen Worte um den Mund geschmiert, sondern erhält eine offene und ehrliche Meinung. Man muss die Aussagen der Kollegen nicht annehmen, aber man kann sich durchaus Gedanken darüber machen. 46

Natürlich gehört auch etwas Mut dazu, „die Hosen runter zu lassen" und über seine eigenen Zahlen zu sprechen. Diese Ängste werden aber bald genommen. „Neulinge" werden sehr schnell in die Gruppe aufgenommen und integriert. 47

Ob man die offene Art des Benchmarking mag und persönlich aushält, muss jeder für sich ausprobieren. Benchmarking ist eine völlig freiwillige Veranstaltung. Kollegen, die seit über 12 Jahren regelmäßig und ohne Unterbrechung dabei sind, holen dabei Maximales für sich und ihr Unternehmen heraus. 48

H. Wie viel Disziplin brauche ich für Benchmarking?

Für die meisten Teilnehmer ist Benchmarking eine ganz wichtige Einrichtung. Sie nehmen sich vier Tage im Jahr Zeit, klinken sich aus dem Tagesgeschäft aus und setzen sich ganz bewusst mit den unternehmerischen Herausforderungen auseinander. Dies tun sie zusammen mit erfolgreichen Kollegen. 49

Zwei sehr erfolgreiche Partner einer größeren Steuerberatungsgesellschaft haben es mir gegenüber so beschrieben: „Herr Weigert, wir wissen, dass wir von den Zahlen her sehr gut aufgestellt sind. Mit Benchmarking zwingen Sie uns, dass wir uns viermal im Jahr einen Tag lang mit unserem Unternehmen intensiv auseinandersetzen. Wir setzen uns am Morgen ins Auto, fahren eine Stunde zu Ihnen, verbringen den ganzen Tag miteinander und treffen Entscheidungen. Für uns ist Benchmarking wie eine Gesellschafterversammlung." Ich denke, treffender kann man Benchmarking nicht beschreiben. 50

Jeder Teilnehmer nimmt sich aus dem Workshop ein bis zwei Hausaufgaben mit und setzt diese im Laufe des nächsten Quartals um. Regelmäßig zum 10. der Folgemonate erfolgt eine kurze Umsetzungsnachfrage. 51

52 Auch wenn einmal die Hausaufgaben nicht zu 100 % erfüllt sind, geht man trotzdem gerne wieder zu Benchmarking. Eine Kollegin sagte: „Ich hab mir zur Aufgabe gesetzt: Aktion leerer Schreibtisch! Ich hab zwar immer noch keinen leeren Schreibtisch, aber ich arbeite trotz Wachstum immer weniger. Jeder Tag Benchmarking bringt mich dabei ein Stück voran."

53 Für manche ist Benchmarking wie eine Gesellschafterversammlung, für andere ein Rückzug in eine Oase. Für die meisten aber ist Benchmarking wie ein Tag Urlaub. Obwohl wir in Benchmarking mit größter Disziplin nicht im, sondern am Unternehmen arbeiten, empfinden es die Teilnehmer seit mehr als 12 Jahren als sehr angenehm und sind mit großer Freude dabei.

54 Zusammenfassend kann man sagen: Solange es erfolgreiche Kanzleiinhaber gibt, die wissen wollen, wo sie im Vergleich zu anderen stehen und die ihre Kanzlei kontinuierlich weiterentwickeln wollen, wird es den Wunsch nach Benchmarking geben.

Josef Weigert

ist Firmengründer und Geschäftsführer der Weigert + Fischer Unternehmensberatung GmbH. Seine Schwerpunkte sind Benchmarking, Vermittlung von Steuerkanzleien und Führungskräften sowie Kanzleiführung und -organisation.

Schon während seines Studiums der Betriebswirtschaft zeichneten sich bei Josef Weigert die Themen Rechnungswesen und Steuern als beruflich richtungsweisend ab. Zunächst als Prüfungsassistent der Steuerberatung und Wirtschaftsprüfung, danach als Systemanwendungsberater bei einem führenden Nürnberger Rechenzentrum für steuerberatende Berufe, sammelte er zehn Jahre Berufserfahrung. Seit 1989 ist er ausschließlich auf die Zielgruppe der Steuerberater, Wirtschaftsprüfer und Wirtschaftsjuristen spezialisiert. Neben langjährigen Erfahrungen stellen Josef Weigert und sein Team auch umfassendes Branchenwissen zur Verfügung. Ziel seines Unternehmens ist es, messbaren Nutzen für Kunden zu generieren.

Weitere Informationen über Weigert + Fischer Unternehmensberatung GmbH erhalten Sie auf www.weigertfischer.de.

Inwieweit haben Sie mit Steuerberatern zu tun?

Durch unsere Spezialisierung sind wir ausschließlich in dieser Branche tätig. Wir kennen die Aufgabenstellungen von Grund auf, schätzen die Mentalität und das Umfeld der Berater und arbeiten gerne mit ihnen zusammen.

Warum haben Sie sich mit diesem Thema befasst?

Der Bedarf nach einem fundierten Austausch unter den „Besten der Branche" und der Wunsch nach einem eigenen Produkt waren die treibenden Kräfte für die Entstehung unseres StB-Benchmarking-Systems. Die wachsende Anzahl der teilnehmenden Kanzleien zeigt, dass Benchmarking ein wichtiges Instrument ist, eine Kanzlei erfolgreich zu führen und weiterzuentwickeln. Die Zahlen unserer Benchmarking-Kanzleien belegen es.

Was sind für Sie die wesentlichen Faktoren, die beruflich und privat Erfolg ausmachen?

Es gibt drei wesentliche Fragen, die sich jeder stellen sollte:

„Was will ich?", „Was kann ich?" und „Was will das Unternehmen von mir?"

Beruflicher und privater Erfolg entwickelt sich dann, wenn die Antworten auf diese Fragen im Einklang sind.

13

§ 14 Das Interview – im Gespräch mit Gunther Hübner

Vorgeschichte

Als ich mich mit der Idee zu diesem Buch beschäftigte, war mir klar, dass ich, wollte ich ein wirklich gutes, wegweisendes Buch veröffentlichen, auf einen Namen nicht verzichten konnte: Das war der Name Gunther Hübner.

Gunther Hübner betreibt gemeinsam mit seinem Bruder und mittlerweile 8 weiteren Partnern eine Steuerkanzlei in Wien, die – ursprünglich als kleine Kanzlei vom Vater übernommen- inzwischen österreichweit rund 180 Mitarbeiter beschäftigt.

Nicht nur in Österreich, sondern auch in Steuerberaterkreisen in Deutschland ist der Name Hübner ein Begriff. In seinem neuesten Buch „Rudern Sie noch oder steuern Sie schon? Kanzleimanagement auf den Punkt gebracht.“, erschienen 2009 im nwb Verlag, gibt Gunther Hübner Antworten auf 100 Fragen zum Thema Kanzleimanagement in Interviewform. Da ich Herrn Hübner unbedingt für mein Projekt ins Boot holen wollte, lag es nahe, mit ihm ein Interview zu führen.

Lesen Sie selbst:

Herr Hübner, dieses Buch trägt den Titel Unternehmen Steuerkanzlei. Sind Steuerkanzleien tatsächlich Unternehmen?

Natürlich, Steuerkanzleien sind Unternehmen wie andere auch.

Kann man sich denn schon mit einer Ein-Mann-Kanzlei als Unternehmer fühlen?

Ja, schon von Beginn an starte ich als Unternehmer. Es ist natürlich die Frage, mit welcher Vision ich losgehe. Ich kann mit dem Bild eines 100-Mann-Unternehmens losgehen und nur zufälligerweise steht im Moment im Organigramm an jeder Position Ich – Ich – Ich.

Herr Hübner, Sie waren der Erste, der das Thema Marketing in unseren Berufsstand gebracht hat. Wie kamen Sie dazu?

Es war alles Zufall. In den Beruf des Steuerberaters sind mein Bruder und ich quasi reingefallen. Ich war gerade in Südafrika, als unser Vater plötzlich verstorben ist. Da haben wir all unseren Mut zusammengefasst und seine Kanzlei übernommen. Da ich vorher nie eine andere Kanzlei kennengelernt hatte, war ich neugierig, wie es die anderen machen. Ich habe damals das amerikanische Journal für die CPAs bestellt.

Hier wurde ein Seminar in Kassettenform (hier kommt Nostalgie hoch) angeboten mit dem Titel „How to build a one-million-dollar practice“. Das war der Anfang.

Das Seminar hat sich ja bewahrheitet. Sie haben inzwischen mit Ihrem Bruder eine Kanzlei mit rund 180 Mitarbeitern. Was haben Sie anders gemacht als die anderen?

Ich habe unendlich viel Marketingliteratur gelesen, über Dienstleistungsmarketing, über Serviceorientierung, und ich habe mich dafür interessiert, was unsere Klienten wirklich interessiert. Alles, wo ein „M“ drauf stand, habe ich verschlungen. Ich bin sogar nach Australien zu Seminaren gefahren. Lange bevor wir das Buch „Abenteuer Steuerberatung“ geschrieben haben.

Wir haben damals schon angefangen, Mandantenrundschreiben zu veröffentlichen, die die Mandanten verstanden haben, mit konkreten Beispielen, keine Alibirundschreiben.

Legendär waren auch unsere Bilanzbesprechungen. Den Kunden war endlich klar, um was es ging. Wir haben sie nicht mit unserem Fachchinesisch überfordert, sondern ihnen anhand von lebendigen Kennzahlen dargestellt, wo ihr Unternehmen steht. Sie haben bei uns dann Schulnoten bekommen – z.B. eine Drei für die Rentabilität und eine Zwei für die Kapitalstruktur. Das haben Sie verstanden. Außerdem haben wir die Organisationsstruktur in der Kanzlei auf den Kopf gestellt. Die üblichen Kanzleien sind ja so aufgebaut: Oben die Würdenträger, darunter die Bedenkenträger und ganz unten die Wertschöpfungsträger. Und wer ist am Kunden dran?

Wir haben gesagt, der Mitarbeiter ist der, der dem Kunden am nächsten steht. Er muss ganz oben in der Hierarchie stehen. Ich bin nicht der Big Boss. Ich bin der Unterstützer meiner Mannschaft und stehe ganz unten in der Organisationsstruktur. Das entspricht vielmehr dem Bild, das ich von einem Unternehmer habe.

Warum haben sich diese Erkenntnisse so lange nicht durchgesetzt?

Der Grund war, dass die Steuerberater es nicht nötig hatten. Früher waren die Zulassung als Steuerberater und ein Kanzleischild bereits eine Erfolgsgarantie. Der Klient hatte keine Wahl, deshalb konnten sich die Bilanzbesprechungen der alten Art so lange halten. Aber auch wir machen hinsichtlich der Klientenorientierung heute noch jede Menge Fehler.

Bei Ihnen ist freitags ab Mittag die Kanzlei geschlossen, ist das noch Kundenorientierung?

Die Meinungen gehen hier auseinander. Ich glaube nicht, dass die Öffnungszeiten entscheidend sind. Aber natürlich kann es für die eine oder andere Kanzlei ein Alleinstellungsmerkmal sein. Es gibt in Deutschland Kanzleien, die tatsächlich ihre Büros in ein Einkaufszentrum gelegt haben, um die Kunden „dort abzuholen". Es sei ein totaler Spaß, vor dem Einkaufen seine Unterlagen abzugeben, nach dem Einkaufen abzuholen und danach am Bankomat die 200,00 € Gebühr zu bezahlen. Es gibt nach wie vor genügend Ideen, die dazu führen können, dass Sie einschlagen.

Öffnungszeiten können wichtig sein, müssen es aber nicht. Jeder Berater muss den für sich stimmigen Weg finden.

Macht es Sinn für einen jungen Berater, sich eine Kanzlei zu suchen, die ihm gefällt und das nachzumachen, um so Zeit zu sparen?

Ja, 100-prozentig. Neugierig zu sein, sich umzuschauen, was machen die anderen, und das herauszupicken, was einem gefällt, halte ich für eine optimale Strategie.

Nicht, bei allen Kongressen dabei zu sein und zu sagen: „Das geht bei mir nicht. So wie der Hübner das macht, das kann ich nicht machen." Das ist keine tolle Strategie.

Was sagen Sie zu dem Image der Steuerberater. Unternehmensberater gelten als smart und weltmännisch. Steuerberater als humorlose Erbsenzähler. Besteht dieses Image zu Recht?

Ich fürchte, dass es für viele tatsächlich zutrifft. Das ist schade.

Ist dieses Image notwendig für die Arbeit, die wir ausüben?

Nein, das glaube ich nicht. Meine Aufgabe ist es, den Mitarbeitern/innen beizubringen, dass sie etwas Wichtiges machen in dieser Welt. Und das macht mir unendlichen Spaß. Und im Moment bringe ich Spaß in die Lohnverrechnung hinein. Lohnverrechnung heißt auf Englisch Payroll. Wir haben daher einen „Pay-Roller" gekauft und mit dem trägt die Sekretärin die Post aus. Ich bin überzeugt, dass wir auf diese Art und Weise das Thema Lohnverrechnung für unsere Kanzlei deutlich im Image steigern. Auch extern: Die Lohnsteuer und Sozialversicherung richtig zu berechnen ist nicht schon das Ende der Leistung, sondern erst der Ausgangspunkt für guten Service. Jetzt geht es darum, daraus für den Klienten etwas Wertvolles und Spannendes zu machen.

Das ganze Berufsfeld ist ein interessantes Gebiet. Leider haben wir ein schlechtes Image.

Wenn man 14-jährige fragt, sagen die wenigsten, sie wollen in einer Steuerkanzlei arbeiten. Die jungen Leute wollen alle bei Red Bull, bei Google oder bei Apple arbeiten.

Worauf, denken Sie, begründet sich der Erfolg von Red Bull?

Red Bull ist ein Unternehmen mit – im Wesentlichen – einem einzigen Produkt: Einer Dose mit angeblich Energie spendender Flüssigkeit. Was man von diesem Unternehmen lernen kann, ist die totale Fokussierung. Ein Riesenunternehmen wie Red Bull hat ein einziges Produkt und ist damit enorm erfolgreich. Die kleine Steuerberatungskanzlei um die Ecke dagegen bietet jede Menge Dienstleistungen. Strategie darf nicht zum Bauchladen werden. Das kann nicht gut gehen.

Alles ist möglich – für jeden?

Ich bin kein Freund dieser Aussage. Die eine ist eine gute Chirurgin, der andere ein begnadeter Krankenpfleger, der eine Ideenbringer, die andere Abwicklerin. Ich sage das bewusst hierarchielos. Sie müssen kein toller Chirurg sein, um Kranke hingebungsvoll zu pflegen. Andererseits kenne ich kaum einen Chirurgen, der ausreichend Zeit und Empathie für Krankenpflege aufbringt. Jeder hat sein persönliches Talent und seine persönliche Art, Glück auf diese Erde zu bringen. Es gilt, aufgrund der persönlichen Talente seinen Platz zu finden, den Talenten zum Durchbruch zu verhelfen, sie zuzulassen.

Haben die Organisation in Kammern und die Gebührenverordnung noch eine Zukunft?

Eine Gebührenverordnung gibt es in Österreich schon seit 10 – 12 Jahren nicht mehr.

Wie werden die Preise dann gemacht?

So wie die Klienten es selbst machen: Nämlich sich am Markt orientieren. Ganz einfach.

Wie schnell kommt in ihrer Kanzlei die Honorarfrage auf den Tisch.

Sehr, sehr schnell. Wir geben unseren Klienten in der Regel einen Festpreis, bevor wir mit der Arbeit beginnen.

Ist das immer im Vorhinein kalkulierbar?

Ja, weil die Klienten es wollen. Und wenn auch wir es wollen, dann geht es.

Hat die Steuerberaterkammer noch ihre Berechtigung?

Die Kammer ist eine politische Institution. Ja, der Berufsstand braucht sie, damit ein gewisses Regelwerk stattfindet.

Üben wir eine gewisse Kontrollfunktion für den Staat aus?

Ja, obwohl das ein schlechtes Argument ist, kommen die Kunden sofort mit dem Argument, wir seien der verlängerte Arm des Finanzamtes. Aber jeder Finanzminister weiß, dass er mit den Steuerberatern mehr Geld bekommt, als ohne.

Werbung für Steuerberater?

Werbung gibt es ohnedies. Wer sich heute mit der Frage beschäftigt, ob Werbung erlaubt ist und Marketing sinnvoll, der ist ewig gestrig.

Was glauben Sie, wie viel Prozent der Kollegen betreiben Marketing?

Da stellt sich natürlich zuerst die Frage: Als was definiert man Marketing? Eine interessante Bilanzbesprechung ist Marketing. Ein Flyer, der rum liegt, oder eine Broschüre, die nicht zum Klienten kommt, ist kein Marketing.

Inzwischen gibt es gute und preisgünstige EDV-Programme. Die Mandanten können ihre Steuererklärungen und Buchhaltungen selber machen. Verändert es unsere Arbeit, oder wird uns sogar die Arbeit wegbrechen?

Verändern ja, wegfallen nein. Lohn und Buchhaltungen sind prädestiniert, vom Mandanten inhouse gemacht zu werden. Mich wundert es, wie viele Buchhaltungen noch immer vom Steuerberater gemacht werden. Aber das haben wir vor 15 Jahren schon gesagt, und es ist noch nicht passiert.

Glauben Sie, dass die betriebswirtschaftliche Beratung wichtiger wird?

Ich predige dies schon seit 15 Jahren. Ich schätze die edlen Steuerrechtler. Die berechnen 500,00 € die Stunde und alle sagen: „Danke!". Der betriebswirtschaftliche Steuerberater, der die Unternehmer coacht und den Gewinn nach vorne bringt in Kombination mit einem edlen Steuerrechtler – das ist Steuerberatung at it's best.

Aber noch mal: Nicht jeder ist überall am richtigen Platz. Es gibt Kollegen, die lieber die verlässlichen Zahlen des Jahresabschlusses sauber aufbereiten und genau prüfen; es gibt die Steuertüftler und es gibt die, die in größeren betriebswirtschaftlichen Zusammenhängen denken. Ich habe gelernt, dass die meisten Menschen in unserem Berufsstand nicht in allen drei Gebieten gut sind. Daher der Trend zur Spezialisierung. Der große Nachteil ist, dass der Klient in der Unternehmensberatung einen anderen, neuen Ansprechpartner hat. Der Vorteil ist, dass das Fachleute sind, die das Geschäft jeden Tag machen, und die deshalb das Geschäft auch durch und durch verstehen. Sie sind professioneller.

Gibt es Kunden, die nur zu Ihnen in die Unternehmensberatung kommen?

Ja – die gibt es.

Tendenzen der Zukunft?

Spezialisierung wird kommen. Aber Vorsicht, nicht alles gilt für jeden!

Die nicht spezialisierten, kleinen Kanzleien haben es unendlich schwer – sie müssten theoretisch alles können. Und das ist unmöglich.

Ist Benchmarking ein gutes Steuerungsinstrument?

Ich brauche Benchmarking als Orientierung. Ich muss nicht der Beste sein, aber unter den obersten 25 % möchte ich schon sein. Wir Menschen brauchen einfach die Benotung.

Meine Aufgabe als Führungskraft ist es, die Mitarbeiter dorthin zu bringen, wo sie ihre Arbeit antörnt. Und diese Arbeit tue ich auch anhand von Zahlen. Dort, wo die Leistungs-Zahlen nicht stimmen, da bin ich als Führungskraft besonders gefordert. Denn die Aussage an den Mitarbeiter „Ihre Zahlen stimmen nicht" ist Vorwurf und nicht Führung. Führung bedeutet, dem Mitarbeiter Vorschläge zu machen und mit ihm abzustimmen, was wir künftig anders oder Anderes tun können, damit die Zahlen wieder ins Lot kommen.

Weitere Trends?

Ganz klar – größere Einheiten.

Was raten Sie der kleinen Kanzlei?

Entweder – wenn sie damit zufrieden ist – so zu bleiben. Falls nicht, sich zu überlegen „Wo bin ich gut?" und da „draufhauen".

Weiterer Trend?

IT – Professionalisierung. In der Kanzlei ein Arbeitsumfeld schaffen, wo Leute sensationelle Dienstleistungen erbringen können.

Gibt es einen Unterschied in der Mentalität der deutschen und österreichischen Steuerberater?

Nein, den gibt es nicht.

Was glauben Sie: Wird sich die Arbeitswelt weg von materiellen und hin zu ideellen Werten entwickeln?

Ich glaube, die Arbeitswelt hat sich hier schon verändert. Ich persönlich möchte gut sein, in dem was ich mache. Das ist nicht materiell motiviert. Natürlich spielt die materielle Motivation auch eine Rolle. Man braucht halt Geld zum Leben. Aber was wirklich zählt, sind andere Werte. Ich möchte Lebensqualität in unser Büro bringen. Ich möchte, dass die Menschen gerne zur Arbeit kommen, weil sie das Gefühl haben, hier etwas Sinnvolles zu tun – und ich möchte, dass sie auch gerne wieder gehen, weil sie auch außerhalb der Arbeit ein für sie bereicherndes Leben führen. Das alles hat reichlich wenig mit Geld zu tun. Und letztlich kann ich in einem Zelt genau so gut schlafen wie im 5-Sterne Hotel. Ob ich glücklich bin, hängt nur sehr wenig vom Nächtigungspreis ab.

Wie wichtig sind Menschen für Sie?

Was wir beruflich tun, ist nur die versachlichte Welt. Das ist nicht die wirkliche Welt.

Das ist mir klar. Ich freue mich jedes Mal, wenn ich das Gefühl habe, einen Mitarbeiter in seiner persönlichen Entwicklung weiter zu bringen.

Einige wenige Menschen bedeuten mir extrem viel. Aber ich bin nicht der Partylöwe. Smalltalk gibt mir überhaupt nichts, ein tiefgehendes Gespräch jederzeit.

Hängen wir Menschen alle irgendwie zusammen?

Mit dieser Aussage kann ich etwas anfangen. Ja!

Ist es ungewöhnlich, sich in unserem Beruf mit diesen Dingen zu beschäftigen?

Eher ja. Mir persönlich fehlt die Spiritualität in unserem Beruf. Deshalb versuche ich, tagtäglich ein klein wenig davon in unsere berufliche Welt zu bringen.

Wie definieren Sie Erfolg?

Ich glaube immer weniger an Rezepte. Das Ganze ist viel von der individuellen Persönlichkeit geprägt.

Für mich persönlich bedeutet Erfolg, es zu schaffen, bei mir selbst bleiben zu können.

Sind Sie selbst auch Ihr größter Feind?

In jedem Fall bin ich mein größter Kritiker.

Gibt es einen Menschen, den Sie bewundern?

Unendlich viele.

Konkret?

Che Guevara.

Gibt es etwas in Ihrem Leben, was sie bereuen?

Ich hätte tausende Dinge anders gemacht, aber ich stehe im Wesentlichen dazu.

Sind Schmerzen zu einer persönlichen Weiterentwicklung notwendig?

Ich habe tausende Hinweise von meinem Körper und von anderen Menschen gebraucht, um dort zu sein, wo ich jetzt bin. Vielleicht schaffen es andere Menschen von alleine. Denen gratuliere ich von Herzen.

Herr Hübner, ich bedanke mich ganz herzlich für das Gespräch.

Gunther Hübner

ist Steuerberater und Wirtschaftsprüfer. Er ist Gründungspartner von Hübner & Hübner Wirtschaftsprüfung, Steuerberatung, Unternehmensberatung in Wien.

Das einstige Familienunternehmen präsentiert sich heute unter dem Namen Hübner & Hübner / Interbilanz als zentraleuropäisches Beratungsunternehmen mit mehr als 400 Mitarbeitern und Standorten in Österreich, Tschechien, Slowakei, Ungarn, Slowenien, Kroatien, Serbien und der Ukraine.

Gunther Hübner ist Autor von

„Abenteuer Steuerberatung – Der Steuerberater als Unternehmer“ (MANZ-Verlag 4. Auflage / 2005) gemeinsam mit seinem Bruder Klaus

„Honorargestaltung gegen alle Regeln“ (MANZ-Verlag 2. Auflage / 2006) gemeinsam mit Stefan Lami.

2009 ist sein aktuellstes Buch zum Thema Kanzleimanagement im nwb-Verlag erschienen:

„Rudern Sie noch oder steuern Sie schon? Kanzlei-Management auf den Punkt gebracht“

Weitere Infos: www.huebner.at

Warum haben Sie sich mit diesem Thema befasst?

Als Kanzleiinhaber habe ich gar keine andere Wahl, als mich tagtäglich mit Kanzleimanagement zu beschäftigen. Ich treffe diese Wahl jeden Tag aufs Neue. Und zwar sehr, sehr gerne.

Inwieweit haben Sie mit Steuerberatung zu tun?

24/7

Was sind für Sie die wesentlichen Faktoren, die beruflich und privat Erfolg ausmachen?

Schritt für Schritt zu sich selbst zu kommen und bei sich bleiben zu können.

14

Stichwortverzeichnis

fette Zahlen = Paragraph
andere Zahlen = Randnummer